왕의 길

왕의 길

1판 1쇄 인쇄 2023년 9월 1일
1판 1쇄 발행 2023년 9월 5일

지은이 김서택
발행인 한동인
펴낸곳 (주)씨뿌리는사람

등록번호 제2006-4호
주 소 경기도 이천시 경충대로 2096-4
(서울사무소) T. 741-5181, 4 F. 744-1634

책값은 뒤표지에 있습니다.

ISBN 978-89-90342-64-5

Web www.kclp.co.kr

"천국은 마치 사람이 자기 밭에 갖다 심은 겨자씨 한 알 같으니
이는 모든 씨보다 작은 것이로되 자란 후에는 나물보다 커서 나무가 되매
공중의 새들이 와서 그 가지에 깃들이느니라"(마 13:31-32)

공급처 기독교문사 도매부 T. 741-5181~3 F. 762-2234

왕의 길

김서택

씨뿌리는 사람

Prologue

프롤로그

예수님은 이 세상의 왕으로 오셨습니다. 그러나 예수님이 걸으신 길은 세상의 왕들과는 정반대였습니다. 세상 왕은 권력을 잡아서 사람들을 지배하고 높아지는 길이었지만, 예수님은 사람들을 사랑하시고 고난받고 자기를 희생하는 길이었습니다. 예수님은 모든 것을 하실 때 성경 말씀을 성취하려고 하셨습니다. 그래서 성경은 단순한 명언이나 고전이 아니라, 지금도 성취되는 하나님의 말씀인 것입니다.

마가복음은 마태복음이나 누가복음과 달리 예수님의 성인 사역을 이야기식으로 기록하고 있습니다. 이것을 보면 성경을 이해하는 데 있어서 이야기를 이해하는 것이 얼마나 중요한지 알 수 있습니다. 우리가 어렸을 때 할머니와 시장에 가면 만담이라고 해서 이야기를 잘하는 이야기꾼이 있었는데, 할머니들은 손수건을 꺼내어 눈물을 닦으면서 그 이야기를 들으셨습니다. 지금도 여성들은 텔레비전에 나오는 드라마를 얼마나 좋아하는지 모릅니다.

마가복음은 옛날에 인기 있는 이야기 드라마였던 것입니다. 그러나 이야기식 본문이 설교하기에는 오히려 쉽지 않습니다.

예수님은 믿는 자에게는 능치 못함이 없다고 말씀하셨습니다(막 9:23). 주님이 우리의 믿음을 더하여 주시기를 바랍니다.

늘 부족한 설교집을 기꺼이 책으로 출판하셔서 문서 선교에 앞장서시는 한동인 사장님께 감사드립니다. 그리고 언제나 말씀의 동역자 되시는 대구동부교회 성도들께도 감사드립니다.

대구 수성교 옆에서

김서택 목사

차 례

Contents

01

긴급한 복음

막 1:1-8

우리 중에서 하나님을 본 사람은 아무도 없습니다. 그래서 평소에 하나님이 없다고 생각하면서 살아갑니다. 우리가 늘 하나님을 생각한다면 무서워서 아무것도 할 수 없기 때문입니다. 그런데 우리는 가끔 하나님을 느낄 때가 있습니다. 그때는 어마어마한 태풍이 불 때입니다. 그때 나무가 뽑히고 지붕이 날아가고 억수같이 비가 쏟아져서 산사태가 나서 집이 무너지는 소식을 들으면 혹시 하나님이 화가 나셨나 하는 생각을 하게 됩니다.

만약 우리가 하나님을 머리로 상상해 본다면 어마어마하게 크신 하나님이 전 우주를 하나님 앞에 두고 별을 만들고 태양을 만들고 지구를 만드는 모습을 상상할 수 있을 것입니다. 하나님이 우주를 만드셨다면 하나님은 얼마나 크신 분일까요? 그리고 그 하나님께서 이 세상을 방문하신다면 어떤 일이 일어나게 될까요? 하나님은 태양보다 훨씬 더 뜨거운 불로 되어있는 분이십니다. 그래서 인간은 하나님을 볼 수도 없고 만일 하나님이 이 세상을 찾아오신다면 그 열 때문에 모든 인간이나 자연이나 지구는 녹아서 없어지고 말 것입니다.

그런데 이 우주에 비밀 중의 비밀이 하나 있는데, 그것은 하나님에게 하나님을 닮은 아들이 있다는 사실입니다. 그 하나님의 아들도 불로 되어 있지만 말씀을 하시는 불이란 사실입니다. 하나님과 하나님의 아들은 우주나 천사가 만들어지기 전부터 계셨습니다. 우리가 시간을 알 수 없는 어느 날 하나님과 하나님의 아들은 심각한 이야기를 나누셨습니다. 그것은 하나님께서 이 우주 중에서 아주 작은 별 지구에 만드신 인간을 너무 사랑하시는데, 그 인간들이 너무 악하고 죄를 많이 지어서 영원히 멸망할 수밖에 없다는 것이었습니다.

그때 하나님의 아들은 아버지에게 "저도 인간을 너무 사랑하는데 제가 세상에 가서 인간을 구해오겠습니다"라고 말씀드리니, 그때 아버지는 아들에게 "인간이 구원받으려면 죄가 하나도 없는 사람이 인간의 죄를 대신해서 죽어야 하는데 죄를 짓지 않은 인간이 하나도 없다"고 말씀하셨습니다. 그때 아들은 하나님 아버지에게 "저는 죄를 지은 적이 없으므로 인간을 대신해서 제가 죽으면 안 될까요?"라고 아뢰었습니다. 그러자 아버지는 아들에게 "그렇게 하려면 네가 인간이 되어서 그 모든 치욕과 고통을 다 당하고 죽어야 할 텐데, 그 어려움을 감당할 수 있겠니?" 하고 물으셨습니다. 아들은 아버지에게 "아버지, 저는 할 수 있어요. 아버지가 인간을 저렇게 사랑하시니까 저는 얼마든지 인간이 될 수 있어요."라고 대답했습니다.

1. 하나님의 아들 복음의 시작

마가는 예수님의 열두 제자가 아니었습니다. 마가는 예수님의 열두 제자의 제자였습니다. 마가는 바울의 제자이기도 했고 바나바의 조카이기도 했는데, 나중에는 주로 베드로의 통역으로 따라다니면서 복음을 전했습니다. 마가의 어머니가 신앙이 좋아서 예수님이 돌아가시기 전에 마가의 다락방에서 제자들과 최후의 만찬을 하시게 됩니다. 그런데 마가복음은 이렇게 시작하고 있습니다.

1:1, “하나님의 아들 예수 그리스도의 복음의 시작이라”

마가는 하나님의 아들이 이 세상에 오셔서 하신 일을 증언하고 있습니다. 우리가 생각하기에 하나님의 아들이 이 세상에 오신다면 어떤 모습으로 오실 것 같습니까? 아마 활활 타오르는 불 가운데서 이 세상에 임하실 것입니다. 어느 날 태양보다 수십 배, 수백 배 강한 불덩어리가 하늘에 나타나서 “나는 하나님의 아들이다”라고 한다면 모든 인간이 하나님의 아들을 믿을 것입니다. 이것이 하나님의 아들의 원래 모습입니다.

그러나 하나님의 아들은 우리 인간을 너무 사랑하셨습니다. 하나님은 우리 인간이 강요받거나 억지로 하나님을 믿고 경배하는 것을 원하지 않으셨습니다. 하나님은 우리 인간이 이성적으로 판단해서 하나님이 정말 옳으시고 하나님의 사랑이 정말 놀랍기 때문에 감동해서 하나님 믿기를 원하셨습니다. 그렇게 하려고 하면 하나님은 이 세상에 오실 수 없고 오직 하나님의 아들이 그 뜨거운 불을 빼고 인간이 되시는 수밖에 없었습니다.

하나님에게는 성령이란 분이 계셨습니다. 이분도 비밀 중의 비밀입니다. 성령님도 사람의 눈에 보이지 않습니다. 그런데 성령님은 어떤 모양을 만드시고 생명을 주시는데 비상한 능력을 가지고 계신 분입니다. 성령님은 우선 예수님에게서 열과 빛을 제거하셨습니다. 그리고 그 엄청나게 크신 예수님을 마치 망치를 가지고 모루에 쇠를 때리듯이 해서 하나님의 아들을 작게 만들고 또 작게 만들었습니다. 성령님은 하나님의 아들을 마리아라는 처녀의 몸속에 넣으셔서 임신이 되게 하시고, 아기로 태어나게 하셨습니다. 그래서 하나님의 아들은 사람과 똑같게 되었고, 예수라는 이름을 가지게 되었습니다. 사람들은 예수님을 볼 때 하나님의 아들을 보는 것이 아니라 다른 사람과 똑같은 사람으로 보게 되었습니다. 예수님은 갓난아기였다가 엄마의 젖을 먹고 자라셨습니다. 예수님은 나이가 서른이 될 때까지 특이한 것이 없으셨고, 묵묵하게 아버지의 목수라는 직업을 물려받아 목수 일을 하셨습니다.

2. 예수님의 소개자

예를 들어 어떤 대학교에 노벨상을 수상한 유명한 학자가 와서 강의한다고 하면 그 자리에 학생이 많이 참여하게 될 것입니다. 그때 시간이 되면 강단에 대학 총장이나 그분을 초청한 교수가 먼저 올라가서 이제부터 강의할 강사를 자세히 소개한 후에 그분을 앞으로 나오라고 할 것입니다. 그러면 강사는 강단에 나와서 자신의 강의를 하게 됩니다.

이와 마찬가지로 하나님의 아들이 이 세상에 불로 오셨으면 소개할 필요가 없을 것입니다. 보기만 해도 태양보다 더 뜨거운 그분이 하나님의 아들이시기 때문입니다. 그런데 하나님의 아들은 단순히 강의하기 위해서 이 세상에 오신 것이 아니라 고장 난 인간을 고쳐서 영생을 주시기 위해서 오셨습니다. 그래서 예수님은 하나님 아들이 아니라 완전한 사람의 모습으로 오셨기 때문에 어디를 봐도 하나님의 아들처럼 보이지를 않았습니다.

그래서 하나님은 하나님의 아들을 이 세상에 소개할 소개자를 먼저 보내셨습니다. 하나님의 아들을 소개한다면 아마 당연히 천사를 보내는 것이 맞을 것입니다. 하나님의 아들 정도로 빛나는 존재는 아니라 할지라도 번개같이 빛나는 모습을 한 천사가 와서 소개하면 사람들이 믿을 것입니다. 그런데 문제는 하나님의 아들을 소개하는 사람도 사람이었다는 사실입니다. 그래서 사람들은 혼돈을 겪게 되었습니다. 즉 하나님의 아들도 사람이고 하나님의 아들을 소개하는 사람도 사람이라면 과연 하나님의 아들이 진짜인지 가짜인지 어떻게 알 수 있겠습니까?

그런데 여기에는 하나님의 큰 뜻이 들어 있었습니다. 지금은 인간이 천사보다 능력이나 힘이나 모든 것에서 훨씬 모자랍니다. 그러나 하나님은 구원받은 자들이 천사보다 높은 위치에 있기를 원하셨습니다. 그래서 예수님을 소개하는 사람도 사람이었습니다. 예수님도 사람이었습니다. 그리고 하나님은 환상이나 기적보다 하나님의 말씀이 더 큰 위력을 가지기를 원하셨습니다.

그래서 예수님의 소개자에 대해서는 천둥소리나 우레로 말씀하시지 않고 성경 말씀으로 증언하셨습니다.

1:2-3, "선지자 이사야의 글에 보라 내가 내 사자를 네 앞에 보내노니 그가 네 길을 준비하리라 광야에 외치는 자의 소리가 있어 이르되 너희는 주의 길을 준비하라 그의 오실 길을 곧게 하라 기록된 것과 같이"

선지자 이사야는 하나님 아들의 소개자에 대하여 미리 수백 년 전에 예언해 놓았습니다. 만약 하나님의 아들이 그냥 원래 모습으로 온다면 인간은 준비할 수 없을 것입니다. 왜냐하면 모두 그 불에 타 죽을 것이기 때문입니다. 그러나 그는 갓난아기로 오셨고 하나님의 말씀을 가지고 오셨습니다. 그래서 인간은 하나님 아들의 말씀만 듣고 믿으면 하나님의 아들을 만나게 되는 것입니다.

그런데 이 하나님 아들의 소개자는 광야에 외치는 자의 소리로 올 것이라고 했습니다. 사람들은 언제나 도시에 관심을 가집니다. 도시 중에서 수도에 관심을 가지고 그중에도 왕궁의 통치자에 많은 관심을 가질 것입니다. 이 세상 모든 것은 통치자에 의해서 결정되기 때문입니다. 그러나 하나님의 아들의 소개자는 광야에 올 것입니다. 광야에는 그야말로 아무것도 없습니다. 아마 광야에 사람이 있다면 여행자든지 아니면 한센병 환자로 추방된 자이거나 아주 극빈자일 것입니다. 그러나 우리가 하나님의 아들을 만날 수 있는 곳은 세상 한복판이 아니라 아무것도 없는 이 광야입니다.

그때 세례 요한이라는 사람이 광야에 나타났습니다. 광야에 하나님 아들의 소개자가 나타난다고 했는데, 진짜 광야에 그 사람이 나타났습니다.

1:4-5, "세례 요한이 광야에 이르러 죄 사함을 받게 하는 회개의 세례를 전파하니 온 유대 지방과 예루살렘 사람이 다 나아가 자기 죄를 자복하고 요단 강에서 그에게 세례를 받더라"

우리는 "죄"라는 것을 잘 모릅니다. 왜냐하면 우리는 성경이나 하나님을 모르기 때문입니다. 그래서 우리는 죄라고 하면 사람을 해치거나 물건을 도둑질하거나 뺏는 행동으로 생각합니다. 그러나 이스라엘 백성은 하나님의 말씀을 알았기 때문에 죄의 개념이 우리와 다릅니다. 그들에게 죄라는 것은 하나님을 대적하고 하나님에게 무관심하고 하나님께 반항하는 것이었습니다. 유다 백성은 오랫동안 하나님께 반항했습니다. 그래서 우상의 제물을 먹고 음란하고 도둑질도 하고 남에게 피해를 주기도 했습니다.

그런데 세례 요한은 광야에서 죄 씻음 받을 수 있는 기회를 주었습니다. 그것은 죄를 고백하고 요단강에서 세례받는 것이었습니다. 그래서 수많은 사람이 요한에게 와서 죄를 고백하고 요단강에서 세례를 받고 양심의 깨끗함을 받았습니다. 이것이 바로 하나님의 아들을 만날 준비를 하는 것이었습니다. 왜냐하면 하나님의 아들은 죄 용서받는 사람들에게 불을 주시고 성령을 주시고 영생을 주시기 때문입니다.

3. 세례 요한의 특징

광야는 길을 찾기가 아주 어려운 곳입니다. 광야는 아무 데나 가면 되지만 그렇다고 해서 바른길을 찾아가는 것은 아닙니다. 사람들은 모두 길을 찾고 있습니다. 사람들이 찾는 길은 대개 성공의 길이고 행복하게 사는 길입니다. 그러나 어느 정도 가다 보면 나중에 길이 없어지게 됩니다. 나이가 들면 길이 없어져서 당황하게 됩니다. 왜냐하면 모든 사람을 기다리고 있는 것은 죽음이기 때문입니다. 사람은 태어나서 70년이나 80년 살다가 죽음으로 모든 것이 끝나게 됩니다. 그러나 영생의 길이 딱 하나 있습니다. 그것은 바로 예수님에게 가는 길입니다. 예수님은 내가 곧 길이요 진리요 생명이라고 하셨습니다(요 14:6).

세례 요한은 이 세상에는 길이 없다는 의미의 가르침으로 철저하게 세상의 옷이나 음식이나 물건들을 배격했습니다.

1:6-7, "요한은 낙타털 옷을 입고 허리에 가죽 띠를 띠고 메뚜기와 석청을 먹더라 그가 전파하여 이르되 나보다 능력 많으신 이가 내 뒤에 오시나니 나는 굽혀 그의 신발끈을 풀기도 감당하지 못하겠노라"

우리는 낙타를 키우지 않기 때문에 낙타에 대하여 아는 것이라고는 그림이나 사진에서 본 지식밖에는 없습니다. 낙타는 등에 혹이 있고 사막에서 오래 견디며 길을 갈 수 있습니다. 그런데 낙타도 털이 있는데 뻣뻣하기로 유명하다고 합니다. 그래서 낙타로 옷을 만들면 굉장히 불편하고 추위나 더위를 잘 견디지도 못했습니다. 옛날에 부자들은 세마포 옷 위에다 비단 외투를 걸쳤습니다. 그리고 가죽 허리띠는 그야말로 가난한 자나 노동자가 사용하는 것이었습니다. 또 세례 요한이 먹는 음식은 메뚜기였습니다. 그것을 생으로 먹든지 말려서 먹었는데 일절 요리한 음식을 먹지 않았습니다. 또 그는 석청을 먹었는데 이것은 땅벌이나 말벌이 만든 벌집이었습니다. 세례 요한은 벌집을 캐가지고 음식으로 먹었던 것입니다. 그에게는 가공한 음식이 없었고 가공한 옷도 입지 않았습니다. 그 이유는 세상에서 만든 것은 다 죄로 오염되었고 그것을 즐기기 시작하면 타락하게 된다고 생각했기 때문입니다. 물론 우리가 이렇게 살 필요는 없지만 이 세상은 조심할 필요가 있습니다.

세례 요한은 드디어 하나님의 아들을 소개했습니다. "내 뒤에 한 분이 오시는데 나는 그의 신발 끈을 풀기도 감당할 수 없다"고 했습니다. 옛날에는 샌들을 신었기 때문에 주인이 외출하거나 돌아오면 종들이 신발 끈을 풀기도 하고 매어주기도 했습니다. 그런데 신발 끈을 매는 종은 지체가 가장 낮은 종이었습니다. 세례 요한은 자기가 지금 소개할 분의 가장 낮은 종도 못 된다는 의미입니다. 그분은 우리의 죄를 치료하시고 새사람 되게 하셔서 영생을 주실 분입니다.

1:8, "나는 너희에게 물로 세례를 베풀었거니와 그는 너희에게 성령으로 세례를 베푸시리라"

세례는 물로 뒤집어씌우는 것을 말합니다. 요한은 죄를 지었다고 고백하는 자들은 요단강물에 집어넣어서 완전히 물속에 잠기게 함으로 죄 용서를 받게 했습니다. 그러나 예수님은 우리에게 하나님의 성령으로 뒤집어씌워서 죄가 우리에게 변형시킨 것들을 다 태우고, 죄의 흔적을 없애고, 하나님을 알게 하고, 진리에 있어서 도사가 되게 하고, 죽음과 마귀를 이기는 능력을 충만하게 주시는 것입니다.

사람들은 모두 돈벼락을 맞고 싶을 것입니다. 그러나 아무리 돈벼락 맞아도 사람의 속은 바뀌지 않습니다. 암이나 화병을 고칠 수 없고 자살 충동이나 고질병도 고쳐지지 않습니다. 돈에 맞으면 맞을수록 더 이기적이 됩니다. 그리고 곧 죽음이 찾아옵니다. 물론 화려하고 웅장하게 장례식을 하고 멋진 무덤에 묻히겠지만 정작 본인은 알지 못합니다. 그리고 그에게는 지옥 불이 기다리고 있습니다. 예수님은 우리에게 성령을 주셔서 이 세상에서 하나님의 뜻에 순종하게 하십니다. 그리고 죽음을 이기고 영생하게 하십니다.

말라기 선지는 앞으로 엄청나게 큰일이 일어날 것이라고 예언했습니다. 그것은 바로 하나님의 아들이 세상에 오시는 것을 말합니다. 하나님의 아들은 우리에게 말씀과 성령을 맡겨두시고 하나님 보좌 앞으로 가셨습니다. 하나님의 말씀과 성령이 우리를 살릴 것입니다. 다른 것들은 우리를 살리는 데 아무 도움이 되지 않습니다. 단지 짧은 이 세상을 사는 데 도움이 될 뿐입니다. 하나님은 거짓말하시지 않습니다. 이미 엄청난 날은 왔습니다. 하나님의 아들이 이 세상에 오신 것은 아주 중요한 빅뉴스이고 긴급한 소식입니다. 이것은 우리가 사느냐 죽느냐를 결정하는 아주 중요한 문제입니다. 그러나 사람들은 느긋하게 자기 할 일을 다 하면서 하나님의 아들이 온 것을 믿지 않으려고 합니다. 오히려 인간은 여전히 하나님께 반항하거나 무관심하면서 살아가고 있습니다. 우리는 속히 성령으로 세례받아서 하나님께 순종하는 사람이 되어야 이 영원한 생명을 얻을 수 있습니다.

02

세례를 받으심

막 1:8-11

드디어 온 우주를 만드신 하나님의 아들이 이 세상에 오셨습니다. 세례 요한은 예수님을 보고서 그가 불과 성령으로 세례를 주실 분이라고 소개했습니다. 세례 요한이 예수님을 하나님의 아들이며 불과 성령으로 세례를 주실 분이라고 소개했다면, 예수님은 바로 불세례를 주시는 일을 하셔야 했을 것입니다. 예수님은 사람들이 보는 앞에서 거대한 용광로를 만드셔서 거기에 바람을 넣어서 뜨거운 불이 솟아오르게 하고 그 불덩이를 한 바가지씩 떠서 사람들의 머리에 부으셔야 했을 것입니다. 그러면 사람들은 불에 타 죽든지 아니면 온몸에 불이 있는 사람이 될 것입니다. 그리고 망치로 두들겨서 예수님이 원하시는 새 사람의 모습으로 만드실 것입니다.

그런데 세례 요한이 예수님에게 말씀하신 것이 바로 이것이었습니다. 지금 오실 예수님은 엄청나게 크신 분이신데, 그는 알곡과 쭉정이를 구분해서 알곡은 하나님의 창고에 집어넣고 쭉정이는 꺼지지 않는 불에 태울 것이라고 했습니다. 그러면 예수님은 거대한 용광로 불을 피워서 사람들의 머리에 불을 부으시든지 아니면 금물을 부으시든지 성령을 부으시든지 해야 할 것입니다. 그러나 예수님은 세례 요한이 증언한 것과는 정반대되는 일을 하셨습니다. 바로 예수님 자신이 요한의 물세례를 받으신 것이었습니다. 이것은 불세례와는 아무 상관이 없었습니다.

1. 요한의 세례를 받으심

세례 요한이 예수님에 대하여 증언한 내용은 8절에 나옵니다.

1:8, "나는 너희에게 물로 세례를 베풀었거니와 그는 너희에게 성령으로 세례를 베푸시리라"

구약 시대에는 죄를 지었거나 부정하게 된 사람들이 이스라엘 진중에 들어오려면 제사장이 그들에게 물을 뿌렸습니다. 즉 우슬초라는 풀에 물을 적혀서 머리에 물을 뿌리면 그 사람은 깨끗한 사람으로 인정되었습니다. 그런데 유다 백성은 나라를 잃고 바벨론에 끌려가서 바벨론의 우상에 절도 하고 온갖 욕설을 다 듣고 하나님을 떠난 상태에서 살아왔기 때문에 그들의 인생은 전부 부정했습니다. 그래서 세례 요한은 이스라엘 백성이 한 명씩 와서 자기 죄를 고백하면 머리를 잡고 요단강에 집어넣어서 완전히 잠기게 했습니다. 즉 그들의 머리털과 수염과 옷과 몸과 다리와 전신이 물에 다 잠겼다가 나오게 했습니다. 이것은 죄가 그들의 전신을 더럽게 하였지만 이제 그들은 다 깨끗하게 되었다는 표시였습니다.

만약 예수님께서 하나님의 아들이시라면 당장 큰 용광로를 만들어서 예수님께 나아오는 한 사람 한 사람을 불에 집어넣으셔야 할 것입니다. 아니면 성령이 잔뜩 들어있는 큰 항아리 안에다 한 명씩 넣어서 머리까지 잠기게 하고 꺼내시면 사람들이 완전히 변하여 새사람이 되어서 나올 것입니다.

그런데 예수님이 하신 모습은 전혀 주연 배우가 하는 행동이 아니었습니다. 예수님은 다른 사람들과 똑같이 세례 요한 앞에 줄을 서서 세례받으시려고 하는 것이었습니다. 예수님은 다른 사람들같이 다른 사람을 때리거나 간음하거나 물건을 빼앗거나 잘못한 죄가 전혀 없으셨습니다. 그런데 예수님은 자신이 세례를 받으셔야 한다고 말씀하셨습니다. 그 이유는 예수님은 죄인의 대표로 세례를 받으시는 것이었기 때문입니다. 세례 요한은 예수님을 말리면서 자기가 예수님의 세례를 받아야 한다고 하니까 예수님은 순종하라고 하시면서 이것이 하나님의 의를 이루는 일이라고 강조하셨습니다(마 3:15). 이렇게 예수님이 하시는 일은 전혀 하나님의 아들이 하시는 일이 아니었습니다. 예수님이 하신 행동은 보통 사람들이 하는 것과 똑같은 것이었습니다.

왜 예수님은 바로 사람들에게 불세례나 성령 세례를 주시지 않았을까요? 만약 예수님이 하나님의 아들이시라면 예수님의 이런 모습은 우리가 보기에 너무나도 실망적이었습니다. 예수님의 외모는 다른 사람들과 똑같은 사람이었습니다. 그리고 불로 세례를 주시지 않고 오히려 자신이 요한에게 물로 세례를 받으셨습니다. 이 얼마나 실망적인 모습입니까? 과연 이분을 하나님의 아들이라고 믿을 수 있을까요?

2. 성령으로 세례를 받으심

1:10, “곧 물에서 올라오실새 하늘이 갈라짐과 성령이 비둘기 같이 자기에게 내려오심을 보시더니”

그러나 그럼에도 예수님은 다른 사람들과 다른 모습이 있었습니다. 그것은 예수님이 요한에게 물로 세례를 받으시고 올라오실 때 일어난 일이었습니다. 그때 예수님에게만 성령 세례가 임했습니다. 그리고 성령은 비둘기의 모양으로 예수님에게 내려오셨습니다. 즉 예수님은 다른 사람들에게 불세례를 베푸시는 대신에 자기 자신이 성령 세례를 받으셨습니다. 성령은 이번에만 특별하게 비둘기의 모양으로 예수님 위에 내려오셨습니다. 즉 성령이 비둘기 모양으로 예수님의 머리 위에 내려오셨는지, 가슴에 들어오셨는지, 어깨에 내리셨는지 알 수는 없지만, 성령은 유일하게 비둘기 모양으로 임하셨습니다.

우리는 이것을 자세히 살펴볼 필요가 있습니다.

우선 첫째로 왜 예수님은 사람들에게 불세례 또는 성령 세례를 주시지 않았을까요? 그 이유는 사람들이 세례 요한의 말을 듣고 예수님을 믿지만 마음속에는 여전히 죄가 남아 있었기 때문입니다. 백성들이 예수를 믿고 겉으로 보이는 더러운 모습을 깨끗이 씻는 것도 필요하지만 더 중요한 것은 마음속에 유황 같은 분노와 하나님을 대적하는 마음이 가득 들어있다는 점입니다. 우리의 구원이 어려운 점은 바로 이 마음속에 있는 분노와 적대감의 불 때문입니다. 그래서 사람들은 속이 상하면 화병이 생깁니다. 이 화병 때문에 다른 병이 생기기도 하고 자살하기도 하고 남에게 욕을 퍼붓기도 하는 것입니다. 이런 우리 인간에게 성령의 불세례를 주면 인간은 모두 다 폭발해서 죽어버릴 것입니다. 예수님은 마음속에 죄가 없으신 분입니다. 그래서 세례받고 올라오실 때 하늘에서 성령의 세례가 임했습니다.

그런데 성령의 세례가 임하는 모습이 요한이나 다른 사람들의 눈에는 어떻게 보였을까요? 아마 하늘에서 불줄기가 임했다고 생각합니다. 굵은 한 줄기 불로 하늘에서 활활 타는 불로 예수님에게 임했을 것입니다. 그리고 예수님은 기쁨에 충만하고 말씀에 충만하고 능력에 충만하게 되셨을 것입니다. 그리고 그 불이 다 내려왔을 때 그 끝부분이 붉은 불로 된 비둘기 모양이 되면서 예수님의 머리로 예수님의 가슴 속으로 들어왔을 것입니다. 그러니까 불 비둘기의 모습이었을 것입니다.

또 성령이 왜 하필이면 비둘기 모양으로 임하셨을까요? 우선 비둘기는 독수리나 매 같은 맹조류에 비하여 공격적이지 않습니다. 비둘기는 온순한 새입니다. 그리고 훈련된 비둘기는 사람에게 와서 가라고 하기 전에는 가지 않고 품에 안겨 있습니다. 더욱이 옛날에는 비둘기가 소식을 전해주는 역할도 했습니다. 하나님은 비둘기를 통해 새로운 시대가 도래한 것을 알려주시는 것입니다. 즉 평화의 시대, 축복의 시대, 메시아가 통치하시는 시대가 임한 것을 보여주는 것입니다.

예수님은 우리에게 불세례를 베푸시기 전에 먼저 자신이 불세례를 받으셨습니다. 즉 예수님은 우리도 예수님처럼 죄가 하나도 없는 의인이 되게 하신 후에 성령의 불세례를 주실 예정입니다. 그리고 성령이 우리에게 오실 때는 어떤 때에는 오셨는지 안 오셨는지 잘 모를 정도로 조용히 오십니다. 그래서 예수님은 하나님의 아들이 틀림없습니다. 그리고 예수님은 우리에게 성령으로 불세례를 베푸시려고 오셨습니다. 그러나 먼저 우리의 죄를 완전히 없애는 일을 하실 것입니다. 그리고 우리가 성령 세례를 받을 때도 조용히 받게 될 것입니다. 그런데 오순절에 임한 성령같이 바람이 불 때는 성령과 불이 합쳐져서 불바람이 되기 때문에 온 세상을 성령의 불바람으로 태우고 부흥이 일어나게 될 것입니다.

로마의 네로 황제 때 네로는 혼자 그 엄청난 규모의 나라와 부를 다스리려고 하니까 점점 미쳐갔습니다. 네로 때 로마에 큰불이 났는데, 로마의 소방시설은 아주 열악했습니다. 거기에 강한 바람까지 불어서 로마 시내의 4분의 3 이상을 태웠습니다. 이때 사람들은 네로가 노래를 부르려고 일부러 로마에 불을 질렀다고 소문을 내었습니다. 이에 네로는 기독교인들이 불을 질렀다고 소문을 내고는 기독교인들을 닥치는 대로 잡아와서 원형 경기장에서 사자 밥이 되게 하거나 십자가에 못 박아 죽이거나 불에 태워 죽였습니다. 그러나 한번 붙은 로마의 부흥의 불은 꺼지지 않았습니다. 기독교는 사람들의 입에서 입으로 퍼져나갔고, 나중에는 카타콤이라는 동굴에 모여서 계속 예배를 드렸습니다. 그 후에는 왕궁에 있는 왕비나 귀족 중에도 많은 기독교인이 생기게 되었습니다. 로마에 일어난 것은 사탄의 불이었지만, 눈에 보이지 않는 성령의 불, 비둘기 같은 불이 붙어서 결국 로마는 기독교에 손을 들게 됩니다.

지금 한국에서도 비슷한 일이 일어나고 있습니다. 코로나-19 전염병이 퍼지고 있을 때 교회와 기독교인들 때문에 퍼지고 있다는 거짓 소문을 퍼트렸습니다. 정부 당국은 기독교인들이 교회에 모이지 못하도록 제한하기도 했습니다. 그래서 교인의 반 이상이 교회에 나오지 못하거나 신앙을 버리고 있습니다. 그러나 마음에는 성령의 불이 붙고 있습니다. 우리가 하나님의 말씀을 듣고 마음이 따뜻해지고 기분이 좋아지는 것은 비둘기 같은 성령이 오시기 때문입니다. 여기서 더 강한 성령이 임하면 밖에 나가서 전도하고 복음을 외치게 됩니다.

영국 청교도 시대에 한 목회자가 있었습니다. 아주 평범한 목사였고 설교도 담대하지 못했습니다. 그런데 어느 날 주일 아침 그에게 불 같은 성령이 임했습니다. 그는 갑자기 사자로 변했습니다. 그의 설교에서는 불덩어리가 튀어나왔는데, 듣는 교인들이 다 뒤집히고 회개했습니다. 그런데 그다음 주일에는 그에게서 성령이 떠나신 것 같았습니다. 그는 옛날의 평범한 목사로 다시 돌아가고 말았습니다. 그에게는 딱 한 번 이런 불의 역사가 있었다고 합니다.

또 조나단 에드워드는 미국 뉴잉글랜드 지역에서 목회했는데, 그에게 성령이 임했습니다. 그가 하나님의 손에 붙들린 죄인의 운명에 대해 설교할 때 교인들은 무서워서 부들부들 떨면서 소리를 지르기 시작했습니다. 그는 우리 밑에는 영원한 지옥 불이 붙고 있는데 하나님이 손만 놓치면 우리는 그 불에 영원히 타 죽게 되는데 그것도 모르고 있다고 설교했던 것입니다. 예수님 속에는 불같은 성령이 있었습니다. 그런데 성령으로 세례를 베푸실 분이 자신이 먼저 성령을 받으신 것은 단 하나도 자기 마음대로 하지 않고 전부 하나님의 뜻대로 하시기 위함이었습니다.

예수님은 사랑이 너무 많으셨습니다. 그래서 예수님은 십자가를 지지 않고 제자들과 계속 사랑하고 싶었습니다. 예수님은 자기를 믿는 사람들을 실망시키고 싶지 않았습니다. 그러나 예수님은 성령에 복종하셨습니다.

3. 하나님의 음성

예수님께서 요단강에서 올라오신 후 성령으로 세례를 받으셨을 때 하늘로부터 하나님의 음성이 들렸습니다.

> 1:11, "하늘로부터 소리가 나기를 너는 내 사랑하는 아들이라 내가 너를 기뻐하노라 하시니라"

예수님은 어린아이의 모습으로 태어나신 후부터 지금까지 줄곧 인간으로 살아오셨습니다. 그러나 예수님의 마음속에는 하나님의 아들이라는 자의식이 있었습니다. 즉 '나는 하나님의 아들이다. 온 우주를 만드신 분이 내 아버지이시다' 라는 인식이 있었던 것입니다.

그런데 예수님의 이런 육신과 그의 마음에 있는 하나님의 아들이라는 자의식이 충돌한 적이 있었을까요? 아마 없었을 것입니다. 왜냐하면 예수님 속에 있는 하나님의 아들이라는 인식과 육신의 욕심이 충돌을 일으키면 육신이 다 찢어졌을 것이기 때문입니다. 오직 예수님은 조용히 하나님의 뜻에 복종하기만 하셨습니다.

그때 하나님은 음성으로 하나님의 아들이심을 다시 한번 확인시켜주셨습니다. 즉 하나님은 예수님을 사랑하고 계셨지만 십자가를 눈앞에 두고 세례를 받는 아들의 모습을 보고 너무 사랑스러워서 그에게 성령을 부으시고 음성으로 "너는 내 아들이다. 내가 너를 사랑한다"고 말씀하셨던 것입니다.

그러면 예수님에게 말씀하신 이 하나님의 언어는 어느 나라 언어였을까요? 영어였을까요? 아니면 방언이었을까요? 아니면 히브리어였을까요? 하나님께서 예수님에게 말씀하신 언어는 그 당시 그곳 사람들이 일상적으로 사용하는 아람어였을 것입니다. 옛날 그 당시 사람들이 시장에서 가장 흔하게 사용하는 헬라어를 코이네라고 했는데, 하나님이 하신 말씀은 소크라테스나 플라톤이 사용했던 고급 헬라어도 아니고 라틴어나 방언도 아니었습니다. 그런데 그 말씀은 하나님이 친히 들려주시는 음성이었던 것입니다. 이것은 하나님께서 앞으로 우리 인간이 평범하게 사용하는 언어를 통하여 하나님의 복음이 불같이 전해질 것을 보여주신 것입니다. 즉 지금 우리가 사용하는 이 한국어를 통하여서도 얼마든지 하나님의 말씀이 전해지게 될 것입니다.

우리는 예수님의 등장이 너무 시시하고 기독교가 말밖에 없는 것 같다고 무시할 때가 많지만 이 말 가운데 생명이 있습니다. 영생하는 약이 이 말씀 속에 있는 것입니다. 우리 모두 한번 영생하고 싶지 않습니까? 속에 있는 분노와 화를 이기지 못해서 우울증이나 화병이나 자살로 죽는 것이 좋다고 생각하십니까? 십자가 붙드는 우리에게 하나님의 불세례가 임하기를 바랍니다. 그러면 땅이 진동하며 사탄의 세력들은 기독교에 모든 죄를 뒤집어씌우려고 하다가 도망치는 역사가 일어날 것입니다.

03

예수님의 시험

막 1:12-20

학생들이 가장 싫어하는 것이 있다면 그것은 시험을 쳐야 하는 것입니다. 학교 다니고 친구들 만나는 것은 좋지만, 중간고사나 기말고사를 쳐야 할 때는 너무나도 싫어합니다. 그때 버스나 지하철 안을 보면 거기서도 시험공부를 하느라고 정신이 없습니다. 특히 수능같이 중요한 시험이 있으면 온 나라가 전쟁을 치르는 것 같습니다.

드디어 하나님의 아들이 이 세상에 오셨습니다. 하나님의 아들은 우주의 비밀 중의 비밀입니다. 하나님의 아들은 미국으로 치면 FBI와 같습니다. 절대로 자신의 신분을 드러내시지 않습니다. 그런데 지금도 도무지 이해되지 않는 것은 세례 요한이 하나님의 아들이라고 증언한 그분이 시험을 치신다는 것입니다. 하나님의 아들이 시험을 치신다면 그분은 하나님의 아들이 아니라 인간일 것입니다.

그런데 오늘 본문을 보면 예수님은 진짜 인간인지 아닌지 마귀에게 시험을 받으셨습니다. 아마 마귀도 예수님을 보고는 헷갈렸던 것 같습니다. 마귀가 예수님을 보니까 어디를 보나 인간이지 하나님이 아니었습니다. 그런데 이상한 것은 죽어도 죄를 안 짓는다는 것입니다. 하나님의 말씀만 붙들고 가난하게 살아가셨습니다. 또 놀라운 것은 예수님이 세례를 받으신 후 성령께서는 예수님을 광야로 몰아내시면서 마귀에게 마음껏 예수님을 시험해 보라고 하는 것이었습니다. 그래서 마귀는 이번 기회에 반드시 예수님의 정체를 드러내고 그로 하여금 죄짓게 하리라고 단단히 작정했습니다.

1. 예수님이 시험을 받으심

예수님이 세례 요한에게 세례를 받으시고 물에서 올라오신 후 성령의 세례가 임했습니다. 즉 하늘로부터 불기둥 같은 빛이 비둘기 모양으로 예수님의 머리 위에 임한 것입니다. 즉 예수님은 성령으로 세례를 베푸실 분이요 비둘기가 새 시대를 예고하듯이 지금부터 새 시대가 오게 된 것입니다.

사람에게는 영혼이라는 것이 있습니다. 즉 영혼과 육체가 분리되면 죽는 것입니다. 그래서 우리의 몸에서 영혼이 나올 수는 없습니다. 우리 몸에서 영혼이 나오는 순간 죽게 되기 때문입니다. 그런데 하나님은 영원히 그 영을 나오게 하실 수 있습니다. 하나님의 영은 우주도 만드시고 지구의 물도 만드시고 인간이나 다른 생물체도 만드셨습니다. 하나님의 영이 바로 성령이신데 그분은 하나님과 똑같은 분이십니다. 그런데 의지도 있으시고 능력도 있으시고 지혜도 있으시고 어떤 힘도 가지고 계십니다.

예수님이 요한에게 세례를 받으시고 가장 먼저 하신 일은 성령에게 내몰리셔서 광야에 가시고 마귀에게 시험을 받으신 것입니다.

1:12-13, “성령이 곧 예수를 광야로 몰아내신지라 광야에서 사십 일을 계시면서 사탄에게 시험을 받으시며 들짐승과 함께 계시니 천사들이

수종들더라"

예수님은 성령의 힘에 떠밀려서 광야로 가셨습니다. 예수님은 사십일을 광야에 계시면서 굶주리셨습니다. 그리고 마귀에게 시험을 받으셨습니다.

마귀의 시험은 좀 어려운데, 두 가지 내용을 가지고 있습니다. 하나는 정말 예수님이 인간인가 신인가 하는 것을 알아보는 것이었습니다. 그리고 또 다른 하나는 그가 하나님의 말씀을 어떻게 생각하는가 하는 것이었습니다. 즉 하나님의 말씀을 가지고 하나님을 원망하거나 아니면 하나님의 말씀을 이상하게 사용하지는 않는지 시험하는 것이었습니다.

예수님은 광야에서 사십일을 굶으셨습니다. 물론 그분은 성령 충만하셨기 때문에 기쁨이 충만했고 처음에는 배가 고픈 줄도 몰랐습니다. 그러나 시간이 갈수록 엄청나게 굶주리게 되었습니다. 예수님은 제대로 서 있을 수 없을 정도로 배가 고팠고 너무 고통스러워서 이 고통을 빨리 끝내고 싶은 생각이 들었을 것입니다. 대개 아기를 낳는 산모는 굉장히 배가 아픈 고통을 받습니다. 그런데 이 고통이 10분이나 20분에 끝나는 것이 아니라 보통은 다섯 시간, 심한 분은 열 시간이 넘도록 아픕니다. 그때 산모들이 생각하는 것은 빨리 이 고통이 끝났으면 좋겠다는 것입니다. 그런데 그 산고 끝에 아기가 태어나서 막 울어대면 엄마는 그동안 받았던 고통은 생각나지 않고 너무나도 행복해 합니다.

예수님에게 그 고통은 절정이 아니었습니다. 그 고통의 절정은 나중에 십자가 위에서 당하게 됩니다. 지금 이것은 예비적인 시험인데, 예수님이 인간이냐 아니냐 하는 것을 마귀가 테스트하는 시험이었습니다.

예수님은 마귀에게 세 가지 시험을 받으셨습니다(마 4:1-11).

첫 번째로 마귀는 예수님에게 "네가 하나님의 아들이라면 돌로 떡을 만들어 먹으라"고 했습니다. 아마 마귀도 예수님을 보았을 때 헷갈렸을 것 같습니다. 하나님의 아들이라고 하는데 생긴 것은 영판 없는 인간이었기 때문입니다. 그래서 마귀는 예수님에게 "네가 하나님의 아들이면 돌로 떡을 만들어 먹으라. 그러면 창조주 하나님의 아들로 인정해줄게. 그 능력이 없으면 너는 하나님의 아들이 아니다"라는 뜻으로 이렇게 시험했던 것입니다. 예수님은 물론 돌로 떡을 만들 수 있었습니다. 예수님이 돌로 떡을 만들면 하나님의 아들로 인정을 받는 것입니다. 그러나 마귀의 말을 듣는 하나님의 아들이 되는 것입니다. 마귀의 말은 예수님이 돌로 떡을 만들지 못하면 하나님의 아들이 아니라는 것입니다. 그러니 돌로 떡을 만들 수도 없고 안 만들 수도 없는 처지가 되었습니다.

그러나 예수님은 이 시험을 말씀으로 이기셨습니다. "사람이 떡으로만 사는 것이 아니요 하나님의 말씀으로 산다"고 하셨습니다. 사람이 얼핏 보기에는 양식이나 돈이 있어야 사는 것 같지만 실제로는 하나님의 능력으로 살고 하나님의 능력은 말씀에서 나온다는 뜻이었습니다. 우리가 하나님의 말씀을 듣고 성경을 읽을 때 성경은 살아있는 말씀이 됩니다. 오늘 우리가 능력 없는 크리스천의 삶을 사는 것은 모든 것을 다 가지고 믿음 생활을 하려고 하기 때문입니다. 그런 사람에게 성경은 죽은 책입니다.

둘째로 마귀는 예수님을 성전 꼭대기에 데리고 가서 거기서 떨어지라고 테스트했습니다. 시편 말씀에 하나님의 천사들을 보내서 그 발을 붙들고 바위에 부딪치지 않게 할 것이라고 하셨기 때문입니다. 예수님이 뛰어내렸는데 죽지 않으면 그는 인간이 덜된 것입니다. 그러나 뛰어내렸는데 죽어버리면 모든 것이 끝장나는 것입니다. 그때 예수님은 "주 너의 하나님을 시험하지 말라"는 말씀으로 그 시험을 이기셨습니다. 성경은 하나님을 믿으라고 주신 것이지 하나님을 시험하라고 주신 것이 아니기 때문입니다. 성경의 목적은 하나님을 믿는 것입니다. 하나님을 믿는 것과 시험하는 것은 완전히 다른 것입니다. 하나님을 믿는 것은 하나님이 내 앞에 있는 것이고, 시험하는 것은 내가 하나님 앞에 있는 것입니다.

세 번째로 마귀는 예수님을 산에 데리고 가 세상 영광을 보여주면서 나에게 절하면 세상의 모든 영광을 다 주겠다고 테스트했습니다. 이것은 정말 예수님에게는 달콤한 유혹이었습니다. 예수님도 십자가에 죽지 않고 세상의 왕이 되고 싶었을 것입니다. 그러나 예수님은 이 시험을 "오직 하나님께만 경배하고 절하라"는 말씀으로 이기셨습니다. 우리는 돈이나 기술이나 공부 같은 것에 절을 하면 안 됩니다. 학자나 배우나 기업가 중에는 성공만 한다면 자기 영혼을 마귀에게 팔 사람들이 많이 있을 것입니다. 그러나 인간은 오직 하나님에게만 경배해야 합니다.

2. 하나님의 나라가 가까이 왔느니라

예수님께서 두 번째로 하신 일은 사람들에게 복음을 전파하신 것입니다. 원래 복음이라는 것은 구약에서 나온 개념인데, 돈이 없어서 종으로 팔려간 사람이 있을 때 누군가가 그의 빚을 갚아주면 그 사람은 자유인이 되어 집으로 돌아올 수 있었습니다.

그래서 이사야 선지는 복음 전하는 자의 발이 아름답다고 했습니다(사 52:7). 예수님은 우리의 모든 빚을 갚아주려고 오셨습니다. 그래서 구원을 '구속'이라고 하기도 하는데, 이것은 인질의 값을 다 갚았다는 뜻입니다. 예수님은 15절에서 다음과 같이 선포하셨습니다.

1:15, "이르시되 때가 찼고 하나님의 나라가 가까이 왔으니 회개하고

복음을 믿으라 하시더라"

예수님이 천국이 가까이 왔다고 하신 것과 세례 요한이 천국이 가까이 왔다고 한 것 사이에는 엄청난 차이가 있습니다. 세례 요한이 천국이 가까이 왔다고 한 것은 정말 천국이 멀지 않은 곳에 와 있다는 뜻입니다. 그러나 예수님이 전하신 천국이 가까이 왔다는 말은 천국이 지금 여기에 와 있다는 뜻입니다. 그러면 도대체 예수님은 어디에 천국이 와 있다고 그렇게 말씀하신 것일까요? 좋은 예는 아니지만 미국 영화나 드라마를 보면 마약을 옮길 때 사람을 구해서 마약을 비닐봉지에 싸서 삼키게 해서 미국에 들여보내기도 합니다. 그 마약을 삼킨 사람이 마약입니다. 그래서 그들이 온 것을 보고 마약이 왔다고 하는 말은 맞습니다. 그 사람들 배 속에 있는 비닐봉지를 꺼내면 바로 마약이 나오기 때문입니다.

그런데 예수님은 자신의 몸 안에 천국을 싸 가지고 오셨습니다. 예수님의 몸 안에는 천국이 꽉 차 있었습니다. 그래서 예수님이 입만 여시면 하나님의 말씀이 쏟아져 나왔고, 병자들이 그분의 옷만 만져도 병이 나았습니다. 예수님의 말씀에 갈릴리 호수의 바람과 파도도 잔잔해졌습니다. 예수님이 손을 대시거나 말씀만 하시면 죽은 자도 살아났습니다. 그런데 예수님의 몸이 채찍에 맞으시고 손과 발에 못이 박히고 옆구리가 창에 찔리셨을 때 하나님의 나라는 이 세상에 쏟아지기 시작했습니다. 지금 이 세상에 하나님의 나라는 와 있습니다. 그리고 예수님이 부활하신 후 얼마든지 풍성하게 공급될 수 있습니다. 이제 우리는 회개하고 믿기만 하면 됩니다. 여기서 회개라는 것은 믿는 것을 바꾸는 것을 말합니다. 돈과 권력과 인기를 믿는 것을 이제 하나님 믿는 것으로 바꾸면 됩니다.

3. 제자를 뽑으신 예수님

예수님은 혼자서 얼마든지 세상 구원하는 일을 하실 수 있습니다. 그리고 예수님이 부릴 수 있는 천사들이 열두 부대나 되었습니다. 그러나 예수님은 갈릴리 호수에서 고기 잡는 사람들을 제자로 삼으셨습니다. 그리고 예수님은 그들을 사람 낚는 어부로 삼으리라고 말씀하셨습니다.

1:16-18, "갈릴리 해변으로 지나가시다가 시몬과 그 형제 안드레가 바다에 그물 던지는 것을 보시니 그들은 어부라 예수께서 이르시되 나를 따라오라 내가 너희로 사람을 낚는 어부가 되게 하리라 하시니 곧 그물을 버려 두고 따르니라"

예수님은 이 세상에 천국을 가지고 오시는 데 성공하셨습니다. 이제 예수님은 이 천국을 이 세상에 터트리시기만 하면 됩니다. 이제 그 십자가를 향하여 가실 것입니다. 그러나 예수님은 죽음에서 부활하신 후 이 천국 복음을 우리 인간에게 완전히 맡기실 것입니다. 왜냐하면 인간이 인간을 가장 잘 알고 가장 안타까운 마음을 가지고 있기 때문입니다. 그래서 예수님은 영혼을 고치고 살리는 복음을 우리 믿는 자들과 교회에 맡기셨습니다.

예수님은 이 세상에서 가장 귀한 것은 한 영혼이라고 하셨습니다. 그런데 영혼을 낚으려고 하면 미끼가 있어야 할 텐데 우리는 무엇을 미끼로 영혼을 낚을 수 있을까요? 그 미끼는 하나님의 사랑입니다. 모든 인간은 사랑에 굶주려 있습니다. 하나님의 사랑이 사람들을 복음으로 오게 할 것입니다. 교회는 천국이 쏟아지는 곳입니다. 예수님이 가지고 오셨던 천국이 교회 위에 쏟아지게 됩니다. 예수님이 "두세 사람이 내 이름으로 모인 곳에는 나도 그들 중에 있다" 고 말씀하셨습니다(마 18:20).

또 너희에게 만일 겨자씨만 한 믿음이 있으면 이 산을 명하여 여기서 저기로 옮겨지라 하면 옮겨질 것이라고 하셨습니다(마 17:20). 헬라어에서는 강과 바다는 같은 단어로 사용되고 있어서 '살라싸' 라고 하면 호수도 되고 바다도 되는 것입니다. 그래서 우리가 복음서를 읽어보면 갈릴리 호수를 자꾸 바다라고 하는 것을 보게 됩니다. 우리에게 아주 작은 믿음이 있으면 얼마든지 산이 굴러서 호수를 메울 수 있는 것입니다. 이것은 바로 영적인 지진입니다.

사탄은 하나님의 것을 흉내 내는데 유명합니다. 출애굽 당시 모세가 바로 앞에서 지팡이로 뱀을 만들었을 때 애굽의 마술사들도 뱀을 만들었고, 모세가 나일강물로 피가 되게 했을 때 마술사들도 흉내 내어서 피로 만들었습니다. 지금 우리나라에서 정치인들은 사탄의 마술사들을 흉내 내어서 천국을 만들겠다고 온 나라를 들쑤셔 놓고 있는데, 국민은 못 살겠다고 아우성치고 있습니다. 이때 필요한 것이 겨자씨만 한 믿음입니다. 우리의 인간적인 생각을 버리고 하나님의 말씀을 왜곡하지 아니하고 오직 하나님만 경배해야 하는 것입니다.

우리는 하나님을 시험하면 안 됩니다. 여기서 하나님을 시험한다는 것은 의심하는 것을 말합니다. 이스라엘 백성은 하나님께서 자신들을 인도하시는 것을 의심했습니다. 그들은 물이 없을 때 하나님을 의심하고 애굽의 종으로 돌아가려고 했습니다. 우리는 믿음 없는 사람으로 돌아가서는 안 됩니다. 우리는 오직 하나님만 경배해야 합니다. 하나님은 영혼을 살릴 수 있는 약을 우리에게만 맡기셨습니다. 그것은 어떤 금이나 보석보다 귀한 것입니다. 이 약을 사용해서 영혼을 살리는 성도들이 다 되시기 바랍니다.

04

병을 고치심

막 1:21-45

우리가 어렸을 때는 나라 전체가 가난하고 물이 귀해서 잘 씻지 못했습니다. 그래서 얼굴도 시커멓고 옷도 다 떨어졌으며 귀에는 중이염을 앓고 다리에는 종기가 나고 고름이 흐르고 뱃속에는 기생충이 많았습니다. 그런데 간혹 지금 아프리카나 아시아의 가난한 나라 어린이의 모습을 TV로 보면 옛날 우리의 모습과 다를 바가 없습니다. 거기에다가 에볼라 열병이라든지 치명적인 질병이 돌면 그 나라 사람들은 무더기로 죽게 되는 것입니다. 남아프리카 쪽으로 의료선교를 갔던 분들의 이야기를 들어보면 작년에 갔던 마을이 이듬해에는 아예 사라지고 없던 때도 있었다고 합니다. 그곳에 에이즈가 유행하면서 동네 사람들이 전부 다 죽었기 때문이라고 합니다. 특히 아프리카에서는 에이즈에 걸려서 태어나는 아이들이 많고, 또 그것이 에이즈인 줄 모르고 감기 몸살로 알고 지내다가 죽는 사람도 많다고 합니다.

저는 어렸을 때 고향을 떠나서 양계장에 버려지다시피 해서 지냈기 때문에 저의 마음속에는 늘 고향에 대한 갈급함이 있었습니다. 사랑하는 고향 친구들이 너무 보고 싶었습니다. 그런데 그 추운 곳에 혼자 있으니까 제 마음에는 사랑이 고갈되어 버렸습니다. 항상 찬 바람이 불었고 다른 사람을 사랑하는 법을 몰랐습니다. 그리고 왜 살아야 하는지 삶의 목적이 없었습니다. 그러다가 어느 날 예수님이 제 마음에 뜨겁게 찾아오셨습니다. 그 후부터 제 마음은 따뜻해지게 되었고 자신을 사랑할 수 있게 되었습니다. 다른 사람을 사랑하기 전에 자기 자신을 먼저 사랑할 수 있어야 합니다.

우주와 우리 인간을 창조하신 어마어마하신 능력의 하나님의 아들이 이 세상을 찾아오셨습니다. 하나님의 아들은 얼마든지 하늘에서 불이 떨어지게 해서 세상을 심판하실 수도 있고, 그의 손으로 큰 폭풍이 일어나게 하실 수도 있었습니다. 그가 명령하시면 수많은 천사가 내려와서 악마들을 부술 수도 있었습니다. 그러나 예수님은 공생애를 시작하면서 회당을 찾아가셔서 하나님의 말씀을 가르치기 시작하셨습니다.

1. 말씀을 가르치신 예수님

유대인은 안식일이 되면 회당에 가서 하나님의 말씀을 들었습니다. 그러나 예수님 당시 그들의 형편은 말이 아니었습니다. 거의 모든 아이의 얼굴에는 제대로 먹지 못해서 마른버짐이 펴져 있었고 몸에는 피부병투성이였습니다. 제가 선교 현장에서 놀란 것은 단기 선교팀이 아프리카나 동남아시아 같은 데 가보면 아이들에게 피부병이 많은데 우리 선교팀이 무슨 연고를 발라만 주어도 거의 모든 피부병이 낫는다는 것입니다. 그러나 그곳에서는 그런 연고조차 없어서 아이들이 피부병으로 고생하고 있습니다. 하나님은 우리 인간을 너무 사랑하셨지만 마음이 병들고 육체가 병들어서 하나님의 사랑을 받을 수 없었습니다. 모두 버려진 인간으로 살다가 죽어야만 했습니다.

그때 예수님께서 유대인의 회당을 찾아가셨습니다. 물론 그 당시 유대인의 회당은 하나님의 말씀을 배우는 곳이지만 하나님의 말씀을 제대로 가르쳐주는 사람이 없었습니다. 하나님의 말씀은 문자로 말씀만 가르친다고 해서 되는 것이 아니라 하나님의 불과 함께 가르쳐야 우리 마음속에 말씀이 들어오면서 병이 치료되기 때문입니다.

그런데 드디어 예수님이 입을 열어서 하나님의 말씀을 가르치기 시작하셨습니다.

1:21-22, "그들이 가버나움에 들어가니라 예수께서 곧 안식일에 회당에 들어가 가르치시매 뭇 사람이 그의 교훈에 놀라니 이는 그가 가르치시는 것이 권위 있는 자와 같고 서기관들과 같지 아니함일러라"

예수님이 입을 열어서 가르치실 때 그곳에 있던 사람들은 예수님의 입에서 나오는 따뜻한 온기를 느낄 수 있었습니다. 원래 예수님의 입에서는 산을 녹일 수 있는 뜨거운 불이 나올 수 있었지만 그 불의 온도를 낮추시고 또 낮추셔서 인간의 온도로 느낄 수 있게 하셨습니다.

예수님께서 가르치시는 것은 그 당시 설교하던 서기관들의 가르침과 달랐다고 했습니다. 서기관들의 가르침은 차가웠습니다. 그리고 채찍같이 듣는 이의 마음을 아프게 했습니다. 그러나 예수님의 가르치심은 듣는 사람들의 마음을 뜨거워지게 했습니다. 예수님은 사람들에게 하나님께서 그들을 사랑하신다고 하셨고, 수고하고 무거운 짐을 진 자들은 다 내게로 오라고 말씀하셨습니다(마 11:28). 생활의 무거운 짐, 공부의 무거운 짐, 질병의 무거운 짐을 진 자들은 다 내게로 오라고 하시면서 그 짐을 가볍게 해주시겠다고 말씀하셨습니다. 예수님의 말씀을 듣는 사람마다 짐이 가벼워지는 것을 느낄 수 있었습니다. 병든 사람들은 아팠던 곳이 아프지 않게 되었습니다. 예수님은 이렇게 우리에게 하나님의 사랑을 가지고 오셨습니다. 이것이 모든 병을 고치는 약이었습니다.

여러분은 진정으로 다른 사람을 사랑해보신 적이 있습니까? 진정으로 자기 자신을 사랑하고 계십니까? 또 하나님이 여러분을 사랑하신다는 것을 믿고 계십니까? 하나님은 우리 한 사람 한 사람을 '하늘만큼 땅만큼 사랑하십니다.'

그런데 그때 예수님의 말씀을 듣고 깜짝 놀라면서 부들부들 떠는 사람이 있었습니다. 그는 더러운 귀신 들린 사람이었습니다.

1:23-24, "마침 그들의 회당에 더러운 귀신 들린 사람이 있어 소리 질러 이르되 나사렛 예수여 우리가 당신과 무슨 상관이 있나이까 우리를 멸하러 왔나이까 나는 당신이 누구인 줄 아노니 하나님의 거룩한 자니이다"

참 놀라운 것은 회당에 귀신 들린 사람이 와 있었다는 것입니다. 아마 가족들이 그가 너무 불쌍하니까 버릴 수 없고 또 조금이라도 하나님의 말씀을 들으면 증세가 나아질까 해서 데려온 것이었습니다. 그런데 이런 사람은 회당에 데리고 와 봤자 소란을 피우고 시끄럽게 할 뿐이었습니다. 그런데 이 귀신 들린 사람이 예수님의 말씀을 듣고는 달라지기 시작했습니다. 그는 벌벌 떨면서 "왜 우리를 멸하러 왔나이까?"라고 하며 소리 질렀습니다. 이 귀신은 이미 예수님의 소문을 들었던 것입니다. 예수님은 하늘에 계실 때 더러운 귀신이나 사탄만 보면 멸하고, 틈만 나면 그들을 지옥에 쓸어 넣으셨습니다. 귀신은 예수님의 능력을 알아보았습니다. 그 어떤 귀신도 예수님을 이길 수 없었습니다. 예수님은 귀신이나 악한 자와 싸우는 데는 명수였습니다.

그러나 그때 예수님은 귀신을 모두 쓸어서 지옥에 넣지 아니하셨습니다. 그렇게 하면 귀신 들린 사람까지 지옥에 쓸려가기 때문입니다. 단지 예수님은 귀신에게 야단을 치셨습니다. "거기는 네가 있을 곳이 못 돼. 잠잠하고 그 사람에게서 나오라"고 하니까 귀신은 지옥에 안 들어가려고 소리 지르고 그 사람에게 경련을 일으키면서 나왔습니다. 그러자 귀신 들렸던 사람은 온전한 정신을 차린 사람이 되었습니다. 이때 그곳에 있던 사람들은 전부 놀랐습니다. "어찜이냐 권위 있는 새 교훈이로다 더러운 귀신들에게 명한즉 순종하는도다"(27절)라고 했습니다. 지금도 하나님의 아들은 약하시지 않습니다. 그분은 귀신이나 악한 자들을 얼마든지 멸하고 밟으실 것입니다. 단지 우리를 위해서 참으시는 것입니다.

2. 시몬의 장모의 열병을 고치심

옛날에는 열병이 많이 퍼졌고, 열병에 걸려서 죽는 사람도 많았습니다. 대개 이런 열병을 옮기는 매개체는 이나 쥐벼룩, 모기 같은 벌레가 많았습니다. 예수님께서 회당에서 나와 베드로의 집에 가시니 베드로의 장모가 열병에 걸려서 죽어가고 있었습니다.

1:30-31, "시몬의 장모가 열병으로 누워 있는지라 사람들이 곧 그 여자에 대하여 예수께 여짜온대 나아가사 그 손을 잡아 일으키시니 열병이 떠나고 여자가 그들에게 수종드니라"

열병은 열만 떨어지면 얼마든지 살 수 있는 질병입니다. 몸에 열이 나면 정신을 차릴 수 없고 음식을 먹을 수도 없습니다. 그리고 숨도 제대로 쉴 수 없습니다. 그러다가 죽는 것입니다. 최근에 우리나라에서 가장 문제가 되는 질병이 바로 이 코로나 바이러스입니다. 중국 우한에서 시작된 열병이 전 세계에 퍼지게 되었습니다. 이 열병은 전파속도가 다른 열병의 60배 이상 된다고 합니다. 죽는 사람들은 적다고 하지만 세계적으로 2억 5천만 명이 걸리고 500만 명 이상이 죽은 것으로 알려졌습니다. 그런데도 아직까지 치료제가 없어서 고침을 받지 못하고 있는 형편입니다.

사람들은 예수님도 열병에 전염될까 봐 예수님을 모시고 가지는 못하고 베드로 장모의 사정만 이야기했습니다. 즉 지금 베드로의 장모가 열병에 걸렸는데 얼마 못 가서 죽을 것 같다고 말한 것입니다. 그때 예수님은 열병을 조금도 두려워하지 아니하시고 베드로의 장모가 누워 있는 곳으로 가셨습니다. 그리고 예수님은 조용히 베드로 장모의 손을 잡아 일으키셨습니다. 그때 놀라운 일이 벌어졌습니다. 베드로의 장모에게 있던 열이 뚝 떨어졌습니다. 그 대신에 예수님 속에 있던 젊음 넘치는 에너지가 그 여자 속에 들어갔습니다. 베드로의 장모는 그 자리에서 열병이 나았고 일어나 식사 준비를 하기 시작했습니다. 예수님의 몸 안에는 모든 병을 치료할 수 있는 항체가 다 들어 있는 것입니다. 우리는 그분께 기도하면 모든 병이 나을 수 있습니다.

1:32, "저물어 해 질 때에 모든 병자와 귀신 들린 자를 예수께 데려오니"

그리고 잠시 후에 그 동네에 난리가 났습니다. 이 날은 안식일이므로 환자들이 예수님께 와서 치료받을 수 없었습니다. 그런데 해가 지고 안식일이 끝나니까 그 동네의 각종 병이 든 사람과 장애인들, 열병 환자들, 귀신 들린 자들이 모두 예수님께 몰려왔습니다. 예수님이 계신 집 밖에는 그런 사람들로 와글와글했습니다. 예수님은 집에서 나가셔서 말씀하셨습니다. "하나님은 여러분을 사랑하십니다." 그리고 모든 병자를 고쳐주셨습니다. 그중에는 눈병 환자와 피부병 환자도 있었습니다. 귀신 들려 정신이 온전하지 못한 자도 있었습니다. 심지어는 듣지 못하는 자, 말하지 못하는 자도 있었고, 다리가 잘린 자도 있었습니다. 예수님은 그 병자들을 일일이 고쳐주셨습니다.

한번은 제가 서울에 있는 어느 대학의 의대생 모임에 간 적이 있습니다. 그때 의대 교수님이 한 말씀이 생각납니다. "사실 우리가 하는 것은 아무것도 없다. 열이 올라가면 내리고, 관이 막혔으면 뚫어주고, 찢어진 데가 있으면 기워주는 일밖에 하는 것이 없다. 모든 것은 하나님께서 고쳐주신다."

우리 인간에게는 놀라운 면역력이 있습니다. 그리고 우리에게는 너무나도 놀라운 치료력이 있습니다. 그러나 우리는 너무 분노하고 너무 지나치게 죄를 지으니까 그 면역력이 떨어져 버렸습니다. 예수님은 우리를 치료하러 세상에 오셨습니다. 그러나 치료만이 예수님이 오신 목적이 아닙니다. 영생을 주시려고 오신 것입니다. 그러나 우리 인간은 그 영생의 가치를 믿지 않습니다.

예수님이 그 많은 병자를 고쳐주시니 그다음 날은 그야말로 새벽부터 사람들이 치료받으려고 그분이 계신 집 앞에 몰려들었습니다. 그런데 예수님은 그 새벽에 보이지 않았습니다. 그래서 제자들은 어디 가셨나 해서 찾으러 돌아다녔습니다. 그때 예수님은 아주 먼 곳 아무도 없는 데서 산에 엎드려 기도하고 계셨습니다(35절). 예수님은 하나님께 무슨 기도를 드리셨을까요?

"하나님 아버지, 막상 이 세상에 와 보니까 제가 사랑하는 인간이 너무 비참한 상태에 빠져 있습니다. 그들은 병이란 병에 다 걸려 있고, 하나님의 사랑을 알지도 못하고 있습니다. 인간 중에서 하나님이 주시려고 하는 죄 용서와 영생에 대하여 알고 있는 사람은 단 한 사람도 없습니다. 하나님, 어떻게 하면 좋습니까? 하나님, 저는 먼저 이 세상에서 아픈 사람들을 다 고치고 싶습니다. 그리고 사람에게 하나님의 죄 용서에 대하여 알게 하고 싶습니다. 그리고 그들에게 영생의 복음을 전하고 싶습니다. 그러나 저에게는 시간이 없습니다. 하나님, 저는 사람들이 너무 불쌍합니다."

그때 하나님께서는 아들에게 말씀하셨습니다. 너무 한 마을에서만 사람들의 병을 고치지 말고 다른 마을로 가서도 복음을 전하라고 하셨습니다. 왜냐하면 복음은 늘 들을 수 있는 것이 아니기 때문이라고 하셨습니다. 그래서 많은 사람이 예수님을 찾고 기다리고 있었지만 예수님은 냉정하게 그곳을 떠나 다른 동네로 가셨습니다.

3. 나병환자를 고쳐주신 예수님

예수님 당시 가장 무서운 병에 걸렸던 환자 하나가 예수님을 찾아와서 엎드렸습니다. 그 병은 바로 한센병이었습니다. 한센병은 사람의 피에 한센 병균이 들어가서 생기는 병입니다. 이 병에 걸린 사람은 감각이 없어지는데 살이 썩어도 아픈 줄 모릅니다. 어떤 때는 손가락이 떨어져 나가기도 하고 눈이 보이지 않게 되기도 합니다. 옛날 이스라엘에는 이 병에 걸린 사람들이 많았습니다. 그래서 이 병에 걸린 사람들을 동네에서 멀리 떨어진 곳에 격리해 놓았습니다. 이런 사람이 동네에 들어오면 마을 사람들은 그에게 돌을 던졌습니다. 우리나라는 일제강점기에 이런 환자들을 소록도에 한꺼번에 수용했습니다. 그리고 이들의 아이들은 한센환자가 아닌데도 보균자라고 해서 강제로 격리했습니다.

1:40-41, "한 나병환자가 예수께 와서 꿇어 엎드려 간구하여 이르되 원하시면 저를 깨끗하게 하실 수 있나이다 예수께서 불쌍히 여기사 손을 내밀어 그에게 대시며 이르시되 내가 원하노니 깨끗함을 받으라 하시니"

그런데 그곳에 아주 심하게 한센병에 걸린 사람이 있었습니다. 이 사람은 예수님이 맹인이나 나면서 못 걷는 사람이나 장애인을 고친다는 소문을 들었습니다. 이 사람은 성경에서 앞으로 메시아 하나님의 아들이 오시면 모든 불치의 병을 치료하신다는 이야기를 들은 적이 있습니다. 그래서 예수님이 모든 질병을 고치시는 것을 보니까 틀림없는 하나님의 아들이라고 믿었습니다. 이 사람은 하나님의 아들을 찾아와서 꿇어 엎드렸습니다. 그리고 "주님이 원하시면 내 병도 고치실 수 있습니다"라고 간구했습니다. 그때 예수님은 "내가 원하노니 깨끗함을 받으라"고 말씀하셨습니다. 그러니까 즉시 그의 감각이 회복되면서 한센병이 떠나고 몸의 썩은 부분은 깨끗해지고 그 무서운 병이 나았습니다.

지금도 병원에 가면 많은 환자가 있습니다. 치매 환자, 심장병 환자, 간 환자, 교통사고 환자 등 수없이 많습니다. 이들 중에는 치료받지 못해서 돌아가시는 분도 많습니다. 이번 코로나로 인해 요양원에 계시다가 집단으로 코로나에 걸린 분들도 있습니다. 코로나가 전 세계로 퍼지는 것을 보면 동성애나 자살이나 성범죄에 대한 하나님의 진노처럼 느껴집니다. 예수님은 이 병을 치료하실 수 있습니다. 성령의 불로 이 병이 치료되기를 바랍니다.

예수님은 하나님의 아들이십니다. 예수님은 우리에게 하나님의 사랑을 전해주고 죄 용서와 영생을 주시기 위해서 오셨습니다. 우리가 코로나만 낫고 한센병이나 중풍만 나아도 그렇게 좋을 것인데, 천국 영생의 복을 주시니 이 얼마나 멋진 일입니까? 오늘 영생을 모두 다 얻는 성도들이 되시고, 마음이 따뜻해지고 병 낫는 기적이 계속 일어나게 되시기 바랍니다.

05

더 긴급한 것

막 2:1-12

그동안 우리나라에서는 중고등학생들이 다른 학생들에게 괴롭힘을 당하고 아파트에서 뛰어내려 자살하는 일이 많았습니다. 아직 앞으로 살아야 할 날들이 창창한데 너무 답답하고 자존심이 상하니까 죽음을 택했던 것입니다. 사람에게 있어서 가장 중요한 일은 일단 목숨을 살려놓고 보는 것입니다. 죽어버리면 아무리 공부 잘하고 돈이 많고 인물이 잘생겨도 소용없기 때문입니다. 만약 어떤 사람이 높은 데서 떨어져 뼈가 부러지고 피를 흘리고 있으면 일단 출혈부터 막아서 목숨을 건져야 합니다. 또 어떤 환자가 숨을 쉬지 못하고 있다면 다른 것은 다 제쳐놓고 숨을 쉴 수 있게 해주어야 합니다. 그렇지 않으면 나중에 숨을 쉬어도 식물인간이 되든지 아니면 죽기 때문입니다. 그래서 병원 응급실에 가보면 의사나 간호사들이 환자의 목숨을 살리기 위해서 이동식 베드를 밀고 달리고, 어떤 때는 환자 위에 올라가서 심폐소생술을 해서라도 살리려고 애쓰는 모습을 볼 수 있습니다. 하여튼 사람은 이 세상에서 목숨을 건지는 것이 가장 중요합니다. 일단 죽으면 아무것도 소용없기 때문입니다.

그런데 하나님 앞에서 모든 인간에게 목숨같이 중요한 것이 있습니다. 그것은 바로 죄 용서받는 것입니다. 하나님 앞에서 우리의 생명은 죄 용서받는 것입니다. 만일 어떤 사람이 아무리 이 세상에서 성공적으로 살았다 하더라도 죄 용서받지 못했다면 무덤과 같은 지옥에 들어가게 됩니다. 그 지옥에서 썩고 또 불타면서 영원한 시간을 보내게 됩니다. 그러므로 이 세상에 있으면서 반드시 해야 할 일이 죄 용서받는 것입니다. 그런데 우리 인간에게는 죄 용서받을 수 있는 약이 없습니다. 그래서 모든 인간은 무더기로 지옥으로 밀려들어 가는 것입니다.

1. 한 중풍병자의 믿음

드디어 우주를 만드신 하나님의 아들이 이 세상에 오셨습니다. 온 우주를 만드신 하나님의 아들이라면 그 모습이 특별해야 할 것입니다. 그의 얼굴은 해 같이 빛나고 하늘을 날아다니며 많은 천사를 거느리고 다니셔야 할 것 같습니다. 그러나 실제로 이 땅에 오신 하나님의 아들은 얼마나 보잘것없고 볼품이 없으신지 우리 인간의 모습보다 나은 것이 하나도 없었습니다. 어디를 보나 가난하고 무식하고 아무것도 가진 것이 없는 인간이셨습니다. 하나님의 아들이 이런 모습으로 오셨다는 자체가 이해 안 될 뿐 아니라 믿기지 않았습니다.

그런데 이분에게는 특별한 것이 딱 하나 있었습니다. 그것은 바로 능력의 말씀을 가지셨다는 것입니다. 이것이 바로 하나님께서 우리에게 깨닫게 해주시려는 것입니다. 즉 "너희는 하나님의 아들이라고 해서 외모나 돈이나 권력을 기대하지 말라. 내가 그에게 준 것은 오직 능력의 말씀이다"라는 것입니다. 그래서 사람들이 많은 것을 기대하고 교회에 왔다가 실망하는 경우가 많습니다. 교회 안에는 아무것도 없기 때문입니다. 천사의 모양도 없고 하나님의 모습도 없습니다. 오직 긴 의자와 하나님의 말씀을 전하는 탁자만 있을 뿐입니다. 그런데 바로 그 능력의 말씀이 하나님께서 이 세상에 오신 증거입니다. 그래서 예수님께서는 이 세상에 오실 때 아무것도 가지고 오시지 않고 오직 능력의 말씀만 가지고 오셨습니다. 이것이 바로 하나님의 아들의 모습이었습니다.

오늘 본문을 보면, 예수님께서 많은 병자를 고치신 후 가버나움에 머물고 계신다는 소문을 듣고 수많은 사람이 그분이 계신 집으로 몰려들었습니다. 얼마나 많은 사람이 몰려들었던지 사람들이 문 안으로 들어갈 수조차 없었습니다. 예수님은 그들을 향해서 "회개하라 천국이 가까이 왔다"는 하나님의 말씀을 전하셨습니다. 과연 하나님의 나라는 어느 정도나 가까이 왔을까요? 예수님은 자기 육체 안에 하나님의 나라를 다 가지고 오셨습니다. 그래서 예수님의 말씀이 곧 하나님의 나라였습니다. 그러나 사람들은 모두 병 낫기만을 기대했기 때문에 예수님이나 예수님의 말씀에는 별로 기대하지 않았습니다.

이때 예수님에 대하여 믿음을 가지고 있는 한 병자가 있었습니다. 이 사람은 중풍병자였습니다. 중풍병에 걸리면 어떻게 됩니까? 아마 머리가 엄청나게 아프면서 머리 안에 있는 혈관이 막히든지 터져 죽을 것입니다. 혹시 죽지는 않는다 하더라도 한쪽 손발이 힘이 없어서 못쓰게 될 것입니다.

요즘 우리나라에서 100살이 넘어서도 여전히 강의하고 돌아다니시는 교수님이 있어서 사람들이 엄청나게 부러워하고 있습니다. 그분이 100살 때 실수한 것이 있었다고 합니다. 어떻게 보면 그분의 팬이고 어떻게 보면 애인인 할머니 세 분이 있었는데, 그들이 묻더라는 것입니다. "교수님, 나이는 얼마나 됩니까?" 그래서 자랑스럽게 "예, 제가 올해 백 살입니다"라고 했더니 그 여인들이 다 도망을 가버리더라는 것입니다. 이 할머니들이 생각하기에도 백 살이라면 아마 귀신의 나이라고 생각이 들었던 모양입니다. 이 교수님은 자기가 그때 눈치가 좀 있어서 여든 살쯤 되었다고 했더라면 다 도망가지는 않았을 텐데 괜히 정직하게 백 살이라고 하는 바람에 애인들을 다 놓쳤다고 아쉬워했습니다. 그런데 이분의 부인이 65세부터 한 20년간 중풍에 걸려서 누워서 대소변 받아내고 돌아가실 때까지 고생을 많이 하신 사실은 사람들이 잘 알지 못합니다. 이분은 건강하게 지금까지 오래 사시지만 부인은 중풍으로 20년이나 고생하셨던 것입니다.

우리 인간은 모두 연약한 질그릇으로 만들어져서 자주 일어나는 사고나 병으로 죽을 수 있습니다. 우리 인간은 살아야 합니다. 인간이 죽어버리면 할 수 있는 것이 아무것도 없습니다.

2:3, "사람들이 한 중풍병자를 네 사람에게 메워 가지고 예수께로 올새"

예수님이 가버나움에 계실 때 중풍병에 걸린 한 사람이 있었습니다. 아마 이 사람은 병에 걸려 죽어가고 있었습니다. 그런데 이 사람은 아주 보잘것없는 것처럼 보이는 예수님이 하나님의 아들이라는 믿음을 가지고 있었습니다. 이 환자는 가족이나 친구들에게 나를 꼭 예수님께 데려달라고 해서 아마 친구들이 들것에 실어서 예수님께 나아왔을 것입니다. 그러나 불행하게도 이들은 그 환자를 예수님 앞으로 데리고 갈 수 없었습니다. 예수님이 계신 집 문밖에까지 사람들로 차고 넘쳤기 때문입니다. 그리고 지금은 예수님이 환자를 고치시지 않고 말씀을 전하고 계신 시간이었습니다.

이제 그들이 할 수 있는 일은 두 가지 중 하나밖에 없었습니다. 하나는 예수님이 설교를 마치고 다른 병자들을 고치실 때까지 기다리는 것입니다. 다른 하나는 집으로 가서 다른 의사를 찾아보는 것입니다. 그러나 지금 이 환자는 아파서 죽을 지경이고 지금 죽어가고 있었습니다. 만약 지금 예수님께 고침 받지 못한다면 다른 데 가도 죽을 것입니다. 그러나 예수님은 말씀을 전하고 계시고 사람들은 문밖에까지 꽉 차 있는데 어떻게 들어갈 수 있습니까?

이 사람을 들것에 메워 가지고 온 네 사람은 예수님을 만나기 위해서 모든 것을 다 포기하기로 했습니다. 즉 그들은 예수님을 만나기 위해서 새치기하는 것은 물론이고 이 집의 지붕을 뜯어 예수님 앞에 달아 내리기로 작정한 것입니다.

2:4, "무리들 때문에 예수께 데려갈 수 없으므로 그 계신 곳의 지붕을 뜯어 구멍을 내고 중풍병자가 누운 상을 달아 내리니"

그들은 정상적으로는 예수님을 만날 수 없었습니다. 그들은 예수님의 말씀과 능력을 보니까 하나님의 아들이신데 그분을 만나기 위해 무슨 순서가 필요하느냐고 생각했습니다. 그래서 그들은 환자를 문에서 돌려 지붕 위로 들것을 들고 올라갔습니다. 그리고 그 집의 지붕을 뜯어서 구멍을 내고 환자가 누운 들것을 예수님 앞에 달아 내렸습니다.

그것을 보고 거기에 있던 사람들이 이들을 향해 비난했습니다. 어떤 사람은 "이것은 새치기다!", "이 사람들은 예의를 모르는 사람들이다", "남의 집을 파괴하는 짓이다"라고 비방하고 항의하기도 했습니다. 그러나 그때 예수님은 굉장히 좋아하셨습니다. 이 사람들의 마음에는 예수님에 대한 믿음이 가득 차 있었고 딴생각은 전혀 없었기 때문입니다.

2:5, "예수께서 그들의 믿음을 보시고 중풍병자에게 이르시되 작은 자야 네 죄 사함을 받았느니라 하시니"

예수님은 "그들의 믿음을 보시고" 기뻐하셨습니다. 그리고 중풍병자를 치료해주신 것이 아니라 그에게 "네 죄 사함을 받았느니라"고 말씀하셨습니다.

2. 사람들의 분노

예수님께서 이 병자의 중풍병을 치료하셨다면 뭐라고 할 사람은 아무도 없었을 것입니다. 이미 예수님의 병 고치는 능력은 소문이 났기 때문입니다. 그러나 예수님은 그 사람에게 "네 죄 사함을 받았느니라"고 말씀하셨습니다. 일단 그들이 지붕을 뚫고 예수님께 찾아온 것은 죄 사함을 받기 위해서가 아니라 중풍병을 치료받기 위함이었습니다. 그러나 예수님은 이들이 원하지도 않은 죄 사함을 주셨습니다. 그랬더니 그들은 당황했습니다. '우리가 온 것은 중풍병을 고쳐달라는 것이지, 죄 사함을 받는 것은 아니었다. 우리는 죄가 있지만 사실 무슨 죄가 있는지도 잘 모르고 있다' 고 생각했습니다.

그런데 거기에 있던 다른 사람들은 그 말을 듣고 분노하기 시작했습니다. 왜냐하면 사람은 아무도 죄를 용서할 수 없고, 죄 용서하는 것은 하나님만이 하실 수 있는 일이기 때문입니다.

2:7, "이 사람이 어찌 이렇게 말하는가 신성 모독이로다 오직 하나님 한 분 외에는 누가 능히 죄를 사하겠느냐"

이 사람들은 유대인이기 때문에 죄가 무엇인지 잘 알고 있었습니다. 죄는 하나님을 대적하고 불순종하고 자기 멋대로 사는 것입니다. 우리나라 사람들은 죄가 무엇인지 몰라서 자기 멋대로 살면서도 죄의식이라는 것이 없습니다. 즉 내 몸은 내 것이라고 생각하기 때문에 죄를 짓는 것입니다. 그러나 유대인들은 하나님을 인정하지 않는 것이 죄라는 사실을 알았습니다. 그리고 그들은 예수님을 하나님의 아들로 인정하지 않았습니다. 그는 어디를 보나 인간이었기 때문입니다.

그때 예수님은 그들에게 다음과 같이 말씀하셨습니다.

2:9, "중풍병자에게 네 죄 사함을 받았느니라 하는 말과 일어나 네 상을 가지고 걸어가라 하는 말 중에서 어느 것이 쉽겠느냐"

중풍병자의 죄를 사하는 것은 하나님만이 하실 수 있는 일입니다. 그러나 중풍병자를 고쳐서 걸어가게 하는 것은 그 당시 의학으로는 할 수 없는 일이었습니다. 지금 현대의학으로도 빨리 병원에 가서 수술받고 중환자실에 몇 주 있어야 겨우 일어날 수 있을 것입니다.

예수님은 그곳에 있는 사람들에게 죄 용서하는 것과 중풍병을 치료하는 것 중에 어느 것이 더 쉽겠느냐고 물으셨습니다. 이것은 둘 다 어려운 일이었습니다. 둘 다 거의 불가능한 일이었습니다. 그런데 그 중에서 더 급한 것은 어느 것이겠습니까? 사실 급한 것은 죄 용서받는 일입니다. 죄 용서받는 것이 하나님 앞에서 사는 길이기 때문입니다. 우리가 죄 용서받는 순간부터 숨을 쉴 수 있습니다. 하나님 앞에서 호흡이 되는 것입니다. 그래야 하나님의 말씀을 알아들을 수 있고 하나님께 기도할 수 있습니다. 그리고 우리의 자격은 하나님의 아들이라는 지위로 변합니다. 하나님의 모든 복을 다 받을 수 있습니다. 그러나 병 고침 받는 것은 병만 낫고 이 세상의 생명만 연장하는 것입니다. 이것은 마치 어떤 죄수가 다쳤는데 병원에 가서 몇 바늘 꿰매고는 또 도망쳐야 하는 것과 비슷합니다.

인간이 이 세상에서는 죽지 않고 사는 것이 가장 중요하듯이 하나님 앞에서는 죄 용서받는 것이 가장 중요합니다. 이것이 사는 길이기 때문입니다. 하나님만이 죄 용서하실 수 있습니다. 하지만 하나님의 아들도 죄 용서하실 수 있습니다. 우리는 죄 용서받은 순간부터 영생하는 것입니다. 그런데 그 열쇠가 예수님을 죽자 살자 믿는 것입니다. 남의 눈치나 체면이나 지붕 뚫는 것이나 순서 기다리는 것이나 다 소용없습니다. 지붕을 부수고 예수님 앞에 내려가면 예수님께서 우리에게 영생을 주실 것입니다.

3. 죄 사하는 권세

하나님의 아들은 이 세상에 멋진 모습으로 오시지 않았습니다. 그러나 하나님의 말씀을 가지고 오셨고, 죄 사하는 권세를 가지고 오셨습니다. 우리가 예수님께 죄 용서받으면 그때부터 하나님 앞에서 모든 것을 다 허락받을 수 있습니다. 모든 것이 다 'OK' 가 되는 것입니다.

예수님은 이렇게 말씀하셨습니다. "너희가 악한 자라도 좋은 것으로 자식에게 줄 줄 알거든 하물며 하늘에 계신 너희 아버지께서 구하는 자에게 좋은 것으로 주시지 않겠느냐?" (마 7:11). 죄 용서받는 순간 하나님은 내 아버지이시기 때문에 모든 좋은 것을 다 주시는 것입니다. 중풍병만 고쳐주시는 것이 아니라 모든 좋은 것을 다 주시고 나중에 영생까지 주시는 것입니다. 우리는 새 하늘과 새 땅에서 천사와 같이 날아다닐 것입니다. 그곳에서는 늙지도 않고 병들지도 않고 아픈 것이나 고통받는 것도 없을 것입니다.

2:10, "그러나 인자가 땅에서 죄를 사하는 권세가 있는 줄을 너희로 알게 하려 하노라 하시고"

예수님은 이 세상에 죄 사하는 권세를 가지고 오셨습니다. 그리고 죄 용서받는데 다른 것은 아무것도 필요 없습니다. 오직 예수님을 하나님의 아들로 믿기만 하면 되는 것입니다. 예수님을 하나님의 아들로 믿으면 우리는 영원한 생명을 얻습니다.

> 2:11-12, "내가 네게 이르노니 일어나 네 상을 가지고 집으로 가라 하시니 그가 일어나 곧 상을 가지고 모든 사람 앞에서 나가거늘 그들이 다 놀라 하나님께 영광을 돌리며 이르되 우리가 이런 일을 도무지 보지 못하였다 하더라"

그러나 사람이 죄 용서받는 것은 눈에 보이지 않습니다. 사람이 병원에서 목숨을 건지는 것은 환자가 숨 쉬는 것을 통해서 알 수 있지만, 우리가 하나님 앞에서 사는 것은 눈에 보이지 않기 때문에 사람들은 알지 못합니다. 그래서 예수님은 눈에 보일 수 있게 증명해 보여주셨습니다. 즉 예수님은 그 중풍병자에게 "일어나 네 상을 가지고 집으로 가라"고 명령하셨습니다. 그랬더니 그 사람이 자기가 누웠던 상을 들고 집으로 갔습니다. 이 사람은 죄 용서도 받고 병 고침도 받았던 것입니다.

우리는 죄 용서받는 것이 눈에 보이지 않으므로 쉬운 것으로 생각합니다. 그 대신에 병이 낫고 결혼하고 직장 가지는 것을 훨씬 더 중요하게 생각합니다. 이것은 믿음이 없는 것입니다. 하나님은 죄 용서받은 결과로 우리에게 건강도 주시고 돈도 주시고 가정도 주시고 자녀도 주시는 것입니다. 그래서 내가 하나님 앞에 죄 용서받고 살아있다는 것을 가장 중요하게 생각해야 하나님의 복을 받을 것입니다. 생명도 얻고 모든 복도 받아 누리시는 성도들이 다 되시기 바랍니다.

06

죄인을 부르심

막 2:13-22

인생을 세탁하는 사람이 있습니다. 학벌이 없는데 있는 것처럼 만들고, 잘못한 일은 없는 것처럼 꾸며서 아주 멋진 의인처럼 자신을 포장하는 것입니다. 그런데 나중에 그것이 들통나게 됩니다. 즉 박사학위를 받았는데 남의 논문을 베긴 것이었다든지, 혹은 도덕적인 분인 줄 알았는데 알고 보니까 자기 여비서를 성폭행한 사실이 있다든지 하는 죄악이 폭로되는 것입니다. 자신의 이런 부정이 폭로되면 자살하는 사람도 많이 있습니다. 그것은 모두 과거가 세탁되지 않아서 그런 것입니다. 만일 우리가 과거를 세탁해서 점도 흠도 하나도 없는 완전한 의인이 되면 얼마나 좋겠습니까?

옛날에 어떤 남학생이 아침에 학교 가는데 길가에 봉투가 하나 떨어져 있었습니다. 그 학생은 궁금해서 봉투를 주워 안을 보니 꽤 많은 돈이 들어 있었습니다. 이 학생은 누군가가 돈을 잃어버렸구나 생각하고 일단 가방에 넣었는데, 마음속에 그 돈으로 떡볶이를 사 먹고 게임을 하고 싶은 유혹이 자꾸 들었습니다. 그래도 그 학생은 꾹 참고 누군가가 이 돈을 잃었으면 얼마나 마음이 아플까 생각하고는 수업

마친 후에 돈을 주운 곳에 가보니까 어떤 여학생이 울고 있더라는 것입니다. 그래서 그 봉투를 돌려주자 그 여학생은 너무 좋아하면서 학교에 낼 등록금을 잃어버려서 울고 있다고 했습니다. 그 남학생은 죄도 짓지 않고 좋은 일을 해서 기분이 아주 좋았습니다. 그 여학생은 집에 가서 남학생의 이야기를 해 주었습니다. 여학생 집에서는 그 남학생이 참 착하다고 하면서 집에까지 찾아와서 감사하다고 칭찬해주었습니다. 그러다가 나중에 그 여학생이 커서 그 남학생의 부인이 되었다고 했습니다.

온 우주를 만드신 하나님의 아들이 이 세상에 오셨습니다. 하나님의 아들은 우리에게 봉투를 돌려주시려고 오신 것입니다. 우리는 참으로 잊어버렸으면 좋을 것 같은 과거의 죄가 수두룩할 것입니다. 예수님은 바로 우리의 과거를 세탁해서 깨끗한 새사람 만들기 위해 오셨습니다. 만일 과거가 세탁되지 않으면 어떻게 되겠습니까? 그들은 지옥에 가서 영원토록 죽고 또 죽고 불에 타고 또 타는 고통 중에 있어야 할 것입니다.

1. 죄인을 제자로 삼으심

옛날에 유대인들 사이에서 가장 미움받는 부류의 사람들이 있었습니다. 그들은 유대 사회에서 아주 뻔뻔스러운 죄인이었는데, 바로 세리였습니다. 로마는 유대인들에게 세금을 매길 때 이 유대의 세리들을 이용했습니다. 즉 로마 관리가 세리들에게 얼마만큼의 세금을 거두어서 내라고 지시하면, 이들은 몇 배의 세금을 붙여서 엄청난 돈을 뜯어내었던 것입니다. 그래서 세리들은 다 도둑이고 민족을 배반하는 사람들로 여겼습니다. 세리들은 남의 돈을 부정하게 착취했으므로 돈은 많았지만 그들의 과거는 세탁할 수 없었습니다. 그런데 그 세리 중에서도 예수님의 말씀을 듣고 새사람이 되고 싶은 사람이 있었습니다. 그러나 그들은 그렇게 할 자신이 없었습니다. 예수님이 자기를 받아주신다는 믿음이 없었기 때문입니다.

예수님께서 갈릴리 호숫가에서 하나님의 말씀을 가르치시니까 많은 사람이 모여와서 말씀을 들었습니다.

2:13, "예수께서 다시 바닷가에 나가시매 큰 무리가 나왔거늘 예수께서 그들을 가르치시니라"

예수님의 가르치심은 도덕적으로 깨끗한 사람이 되라는 교훈이 아니었습니다. 그들에게 가르치신 내용은 천국으로 그들을 초대하는 것이었습니다. 그리고 그들의 인생을 세탁해주시려는 것이었습니다. 그야말로 인생 세탁이었던 것입니다. 그런데 큰 무리가 예수님 주위에 몰려들었던 것은 그들의 과거를 깨끗케 하고 싶었던 사람들이 그렇게 많았다는 뜻입니다. 사람이 과거를 치료받지 못하면 정신병도 생기고 죄의 습관도 생기고 무엇보다 양심이 깨끗하지 못해서 당당해질 수가 없습니다. 그래서 자꾸 위선적인 행동을 하게 되어 있습니다. 과거에 죄를 지었기 때문에 의로운 행동을 해서 과거의 죄를 덮으려고 하지만 속에는 양심이 병든 채로 그대로 남아 있기 때문입니다.

그때 누가 봐도 죄인이고 양심이 병든 사람이 있었습니다. 그도 양심이 깨끗한 새사람이 되고 싶었습니다. 바로 세리 '레위' 였습니다. 이 사람은 예수님이 지나가시는 것을 보고 모든 것을 내려놓고 뚫어지라고 예수님을 바라보고 있었습니다. 그 행동은 '예수님, 나 같은 죄인도 변하여 새사람이 될 수 있습니까? 저의 과거와 미래가 다 깨끗해질 수 있습니까?' 라는 뜻이었습니다. 예수님은 기꺼이 그 사람을 부르셔서 깨끗한 새 마음을 주시고 제자로 삼으셨습니다.

2:14, "또 지나가시다가 알패오의 아들 레위가 세관에 앉아 있는 것을 보시고 그에게 이르시되 나를 따르라 하시니 일어나 따르니라"

예수님은 레위에게 무조건 나를 따르라고 말씀하셨습니다. 이것은 과거만 세탁하시는 것이 아니라 그의 미래를 하나님의 아들이 쓰시겠다는 뜻이었습니다. 그는 당장 그 자리에서 모든 것을 내려놓고 예수님을 따라갔습니다. 이 사람이 바로 '마태' 였습니다. 그리고 마태복음이라는 위대한 복음서를 기록하게 됩니다. 그런데 레위의 친구 중에는 예수님을 만나고 싶어 하는 사람들이 많았습니다. 레위는 그 친구들을 다 불러서 예수님을 모시고 잔치를 베풀었습니다.

2:15, "그의 집에 앉아 잡수실 때에 많은 세리와 죄인들이 예수와 그의 제자들과 함께 앉았으니 이는 그러한 사람들이 많이 있어서 예수를 따름이러라"

그 당시 세리 중에는 죄인이라는 굴레를 벗고 싶은 사람들이 많았습니다. 그들은 비록 가난하게 살더라도 더 이상 부정한 돈으로 살고 싶지 않았습니다. 예수님은 그들을 모두 만나주셨습니다. 그리고 그들에게 깨끗한 양심을 선물로 주셨습니다. 그러나 예수님이 세리를 제자로 맞으신 것은 예수님에게는 굉장히 불리한 일이었습니다. 유대인 중에는 예수님께 호감을 가지고 있는 사람들이 제법 많이 있었는데 그들은 세리라면 완전히 부정한 죄인으로 생각했기 때문입니다.

유대인 중에서도 자신들은 의롭다고 생각하는 사람들이 있었는데, 바리새인과 사두개인이었습니다. 그들은 예수님이 세리와 죄인들과 어울려서 식사하는 모습을 보고 "왜 예수는 죄인들과 어울려서 식사하는가?"라고 하면서 인신공격을 했습니다.

그때 예수님은 아주 상식적인 말로 대답하셨습니다. 건강한 사람에게는 의사가 필요 없고 병자에게 의사가 필요하듯이, “나는 의인을 부르러 온 것이 아니라 죄인을 부르러 왔다”고 대답하셨습니다(17절). 예수님이 보시기에 모든 사람이 죄인이었습니다. 그들의 과거나 현재나 미래는 다 위선 덩어리였습니다. 그러나 예수님은 자기가 죄인이 아니라고 생각하는 사람까지 억지로 깨끗하게 하실 생각은 없으셨습니다. 예수님은 우리에게 최소한도로 있어야 하는 것은 정직과 겸손이므로 솔직하게 나아오는 자에게는 모두 양심을 깨끗하게 해주셨습니다. 교만한 마음으로 그것을 인정하기 싫어하는 자들은 모두 죄인으로 죽어야 하는 것입니다.

2. 왜 금식하지 않느냐?

예수님 당시에 신앙이 좋은 사람들은 금식을 많이 했습니다. 즉 일주일에 한두 번은 금식했고, 또 일 년에도 몇 차례 금식하는 날이 정해져 있었습니다. 대개 이 날은 예루살렘이 멸망한 날과 관련이 있었습니다. 즉 예루살렘이 바벨론에 의해 포위된 날, 그리고 예루살렘이 바벨론 군대에 의해 함락된 날, 그리고 예루살렘 성전이 바벨론 군대에 의해 불탄 날 등에는 반드시 금식을 했습니다. 이들은 금식일을 지켜야 신앙이 좋은 것으로 생각했습니다. 이 당시 세례 요한의 제자들과 바리새인들은 금식을 잘 지키고 있었는데, 이들이 보기에 예수님의 제자들은 금식을 하지 않는 아주 경건하지 못한 사람들이었습니다. 그래서 그들은 예수님께 몰려와서 “세례 요한의 제자들도 금식하고 바리새인의 제자들도 금식하는데 왜 당신의 제자들은 금식을 하지 않습니까? 신앙의 기본이 되어 있지 않은 사람들입니다”라고 비난했습니다.

우리는 어려서부터 신앙이 좋은 사람이라고 하면 대개 겉으로 드러나 있는 이미지가 있었습니다. 이런 사람들은 금식을 많이 해서 얼굴이 푹 들어가고, 기도를 많이 해서 목은 쉬어 있고, 성경책을 가슴에 안고 다니는 사람이었습니다. 그런 의미에서 본다면 예수님이나 예수님의 제자들은 경건하지 않고 아주 세속적인 사람들이었습니다. 어떤 사람은 새벽기도 하는 것으로 신앙의 경건을 따집니다. 어떤 사람은 금식하는 것으로 신앙을 가름합니다. 언젠가 어느 교회 앞을 지나가다가 '우리 담임목사님이 방금 40일 금식을 마치셨습니다' 라고 붙어 있는 현수막을 보았습니다. 예수님은 금식을 몰래 하라고 하셨는데 대놓고 선전하고 있었습니다.

이에 대해 예수님은 결혼식을 비유로 말씀하셨습니다.

2:19, "예수께서 그들에게 이르시되 혼인 집 손님들이 신랑과 함께 있을 때에 금식할 수 있느냐 신랑과 함께 있을 동안에는 금식할 수 없느니라"

어느 나라 어느 민족이나 결혼식 날에는 금식하지 않습니다. 오히려 결혼식 날에는 풍성한 음식이나 술을 내놓고 손님을 대접합니다. 결혼식은 새 출발이고 새로운 인생의 시작이고 큰 기쁨의 날이기 때문입니다. 사람들이 하나님을 만나는 날은 인생이 새 출발 하는 날입니다. 이날은 결혼식보다 더 큰 날입니다.

저는 시골에서 있었던 친척의 결혼식이 생각납니다. 그때는 모든 게 참 좋았습니다. 음식도 푸짐했을 뿐 아니라 예쁘게 생긴 신부가 저에게 '데름요!' 라고 부르는데 기분이 엄청 좋았습니다. 그래서 어머니한테 '데름' 이 뭐냐고 하니까 '도련님' 이라는 뜻이라고 하셨습니다. 우리가 예수님을 만나는 날은 인생의 결혼식이고 새로운 인생의 출발점입니다. 이날은 절대로 금식할 수 없는 날입니다.

그러나 이어서 예수님은 불길한 말씀을 하셨습니다.

2:20, "그러나 신랑을 빼앗길 날이 이르리니 그 날에는 금식할 것이니라"

무슨 말입니까? 얼마 있지 않으면 전쟁이 터지는데 그때 신랑은 전쟁에 나가서 죽게 될 것이니, 그때는 얼마든지 금식해야 할 것이라는 경고입니다. 우리는 예수님을 도로 찾았기 때문에 오늘 기뻐해야 합니다. 여호와를 기뻐하는 것이 우리의 힘이라고 했습니다(느 8:10).

3. 새 옷 조각과 새 술 비유

예수님은 우리가 하나님의 아들을 만나는 것이 단순한 결혼식일 뿐 아니라 우리 안에 새로운 능력이 생기는 날이라고 말씀하셨습니다.

그래서 예수님은 먼저 생베 조각을 비유로 말씀하셨습니다.

2:21, "생베 조각을 낡은 옷에 붙이는 자가 없나니 만일 그렇게 하면 기운 새 것이 낡은 그것을 당기어 해어짐이 더하게 되느니라"

누구든지 예수님을 만나면 낡은 옷이 새 옷으로 변하게 됩니다. 그런데 낡은 옷이 헤어져 찢어지게 되면, 그때 새 옷을 잘라서 붙이는 사람이 없을 것입니다. 그렇게 하면 괜히 새 옷만 버리게 되기 때문입니다. 이제 새 옷을 입으면 되는 것이지 헌 옷에 집착할 필요가 없는 것입니다. 예를 들어서 어떤 중학생이 고등학교에 진학하게 되면 그동안 입었던 중학교 교복은 버리고 고등학교 교복을 입으면 되는 것입니다. 굳이 낡은 옷에 집착할 필요가 없습니다.

예수님 말씀은 맞습니다. 섬유는 당기는 힘이 있기 때문에 새 섬유는 낡은 섬유를 당겨서 더 헤어지게 만듭니다. 우리는 새 사람이니까 새 옷을 입고 다니면 되는 것입니다. 새 직장에 취직하면 새 양복을 입고 출근하면 되는 것입니다. 만약 구질구질한 옛날 옷을 입고 간다면 오히려 눈총을 받게 될 것입니다. 주님은 우리로 하여금 새 옷이 되게 하시고 새 천이 되게 하십니다.

예수님은 또 비유로 말씀하셨습니다.

2:22, "새 포도주를 낡은 가죽 부대에 넣는 자가 없나니 만일 그렇게 하면 새 포도주가 부대를 터뜨려 포도주와 부대를 버리게 되리라 오직 새 포도주는 새 부대에 넣느니라 하시니라"

옛날에는 유리병이 없었기 때문에 양이나 염소 가죽으로 부대를 만들었습니다. 그런데 새 포도주는 반드시 새로 만든 부대에 넣어야 합니다. 오래된 부대는 낡아서 새 포도주에서 나오는 가스를 감당하지 못해 터지게 됩니다. 우리 예수 믿는 사람들에게는 새 기운이 있습니다. 그래서 우리에게는 낡은 규칙이나 낡은 도덕 사상이 맞지 않습니다. 즉 오래된 전통이나 습관으로 사람을 묶어 둘 수 없는 것입니다. 만일 그렇게 하면 그 부대가 터지게 될 것입니다. 그래서 개신교에 종교 개혁이 일어나면서 교회는 새 부대에 넣게 되었습니다. 왜냐하면 알아듣지도 못하는 의식으로는 하나님을 찬양할 수 없었기 때문입니다.

우리는 새 시대로 나아가야 살 수 있습니다. 낡은 체제로는 우리를 붙잡아 둘 수 없습니다. 복음적인 사람은 전통이나 계급으로 붙잡을 수 없습니다. 우리는 새 포도주가 되어서 낡은 부대를 다 터트리시기를 바랍니다. 그래서 그리스도가 살아나게 하시고 모든 사람을 새 인생으로 만드시기를 바랍니다.

07

안식으로 가는 길

막 2:23-3:6

어떤 외국인이 이 지구상에서 가장 아름답고 안전한 곳을 찾아서 많은 곳을 여행했습니다. 그러다가 인도네시아의 발리섬을 가게 되었습니다. 이 사람은 이곳이 얼마나 아름다운지 여기보다 더 아름답고 평화로운 곳은 없다고 생각해서 그곳으로 이사해서 아예 거기서 살았습니다. 그런데 거기에 좀 살다 보니 그곳이 지상 천국이 아니라는 사실을 알게 되었습니다. 거기서 가까운 곳에 화산이 있었는데 그 화산이 폭발하니까 하늘에서 불덩어리가 떨어지고 화산재가 떨어지는데 숨을 쉴 수 없었습니다. 그리고 그곳에 관광왔던 사람들은 그 섬을 빠져나가려고 해도 비행기가 뜨지 않으니까 가까운 섬으로 도망치려고 몰리는데 그야말로 생지옥이었습니다. 그리고 발리에는 사람들이 버리고 간 개들이 많았습니다. 이 유기견들이 모두 들개가 되어서 사람들도 공격하려고 했습니다. 그래서 발리 당국에서는 사냥꾼을 고용해서 10만 마리를 쏘아죽였는데 아직도 30만 마리가 남아서 돌아다니고 있다고 했습니다. 모든 사람은 좀 더 안전하고 행복한 세상을 원하고 있지만 현실은 전혀 그렇지 않습니다.

1. 안식의 의미

우리는 보통 안식일이라고 하면 아무 일도 하지 않고 쉬는 날이라고 생각합니다. 그래서 서울에 있는 교인 중에는 골프를 치기 위해서 1부 예배를 드리는 경우가 많다고 합니다. 완전히 예배를 빼먹는 것은 기분이 찝찝하니까 1부 예배를 드리고 하루종일 골프를 치면 안식일을 잘 지킨 것이라고 생각한다는 것입니다. 그러나 안식일이라는 개념은 우리에게서 나온 것이 아닙니다. 하나님께서는 천지를 창조하신 후에 모든 것이 완전하게 되었을 때 안식하셨습니다(창 2:2). 따라서 안식은 고장 난 곳도 없고 병도 없고 사람이나 짐승들이 온전한 상태를 말하는 것입니다. 하나님은 이것을 보고 매우 좋았더라고 하셨습니다. 그러나 이 세상에 죄가 들어온 후 이 안식은 깨어지고 말았습니다. 사람들은 사나워져서 형제끼리도 죽이고 먹고살기 위해서 엄청나게 고생해야 했습니다. 세상에는 병도 생기고 짐승들도 성질이 사나워지게 되었습니다.

안식일의 개념은 순전히 성경에서 나온 것이고, 하나님으로부터 나온 것입니다. 사실은 이스라엘 백성도 처음에는 안식일을 알지 못했습니다. 그래서 그들이 애굽에서 노예 생활할 때는 안식일이라는 개념이 없었습니다. 그들은 일 년 내내 힘든 노동을 해야만 했습니다. 그러다가 하나님께서 이스라엘 백성에게 '만나'라는 음식을 주시면서 안식일의 개념을 가르쳐주셨습니다. 즉 그들이 매일 아침 들판에 나가서 만나를 주워야 하지만, 안식일은 특별한 날이기 때문에 그날은 만나를 줍지 말라고 하신 것입니다. 그 대신 그들은 안식일에는 일에서 쉬고 하나님께 예배하는 날로 지켰습니다. 그래서 지금도 우리는 안식일이라고 하면 일단 일이나 공부나 장사를 하지 말아야 하고, 예배는 꼭 참석해야 하는 날로 생각하고 있는 것입니다.

그러나 안식일은 단순히 일을 하느냐 하지 않느냐 하는 것을 가지고 말하는 날이 아닙니다. 안식일에 사람들이 쉴 수 있는 것은 모든 것이 완전하기 때문입니다. 예를 들어서 지진이나 전쟁이 터졌거나 큰 사고가 났으면 쉴 수 없습니다. 사람들은 피해야 하고 다친 사람을 구조해야 하고 부서진 곳을 고쳐야 할 것입니다. 이것이 바로 안식을 찾는 것입니다. 만약 어떤 사람이 갑자기 배가 아파서 고통 중에 있는데 집에 가만히 눕혀 놓는다면 그것은 안식이 아닙니다. 그 사람을 업고 병원에 가서 검사받게 하고 수술 후에 진통제를 맞고 침대에 누워서 잠을 자게 해야 안식입니다. 그래서 안식일은 아무것도 하지 않는 날이 아닙니다. 반대로 무엇인가 하는 날입니다. 무엇을 하는 날입니까? 사람의 병을 고치고 사람 안에 있는 죄를 몰아내고 다친 사람을 고치고 부서지고 깨어진 곳을 고쳐서 평안을 누리게 하는 날입니다. 즉 다시는 위험하지 않고 적으로부터 공격당하지 않고 안전한 곳에서 쉬는 것이 안식입니다.

그러나 예수님과 유대 지도자들 사이에 안식일의 개념이 너무 달라서 그 관계는 급격하게 나빠지게 됩니다. 결국 유대 지도자들이 예수님을 죽이기로 결정한 이유 중의 하나는 안식일에 대한 개념이 서로 너무나 달랐기 때문입니다.

2. 제자들이 밀 이삭을 먹음

예수님이나 예수님의 제자들은 늘 가난했습니다. 그래서 굶어가면서 복음을 전할 때가 많았고 평소에도 시장할 때가 많았습니다. 그런데 어느 안식일에 예수님과 제자들이 밀밭 사이를 지나가게 되었습니다. 그때 제자들이 너무 배가 고프니까 손으로 밀 이삭을 잘라서 손으로 비벼 먹었습니다. 이것은 훔친 것이 아니었습니다. 이스라엘의 율법에는 누구든지 밀밭을 지나가다가 너무 배가 고파서 이삭을 잘라

먹는 것은 아무리 많이 먹어도 율법을 어기는 것이 아니었기 때문입니다. 그러나 자른 이삭을 주머니나 자루에 넣으면 도둑이 되었습니다. 그러니까 배가 고파서 밀 이삭을 잘라 먹는 것은 허락되었던 것입니다. 그런데 바리새인들은 예수님의 제자들이 한 이 행동을 보고 율법을 어겼다고 항의했습니다.

2:23-24, "안식일에 예수께서 밀밭 사이로 지나가실새 그의 제자들이 길을 열며 이삭을 자르니 바리새인들이 예수께 말하되 보시오 저들이 어찌하여 안식일에 하지 못할 일을 하나이까"

바리새인들도 배가 고픈 사람들이 안식일에 남의 밀 이삭을 먹는 것은 도둑질이 아니라는 것쯤은 알고 있었습니다. 그러나 바리새인들이 문제 삼은 것은 '왜 밀 이삭을 잘랐느냐?' 하는 것입니다. 이 밀 이삭을 자르는 행동은 결국 추수하는 행위이고, 안식일에 추수하는 것은 안식일을 범한 죄가 된다는 논리였기 때문입니다. 그런데 이것은 말도 되지 않는 억지 논리였습니다. 배가 고픈 사람은 남의 밀 이삭이라 할지라도 먹을 수 있고 그것을 먹으려고 하면 손으로 따 먹는 수밖에 없습니다. 그러나 율법에서는 밀 이삭을 따기 위해서 낫이나 칼을 쓰는 행위는 잘못이라고 하셨습니다. 단지 배가 너무 고파서 손으로 따 먹는 것은 죄가 아니고 하나님께서 허락하신 것이었지만, 바리새인들은 안식일에 남의 밀 이삭을 자르는 행위는 추수한 것이고 일을 한 행동이기 때문에 안식일을 범한 것이라고 억지 주장을 했던 것입니다.

그런데 예수님의 생각은 달랐습니다.

2:25-26, "예수께서 이르시되 다윗이 자기와 및 함께 한 자들이 먹을 것이 없어 시장할 때에 한 일을 읽지 못하였느냐 그가 아비아달 대제사

장 때에 하나님의 전에 들어가서 제사장 외에는 먹어서는 안 되는 진설병을 먹고 함께 한 자들에게도 주지 아니하였느냐"

예수님은 안식일이 무조건 아무것도 안 하는 날이 아니라고 강조하셨습니다. 그러면서 다윗이나 그의 일행의 예를 들어 반박하셨습니다. 그들의 일행은 사울에게 쫓기고 있었고 심히 굶주려 있었습니다. 그들에게 안식은 일단 먹을 것을 먹고 배가 덜 고픈 상태에서 안전한 곳으로 도망쳐서 쉬는 것이었습니다. 즉 안식은 사람의 고통이 없어지고 병을 치료받고 위험에서 건짐받고 안전한 상태에서 하나님께 감사하는 것이지, 아무것도 하지 않는 것이 안식은 아니라는 것입니다. 다시 말해서 굶주림으로부터 안전하고 공격에서부터 안전하고 사람에게 쫓기지 않는 상태에 있는 것이 안식입니다.

여기서 예수님은 너무나도 중요한 말씀을 두 가지 하셨습니다.

하나는 2장 27절입니다.

2:27, "또 이르시되 안식일이 사람을 위하여 있는 것이요 사람이 안식일을 위하여 있는 것이 아니니"

즉 안식일에는 고통에서 해방되어야지 안식일 때문에 더 고통을 받으면 안 된다는 말씀입니다. 그래서 교통법칙도 사람을 위해서 있는 것이기 때문에 긴급한 환자가 생기면 앰뷸런스는 교통신호를 위반하고 거리를 달리게 됩니다. 왜냐하면 교통법칙은 사람을 위해서 있는 것이기 때문입니다. 만약 차에 안식이라는 딱지를 붙이면 최고 긴급이라는 뜻과 같은 것입니다. 이 차는 무조건 우선적으로 통과시켜야 하는 것이지 규정을 가지고 따지면 안 되는 것입니다.

또 예수님이 하신 중요한 말씀은 예수님이 안식일의 주인이라는 것입니다.

2:28, "이러므로 인자는 안식일에도 주인이니라"

안식일의 주인이라는 말은 도대체 무슨 뜻일까요? 이것은 우리를 모든 죄와 모든 병과 모든 사고와 모든 전쟁과 모든 고민으로부터 안전한 곳으로 피하게 하시는 분이라는 것입니다. 만약 어떤 구조대가 있다면 예수님은 그 구조대의 대장이신 것입니다. 예수님의 제자들은 지금 죄인들을 구조하기 위하여 가는 사람들입니다. 그런데 구조대원이 굶어가면서 힘이 없다면 구조할 수 없습니다. 예수님은 안식의 대장이십니다. 과연 누가 인간을 모든 병이나 사고나 전쟁이나 미래의 고민으로부터 구할 수 있겠습니까? 그분은 하나님의 아들입니다. 사람들은 이 말 한마디에 예수님 앞에 다 거꾸러져야 합니다. '아, 예수님이 우리를 구하기 위하여 오셨군요. 무엇이든지 시키십시오. 모든 것을 다 하겠습니다' 라고 하면 우리는 다 살게 되는 것입니다. 예수님은 구조대장이십니다.

하나님의 아들 외에는 우리에게 안식을 주실 분이 없습니다. 우리는 오직 그분의 말만 들으면 안전한 곳으로 내려올 수 있는 것입니다.

3. 한편 손이 마비된 사람

3:1, "예수께서 다시 회당에 들어가시니 한쪽 손 마른 사람이 거기 있는지라"

예수님이 다시 회당에 들어가시니 그 회당에는 한 손이 마비된 사람이 있었습니다. 손이 마비되었을 뿐 아니라 자라지 못해서 조막손이었습니다. 그런데 이미 그 회당에는 바리새인들이 들어와 있어서 예수님이 안식일에 이 사람의 병을 고치는지 엿보려고 했습니다. 그래서 아마 이 사람의 마비된 손이 잘 보이도록 맨 앞자리에 앉게 했을 것입니다. 바리새인들의 생각에 예수님이 안식일을 잘 지킨다면 이 사람을 안식일에 고치지 않고 돌려보낼 것입니다. 안식일은 아무 일도 하지 않는 날이기 때문입니다.

그러나 바리새인들은 오해하고 있었습니다. 예를 들어 어떤 사람이 높은 데서 떨어져 뼈가 부러지고 많이 다쳤다면 응급 처치만 하고 붕대를 감고 정식 의사가 오기를 기다려야 합니다. 그러다가 의사가 오면 환자를 의사에게 인계해서 붕대를 풀고 모든 것을 다 고쳐야 하는 것입니다. 그러나 바리새인들은 이 상황에서도 의사가 아무것도 해서는 안 된다고 생각한 것입니다. 그러면 과연 누가 이 환자를 고치겠습니까?

예수님은 회당에서 이 손이 마비된 사람에게 일어서라고 하셨습니다. 그리고 주위 사람들에게 물어보셨습니다. 안식일에 선을 행하는 것과 악을 행하는 것, 그리고 사람을 살리는 것과 죽이는 것, 어느 것이 옳으냐고 말씀하셨습니다. 바리새인들의 생각은 당연히 안식일에는 아무것도 하지 않는 것입니다. 그러면 환자는 죽고 다친 사람은 죽는 것입니다. 예수님은 마땅히 '선을 행하는 것', '사람의 생명의 살리는 것'이 옳은 것이라고 강조하셨습니다. 바리새인이나 다른 사람들은 이에 대해 아무 대답도 하지 않았습니다. 왜냐하면 그들은 아무것도 하지 않는 것이 옳다고 생각하고 있었기 때문입니다. 예수님은 그들의 마음의 완악함을 보고 슬퍼하셨습니다. 그들은 옳은 것도 옳다고 하지 않았던 것입니다.

3:5, "그들의 마음이 완악함을 탄식하사 노하심으로 그들을 둘러 보시고 그 사람에게 이르시되 네 손을 내밀라 하시니 내밀매 그 손이 회복되었더라"

예수님은 한 손 마른 사람에게 손을 내밀라고 하셨습니다. 그는 손을 내밀 수 없었습니다. 예수님은 그에게 할 수 없는 것을 하라고 하셨지만, 이 장애인은 믿음으로 손을 내밀었습니다. 그랬더니 손이 뻗어지면서 정상 손으로 회복되었습니다. 예수님은 하나님의 아들이십니다. 그는 우리에게 안식을 주러 오셨습니다. 우리는 안 된다거나 못한다고 할 것이 아니라 믿음으로 한번 해보아야 합니다.

우리는 모두 진정한 안식에 들어가기를 원합니다. 그러나 이스라엘 백성이 출애굽 했을 때 남자 성인만 약 육십만 명이었지만 가나안 땅에 들어간 사람은 단 두 사람뿐이었습니다. 결국 애굽에서 나온 것은 안식이 아니었습니다. 이스라엘 백성 거의 대부분이 하나님의 말씀에 불순종하다가 광야에서 죽었기 때문입니다.

그런데 이 세상에도 안식이 있습니다. 바로 예수님이 주시는 안식입니다. 이것은 우리가 살든지 죽든지 하나님의 말씀에 순종하는 것입니다. 예수님은 사람이 떡으로만 사는 것이 아니요 하나님의 말씀으로 산다고 하셨습니다. 우리가 이 세상에서 믿음으로 살면 얼마나 많은 고통이 따르는지 모릅니다. 그러다가 도저히 견딜 수 없는 시점이 옵니다. 그때는 정말 죽고 싶습니다. 그래도 말씀으로 나가면 이상하게 모든 마귀의 바람이 없어지면서 진짜 평안만 있게 됩니다. 처음에는 이것이 가짜일 것으로 생각하고 의심하지만 오직 부흥과 축복만 임하게 됩니다. 이것이 바로 안식입니다.

안식의 주인은 예수님이십니다. 오늘 마음에서부터 안식의 복이 시작되도록 눈을 딱 감고 말씀에 순종하는 성도들이 다 되시기 바랍니다.

08

어둠의 존재들

막 3:7-30

요즘 우리 주위에는 극단적인 선택을 하는 사람들이 간혹 있습니다. 우리는 이런 사람들이 이해되지 않을 것입니다. 먹을 것이 없는 것도 아니고 그렇다고 해서 최악의 상황도 아닌 것 같은데, 왜 극단적인 선택해서 스스로 죽음을 택할까 하는 것입니다. 최근 신문을 보면 운동선수나 연예인이나 젊은이들이 수두룩하게 이런 허망한 죽음을 택하는 것을 볼 수 있습니다. 그런데 우리가 하나님의 안경을 쓰고 보면 이 사람들은 혼자가 아닙니다. 이 사람들 주위에 새카맣게 마귀들이 에워싸서 머리털도 당기고 옷도 당기면서 창문으로 끌고 가서 뛰어내리라고 강요하는 것입니다.

예전에 저는 어느 다른 종교에서 나온 만화를 읽은 적이 있는데, 마귀에 대한 것이었습니다. 이 만화에 나오는 마귀는 머리에 뿔이 달리고 꼬리가 있고 작은 창을 든 너무 귀여운 모습이었습니다. 그러나 그것은 사람들을 속이는 것입니다. 마귀는 절대로 그렇게 귀엽게 생기지 않았습니다. 마귀는 일단 더럽고 성질이 나쁘고 아주 못되고 악하게 생긴 존재입니다.

사람들은 귀신이 있느냐 없느냐 하는 것을 가지고 궁금하게 생각합니다. 어떤 사람은 귀신이 없다고 하고, 어떤 사람은 귀신이 있는데 죽은 사람의 영이 귀신이라고 생각하기도 합니다. 그러나 사람의 눈에는 귀신이 보이지 않으니까 귀신이 있는지 없는지 알지 못합니다. 그런데 사람들 속에 숨어 있던 귀신이 예수님의 눈에는 또렷하게 보였습니다. 귀신들은 예수님 앞에 벌벌 떨면서 그 정체를 드러내기 시작했습니다.

1. 귀신의 정체

예수님은 갈릴리 지방을 다니면서 병든 사람들을 많이 치료하셨습니다. 그중에는 일시적으로 아픈 사람도 있었지만, 영구적인 장애인들도 있었습니다. 그러나 어떤 병자든지 예수님이 만지시거나 기도하시거나 말씀하시면 전부 다 그 병이 나았습니다.

3:10, "이는 많은 사람을 고치셨으므로 병으로 고생하는 자들이 예수를 만지고자 하여 몰려왔음이더라"

사람들은 무슨 병에 걸렸든지 예수님의 몸을 만지면 병이 나았습니다. 그러니까 서로 예수님의 몸을 만지기 위해서 예수님을 에워싸서 밀기 시작했습니다. 그때 그곳에 있던 사람들이 놀랐던 것이 있습니다. 그것은 그때까지 미쳤다고 생각하던 사람들이 소리 지르기 시작하는 것이었습니다. 그들은 지금까지 정신없이 가만히 있다가 예수님을 보자마자 "당신은 하나님의 아들이십니다"라고 소리 지르기 시작했습니다. 이것은 귀신이 자기 정체를 드러내는 놀라운 순간이었습니다.

3:11, "더러운 귀신들도 어느 때든지 예수를 보면 그 앞에 엎드려 부르짖어 이르되 당신은 하나님의 아들이니이다 하니"

전쟁 중에 군인에게 가장 무서운 존재는 저격병입니다. 저격병들은 절대로 자신의 정체를 드러내지 않고 숲속이나 나뭇가지 사이나 혹은 바위 뒤에 숨어서 총을 겨누고 있습니다. 이들의 총은 다 떨어진 국방색 헝겊 같은 것으로 싸서 다니기 때문에 눈에 잘 보이지도 않습니다. 그런데 이 저격병은 망원경으로 조준해서 총을 쏘기 때문에 정확하게 상대방을 쏘아서 죽입니다. 저격병이 무서운 것은 적이 아무도 없는 것 같은데 갑자기 총알이 날아와서 사람을 죽이기 때문입니다. 그래서 군인은 늘 방탄복을 입어야 하고 철모를 써야 하고 항상 자세를 숨겨야 저격당하지 않는 것입니다.

그런데 마귀는 오랫동안 저격병 역할을 했습니다. 마귀는 영이므로 사람의 눈에 보이지 않기 때문입니다. 그래서 마귀는 숨어 있다가 사람을 화나게도 만들고 욕을 하거나 공격하게도 만들고, 어떤 때는 극단적인 선택을 하게도 만드는 것입니다. 그런데 사람들은 마귀의 존재를 오랫동안 믿지 않았습니다. 그래서 귀신이 없다고 생각했고, 있다고 해도 별것 아닌 존재로 생각했습니다.

그러나 그동안 몰래 숨어 있던 마귀들이라도 예수님의 눈을 이길 수는 없었습니다. 예수님께서 갈릴리 지방에서 병든 사람들 사이를 지나가는데 미친 사람들도 몰려들었습니다. 예수님께서 그들의 눈을 보시니까 그 태양보다 더 밝은 눈빛에 마귀들이 타서 죽을 것 같았습니다. 그래서 사람 속에 들어있던 귀신들이 전부 땅에 고개를 처박고 예수님 앞에 "당신은 하나님의 아들이십니다. 제발 저희들을 괴롭게 하지 말아 주십시오"라고 하면서 사정했습니다. 귀신 들려서 미친 사람 중에서 예수님의 눈빛을 이길 수 있는 귀신은 하나도 없었습니다. 전부 목이 졸리는 것처럼 혹은 온몸이 타서 오그라지는 것처럼 괴로웠던 것입니다. 그래서 예수님 앞에 그동안 숨어서 사람들을 미치게 하고 화나게 하고 자살하도록 만들었던 귀신들이 전부 정체를 드러내게 되었습니다. 예수님의 눈으로 보니까 귀신들은 전부 사탄이 타락할 때 같이 타락했던 아주 더러운 영들이었습니다. 이 영들은 거짓말하는 영들이고, 욕하는 영들이고, 도둑질하는 영들, 자살하게 하는 영들, 남을 해치고 협박하는 영들이었습니다. 그런데 예수님 앞에서는 이 귀신들이 견디질 못하고 마치 소금을 뿌린 지렁이처럼 데굴데굴 구르면서 제발 괴롭게 하지 말아 달라고 부탁했습니다. 예수님의 눈빛 앞에서 모든 사탄의 실체가 다 드러났던 것입니다.

그런데 우리도 사탄을 느낄 수 있습니다. 물론 우리 눈으로는 사탄을 볼 수 없습니다. 그러나 우리도 영으로 사탄이 하는 짓을 느낄 수 있습니다. 이것이 사탄에게는 무서운 것입니다. 사도 바울이 어느 섬에 갔을 때, 귀신 들린 마술사가 총독에게 예수 믿지 못하도록 방해하고 있었습니다(행 13:6-8). 그때 사도 바울은 귀신이 이 마술사 안에서 활동하고 있는 것을 알았습니다. 그래서 "네가 지금부터 맹인이 되리라"고 하니까 그 마술사가 앞이 보이지 않으면서 귀신이 발작하지 못하게 되었습니다. 또 사도 바울이 빌립보에 갔을 때 귀신 들려서 점치는 여종이 따라오면서 소리를 질러대었습니다. 그때도 사도 바울은 마귀가 그 안에서 발작하는 것을 알고는 "이 귀신아! 이 여자에게서 떠나라!"고 하니까 그 몸 안에 숨어 있을 수 없어서 귀신이 나가게 되었습니다(행 16:18).

그래서 예수님은 눈으로 마귀를 견딜 수 없게 만드시지만, 우리는 영안으로 귀신의 존재를 느낄 수 있습니다. 결국 사람을 미치게 하고 잠을 자지 못하게 하고 죽게 하는 것은 바로 이 악한 귀신들의 소행 때문입니다.

2. 하나님의 군대

예수님은 혼자서 이 많은 귀신을 쫓아내고 사람들을 고칠 수 없었습니다. 왜냐하면 예수님은 하나님의 말씀을 전하셔야 했고, 마귀의 총대장 사탄과 목숨을 건 싸움이 기다리고 있었기 때문입니다. 그래서 예수님은 기도하시는 중에 전도도 하고 병든 사람들을 고치며 귀신을 내쫓는 작은 군대를 조직하셨습니다. 이들이 바로 예수님의 열두 제자였습니다.

3:13-15, "또 산에 오르사 자기가 원하는 자들을 부르시니 나아온지라 이에 열둘을 세우셨으니 이는 자기와 함께 있게 하시고 또 보내사 전도도 하며 귀신을 내쫓는 권능도 가지게 하려 하심이러라"

원래 귀신은 사람 속에 들어오지 못하게 되어 있습니다. 심지어는 동물들 속에도 들어오지 못하게 되어 있습니다. 그런데 성경에 보면 미친 사람 속에 있던 귀신이 돼지 속에 들어가서 돼지 이천 마리가 호수에 빠져 죽는 내용이 나옵니다(마 8:28-34). 사실 돼지는 헤엄을 잘 치는 편입니다. 그런데 귀신이 들어간 이천 마리의 돼지는 수영하지 못해서 호수에 빠져 죽고 말았습니다.

예수님께서는 열두 제자를 부르셨습니다. 그러나 그들은 예루살렘의 학자 출신도 아니고 군인 출신도 아니었습니다. 이들은 거의 갈릴리의 어부나 농사꾼 출신이었습니다. 이들은 군인으로 비유하면 군복도 제대로 입지 못하고 총도 없고 무기도 없는 오합지졸 같았습니다. 그러나 예수님은 이들을 최정예부대로 만드셨습니다.

우선 예수님은 이 열두 제자를 예수님과 함께 있도록 하셨습니다. 이들이 늘 예수님을 따라다니면서 말씀을 배우니까 자연적으로 온몸에서 예수님의 향기가 나기 시작했습니다. 이들의 언어가 달라지고 행동하는 것이 달라졌습니다. 그런데 마귀가 견디지 못하는 것은 바로 예수님의 향기였습니다. 귀신들은 예수님의 향기가 나면 자신들의 정체를 드러내게 되어 있습니다. 예수님은 이 열두 제자를 마을로 보내서 전도하게 하셨습니다. 하나님의 말씀이 증거되면 귀신은 힘을 잃고 떠나게 되어 있습니다. 그래서 우리가 복음을 자꾸 전하면 귀신들은 밀리고 밀려서 결국은 무저갱에 들어가게 됩니다. 그리고 예수님의 제자들은 적극적으로 귀신을 사람으로부터 쫓아내는 능력을 가질 수 있게 되었습니다. 예수님의 능력이 자꾸 제자들에게 공급되었기 때문입니다. 그래서 귀신 들려서 미친 사람들이 귀신이 떠나면서 정상적인 사람이 되었습니다. 우리는 마귀와 진짜 전쟁이 붙으면 우리의 가치를 보여주어야 합니다. 도망칠 준비부터 하거나 숨을 생각을 하면 안 되는 것입니다.

예수님의 가족이나 친척들은 사람들의 소문만 듣고 예수님이 귀신 들렸다고 생각해서 붙잡으러 왔습니다. 그리고 예루살렘에서 내려온 서기관들은 예수님이 귀신의 왕 바알세불의 힘을 빌려서 귀신을 쫓아낸다고 모함했습니다.

3:21-22, "예수의 친족들이 듣고 그를 붙들러 나오니 이는 그가 미쳤다 함일러라 예루살렘에서 내려온 서기관들은 그가 바알세불이 지폈다 하며 또 귀신의 왕을 힘입어 귀신을 쫓아낸다 하니"

예수님의 친족들은 다른 사람들이 하는 말만 듣고 예수님이 미쳤다고 생각했고, 예루살렘에서 내려온 성경학자들은 예수님이 귀신의 왕 바알세불의 힘을 빌려서 귀신을 쫓아낸다고 해석했습니다. 사실 우리나라 사람 중에도 이런 생각을 가진 사람이 많습니다. 예수 믿는 것은 미친 것이라고 하든지 아니면 귀신 들린 사람을 보면 굿을 하거나 혹은 절에 가서 빌어서 귀신을 달래서 나가게 해야 한다고 생각합니다.

여기서 예수님은 귀신의 세계에 대하여 아주 중요한 말씀을 하셨습니다.

3:23-24, "예수께서 그들을 불러다가 비유로 말씀하시되 사탄이 어찌 사탄을 쫓아낼 수 있느냐 또 만일 나라가 스스로 분쟁하면 그 나라가 설 수 없고"

나라 안에서 싸우면 나라가 망한다고 하셨는데, 예수님은 여기서 사탄의 나라의 놀라운 계급에 대하여 말씀하셨습니다. 군대에서는 계급이 중요합니다. 군대에서 소위나 중위가 되면 병사들을 데리고 직접 나가서 싸울 수 있습니다. 대위는 중대장이기 때문에 소대원들을 파악하고 지시합니다. 사단장 정도 되면 벌써 여러 개의 연대를 지휘하기 때문에 큰 지역을 방어하고 전투를 할 수 있습니다.

사탄에게도 계급이 있습니다. 그런데 바알세불이라는 계급은 없습니다. 바로 이것이 이들이 가지고 있는 성경 지식이 엉터리인 것을 보여줍니다. 옛날 에그론에 바알세붑이라는 귀신이 있었습니다. 서기관들은 그 바알세붑을 엉터리로 발음을 한 것입니다. 바알세붑은 '파리들의 귀신' 이라는 뜻으로, 아주 지저분한 귀신이라는 것입니다.

귀신도 가장 낮은 계급이 있습니다. 그것이 바로 우리가 볼 수 있는 조폭입니다. 사람들이 보기에는 온몸에 문신하고 우락부락하니까 가장 센 줄 알지만 제일 하찮은 졸병입니다. 그리고 위에서 싸우라고 해야 회칼이나 몽둥이를 들고 덤비지, 자기 뜻대로는 싸움을 하지 못합니다. 중간 계급 정도 되는 귀신이 사람을 정신적으로 공격합니다. 그래서 조현병에 걸리게 하고 발작하게 하고 불면증이나 마약이나 자살충동 등을 일으키게 합니다. 또 우울증에 걸리게 하거나 이것이 심해져서 돌연사를 하든지 자살을 기도하게 합니다. 화병 같은 경우에는 이미 신체적으로도 병이 들었기 때문에 본인의 힘으로도 고치기 어렵습니다.

그리고 가장 높은 계급에 있는 귀신이 지금의 코로나 같은 엄청난 질병을 퍼트립니다. 일단 전 세계를 대상으로 수십만 명을 죽게 하려면 졸병이 할 수 있는 규모가 아닙니다. 전쟁을 일으키는 것도 굉장히 높은 대통령급 마귀의 짓입니다. 히틀러나 스탈린, 모택동 정도에 든 마귀라고 볼 수 있습니다. 로마의 네로 황제 안에 든 마귀도 황제급입니다. 그리고 이 정도 높은 계급의 마귀가 되어야 정치적 음모론을 만들 수 있습니다. 왜냐하면 정부를 뒤집는 능력이 있기 때문입니다.

그런데 귀신들끼리 싸울 수 있느냐 하는 것에 대해서는 없다고 하는 말이 맞습니다. 물론 자기들끼리 심하게 싸우기도 합니다. 예를 들어서 위에 있는 마귀가 밑에 있는 부하 마귀를 죽일 정도로 두들겨 패고 발로 밟을 수 있습니다. 그러나 이 귀신의 집단에서 빠져나올 수는 없습니다.

어떤 사람이 조폭의 중간 간부쯤 되었는데 전도를 받고 예수 믿으려고 했습니다. 그런데 이 사람이 가장 두려워하는 것은 조직의 보복이었습니다. 그 조직에서 빠져나오려면 세상 끝까지 도망가도 따라와서 도끼로 이마를 찍든지 칼로 찌르기 때문입니다. 결국 이 사람은 칼에 찔리고도 그 조직에서 나와서 예수를 믿었다고 합니다. 지금 우리나라도 굉장히 강한 귀신의 집단이 우리나라를 지배하고 있습니다. 그래서 교회 안에까지 들어와서 몇 명이 예배드리는 것까지 결정하는 것입니다. 이것은 대통령도 마음대로 하지 못합니다. 그러나 예수님은 기도하면 다 물리칠 수 있다고 말씀하셨습니다.

예수님은 이 귀신들을 이길 수 있는 방법을 말씀하셨습니다. 그것은 이 귀신을 이기는 힘센 용사가 있기 때문입니다.

3:27, "사람이 먼저 강한 자를 결박하지 않고는 그 강한 자의 집에 들어가 세간을 강탈하지 못하리니 결박한 후에야 그 집을 강탈하리라"

귀신의 세계에서 가장 강한 왕은 마귀요 사탄입니다. 사탄이 얼마나 강한가 하면 대제사장과 로마 총독과 예루살렘 백성까지 움직여서 하나님의 아들을 비참하게 십자가에 못 박아 죽였습니다. 사탄은 예수님을 죽임으로 이 세상의 왕이 된 것 같았습니다. 그런데 예수님은 그들의 철저한 조사를 받았지만 죄가 없었습니다. 예수님은 지옥에서 사망과 죄의 세력을 깨고 사탄의 머리를 깨어버렸습니다. 예수님은 최고 강한 자가 되셨습니다. 그래서 사탄의 세력이 아무리 강하다 해도 예수님이 오시면 전부 다 도망치게 되어 있습니다. 예수님을 피해 도망치는 귀신을 전부 잡아 결박해 놓으면 그들이 차지하고 있던 돈이나 권력이나 인사권이나 감옥에 가둔 사람들이나 정책 등을 다 빼앗을 수 있는 것입니다.

예수님은 이 세상의 모든 죄와 모독하는 것은 용서받을 수 있지만, 성령을 모독하는 것은 이 세상이나 영원한 세상에서도 용서받지 못한다고 말씀하셨습니다. 사람들이 모르고 기독교나 예수를 욕할 수 있습니다. 그러나 성령님이 하시는 일, 즉 복음 전하는 일이나 예배드리는 일을 방해하는 자는 영원히 용서받지 못하고 지옥 불에 떨어져 마귀와 같이 영원히 고통받게 될 것입니다.

예수님은 귀신과 마귀를 잡는 데 용사입니다. 마귀는 예수님의 눈빛을 이길 수 없습니다. 지금 이 세상에 마귀가 들끓고 있습니다. 동성애나 자살이나 교회를 뒤집는 것도 전부 마귀가 하는 짓입니다. 전부 나사렛 예수님의 이름 앞에 멸망하고야 말 것입니다.

09
천국의 씨

막 4:1-20

드디어 이 세상에 하나님의 아들이 오셨습니다. 그런데 그분은 천국의 진귀한 보물을 나누어주시는 것이 아니라 이 세상에서 농부라면 다 아는 평범한 농사짓는 법에 대하여 말씀하셨습니다. 농사를 지으려고 하면 일단 씨가 땅속에 들어가야 합니다. 그것을 위해서 농부는 쟁기를 가지고 땅을 파서 씨가 들어갈 수 있도록 부드럽게 해야 합니다. 또 씨를 뿌리기 전에 작은 돌이 많이 있으면 다 치워야 합니다. 또 가시덤불이 많으면 낫이나 곡괭이로 전부 다 뽑아서 버려야 합니다. 그렇지 않으면 싹이 자라지 못할 것입니다. 이렇게 돌이나 가시덤불을 다 제거하고 딱딱한 땅도 갈아엎고 기름진 밭에 씨를 뿌리면 엄청나게 많은 수확을 얻을 수 있을 것입니다.

예수님은 하나님의 아들이라고 하시면서 이 세상에 오셔서 하시는 말씀은 누구나 다 아는 뻔한 내용이었습니다. 씨야 당연히 좋은 밭에 떨어져야 많은 결실을 하지, 길가같이 단단한 밭이나 돌짝밭이나 가시덤불에 떨어지면 제대로 열매를 맺지 못할 것입니다(4-9절).

1. 보기는 보아도 알지 못하며

갈릴리 호숫가에서 예수님의 말씀을 듣는 사람들은 예수님이 너무 뻔한 누구든지 다 아는 말씀을 하시니까 제대로 들으려고 하지 않았습니다. 그러나 예수님의 제자들은 예수님이 무슨 깊은 진리를 너무 뻔한 비유로 말씀하시니까 이상하게 생각했습니다. 그래서 예수님이 혼자 계실 때 그 비유에 대하여 물었습니다. 그러자 예수님은 놀라운 대답을 하셨습니다.

4:11-12, "이르시되 하나님 나라의 비밀을 너희에게는 주었으나 외인에게는 모든 것을 비유로 하나니 이는 그들로 보기는 보아도 알지 못하며 듣기는 들어도 깨닫지 못하게 하여 돌이켜 죄 사함을 얻지 못하게 하려 함이라 하시고"

예수님은 제자들인 너희에게는 천국의 비밀을 주었으나 다른 사람에게는 허락되지 않았다고 하셨습니다. 즉 지금 예수님은 제자들에게 천국의 비밀을 말씀하고 계신 것입니다. 그러나 다른 사람들은 보기는 보아도 알지 못합니다. 그것이 무엇일까요?

가끔 아내는 자기에게 변한 것이 없느냐고 저에게 묻습니다. 그래서 모르겠다고 하면 머리카락을 짧게 잘랐다는 것입니다. 저는 다른 교인들이 머리카락을 짧게 자르는 것은 알았는데 정작 제 아내가 머리 자른 것을 알지 못했던 것입니다.

지금 갈릴리 사람들이 눈으로 보고서도 알지 못하고 있는 것이 있는데 그것이 무엇입니까? 그것은 바로 하나님의 아들이 이 세상에 오셔서 씨를 뿌리고 있는 사실이었습니다. 예수님은 이 세상에서 씨를 뿌리고 계셨습니다. 밭을 갈지 않은 땅에 씨를 뿌리고, 돌이 많은 땅에도 뿌리고, 가시덤불에도 뿌리고 계셨습니다. 예수님은 이 세상에 자기 자신을 뿌리고 계셨던 것입니다. 하나님의 아들이 이 세상에 오셨다는 것 자체가 자신을 한 알의 씨로 뿌리고 계신 것입니다. 그래서 예수님은 십자가에 죽으시기 전에 한 알의 밀알이 썩지 않으면 한 알 그대로 있고 땅에 떨어져 썩으면 많은 열매를 맺는다고 말씀하셨습니다(요 12:24). 예수님은 이 세상에 오셔서 말씀과 함께 너무나도 귀한 것을 던지고 계셨습니다. 지금 이 세상에는 하나님의 농사가 시작되었습니다. 모든 사람이 하나님의 아들로부터 씨를 받고 있습니다. 이 것이 천국의 비밀입니다. 예수님을 자기 좋은 밭에 심으면 이 세상에서 백배로 얻을 뿐 아니라 하나님 나라의 축복도 백배로 얻게 되는 것입니다.

그런데 다 아는 상식적인 말씀이라 생각해서 보고만 있으면 아무것도 얻지 못하는 것입니다. 그는 아무리 들어도 깨닫지 못할 것입니다. 아주 뻔한 이야기이기 때문입니다. 만약 이 사람이 깨닫기만 하면 돌이켜서 죄 용서받을 것입니다. 즉 지금 이대로 있지 않고 염치와 체면을 다 버리고 예수님께 매달리면 죄 용서를 받을 것입니다. 예수님이 지금 이 말씀을 하시는 것은 유대인들이 죄 용서받는 것이 싫다는 뜻이 아닙니다. 오히려 이들이 다른데 정신을 팔고 있기 때문에 멍하게 있다가 기회를 놓친다는 의미입니다.

지금 우리는 무엇에 관심을 두고 있습니까? 사람입니까? 정치입니까? 세상 돌아가는 소식입니까? 그러면 지금 멍하게 있는 것입니다. 지금 예수님에게 관심을 두고 있어야 합니다. 그것도 다른 사람의 죄가 아니라 나의 죄에 관심을 두고 있어야 합니다. 이 세상에서 살거나 죽는 것이 아니라 영생에 관심을 가져야 합니다. 저 영원한 천국이 우리에게 열려 있습니다. 우리는 천국의 비밀에 관심을 가져야 합니다.

2. 천국 농사의 방해

예수님 주위에 있는 사람들은 모두 다 농사에 대하여 상식적인 생각을 하고 있었습니다. 그래서 예수님이 씨뿌리는 비유를 말씀하시니까 다 웃으면서 시시하게 생각하고 있었습니다. 그러나 예수님께서 사람들의 마음속에 하나님의 말씀과 예수님의 피를 넣으려고 하니까 세상의 것들로 꽉 차 있어서 들어갈 틈이 없었습니다. 그래서 대부분 사람은 예수님에게 전혀 관심을 가지지 않았습니다. 그리고 예수님이 무슨 말씀을 하셨는지 기억하지도 못했습니다. 그들은 영적인 치매 환자요 영적인 맹인이었습니다. 그들은 예수님이 사람들의 병을 고쳐도 그 병자만 기억했지, 더 중요한 예수님을 기억하지 못했습니다. 그러니 천국의 열매를 전혀 맺지 못했습니다.

우리가 천국의 열매를 맺으려면 하나님의 말씀을 전부 주의 깊게 들어야 합니다. 그런데 천국의 비유 말씀 중에서 좋은 이야기만 듣는 사람들이 있습니다.

4:16-17, "또 이와 같이 돌밭에 뿌려졌다는 것은 이들을 가리킴이니 곧 말씀을 들을 때에 즉시 기쁨으로 받으나 그 속에 뿌리가 없어 잠깐 견디다가 말씀으로 인하여 환난이나 박해가 일어나는 때에는 곧 넘어지는 자요"

어떤 목사님은 예수 믿고 축복받은 내용의 설교만 합니다. 그러면 교인들은 너무나 기뻐합니다. 그리고 자기도 그렇게 믿어서 성공하고 복을 받으려고 결심합니다. 우리 교회에도 이런 복을 받은 분들이 너무나 많습니다. 어떤 분은 부부가 대학 시절에 운동권에서 반정부 운동을 하다가 잡혀서 취직을 못 하게 되었습니다. 그는 학원을 경영했는데 잘 될 때도 있었지만 나중에는 학생들이 많이 줄어들었습니다.

그런데 이분은 공무원 시험에 합격했고 아들은 검정고시로 서울대에 합격하게 되었습니다. 또 우리 교회 어떤 분의 딸은 하버드 경영 대학원에 합격하게 되었고, 어떤 분의 딸은 미국에서도 우리 교회 설교를 빠짐없이 들었는데 버클리대학에 합격하게 되었고 유엔에서 일하다가 결혼하게 되었습니다. 이렇게 예수 믿고 복 받은 이야기는 너무 많습니다. 그래서 이런 설교를 들으면 스트레스가 전부 없어지고 꼭 성공할 것 같은 믿음이 생깁니다. 그래서 이런 설교를 듣고 난 후에는 열심히 교회를 다닙니다.

그런데 그렇게 열심히 교회에 다녔는데도 이상하게 성공하기보다는 어려움이 자꾸 오는 경우도 있습니다. 직장도 그만두고 고깃집을 차렸는데 그것도 그만두게 되었습니다. 헬스장을 차렸는데 코로나로 문을 닫게 되었습니다. 아이도 좋은 학교에 들어가지 못하게 되었습니다. 거기에다가 가족 중에 병든 사람도 생기고 좋지 않은 일도 생깁니다. 그러면 기가 죽어서 신앙생활을 하지 않으려고 합니다. 물론 이 세상에 좋지 않은 일이 계속 생기는데 좋아할 사람은 없을 것입니다. 그러나 어려움을 당한 사람은 하나님의 택함 받은 백성이고 하나님의 자녀들입니다. 그 뿌리가 돌을 뚫고 들어가서 튼튼하게 박힐 것입니다.

4:18-19, "또 어떤 이는 가시떨기에 뿌려진 자니 이들은 말씀을 듣기는 하되 세상의 염려와 재물의 유혹과 기타 욕심이 들어와 말씀을 막아 결실하지 못하게 되는 자요"

어떤 사람은 성격적으로 돌다리를 건너도 두들겨서 건너려는 완전주의를 추구하는 사람이 있습니다. 이들은 마음에 가시떨기가 많이 있습니다. 즉 미래에 대한 염려가 많은 사람입니다. 이들은 비교적 순수하고 차분한 사람들입니다. 그런데 미래에 대하여 너무 생각을 많이 합니다. 아들이 대학생인데 유학도 가야 하겠고 결혼도 해야 하겠고, 남편은 정년이 다 되어 직장을 그만두고 나면 무엇을 해야 할지 알 수 없고, 온종일 집에 있으면 하루 세끼 차려내는 일도 보통이 아니고 그렇다고 나갈 데가 있는 것도 아닙니다. 이런 생각만 주로 하고 있으니 예수님을 생각할 시간이 없고 예수님의 말씀이 귀에 들어오지 않는 것입니다.

물론 사람이 아무 생각도 없이 살 수는 없습니다. 또 나이가 들었는데도 청년같이 뛰어다닐 수는 없습니다. 나이가 들면 친구가 없고 쓸데없는 생각만 많아집니다. 그래서 우리 교인 중에는 성경을 쓰는 분이 많습니다. 이분들은 성경을 다 쓰고 난 후에 교회에 가져와서 저에게 보여주십니다. 성경을 쓰는 동안에는 잡생각이 들지 않는다는 것입니다.

"세상의 염려"가 있습니다. 정치가 이런 식으로 돌아가다가는 나라가 공산화되든지 망할 것 같습니다. 그래서 태극기 들고 나가서 소리 지르는 분들은 거의 다 노인입니다. 이들은 오래 서 있을 수 없고 화장실에 자주 가야 하는데 나라가 걱정되어서 나오는 것입니다. 자녀들이 돈을 제대로 벌지 못하면 걱정됩니다. 자녀들이 아기를 낳으면 그 아기를 보느라 허리가 아프고, 아기를 낳지 못하면 또 불임이라 걱정됩니다. "재물의 유혹"이 있습니다. 이제 은행 이자는 얼마고, 어느 보험에 들어야 하고, 또 주가가 올랐는지 그런 세상 재물에 대한 생각만 하는 것입니다. 그리고 "기타 욕심"입니다. 교회에 어떤 할매는 엄청나게 큰 호박 반지를 꼈는데, 어떤 할배는 멋진 양복을 입었는데, 어떤 사람은 차를 벤츠로 바꾸었는데, 어떤 사람은 하와이에 갔다 왔다는데, 다른 집 아이는 컴퓨터 게임회사에 가서 돈을 많이 벌고 있다는데, 어떤 영감은 백두 살까지 산다던데…. 이런 온갖 생각들이 들면서 예수님은 안 보이고 말씀은 귀에 들어오지 않는 것입니다. 하지만 욕심 없이 무슨 재미로 살겠습니까? 그런 욕심들을 하나님께 기도로 다 말씀드리시기 바랍니다. 그러면 마음의 짐이 훨씬 가벼워질 것입니다.

사실 믿음으로 산다는 것은 참 어렵습니다. 없으면 없는 대로 살고, 있으면 있는 대로 산다는 것이 얼마나 어려운지 모릅니다. 그래도 나를 칭칭 감고 있는 가시덤불을 헤쳐나와야 합니다. 확실히 돈이 많이 있으면 생각이 많아지게 됩니다. 돈이 적어야 신앙생활이 되지, 많으면 예수님이 눈에 보이지 않게 됩니다. 천국은 더 보이지 않습니다. 우리는 천국 길을 가야 하는데 가시덤불 때문에 점점 더 멀어지는 것입니다.

3. 보고 듣을 수 있는 사람

예수님의 말씀 중에서 가장 중요한 천국의 비밀은 눈으로 보는 것과 귀로 듣는 것입니다. 눈으로 보는 것이 무엇입니까? 예수님이 눈에 보이는 것입니다. 귀로 듣는 것이 무엇입니까? 하나님의 말씀이 귀에 들리는 것입니다.

4:20, "좋은 땅에 뿌려졌다는 것은 곧 말씀을 듣고 받아 삼십 배나 육십 배나 백 배의 결실을 하는 자니라"

우리가 좋은 땅이 되기 위해서는 모든 것을 갈아엎어야 합니다. 단단한 땅도 갈아엎어야 하고, 돌도 골라서 버려야 하고, 잡초나 가시덤불도 전부 파내어서 버려야 합니다. 농부를 보면 여름에 매일 밭에 나가서 잡초 뽑는 모습을 볼 수 있습니다. 그렇게 하지 않으면 잡초가 영양분을 다 빨아들여서 좋은 열매가 열리지 않기 때문입니다. 그래서 우리 생활에서도 하나님의 말씀을 최우선으로 두고 다른 것들은 일단 다 치워버려야 합니다. 무조건 성경부터 읽기 시작해야 합니다. 그러면 마음에 기쁨이 생기고 얼마나 머리가 맑아지는지 모릅니다. 그리고 사람의 눈치를 보지 않게 됩니다.

천국 비밀에 있어서 가장 중요한 것이 무엇입니까? 보고 깨닫는 것입니다. 무엇을 보는 것입니까? 예수님이 이 세상에 오신 것을 보는 것입니다. 우리에게 예수님을 보는 것보다 더 중요한 것은 없습니다. 예수님은 창조주이시기 때문입니다. 예수님은 홍해를 가를 수 있고, 반석에서 생수가 나오게 하실 수 있습니다. 도저히 인간의 머리로는 길이 없는 곳에 길이 생기게 하시고, 여호와 이레의 하나님으로 준비하십니다. 내가 중요한 것을 잃어버렸을 때 '여호와 이레' 의 하나님을 찾으시기 바랍니다. 아브라함은 이삭을 바치고 '여호와 이레' 의 하나님을 얻었습니다. 이스라엘 백성은 홍해를 건너고 광야를 건너서 '여호와 라파' 치료하시는 하나님을 얻었습니다.

예수님은 이 세상에 오셨습니다. 창조주가 오셨습니다. 그분의 말씀을 들으시기 바랍니다. 걱정하지 말고 염려하지 말고 들으시기 바랍니다. 설교 말씀이 믿어지지 않으면 믿어지지 않는다고 말씀하시고 또 들으시기 바랍니다. 하나님이 백배의 복을 주실 것입니다. 처음에는 상식적이고 별 볼 일 없는 것 같았는데 천국의 보물을 안겨줄 것입니다. 우울증이나 침체에 빠지지 마시고 교회에 오는 것을 즐거워하시고 예수님만 보시기 바랍니다.

10

등불을 켜는 목적

막 4:21-34

낮에는 등불을 켤 필요가 없습니다. 낮에는 등불보다 수천 배, 수억만 배 밝은 햇빛이 있기 때문입니다. 그러나 밤이 되면 반드시 등불을 켜야 신발을 찾아서 신을 수 있고 화장실에 갈 수도 있고 계단을 올라간다든지 내려갈 때 등불이 없으면 발을 헛디뎌서 굴러떨어질 수도 있습니다. 그리고 시골에서는 밤에 독사가 나와서 똬리를 치고 있을 수 있는데 모르고 밟았다가는 독사에게 물리게 됩니다. 또 절벽 끝인 줄 모르고 앞으로 걸어갔다가는 절벽에서 떨어져 중상을 입거나 죽을 수 있습니다.

우리가 강가에 가면 잎이 아주 날카로운 갈대를 많이 보게 됩니다. 갈대는 다른 나무보다 빨리 자라서 여름이 되면 벌써 어른 키 정도 됩니다. 그런데 가을이 되고 겨울에 서리가 내리면 갈대는 다 죽습니다. 그리고 봄이 되면 갈대는 다시 싹이 나서 자라게 됩니다. 이것이 무한반복 됩니다. 그러나 사람은 반복되지 않습니다. 요즘 동영상을 보면 새로 태어난 아기들이 뒤집기 하는 것을 보여주는 것이 있습니다. 아기들이 뒤집기를 하려고 용을 쓰는데 제대로 되지 않으면 소리를 지르기도 하고 울기도 합니다. 그러다가 어느 순간 뒤집는 데 성공합니다. 그러면 주위에 있던 가족은 성공했다고 박수를 쳐줍니다. 그러나 아기는 늘 그런 상태에 있지 않습니다. 아기는 밤에 자고 나면 달라지고 또 자고 나면 달라져서 키도 커지고 말도 배우고 나중에는 가방을 메고 어린이집에 갑니다. 나중에 결혼을 하고, 엄마와 아버지는 노인이 되어갑니다. 나중에 엄마, 아버지는 무덤을 남기고 돌아가십니다. 그리고 그 아기가 노인이 됩니다. 이것은 반복되지 않습니다. 한 번만 지나가면 끝나는 것입니다.

예수님은 천국에 대한 많은 비밀을 전부 비유로 말씀하셨습니다. 예수님은 비유가 아니면 절대로 천국의 비밀을 말씀하시지 않았다고 했습니다. 지금 예수님이 말씀하시는 것도 전부 천국의 비밀인데 너무 당연하고 뻔한 이야기들입니다. 그러나 우리는 이것을 보고 들을 수 있는 눈과 귀가 없다는 것이 문제입니다.

1. 등불 비유

예수님께서는 사람들에게 천국에 대하여 가르쳐주셨습니다. 그런데 이것을 등불 비유로 가르쳐주셨습니다. 즉 예수님의 천국 교훈은 수수께끼입니다.

4:21, "또 그들에게 이르시되 사람이 등불을 가져오는 것은 말 아래에나 평상 아래에 두려 함이냐 등경 위에 두려 함이 아니냐"

예수님은 천국의 진리를 질문으로 가르쳐주셨습니다. 즉 사람이 등불을 켜는 목적이 무엇이냐 하는 것입니다. 그것은 말통 아래 넣어 두거나 아니면 침대 밑에 감추어 두려고 하는 것이 아니라 등경 위에 두어서 온 방을 환하게 비춰게 하기 위함이라고 말씀하셨습니다. 즉 사람들이 밤에 등불을 갑자기 켜는 것은 잠을 자다가 물 대접이 어디 있는지 찾아서 물을 마시려고 하는 것이고, 또 옛날에는 화장실 가기가 어려웠기 때문에 요강이 어디 있는지 찾기 위해서라고 했습니다. 또 혹은 방에서 무슨 부스럭하는 소리가 났는데 도둑이 들어왔는지 살펴보기 위함인 것입니다. 또 노인들이 등불도 없이 마루에 나왔다가 마루에서 떨어지면 대퇴부가 골절되어서 돌아가시는 수도 있습니다. 등불을 들고 길을 가야 하수구에 빠지지 않고 길을 잘 찾아서 갈 수 있습니다.

그런데 여기서 예수님은 지금 밤에는 등불이 중요하다는 뜻으로 등불 비유를 말씀하시는 것이 아닙니다. 예수님은 지금 천국 수수께끼를 말씀하고 계신 것입니다. 다시 말해서 예수님의 비유에서 중요한 것은 사람들이 보고도 알지 못하는 것입니다. 즉 예수님이 말씀하시는 핵심은 등불이 아닙니다. 그럼에도 불구하고 사람들은 등불을 통이나 침대에 감추어놓고 양심을 속이고 나쁜 짓을 하고 있습니다. 사람들은 모두 결국 들통날 짓들을 하고 있는 것입니다.

4:22, "드러내려 하지 않고는 숨긴 것이 없고 나타내려 하지 않고는 감추인 것이 없느니라"

요즘 우리나라는 CC-TV가 설치되어 있지 않은 곳이 거의 없습니다. 그래서 나쁜 사람들은 아무도 보는 사람이 없다고 생각해서 사람을 폭행하고 힘이 없는 여성들을 끌고 가서 추행하는데 전부 다 찍히고 있는 것입니다. 도둑질하는 것도 찍히고 다른 사람을 때리는 것도 찍히고 살인하는 것도 다 찍히는 것입니다. 사람들은 등불이 없고 컴컴하다고 생각해서 죄를 짓는데 더 밝은 광선으로 죄짓는 것이 다 찍히고 있는 것입니다. 또 모든 차마다 블랙박스가 있어서 일부러 사고를 내거나 사고 났을 때 거짓말하는 것도 전부 다 찍히게 되어 있습니다.

그러면 지금 사람들이 보지 못하고 있는 것이 무엇일까요? 예수님은 지금 천지를 지으신 하나님의 아들이 이 세상에 오신 것을 사람들이 모르고 있는 것을 말하고 있는 것입니다. 밤에 등불이 필요하다고 하지만, 태양이 떠오르면 아무 소용이 없습니다. 예수님은 태양을 만드신 분이십니다. 그래서 예수님 앞에서는 마치 엑스레이나 MRI처럼 사람의 속이 다 찍히는 것입니다. 즉 예수님의 빛에는 사람의 양심이 찍히고 생각이 찍히는 것입니다. 풀은 이 세상에 한 번 났다가 죽으면 끝나지만, 사람들은 그 모든 생각과 양심이 전부 다 찍혀서 남아 있습니다. 우리 인간의 삶은 반복되지 않습니다. 우리는 이 세상을 단 한 번만 살면 끝나는 것입니다. 그러나 자신이 살아가면서 다른 사람에 대하여 생각한 것이나 말한 것들, 그리고 양심은 남아 있는 것입니다. 이것이 천국입니다. 즉 하나님의 빛을 모르는 자들의 삶은 한 번 살고는 지옥에서 썩는 인생입니다. 그러나 하나님의 빛을 아는 자의 삶은 영원히 사는 천국입니다. 우리는 이 세상에서 살고 훨씬 업그레이드된 천국에서 새 인생을 살게 됩니다.

예수님이 이 세상에 새 인생을 선물로 주시려고 오신 것입니다. 이 새 인생은 태양보다 더 밝은 것입니다. 그렇게 하려면 예수님을 통과해야 합니다. 예수님은 사람처럼 보이지만 그분은 길이요 진리요 생명이십니다. 예수님은 길입니다. 예수님을 통과해야 영생을 얻습니다. 예수님을 통과해야 생명을 얻습니다. 예수님만이 진리이십니다. 사람들은 지금 영생의 길이 열려 있는데 그것을 보지 못하고 자기 죄를 감추고 덮고 거짓말하는 데 바쁩니다.

4:23-25, "들을 귀 있는 자는 들으라 또 이르시되 너희가 무엇을 듣는가 스스로 삼가라 너희의 헤아리는 그 헤아림으로 너희가 헤아림을 받

을 것이며 더 받으리니 있는 자는 받을 것이요 없는 자는 그 있는 것까지도 빼앗기리라"

사람이 다른 사람을 비판합니다. 그러나 사람들이 몰라서 그렇지 나중에 알고 보면 욕을 한 사람도 똑같은 짓을 했다는 것을 알게 됩니다. 천국 시민은 남을 욕할 시간이 없습니다. 지금 하나님을 향하여 달려가기에도 시간이 모자라기 때문입니다.

사람은 늘 젊을 것 같지만 얼마나 빨리 늙는지 모릅니다. 어떤 사람은 죽을 때가 되었는데 의사에게 십 년만 더 살았으면 좋겠다고 했습니다. 그래서 그 십 년 동안 무엇을 하려고 하느냐고 물었더니 모르겠다고 하더라는 것입니다. 지금 LED 전깃불이나 CC-TV나 MRI나 다 전부가 아닙니다. 예수님만이 진정한 빛이십니다. 예수님은 사람처럼 생긴 문입니다. 우리가 이 문을 통과하면 깨끗해지고 영생을 얻을 수 있습니다. 이제 의로운 태양이 떠올랐습니다. 그런데도 사람들은 아직 죄를 짓고 등경을 감추고 있습니다. 예수님을 통과하지 않으면 다 열매 맺지 못하고 쓰레기통에 버림받아 썩게 될 것입니다.

2. 자라는 비유

예수님은 천국을, 씨가 사람들 모르게 자라는 것으로 비유하셨습니다. 농부가 밭에 씨를 뿌렸습니다. 그런데 씨는 며칠 동안 소식이 없더니 비가 한번 오고 나니까 파란 싹이 온 밭에 났습니다. 그런데 밭에 앉아 있어도 싹은 자라지 않습니다. 그런데 집에 들어가서 한번 자고 나오니까 조금 더 자랐습니다. 그리고 아무리 밭에 앉아서 기다려도 싹은 자라지 않습니다. 그런데 밤에 집에 들어가서 한 번 자고 나오니까 조금 더 자라있습니다. 그렇게 몇 달 지나니까 꽃봉오리가 생깁니다. 이것은 절대로 농부가 만드는 것이 아닙니다. 저절로 생긴 것입니다. 그리고 며칠 지나니까 꽃이 피더니 그다음에는 아주 자그만 열매가 맺힙니다. 그러더니 나중에는 완전히 다 큰 열매가 됩니다. 그러면 따 주어서 시장에 가서 팔아야지, 자꾸 더 커질 것을 생각해서 내버려 두면 썩어버립니다. 그런데 중요한 것은 이것이 비유요 수수께끼라는 것입니다. 예수님이 말씀하시려는 요점은 무엇일까요? 식물이 저절로 자라면 우리는 그대로 먹으면 됩니다.

그런데 저절로 자라는 것이 또 있습니다. 그것은 바로 아기입니다. 아기가 태어나면 머리는 큰데 팔다리는 작습니다. 그리고 그 조그마한 것이 젖을 달라고 빽빽거리면서 웁니다. 엄마가 젖을 주면 허겁지겁 빨아 먹습니다. 그 아기가 자고 일어나면 자랍니다. 또 자고 일어나면 자랍니다. 먹는 양도 많아집니다. 이것은 절대로 엄마가 키우는 것이 아닙니다. 아기가 자라는 것입니다. 그리고 어느 날 누워만 있으니까 답답하다고 생각해서인지 뒤집습니다. 그리고 얼마나 옹알이를 잘하는지 알아듣지도 못하는 소리를 하고 웃습니다. 그런 아기가 일어섭니다. 그리고 조그만 가방을 메고 돌아다닙니다. 그러나 사람은 그냥 태어난 그대로 쓸 수가 없습니다. 사람은 공부를 해야 합니다. 그리고 대학이나 대학원까지 공부해서 직장을 가집니다. 사람은 배워야 사람 구실을 할 수 있습니다. 그러나 그것으로 끝난 것이 아닙니다. 인간은 반드시 하나님의 아들을 만나서 죄 용서를 받아야 합니다.

4:26-28, "또 이르시되 하나님의 나라는 사람이 씨를 땅에 뿌림과 같으니 그가 밤낮 자고 깨고 하는 중에 씨가 나서 자라되 어떻게 그리 되는지를 알지 못하느니라 땅이 스스로 열매를 맺되 처음에는 싹이요 다음에는 이삭이요 그 다음에는 이삭에 충실한 곡식이라"

식물은 변합니다. 그러나 사람은 그냥 자라기만 한다면 실패입니다. 사람은 공부해야 하고 하나님의 아들을 만나서 변해야 합니다. 즉 죄 씻음을 받아야 열매가 되는 것입니다. 열매 맺지 못하는 식물은 쓰레기통에 버려져서 썩게 될 것입니다. 바로 사람에게는 그 쓰레기통이 지옥입니다.

3. 겨자씨 비유

사람들에게 이해되지 않았던 것은 그 엄청난 하나님의 진리를 전 세계 사람들은 다 모르고, 아주 작은 나라 이스라엘 사람들만 아느냐 하는 것입니다. 그리고 왜 하나님의 아들은 그 작은 이스라엘 사람 중에서도 아주 가난하고 비천한 갈릴리 사람들 중심으로 말씀을 전하느냐 하는 것입니다.

우리는 그 이유를 알지 못합니다. 단지 예수님이 가지고 오신 천국은 겨자씨같이 작은 씨라는 것입니다. 겨자씨는 좁쌀 크기만 한 아주 작은 씨입니다. 그러나 이것을 땅에 심으면 얼마나 빨리 자라는지 옥수수보다 더 빨리 자라서 나무같이 됩니다. 그래서 가지를 내는데, 풀보다 더 크게 자라기 때문에 새들이 와서 가지에 앉을 정도라고 합니다.

그런데 우리는 겨자를 잘 키우지 않기 때문에 겨자가 어떻게 자라는지 어떻게 생겼는지 잘 알지 못합니다. 우리는 어차피 겨자를 모르니까 이것을 살구로 생각해 봅시다. 옛날 이스라엘 백성은 모세와 아론이 기적을 행하고 백성을 이끄는 것이 불만이었습니다. 그래서 돌아가면서 리더를 하자고 제안했습니다. 그리고 불만이 있을 때마다 모세와 아론을 욕했습니다. 그래서 하나님께서는 이스라엘 열두 지파 족장들에게 모두 지팡이를 가지고 오라고 했습니다. 그 지팡이들은 모두 죽은 나무였습니다. 아론의 지팡이에는 아론이라고 적게 했습니다. 그리고 하룻밤 지나고 가보니까 죽은 아론의 지팡이에서만 싹이 나고 꽃봉오리가 맺히고 열매가 맺혔습니다. 아론의 지팡이는 살아있는 지팡이였습니다. 그러나 그것도 상상할 수 없을 정도로 빨리 열매 맺는 지팡이였습니다. 이것이 바로 하나님의 지팡이였습니다. 결국 이 지팡이가 홍해를 갈라서 육지처럼 건너게 했고, 이 지팡이가 반석을 쳐서 생수가 쏟아지게 했습니다.

씨앗은 땅에 뿌리면 버리는 것 같고 썩히는 것 같지만, 온도와 습도만 올라가면 한순간에 싹이 납니다. 그리고 가을에 서리가 내리기 전에 반드시 열매가 맺힙니다. 이것이 바로 부흥입니다. 우리가 다시 예수님의 말씀으로 돌아오면 예수님은 "겨자씨 한 알 만큼만 있어도 이 산을 명하여 여기서 저기로 옮겨지라 하면 옮겨질 것이요"라고 하셨습니다. 어떤 때는 우리의 앞 길을 막고 있는 것이 거대한 산일 수도 있고 바다일 수도 있습니다. 그러나 믿음이 있으면 길이 열리는 것입니다.

우리는 하나님 아들의 말씀에 접목되어야 합니다. 우리는 예수님의 말씀을 먹어서 천국의 사람이 되어야 합니다. 그러면 굉장히 인기 있는 열매가 될 것입니다. 천국은 무궁무진합니다. 우리 모두 무궁무진한 열매를 맺으시기 바랍니다.

11

절망의 시간

막 4:35-41

가끔 방송에 보면 제주도 앞 바다에서 고기를 잡던 배가 파도에 뒤집혔는데 선원들은 모두 실종 중이라는 속보가 나올 때가 있습니다. 이때 해양구조대는 헬기를 띄워서 구조를 시도해 보지만 넓은 바다에서, 그것도 밤에, 어디에 배가 있는지 보이지도 않고, 파도나 바람이 워낙 세기 때문에 구조에 실패할 때가 많습니다. 결국 나중에는 그 배는 다 부서지고 배에 탔던 사람들은 찾지 못하든지 아니면 시체로 떠오르게 됩니다. 요즘은 배들이 모두 통신 시설이 되어 있고 GPS가 달려 있어서 태풍이 오더라도 어디로 피해야 하는지 알 수 있습니다. 그러나 옛날에는 모두 나무배로 되어 있고, 태풍이 올지 안 올지 모르기 때문에 잘못해서 태풍에 걸려들면 배에 탄 사람들은 거의 다 죽든지 아니면 죽을 고생을 하고 기적적으로 살아나게 됩니다.

우리가 부르는 찬송가 중에서 가장 가슴이 아픈 찬송이 있습니다. 그 찬송가는 "내 평생에 가는 길 순탄하여 늘 잔잔한 강 같든지 큰 풍파로 무섭고 어렵든지 나의 영혼은 늘 편하다"는 가사의 찬송(413장)입니다. 이 찬송가의 작사자는 부인과 딸들을 먼저 배로 보내고 자기는 다음 배로 가려고 했는데 배가 뒤집혀서 딸들은 다 죽고 부인만 구조되었다는 소식을 듣고 쓴 찬송가입니다.

갈릴리는 바다와 같이 넓고 험한 호수였습니다. 갈릴리는 해표면보다 낮기 때문에 육지에 강한 바람이 불면 호수에서는 광풍으로 변했습니다. 그래서 그곳 사람들도 밤에는 갈릴리 호수를 배 타고 건너지 않았습니다. 왜냐하면 언제 그런 현상이 일어날지 몰랐기 때문입니다.

그때 예수님은 제자들에게 저녁인데도 불구하고 배를 타고 호수 건너편으로 건너가자고 했습니다. 제자들이 탄 배는 대개 물고기를 잡는 작은 배입니다. 그때 무서운 폭풍이 갑자기 밀어닥쳐서 배가 뒤집히게 되었습니다. 제자들은 고함을 지르고 모두 호수에 빠져 죽게 되었는데, 예수님은 배에서 주무시고 계셨습니다. 예수님은 위기를 당한 제자들에게 아무 도움이 되지 않았습니다.

1. 최악의 결과

제자들과 여인들은 예수님을 만나고 완전히 새로운 인생을 살게 되었습니다. 예수님은 많은 사람의 병을 고쳐주시고 장애를 치료해주셨습니다. 그래서 맹인이 보고, 듣지 못하는 자들이 듣게 되고, 일어서지 못하는 자들이 일어서서 뛰게 되었습니다. 귀신이 들려 소리 지르고 발광하던 사람들이 똑똑한 맨정신을 차릴 수 있게 되었습니다. 그래서 제자들이나 여인들은 예수님이야말로 우리가 이 세상에서 살 길이라는 것을 깨닫고 어부들은 배나 그물도 버리고, 세리는 직장을 버리고, 여인들은 가정을 떠나서 예수님을 따라다니면서 그의 말씀을 배우게 되었습니다.

그런데 예수님은 한 곳에서만 계시는 것이 아니었습니다. 저녁이 되었는데 예수님은 제자들에게 호수 건너편으로 가자고 하셨습니다. 호수 건너편 사람들도 하나님의 말씀을 들어야 하고 병 고침을 받아야 했기 때문입니다.

4:35-36, "그 날 저물 때에 제자들에게 이르시되 우리가 저편으로 건너가자 하시니 그들이 무리를 떠나 예수를 배에 계신 그대로 모시고 가매 다른 배들도 함께 하더니"

문제는 "그 날 저물 때에" 였습니다. 그 당시 밤에 배를 타고 호수를 건너가는 것은 위험했습니다. 그 시간에 육지로 강한 바람이 불면 공기가 물을 빨아 당겨서 갈릴리 호수에는 광풍이 일어나는 현상이 종종 일어나기 때문입니다. 그러나 제자들은 예수님의 말씀에 순종했습니다. 제자들은 예수님의 말씀을 배우는 자들이 되었고 제자는 스승의 말씀에 순종해야 하기 때문입니다. 예수님은 낮에 사람들이 워낙 많이 예수님의 옷을 만지려고 예수님을 떠밀었기 때문에 예수님은 배 위에서 하나님의 말씀을 가르치셨습니다. 그리고 배 위에 앉은 그 자리에서 제자들에게 호수 건너편으로 가자고 하신 것입니다. 그래서 말씀을 듣던 사람들 중에는 예수님의 옷을 만지지도 못한 사람들이 많았습니다. 그 사람들은 예수님의 말씀만 듣고 예수님을 놓치고 말았던 것입니다.

그러면 예수님의 말씀만 듣고 옷을 만지지 못한 사람들은 병 고침을 받지도 못하고 시간만 낭비한 것이었을까요? 그렇지 않습니다. 그 사람들이 일단 예수님의 말씀을 들었다는 것은 하나님의 능력의 씨가 그들의 마음에 심어진 것이기 때문입니다. 이제 이들이 이 씨를 마귀에게 빼앗기지만 않고 세상 염려나 근심에 빼앗기지만 않으면 땅에 떨어져 싹이 나서 열매를 맺게 되는 것입니다. 그래서 우리는 하나님의 말씀을 들을 때 그 말씀을 마귀에게 빼앗기지 않는 것이 중요합니다. 그리고 미래의 여러 가지 근심 때문에 하나님의 말씀이 질식되지 않게 하는 것이 중요합니다. 그런데 제자들이 예수님의 말씀에 순종한 결과는 최악이었습니다.

4:37, "큰 광풍이 일어나며 물결이 배에 부딪쳐 들어와 배에 가득하게 되었더라"

하필이면 제자들이 예수님의 말씀에 순종해서 배를 타고 갈릴리 호수를 건너갈 그때 육지에는 엄청난 강풍이 불었던 것입니다. 이 강풍이 갈릴리 호수 위에서는 광풍처럼 변해서 엄청나게 날뛰고 있었습니다. 그래서 배는 전혀 컨트롤이 되지 않았고, 큰 파도가 배 안으로 치고 들어와서 배 안에 물이 가득하게 되었습니다. 이제 배는 곧 뒤집히든지 아니면 호수에 빠지게 되었습니다. 그렇게 되면 이 거센 풍랑에 아무리 어부 출신이 있다고 해도 거의 다 호수에 빠져 죽을 것입니다.

예수님의 제자들이 예수님의 말씀, 특히 씨 뿌리는 비유의 말씀을 듣고 예수님의 말씀에 순종한 결과는 전원이 물에 빠져 죽을 수 있는 위기에 봉착한 것입니다. 어떤 사람은 기도한 후에 하나님의 뜻이라고 생각해서 직장에 사표를 내고 다른 직장을 알아보려고 하는데 취직이 되지 않아서 실직이 되어버리는 때도 있습니다. 어떤 사람은 하나님의 뜻이라고 생각해서 새로운 사업을 시작했는데 바로 그때 코로나19가 퍼지는 바람에 전혀 장사하지 못하고 돈만 날리게 된 경우도 있습니다. 맞습니다. 우리에게는 갈릴리 호수의 광풍이 아니라 코로나19의 광풍이 불었던 것입니다. 그래서 식당은 다섯 명이 함께 앉지도 못하고, 작은 교회는 문을 닫아야 하고, 모든 비행기는 멈추어 섰고, 학원이나 사우나도 안 되고 여행사도 폐업 직전이 되었습니다. 우리는 때때로 하나님의 뜻이라고 믿고 결단을 내려서 결혼하고 사업을 시작하고 유학을 결정했는데 결과는 최악으로 나올 수 있습니다.

어쩌면 이 광풍은 제자들의 믿음을 시험하는 것일 수도 있습니다. 제자들은 지금까지 예수님의 좋은 면만 보았습니다. 예수님은 수많은 병자를 다 치료하셨고 예수님의 말씀은 은혜스러웠습니다. 그래서 제자들은 기꺼이 예수님의 제자가 된 것입니다. 그러나 이제 예수님의 말씀에 순종한 결과가 좋지 않은 것으로 나타나기 시작했습니다. 즉 제자들이 예수님의 말씀에 기쁨으로 순종했는데 그 결과는 모두 물에 빠져 죽는 것이었습니다. 우리가 하나님의 뜻이라고 생각하고 결단했는데 좋은 결과가 나타나기는커녕, 죽느냐 사느냐 하는 문제가 생기게 되면 믿음을 의심하게 됩니다.

2. 도움이 되지 않는 예수님

제자들은 예수님과 함께 배를 타고 있었지만, 그때 예수님은 아무 도움이 되지 않았습니다. 예수님은 온종일 설교하고 사역하시느라고 피곤해서 곤히 주무시고 계셨기 때문입니다.

4:38, "예수께서는 고물에서 베개를 베고 주무시더니 제자들이 깨우며 이르되 선생님이여 우리가 죽게 된 것을 돌보지 아니하시나이까 하니"

예수님은 역시 인간이셨습니다. 예수님은 육신이 피곤하여 베개나 보따리 같은 것을 껴안고 깊은 잠에 빠져 계셨던 것입니다. 제자들은 광풍으로 인해 배에 들어와 있는 물을 퍼내고 배의 균형을 잡으려고 힘쓰고 있는데, 예수님은 전혀 도움이 안 되었습니다. 이럴 때 제자들은 무엇을 어떻게 해야 할지 도무지 알 수 없었습니다. 하나님께 기도해야 할지, 아니면 끝까지 살기 위해서 몸부림을 쳐야 할지, 아니면 배를 버리고 벗어나야 할지 알 수 없었습니다.

제자들에게 예수님은 결코 멀리 계시지 않았습니다. 예수님은 어려움을 당해서 우왕좌왕하는 제자들과 가까운 데 계셨습니다. 그러나 예수님은 너무 피곤해서 주무신다고 정신을 차리지 못하시는 것입니다. 아마 이때 제자들은 예수님도 인간이라고 생각했을 것입니다. 왜냐하면 이스라엘을 지키시는 하나님은 졸거나 주무시지 않기 때문입니다. 시편 121:4에 "이스라엘을 지키시는 이는 졸지도 아니하시고 주무시지도 아니하시리로다"고 했습니다. 하나님은 피곤하시지도 않고 잠도 주무시지 않고 늘 깨어서 이스라엘을 지키셔야 하나님이신 것입니다.

지금 제자들이 선택할 수 있는 것은 둘 중의 하나였습니다. 하나는 배와 함께 호수에 빠져서 죽거나 아니면 예수님을 깨워서 무슨 부탁이라도 드려보는 것입니다. 그러나 둘 다 가능성이 없었습니다. 왜냐하면 예수님이 육지에서는 사람들의 병을 고치시고 귀신을 쫓아내셨는지 모르겠지만, 호수에서는 경험이 전혀 없었기 때문입니다. 아마 호수에서의 경험은 베드로 같은 제자들이 더 많았을 것입니다. 그래서 예수님의 제자들은 모두 예수님은 깨워 봐야 아무 도움이 되지 않는다고 생각해서 자기들의 힘으로 배를 바로 잡으려고 애를 썼습니다.

그런데 제자 중에 어리숙한 사람이 있었던 모양입니다. 그는 예수님을 깨우면 혹시 우리가 살 수 있는 길이 생길지도 모른다고 생각한 것입니다. 그래서 곤히 주무시고 계신 예수님을 깨웠던 것입니다. 왜냐하면 그들에게는 예수님 외에는 아무 대책이 없었기 때문입니다.

"제자들이 깨우며 이르되 선생님이여 우리가 죽게 된 것을 돌보지 아니하시나이까 하니"

이것은 다른 말로 표현하면 "선생님, 우리는 지금 다 죽게 되었습니다. 선생님은 지금 주무실 때가 아닙니다. 선생님도 깨셔서 무엇인가 하실 수 있는 것이 있으면 도움이 되셔야 합니다."라는 뜻입니다. 즉 예수님도 깨셔서 배 안에 들어와 있는 물을 그릇으로 퍼내시든지 아니면 하나님께 기도해서 우리가 살 수 있도록 한번 해보시라는 뜻이었습니다.

우리가 때때로 이 세상에 살면서 가장 힘든 것은 하나님이 눈에 보이지 않는다는 것입니다. 그리고 예수님이 하시는 말씀이 우리의 귀에는 들리지 않는다는 것입니다. 그때 우리는 예수 믿지 않는 사람들과 다를 것이 하나도 없습니다. 하나님은 눈에 보이지 않고, 예수님은 우리에게 아무 도움이 되지 않는 것입니다. 그래서 많은 교인이 예수 믿는 것이 이럴 때는 아무 도움이 되지 않는다고 불평합니다. 과연 그럴까요? 사느냐 죽느냐의 갈림길에서 예수 믿는 것과 예수 믿지 않는 것은 똑같은 것일까요?

우리가 아플 때 예수님은 과연 어디에 계시는가요? 왜 하나님은 내가 아플 때 혹은 내 가족이 아플 때 도와주시지 않는가요? 우리는 그것을 알 수 없습니다. 그러나 사람이 살고 죽는 것은 하나님의 손에 달렸습니다. 즉 하나님이 부르시면 누구든지 가야 하는 것입니다.

3. 예수님의 능력

우리가 살든지 죽든지 그것은 우리가 결정하지 못합니다. 중요한 것은 예수님은 무엇인가 하나를 가지고 계시다는 사실입니다. 그것은 바로 능력의 말씀입니다. 제자들은 예수님을 깨우면서 우리가 다 죽게 되었다고 했습니다. 그것은 예수님도 조금 있으면 함께 죽는다는 뜻입니다. 그때 예수님은 일어나셔서 바람과 파도를 꾸짖으셨습니다.

4:39, "예수께서 깨어 바람을 꾸짖으시며 바다더러 이르시되 잠잠하라 고요하라 하시니 바람이 그치고 아주 잔잔하여지더라"

우선 우리가 깨달아야 할 것은 예수님은 우주의 창조주라는 사실입니다. 예수님은 얼마든지 바람을 꾸짖고 파도를 야단치실 수 있는 분이십니다. 예수님은 바람을 꾸짖고 파도도 야단치셨습니다. 그렇게 하니까 바람과 파도가 잔잔하게 되었습니다. 예수님의 말씀은 창조주 하나님의 말씀이었습니다. 창조주의 말씀에 바람과 파도도 잠잠해졌던 것입니다.

그러면 만일 우리가 바다에 나갔다가 폭풍을 만나게 되었을 때 바람을 책망하고 파도를 야단치면 잔잔해질까요? 그렇지는 않습니다. 왜냐하면 우리는 창조주가 아니기 때문입니다. 그러나 그때는 하나님이 미리 지혜를 주십니다. 그래서 태풍이 올 것이니까 바위 속에 숨으라고 하시든지 집에서 나오지 말라고 하실 것입니다. 이것이 우리의 영감입니다. 예수님은 우리가 할 수 있는 범위 안에서 지혜를 주셔서 살게 하십니다.

그러나 우리에게 큰 능력이 나타나게 될 때도 있습니다. 그것은 바로 믿는 자들이 모여서 기도의 용광로를 만드는 것입니다. 그리스도인들이 계속 모여서 기도하면 마음이 뜨거워집니다. 이것이 바로 신앙의 핵무기입니다. 가끔 산에 큰 불이 붙을 때가 있습니다. 그때 소방대원들이 마지막으로 쓰는 해결책이 맞불입니다. 즉 산불이 오는 쪽에 불을 붙이는 것입니다. 그러면 두 불이 서로 붙으면서 아주 큰불이 되는데 그때 산소가 없어지면서 불이 꺼져버리게 됩니다. 기도의 용광로가 있으면 병도 고칠 수 있습니다. 비가 오게 할 수도 있습니다. 기적이 일어나게 할 수도 있습니다.

예수님은 파도가 잔잔하게 된 후에 제자들을 가볍게 책망하셨습니다.

4:40, "이에 제자들에게 이르시되 어찌하여 이렇게 무서워하느냐 너희가 어찌 믿음이 없느냐 하시니"

물론 사람에게 죽음이 찾아오면 무서워하게 됩니다. 그러나 제자들은 너무 무서워했던 것입니다. 우리가 어려움이 왔다고 해서 너무 무서워하면 믿음이 얼어붙어 버립니다. 그래서 두려움을 이기고 조금만 무서워해야 합니다. 그리고 예수님은 "너희가 어찌하여 믿음이 없느냐?" 고 책망하셨습니다. 다른 복음서에서는 "믿음이 작은 자들아"(마 8:26)라고 하셨습니다. 제자들은 예수님에게 믿음이 있었습니다. 그러나 그들은 그 믿음을 쓸 줄 몰랐습니다. 우리는 믿음을 써야 합니다. 안될 줄 알면서도 믿음을 써봐야 합니다. 그때 하나님의 능력이 나타나는 것입니다. 제자들이 예수님을 깨운 것은 믿음이었습니다. 우리도 예수님을 깨워야 하는 것입니다. 모세가 한 일이 무엇입니까? 무려 400년 동안 잠들어 있던 하나님의 말씀을 깨운 것이었습니다. 말씀이 잠을 깨어나니까 하나님의 능력이 나타났습니다. 열 가지 재앙이 일어나고 홍해가 갈라졌습니다.

우리는 하나님의 말씀을 잠들게 해서는 안 됩니다. 성경을 집에 곱게 모셔놓고 주일날만 가지고 와서는 안 됩니다. 성경에 줄을 그으시기를 바랍니다. 저는 새로 산 영어성경에 줄을 그으면 예수님의 가슴에 칼로 긋는 것 같은 느낌이 듭니다. 그러나 예수님은 잠에서 깨실 것입니다. 우리 신앙은 생명을 살리는 것입니다. 주님은 우리에게 하나님의 말씀을 남겨주셨습니다. 이 말씀을 살리는 성도들이 다 되시기 바랍니다.

12

대격돌

막 5:1-20

우리는 귀신에 대하여 잘 알지 못합니다. 우리는 성경을 통해서 귀신은 확실히 있다는 것과 인간에게 나쁜 영향을 주고 성도들과 싸우려고 한다는 정도만 알고 있습니다. 베드로 사도는 "너희 대적 마귀가 우는 사자 같이 두루 다니며 삼킬 자를 찾나니"(벧전 5:8)라고 했습니다. 오늘 우리 주위에는 극단적인 선택을 하는 사람들이 매우 많습니다. 그것은 그냥 그 사람이 죽는 것이 아니라 마귀가 돌아다니다가 너무 세상에 살 의욕이 없거나 자포자기하고 있는 사람이 있으면 물어뜯어서 높은데 끌고 가서 떨어트려서 죽이는 것입니다.

오늘 말씀은 우리가 잘 알지 못하는 귀신의 세계에 대한 말씀이어서 이해하기가 쉽지 않습니다. 그러나 우리는 본문을 통해서 사탄의 정체를 바로 알아야 하겠습니다. 일단 천사는 어디에 있습니까? 천사는 하나님께 모여 있습니다. 그러면 귀신은 어디에 있을까요? 마귀에게 몰려 있는 것이 당연합니다. 바로 그 귀신들이 몰려 있는 곳이 무저갱입니다. 즉 끝이 없는 구덩이 속에 갇혀 있는 것입니다. 그런데 천사 중에는 탈영병이 없지만 귀신 중에는 탈영병이 있습니다. 이 탈영한 귀신이 형편없이 사는 사람들 정신에 들락거리기도 하고 사람들끼리 싸움도 붙이고 정신이상도 일으키고 자살도 하게 하는 것으로 생각합니다. 좌우간 탈영한 귀신은 사람 가까이에 있으려고 합니다. 사람을 망치고 죽이는 것이 자기들에게는 가장 가치 있는 일이기 때문입니다.

예수님은 갈릴리 호수를 건너서 이방인의 땅 거라사 지방으로 갔습니다. 그런데 거기에는 아주 골치 아픈 사람이 있었는데, 사람이라고 볼 수 없을 정도로 미친 사람이었습니다. 사람들은 그가 미쳤다고만 생각했지 그 사람이 어떤 상태에서 그런 발작하는지 전혀 알지 못했습니다. 그 사람 속에는 귀신이 수도 없이 많이 들어 있어서 발작하고 있었던 것입니다. 그 사람은 이미 사람이나 가족이나 세상에서 완전히 버림받은 자였습니다.

1. 거라사의 광인

예수님께서 갈릴리 호수 건너편 거라사인의 땅으로 가셔서 배에서 내리셨습니다(1절). 이것은 보통 사람으로는 엄청난 실수를 하는 것이었습니다. 왜냐하면 거기에서 예수님께 다가오고 있는 사람은 몸속에 수천 마리의 마귀가 들어 있는 아주 흉측한 사람이었기 때문입니다.

5:2, "배에서 나오시매 곧 더러운 귀신 들린 사람이 무덤 사이에서 나와 예수를 만나니라"

아주 더러운 귀신 들린 사람이 예수님에게 온 것은 예수님을 공격하기 위해서였습니다. 배가 고프니까 예수님 일행이 가진 떡이 있으면 빼앗고 또 예수님과 그 일행을 두들겨 패서 해치고 아주 난폭한 짓을 하려고 예수님이 계신 곳으로 다가온 것입니다. 또 이 귀신 들린 사람은 굉장히 난폭했을 뿐 아니라 힘도 장사였습니다. 그는 쇠사슬로도 맬 수 없었는데 이 사람을 쇠사슬로 묶어도 이 귀신 들린 사람은 쇠사슬도 끊어버리고 쇠고랑도 깨어버렸습니다. 그리고 아무리 힘이 센 사람도 이 사람을 붙잡아 둘 수 없었습니다. 말 그대로 짐승과 같은 사람이었습니다. 유대 사회에는 무덤이 돌로 된 집처럼 된 곳이 많았기 때문에 이 미친 사람은 무덤 안에서 해골과 같이 잠을 자고, 답답하니까 소리도 지르고 돌로 자기 몸을 쳐서 상하게 하기도 하고, 지나가는 사람이 있으면 덤벼들어서 먹을 것을 빼앗고, 옷도 입지 않고 벌거벗은 채로 돌아다녔습니다.

그런데 아무도 모르고 있던 사실은 이 사람 안에는 무려 6,000마리나 되는 귀신이 들어 있었다는 것입니다. 귀신의 대부대가 들어 있어서 굉장히 나쁜 짓을 저지를 수 있었습니다. 이것은 어떤 의미에서 예수님과 귀신의 세력 사이의 대격돌이라고 말할 수 있습니다. 6,000마리나 되는 귀신들이 갑자기 튀어나와서 예수님의 제자들을 미치게 하고, 예수님을 공격해서 큰 상처를 입히거나 무기력하게 할 수도 있었기 때문입니다.

그러나 예수님은 놀라운 장수이셨습니다. 예수님은 6,000마리나 되는 귀신이 숨어 있는 이 사람을 향해서 "더러운 귀신아, 그 사람에게서 나오라"고 명령하신 것입니다. 예수님의 입에서 이 말씀이 떨어지자 즉시 6,000마리의 귀신들은 갑자기 어떤 큰 쇠사슬이 그들의 목을 조이는 것 같았고 온몸이 떨려 오기 시작했습니다. 그들은 마치 물이 되어서 없어질 것 같았고 온몸이 불에 타서 없어지는 것 같았습니다. 그때 이 귀신들은 예수님이 누구신지 알게 되었습니다. 그분은 바로 온 천지를 지으신 하나님의 아들이셨던 것입니다.

그때 귀신 들린 사람은 예수님 앞에 무릎을 꿇고 절하면서 소리소리 질러 부르짖었습니다.

5:6-7, "그가 멀리서 예수를 보고 달려와 절하며 큰 소리로 부르짖어 이르되 지극히 높으신 하나님의 아들 예수여 나와 당신이 무슨 상관이 있나이까 원하건대 하나님 앞에 맹세하고 나를 괴롭히지 마옵소서 하니"

귀신 들린 사람은 멀리서 예수님을 보고 그 앞에 달려가서 절하고 너무 괴로워서 소리 소리를 질렀습니다. "하나님의 아들 예수여! 우리를 괴롭게 하지 말아주십시오. 당신과 우리는 상관이 없습니다. 당신은 하늘만 다스리면 되는 것이지 왜 이방 땅까지 오셔서 우리를 다 죽이려 하십니까?"

원래 거라사의 광인 속에 하나의 부대에 속하는 귀신들이 숨어 있었던 것을 보면, 예수님과 한번 대적할 생각이었던 것 같습니다. 그래서 6,000마리의 귀신이 일제히 뛰어나가서 제자들을 해치고 예수님도 돌로 치고 공격하면 예수님에게 상당한 피해를 입힐 수 있다고 생각했던 것 같습니다. 그러나 그들은 예수님의 딱 한 마디의 말씀에 힘을 다 잃어버리고 말았습니다. 예수님께서 "이 더러운 귀신아 그 사람에게서 당장 나오라!" 고 말씀하신 순간 6,000마리의 귀신은 온몸이 불타는 것 같았고 엄청나게 큰 손이 그들을 쥐어짜는 것 같았습니다. 그래서 예수님에게 덤벼들어 보지도 못하고 그 자리에서 모두 일제히 무릎을 꿇고 말았습니다. 그들은 예수님의 일행에게 나쁜 욕 한마디도 하지 못했습니다.

2. 귀신과 돼지

아마 6,000마리의 귀신은 한 부대였던 것 같습니다. 그래서 그중에서도 한 대장이 있었는데 음모를 꾸며서 귀신들이 붙들려 있는 무저갱을 탈출해서 이 광인의 몸속에 숨어 있었던 것입니다. 그러나 이 미친 사람의 속에 이렇게 많은 귀신이 숨어 있는지 아무도 알지 못했습니다. 그러나 예수님은 그 귀신들의 정체를 아시고 드러내셨습니다. 예수님은 그 귀신의 두목 정도 되는 존재에게 물어보셨습니다.

5:9, "이에 물으시되 네 이름이 무엇이냐 이르되 내 이름은 군대니 우리가 많음이니이다 하고"

이 사람 속에 들어 있는 귀신도 이름이 있었습니다. 그 귀신의 이름은 군대(Legion)였습니다. '리전'이라는 것은 로마군대의 한 부대를 말하는데, 우리나라군대로 치면 사단 규모보다 좀 작습니다. 대략 6,000명 정도 되는 군인으로 구성되어 있고, 대장은 사령관이었습니다. 그러니까 예수님 앞에 무릎을 꿇고 자기들을 제발 괴롭히지 말아달라고 요구한 귀신은 그 귀신들의 사령관이었던 것입니다. 그리고 이 귀신의 대장은 예수님께 뻔뻔스럽게도 두 가지를 요청했습니다. 하나는 자기들을 그 지방에서 보내지 말아달라는 것이었습니다. 아마 이렇게 많은 귀신이 다른 지방에 우르르 몰려가면 있을 만한 곳도 없고 그렇게 하기에는 창피했던 것 같습니다. 그리고 그들 가까운 곳에 돼지를 많이 방목하고 있었는데, 자기들을 돼지 안에 들어가게 해 달라고 요청하는 것이었습니다. 예수님은 일단 귀신들에게 그 사람에게서 떠나라고 하셨기 때문에 더 이상 귀신들의 요구를 들어줄 필요가 없으셨습니다. 그러나 예수님은 귀신이 들린 그 사람을 걱정하셨습니다. 예수님이 계시므로 귀신이 그 사람을 죽일 수는 없지만, 6,000마리의 귀신이 나가면서 그 사람에게 무지무지한 고통을 줄 수 있었기 때문입니다. 우리가 성경에 보면 귀신이 나가면서 발작하게 하여 거의 죽다시피 괴롭히면서 나가는 모습을 볼 수 있습니다(막 9:26). 그러면 그것은 너무나도 이 사람에게 고통스러운 일이 될 것입니다.

예수님은 그 귀신들이 그 마을에 있는 것을 허락하지 않으셨습니다. 6,000마리 귀신이 이 마을에 있으면 틀림없이 또 다른 사람 속에 들어갈 가능성이 크기 때문입니다. 그러면 이 사람에게서 6,000마리의 귀신을 쫓아낸 것이 아무 소용이 없을 것입니다. 그래서 그것은 허락하면 안 되는 것입니다. 이 탈영한 귀신들은 무저갱으로 잡혀 들어가야 합니다. 그 대신 이 귀신 대장은 그냥은 들어갈 수가 없고 돼지 안에 들어가게 해 달라고 요청했습니다. 아마 귀신들은 한번 탈영한 이상 누구를 죽이든지 아주 큰 못된 짓을 해야 무저갱으로 들어가도 구박을 덜 당하는 것 같습니다. 그래서 이 귀신 대장은 6,000마리가 나가면서 6,000번 발작하게 하는 것과 돼지 이천 마리의 생명을 희생시키는 것을 바꾸자고 요청했던 것입니다. 그래서 예수님은 귀신 들린 그 사람이 불쌍해서 그 귀신들이 돼지 이천 마리 속에 들어가는 것을 허락하셨습니다.

5:13, "허락하신대 더러운 귀신들이 나와서 돼지에게로 들어가매 거의 이천 마리 되는 떼가 바다를 향하여 비탈로 내리달아 바다에서 몰사하거늘"

귀신들이 돼지 안에 들어가면 미친 돼지가 됩니다. 그런데 돼지들은 귀신이 들어가서 미친 상태로 있지 않고 전부 호수로 달려가서 물에 빠져 죽어버렸습니다. 원래 돼지는 물에서 헤엄을 칠 수 있습니다. 그래서 멧돼지도 바다를 헤엄쳐서 섬까지 가기도 하고, 보통 집에서 키우는 돼지도 호수 같은 데서 헤엄을 칠 수 있다고 합니다. 그러나 미친 돼지는 경련이 일어나서 그런지 모르겠지만 이천 마리가 미쳐서 일제히 호수로 달려들어 물에 빠져 죽고 말았습니다.

그 대신 귀신 들렸던 그 사람은 옷도 입고 온전한 정신으로 예수님 앞에 앉아 있었습니다. 미친 사람은 아무 가치가 없었습니다. 그러나 예수님은 이 귀신 들린 사람을 돼지 이천 마리와 바꾸셨습니다. 돼지 이천 마리면 값으로 얼마나 되겠습니까? 아마 몇 억은 될 것입니다. 사실 사람의 가치는 수억 원을 넘습니다. 더욱이 예수 믿는 사람들의 가치는 수조 원이 넘을 것입니다. 우리 성도 한 사람에 비하면 돼지 이천 마리는 아무것도 아닙니다.

그래서 예수님께서는 이 군대 귀신과의 대결을 통해서 예수님의 말씀이 얼마나 능력이 있으며 사람 하나의 가치가 얼마나 엄청난지 보여주셨습니다. 그러면 돼지 이천 마리 속에 있던 귀신들은 다 어디로 갔을까요? 당연히 무저갱으로 도로 들어간 것이 분명합니다.

3. 그 지방 사람들의 반응

5:17, "그들이 예수께 그 지방에서 떠나시기를 간구하더라"

거라사 사람들은 사람의 힘으로는 도저히 감당할 수 없었던 미친 사람의 정신이 예수님에 의해서 제정신으로 돌아온 것을 보았습니다. 결국 이 거라사 사람들은 예수님과 6,000마리 귀신의 대격돌을 보았던 것입니다. 그러나 예수님이 얼마나 강하신지 귀신은 예수님에게 도무지 상대가 되지 않았습니다. 그러나 거라사 사람들은 예수님에게 그 동네에서 떠나시기를 간구했습니다. 우리 같으면 그 능력이 많으신 예수님이 그 동네에 계시면 미친 사람도 없어지고 정신병자도 전부 치료되어서 온전한 삶을 살고 모두 행복하게 살 수 있을 것 같은

데, 그들은 예수님에게 그 동네에서 떠나달라고 간구한 것입니다.

아마 그 동네에는 귀신 들린 사람이 이 사람 외에도 많이 있었던 것 같습니다. 귀신 들린 사람 하나 고치는데 돼지 이천 마리가 들어가니, 다른 귀신 들린 사람들을 모두 고치려면 그 지방 사람들은 금방 망할 수 있기 때문에 미친 사람이 고쳐지는 것을 원치 않았던 것입니다. 즉 거라사 사람들은 미친 사람들은 미친 대로 살다가 죽게 하고, 자기들은 개나 돼지를 지키겠다는 세상적인 욕심으로 예수님에게 떠나달라고 간구한 것입니다. 그러니까 예수님은 그들의 이기심에 아무 말씀도 하시지 않고 순순히 배를 타고 그곳을 떠나셨습니다. 그러자 당황하고 급하게 된 것은 군대 귀신 들렸던 사람입니다. 이 사람은 예수님을 따라가겠다고 하면서 귀신이 또 자기에게 들어오면 어떻게 하느냐고 물었습니다. 예수님은 귀신은 다시 들어오지 않을 테니까 가족이나 친척들에게 가서 하나님께서 나를 불쌍히 여기신 것을 전하라고 말씀하셨습니다.

요즘 코로나는 RNA 구조가 계속 변이를 일으키기 때문에 백신을 만들기 힘들다고 합니다. 그런데 사실 마귀도 계속 변이를 일으키고 있습니다. 그래서 옛날에는 미친 것으로 나타났습니다. 그래서 광인이 되어서 소리도 지르고 집을 나와서 아무 데나 돌아다녔습니다. 그러나 요즘은 변이를 일으켜서 주폭이 되었다가 학폭이 되었다가 우울증이나 화병으로 변신하기도 하고 감정이 통제가 안 되거나 자살이나 동성애, 조현병, 여러 가지 방법으로 변신하기 때문에 잡아내기가 너무 어렵습니다. 그리고 미움이나 시기심이나 야망이나 기질 같은 것을 교묘하게 사용하기 때문에 본인도 눈치채기가 어렵습니다. 그러나 예수 믿는 사람들은 사탄의 정체를 바로 알아서 예수님처럼 능력의 말씀으로 사탄을 쫓아내고 미쳐가는 사람들을 건져내어야겠습니다.

13

다급한 마음

막 5:21-43

세상에는 정말 다급한 사람들이 있습니다. 예를 들어서 수능 시험을 치는 날 늦게 일어났거나 고사장을 잘못 찾은 학생은 너무 급한 나머지 경찰 오토바이 뒤에 타고 고사장을 향해서 달리는 모습을 뉴스를 통해 보게 됩니다. 또 어떤 사람은 비행기를 타야 하는데 중간에 교통이 혼잡해서 늦게 되면 출국장을 향해서 100m 달리기하듯이 달리기하는 모습을 보게 됩니다. 그러나 뭐니 뭐니 해도 가장 급한 일은 병에 걸렸거나 출혈이 심해서 죽어가고 있는 사람을 병원 응급실에 보내는 것입니다. 그때는 119구급차가 환자를 싣고 사이렌을 울리면서 사거리에서 빨간 불인데도 불구하고 병원을 향해서 달리는 광경을 볼 수 있습니다. 어떤 사람은 빨리 오는 바람에 목숨을 살리는가 하면 어떤 사람은 조금 늦게 오는 바람에 죽기도 합니다.

제가 처음 우리 교회에 부임한 지 얼마 되지 않았을 때입니다. 그때 한 남자 집사님이 심근경색이 갑자기 와서 제가 병원 응급실로 찾아갔습니다. 이분은 정신이 말똥말똥했고 저와 대화도 나누었습니다. 그러나 이분은 심근경색이 왔을 때 혈전용해제를 너무 늦게 맞았다고 합니다. 저와 대화까지 나누고 의식이 있었지만 그만 저녁에 돌아가셨습니다. 그때 사람의 생명을 살리는 데 있어서 타이밍이라는 것이 엄청나게 중요하다는 것을 깨달았습니다. 아무리 대화를 나누고 정신이 또렷해도 아무 소용이 없는 것입니다. 시간 안에 혈전용해제를 맞아야 살 수 있는 것입니다.

예수님에게도 응급 환자가 있었습니다. 그 응급 환자는 열두 살 먹은 어린 소녀였는데, 열병으로 거의 다 죽어가고 있었습니다. 그런데 예수님 앞에는 또 한 사람의 환자가 있었습니다. 이 사람은 십이 년을 혈루증으로 앓고 있는 여인이었습니다. 예수님은 한 분이신데 예수님의 도움이 필요한 사람은 두 사람이었던 것입니다. 우리가 생각하기에는 당연히 다른 사람들을 다 제쳐놓고 그 죽어가는 아이 집으로 달려가서 아이부터 살려놓고 다른 사람을 만나든지 하셔야 할 것 같습니다. 그러나 예수님은 그렇게 하지 아니하셨습니다. 예수님은 십이 년 혈루병을 앓고 있는 여인을 먼저 만나셨습니다.

1. 예수님이 보신 믿음

예수님은 이방인의 땅에 가셨다가 미친 사람을 만나서 아주 격심한 영적인 대결을 하시고 이스라엘 땅으로 돌아오셨습니다. 그러나 예수님이 돌아오시기를 간절히 기다리고 있는 한 사람이 있었는데, 이 사람은 유대인 회당의 회당장 야이로였습니다. 유대인의 회당은 오늘날 교회보다 훨씬 파워가 세었습니다. 그래서 안식일 어긴 사람에게는 채찍질하기도 하고, 또 어떤 사람에게 설교를 시키거나 중지시킬 권한도 있었습니다. 또 율법책을 읽기도 하고 유대 사회에서는 존경받는 사람이었습니다. 그런데 이 회당장의 무남독녀 딸이 열병에 걸려서 거의 다 죽어가고 있었습니다. 그래서 회당장은 예수님께서 배에서 내리시는 것을 보고 무릎을 꿇고 아이를 위하여 기도해 달라고 간절하게 구했습니다.

5:22-23, "회당장 중의 하나인 야이로라 하는 이가 와서 예수를 보고 발 아래 엎드리어 간곡히 구하여 이르되 내 어린 딸이 죽게 되었사오니 오셔서 그 위에 손을 얹으사 그로 구원을 받아 살게 하소서 하거늘"

우리는 이 회당장의 태도를 통해서 예수님의 태도가 적극적이지 않으셨다는 것을 추측할 수 있습니다. 만일 예수님의 태도가 적극적이었다면 예수님이 회당장 야이로의 손을 일으키며 "이렇게 엎드리고 있을 시간이 어디 있나? 빨리 아픈 아이에게 가야지"라고 하면서 그와 함께 그의 집으로 달려가셨을 것입니다. 그런데 예수님은 야이로가 예수님의 발 아래 무릎을 꿇고 간절히 부탁하는데도 불구하고 별로 관심이 없는 것 같은 모습을 보이셨습니다. 그랬더니 야이로는 예수님 앞에서 간곡하게 부탁하면서 제발 오셔서 죽어가는 아이의 머리에 손을 얹고 기도하셔서 아이를 살게 해 달라고 간청했습니다.

이 당시 유대 사회에는 예수님이 안식일을 지키지 않는다고 해서 회당 설교나 접촉을 금지하는 공문이 내려와 있었습니다. 만약 누구든지 이 지시를 어기고 예수님과 접촉하거나 만나면 유대 사회에서 출교당하게 됩니다. 즉 유대 사회 안에서 모든 시민으로서의 권한을 잃어버리게 되고 추방당하게 됩니다. 물론 야이로도 예수님의 도움으로 기도를 받았다고 하면 회당장의 권리나 사회적 지위를 다 잃어버릴 것입니다. 그러나 야이로는 그런 것이 중요하지 않았습니다. 그는 모든 것을 다 잃어버려도 예수님이 딸아이를 살리실 수 있다는 것을 믿었습니다.

세상에 자기 딸이 귀하지 않은 사람이 어디에 있습니까? 더욱이 자기 딸이 지금 죽어가고 있다면 어떻게 해서든지 살리고 싶을 것입니다. 그러나 가끔 보면 죽어가는 사람을 포기해버리는 가족들도 있습니다. 그래서 아직 죽지도 않았는데 장례 걱정을 하는 사람들이 있는 것입니다.

우리 교회 장로님 한 분이 돌아가시게 되었습니다. 이분은 평생을 가난하게 사시면서 자녀를 교육시켰고 주일만 되면 교회 앞마당을 청소하셨습니다. 그는 나이가 드셔서 야채 장사를 하실 수 없으니까 폐지를 주우셔서 생활에 보탬이 되게 하셨습니다. 저는 그분이 돌아가실 것 같아서 병실을 찾아가 보았습니다. 그런데 병실에서 정원이 보이고 햇빛이 비취는 것이 아주 아름다웠습니다. 그리고 그 장로님은 온종일 설교와 찬양을 듣고 있고, 가족들도 계속 하나님의 말씀 읽어드리며 천국 소망만 이야기했습니다. 그 가족은 최선을 다했습니다. 돌아가실 때 모두 믿음이 충만했습니다.

예수님은 처음에는 야이로에게 별로 관심을 보이지 않았습니다. 그런데 그가 완전히 땅에 엎드려 간구하는 모습을 보시면서 예수님은 야이로에게 있는 한 가지를 보셨습니다. 그것은 예수님에 대한 믿음이었습니다. 그의 신앙은 예수님의 옷자락을 잡고 늘어지는 신앙이었습니다.

예수님은 이 세상에 창조주의 아들로서 오셨습니다. 예수님은 사람의 모습을 똑같이 하고 있었지만, 하나님의 아들이셨습니다. 우리가 하나님 앞에 왔다면 완전히 자기는 벌레요, 먼지요, 아무것도 아닌 자세가 되어야 합니다. 그리고 예수님은 우리에게 또 다른 세상을 가지고 오셨습니다. 그것은 영원히 복된 하나님의 나라입니다. 그러나 우리의 믿음이 부족해서 우리는 그 나라를 아직 완전히 믿지 못할 때가 많습니다.

예수님은 야이로에게서 작은 믿음의 빛을 보셨습니다. 예수님은 이 믿음을 보시고 이미 결심하셨습니다. '나는 야이로의 딸을 살리겠다.' 예수님이 한번 결심하시면 인간의 시간은 아무 상관이 없습니다.

지금 살아 있든 죽어버렸든 예수님이 결심하시면 살리는 것입니다.

2. 새치기 당한 은혜

지금 야이로의 딸은 죽느냐 사느냐? 일분일초가 급한 상태였습니다. 그런데 누군가가 예수님의 은혜를 새치기해버렸습니다. 새치기한 이 여인은 십이 년 동안 혈루증에 걸려 고생을 했는데, 돈이란 돈은 다 쓰고 의사들로부터 많은 고통만 받고 병은 낫지 않은 사람이었습니다.

5:25-28, "열두 해를 혈루증으로 앓아 온 한 여자가 있어 많은 의사에게 많은 괴로움을 받았고 가진 것도 다 허비하였으되 아무 효험이 없고 도리어 더 중하여졌던 차에 예수의 소문을 듣고 무리 가운데 끼어 뒤로 와서 그의 옷에 손을 대니 이는 내가 그의 옷에만 손을 대어도 구원을 받으리라 생각함일러라"

여성들 가운데 몸에 무슨 이상이 있으면 계속 하혈을 하게 되는데 이것이 바로 혈루증입니다. 여성이 혈루증에 걸리면 노화가 급히 진전하게 되는데 앞에서 보면 얼굴은 젊은데 뒤에서 보면 머리털이 다 빠져서 할머니처럼 보이게 됩니다. 그리고 얼굴이 얼마나 창백한지 얼마 살지 못할 것 같은 모습입니다. 요즘 말로 하면 악성 빈혈이 생긴 것입니다. 이런 분은 조금만 높은 곳에 올라가도 숨이 차서 걷지 못하고 머리털이 빠지며 손톱이 꺼집니다.

그 당시 유대 사회에서는 혈루병 환자는 죄인으로 정죄해서 사람들 가까이 오지 못하게 했고 아무도 만날 수 없었습니다. 이 여인은 혈루증이라는 병에 걸렸지만 사실 십이 년 동안 죽어 있은 것이나 마찬가지였습니다. 그런데 이 여인에게도 반짝이는 것이 하나 있었으니 바로 예수님에 대한 믿음이었습니다. 이 여인은 병자들 사이에서 예수님에 대한 이야기를 들었습니다. 그리고 예수님은 메시아 하나님의 아들이라는 믿음을 가지게 되었습니다. 맹인도 보게 하고 말 못하는 사람도 말하게 하고 걷지 못하는 자도 뛰게 하는 능력을 가지신 하나님의 아들이라는 믿음을 가지게 되었습니다. 이 여인은 율법으로는 다른 사람에게 가까이 가면 안 되었지만 꼭 메시아를 만나서 치료를 받아야겠다는 결심을 가지고 있었습니다. 이 여인의 믿음은 내 병은 돈으로도 못 고치고 의사들도 못 고치지만, 예수님은 반드시 고치신다는 믿음이었습니다.

그러나 이 여인은 십이 년 동안 사람들을 만나지 못했고 혈루증 병자였기 때문에 감히 예수님 앞에 나아가 "내 병을 고쳐주십시오"라고 말할 용기가 없었습니다. 이 여인은 아마도 굉장히 소극적이었던 것 같고 대인관계가 없는 사람이었습니다. 그러나 이 여인은 예수님의 옷자락이라도 잡으면 내 병이 나을 것이라는 믿음을 가지고 사람들 속을 파고들어서 예수님에게 접근하여 예수님의 겉옷을 잡았습니다. 그 순간 예수님에게서 저절로 치유의 능력이 이 여인에게로 나갔습니다. 여인은 갑자기 힘이 생기고 병이 자기를 떠났으며 자기는 이제 살았다는 확신을 가지게 되었습니다. 아마 누군가 이 여자의 얼굴을 보았다면 예수님을 만나기 전에는 굉장히 창백했던 사람이 지금은 얼굴에 홍조가 있는 모습을 보았을 것입니다.

그러나 예수님은 야이로를 따라가다가 갑자기 놀라셨습니다. 예수님의 몸에서 자신의 의사와 상관없이 능력이 빠져나갔기 때문입니다. 그래서 예수님은 제자들을 돌아보시면서 누군가가 나에게 손을 대었다고 말씀하셨습니다. 그랬더니 제자들은 지금 사람들이 밀려와서 예수님을 밀고 있기 때문에 손을 댄 자가 많다고 했습니다. 그런데 놀라운 것은 많은 사람이 예수님의 몸에 손을 대었지만 능력은 단 한 사람, 이 십이 년 혈루증 여인에게만 나타난 것이었습니다. 그것은 이 여인의 믿음이 예수님의 능력과 일치되었기 때문입니다. 이 여인은 자기가 더 이상 숨을 수 없는 것을 깨닫고 예수님께 무릎을 꿇고 모든 것을 아뢰었습니다. 그때 예수님은 "딸아, 네 믿음이 너를 구원하였으니 평안히 가라"고 하셨습니다. 그리고 "네 병에서 놓여 건강할지어다"라고 축복의 말씀을 해주셨습니다.

많은 사람이 예수님에게 밀려왔지만 다 바른 믿음은 아니었던 것입니다. 그 중에는 반신반의하는 믿음도 있었고, 구경꾼의 모습도 있었을 것이고, 방관하는 자세를 가진 사람도 있었던 것입니다. 그러나 믿음을 가지고 예수님의 옷을 잡았던 이 여인의 믿음에 능력이 나타났습니다. 오늘 우리는 예수님이 여기 안 계시기 때문에 예수님의 옷자락을 잡을 수는 없습니다. 그러나 우리는 예수님의 옷자락을 잡을 수 있습니다. 그것은 소리를 내어 기도하고 부르짖으면서 기도하는 것입니다. 이것이 예수님의 옷자락을 잡는 비결입니다.

예수님의 은혜는 충만합니다. 여기서 충만하다는 것은 저절로 흘러넘치는 것을 말합니다. 하나님의 은혜는 메마르지 않았습니다. 우리가 옷자락만 잡으면 은혜가 저절로 흘러넘치고 부르짖기만 하면 은혜가 저절로 임하게 됩니다.

3. 두려워하지 말고 믿기만 하라

한 여자가 예수님에 대한 믿음을 가지고 불치병을 치료받고 갔지만, 그사이에 참 안타까운 일이 일어났습니다. 그것은 바로 돌이킬 수 없는 일이었습니다. 예수님은 야이로의 딸을 고치기 위해서 가시다가 잠시 지체하는 바람에 그 아이는 죽고 말았던 것입니다. 예수님이 야이로와 함께 집으로 가는 도중에 집에서 하인이 허겁지겁 달려오면서

"예수님을 모시고 올 필요가 없습니다. 아이는 죽어버렸습니다"라고 말하는 것이었습니다. 야이로는 믿음이 아주 좋은 사람은 아니었습니다. 그러나 그의 마지막 희망은 예수님이었고, 예수님이 아이가 죽기 전에 오셔서 기도해주시면 아이가 살아날 것을 믿었습니다. 그러나 이제 야이로의 믿음은 아무 소용없게 되어버렸습니다. 예수님은 자기와 함께 오셨지만, 야이로의 믿음은 산산조각이 나버렸고 예수님을 믿은 것이나 믿지 않은 것이 아무 차이가 없게 되었습니다.

야이로는 예수님에 대하여 가지고 있던 믿음이 박살 나버린 것이 너무나도 원망스러웠고, 하나밖에 없는 딸을 잃어버린 슬픔을 견딜 수 없었습니다. 이때 야이로는 굉장히 두려워했던 것 같습니다. 과연 이 세상에 믿을 사람이 있으며 하나님도 살아계신가 하는 회의까지 일어나게 되었던 것입니다. 이 세상에 믿을 것이 없으면 자포자기하게 됩니다. 이때 야이로는 제정신이 아니었습니다. 예수님이 야이로에게 위로의 말씀을 하셨습니다.

5:36, "예수께서 그 하는 말을 곁에서 들으시고 회당장에게 이르시되 두려워하지 말고 믿기만 하라 하시고"

아이가 죽어버렸는데 무슨 믿음이 필요하며 무슨 위로가 필요하겠습니까? 그러나 예수님은 야이로에게 처음 가졌던 그 작은 믿음을 그대로 가지기를 원하셨습니다. 우리는 사람이 죽으면 다 끝났다고 생각합니다. 그러나 예수님은 두 세계를 가지고 이 세상에 오셨습니다. 하나는 이 세상에서 믿음으로 사는 것입니다. 이것도 아름다운 인생입니다. 그리고 예수님은 또 다른 세계를 가지고 오셨습니다. 이것은 우리가 이 세상 옷을 벗으면 들어가는 세상인데 우리의 힘이 백 배나 생기고, 기쁨이 천 배나 생기는 영광의 나라입니다. 그러나 우리는 이 세상에서만 살았기 때문에 어떻게 해서든지 이 세상을 떠나지 않으려고 무엇이든지 잡고 늘어지려고 애를 씁니다. 예수님은 더 좋은 세계의 문을 열어주셨습니다. 그러나 우리는 무서워서 아무도 들어가지 않으려고 합니다.

예수님이 야이로의 집에 가니까 벌써 장례 절차가 진행되고 있었습니다. 사람들은 곡을 하고 있었고 모든 사람은 어린아이가 죽으니까 불쌍해서 통곡하고 있었습니다. 이때 예수님은 아이가 죽은 것이 아니라 잔다고 말씀하셨습니다. 이것은 예수님이 이미 이 아이를 살리기로 결심하셨기 때문입니다. 그런데 사람들은 예수님이 정신이 나간 사람이라고 비웃었습니다. 예수님은 사람들을 방에서 다 내보낸 후 부모와 두 제자만 데리고 방에 들어가셔서 죽은 아이의 손을 잡고 "달리다굼"이라고 말씀하셨습니다(41절). 이것은 '소녀야, 일어나라' 는 뜻의 말씀이었습니다. 그러니까 여자아이가 즉시 일어나서 걷기 시작했습니다. 예수님은 이 여자아이가 병으로 여러 날 먹지 못한 것을 아시고 그 부모에게 먹을 주라고 말씀하셨습니다. 아이는 잘 먹었습니다. 이때 야이로는 예수님에게는 죽음이 아무 문제가 되지 않는다는 것을 알게 되었습니다. 예수님은 산 자든지 죽은 자든지 누구든지 치료하고 살릴 수 있는 분이십니다.

사람이 죽는 것은 예수님에게는 잠을 자는 것입니다. 아마 저희 중에 밤에 잠을 자야 하는 것을 두고 두려워하며 떠는 사람은 아무도 없을 것입니다. 아침에 깨어날 것을 알기 때문입니다. 우리는 이 세상에 살아도 가치가 있고 죽어도 잠을 자는 것뿐입니다. 사람이 죽으면 땅에 묻는 것은 옷을 갈아입히기 위함입니다. 우리는 죽는 것이나 사는 것이나 예수님 앞에서 다 해결되었습니다. 우리가 죽는 것은 먼저 잠을 자는 것과 같습니다. 예수님은 우리가 자고 깨는 것을 다 아신다고 하셨습니다. 아무것도 두려워하지 말고 처음 믿음을 끝까지 지키는 성도들이 다 되시기 바랍니다.

14

고향 사람들

막 6:1-13

한 번 지방 어느 곳에서 부흥회를 가진 적이 있습니다. 그곳은 작은 교회였는데 그 교회 목사님은 저에게 여기에 오면서 놀라지 않으셨는지 물어보셨습니다. 그래서 저는 그런 것을 전혀 못 느꼈다고 하니까, 자기 동네는 일제강점기 공동묘지에 만들어졌고, 이 교회도 그곳에 세워졌다고 했습니다. 그래서 그런지 동네에 있는 계단은 전부 반듯반듯한 돌로 되어 있었는데 그것이 전부 비석이라고 했습니다. 6.25 전쟁이 터지면서 피난민들이 살 집이 없으니까 공동묘지의 돌을 집 바닥에 깔고 묘지 위에다 움막을 지어서 살기 시작했다는 것입니다. 그런데 놀라운 곳은 그 공동묘지 위에 세워진 교회가 생기가 넘쳤다는 사실입니다. 교인들은 가난했지만 열심히 살았고, 새벽 기도회도 나오고 저녁에도 많은 성도가 참석했습니다.

로이드 존즈 목사가 자란 웨일즈의 어느 도시는 다니엘 로울랜즈라는 유명한 설교자의 동상이 있는 곳이었습니다. 백 년 전에 그의 고향에서는 뜨거운 부흥이 있었습니다. 다니엘 로울랜즈나 하월 해리스 같은 유명한 설교자들이 있었고 교회에는 사람들이 꽉꽉 차곤 했습니다. 그러나 이제 교회의 부흥은 완전히 꺼져 있었고 사람들은 신앙에 관심이 없었습니다. 어쩔 수 없어서 교회에 한 번씩 갈 뿐이었고 교회는 텅텅 비어 있었습니다. 로이드 존즈 목사는 샌즈 필드라는 바닷가의 교회에서 몇십 명의 사람들을 중심으로 설교를 하게 되었습니다. 그리고 그곳에 부흥이 일어나게 됩니다. 그곳의 남자들은 술만 마시고 부인들을 때리고 아이들은 거지같이 동네를 돌아다니고 있었는데, 부흥이 일어난 후 남자들은 술을 끊고 그 돈을 부인에게 갖다 주니까 부인은 그 돈으로 자녀들을 학교에 보내고 새 옷을 입히고 도시락을 싸줄 수 있게 되었습니다. 그분은 그 한적한 시골에서 10년 목회한 후에 병이 생겨서 그만두고 신학교 교장이나 교수로 가게 되었습니다. 그러나 신학교에서 그를 반대해서 가지 못했습니다. 그의 설교가 너무 성경적이었기 때문입니다.

예수님은 여러 곳을 다니면서 복음을 전하셨습니다. 그런 중에 예수님은 자신이 자란 고향에 가서 하나님의 말씀 전하기를 원했습니다. 그러나 예수님의 고향 사람들은 군대 귀신 들렸던 이방 지역 사람들 이상으로 그분의 오심을 원하지 않았습니다. 예수님의 고향에는 이미 오래전부터 부흥의 불이 꺼져 있었기 때문입니다. 불은 불을 원하고, 추운 것은 추운 것을 원하는 것 같습니다. 예수님의 고향 사람들은 불을 원하지 않았습니다. 그들은 싸늘하게 식어 있는 영적 분위기를 더 좋아했던 것입니다.

1. 고향에서 예수님의 설교

예수님은 자신이 어린 시절을 보내었던 고향 나사렛에서도 부흥의 불이 붙기를 원하셨습니다. 부흥의 불이야말로 하나님이 우리에게 주시는 최고의 복이며, 부흥이 일어날 때 인간이나 사회는 가장 아름답게 변할 수 있기 때문입니다. 그러나 놀랍게도 예수님이 자신의 고향을 찾아가셨을 때 그곳은 종교의 형식은 남아 있었지만, 부흥의 불은 완전히 꺼져 있었습니다.

6:1-3, "예수께서 거기를 떠나사 고향으로 가시니 제자들도 따르니라 안식일이 되어 회당에서 가르치시니 많은 사람이 듣고 놀라 이르되 이 사람이 어디서 이런 것을 얻었느냐 이 사람이 받은 지혜와 그 손으로 이루어지는 이런 권능이 어찌됨이냐 이 사람이 마리아의 아들 목수가 아니냐 야고보와 요셉과 유다와 시몬의 형제가 아니냐 그 누이들이 우리와 함께 여기 있지 아니하냐 하고 예수를 배척한지라"

"예수께서 거기를 떠나사." 예수님이 이방인의 땅에 가셔서 군대 귀신 들린 사람의 귀신을 쫓아내시고, 호수 건너편에 오셔서 12년 혈루증 여자를 고치시고, 이미 죽었던 회당장 야이로의 딸을 살리신 후를 말합니다. 예수님은 지금 한창 뜨거운 불을 가지고 계셨습니다. 예수님은 고향에서도 이 불을 붙이기를 원하셨습니다. 그러나 예수님은 이미 유다 당국으로부터 안식일을 지키지 않는다고 해서 회당 설교가 금지된 공문이 내려왔기 때문에 웬만한 회당에서는 예수님에게 설교를 부탁하지 않았습니다. 그래서 예수님은 갈릴리 바닷가에서 하나님의 말씀을 전하셨습니다. 예수님은 기왕 고향 가까운 곳에 오셨기 때문에 고향에 가서도 부흥을 일으키기를 원하셨습니다. 다행히 고향 회당에서는 예수님에게 설교할 수 있는 기회를 주었습니다.

그런데 놀라운 것은 예수님의 고향 사람들도 유대의 부자들 못지않게 그들의 신앙이 너무 차갑게 식어 있었다는 사실입니다. 대개 예수님이 만나셨던 예루살렘이나 유다 사람들의 신앙은 위선적이었습니다. 그들은 겉으로는 하나님을 잘 믿는 것 같았지만, 사생활은 음란하고 비도덕적이었던 것입니다. 그러나 예수님의 고향 사람들은 아주 가난한 사람들이었습니다. 아마도 예수님은 그 회당에서 아주 능력 있는 설교를 하시고 병자들을 고치시고 귀신들을 쫓아내셨던 것 같습니다. 그때 많은 사람이 예수님의 설교를 듣고 놀랐다고 했습니다.

"많은 사람이 듣고 놀라 이르되." 우리는 여기서 '놀랐다'는 말을 바로 이해할 필요가 있습니다. 보통 좋은 의미로 놀랄 수 있습니다. 즉 어떤 좋은 결과를 기대하고 있는데 기대 이상으로 더 좋은 결과가 나타났을 때 사람들은 놀라게 됩니다. 반면에 좋지 않은 '놀라는' 경우도 있습니다. 그것은 자신이 원하지 않는 것인데, 강력한 어떤 일이 일어나게 되었을 때 사람들은 놀라기는 하지만 그 결과를 받아들이지 않습니다.

예수님의 고향 사람들은 예수님이 고향의 목수였기 때문에 목수 수준의 설교를 기대했던 것 같습니다. 그러나 예수님의 설교는 고향 사람들이 한 번도 들어본 적이 없는 아주 강력한 설교였고, 이제 하나님의 나라가 가까이 왔기 때문에 모든 생활을 뒤집어엎고 하나님 중심으로 살아야 한다는 내용의 말씀이었던 것입니다. 또 예수님은 회당에서 병자들을 직접 고치시고 귀신 들린 사람들을 고치셨습니다.

예수님의 설교는 그 당시 바리새인이나 서기관들이 가르치는 것과는 완전히 달랐고 파워가 있었습니다. 그래서 고향 사람들은 예수님의 설교를 듣고 놀랐습니다. 그래서 고향 사람들은 당장 예수님이 이런 설교와 이런 능력을 누구에게서 배웠는지 물어보았습니다.

"이 사람이 어디서 이런 것을 얻었느냐 이 사람이 받은 지혜와 그 손으로 이루어지는 이런 권능이 어찌됨이냐?" 부흥의 불은 한번 꺼지면 다시 붙이기가 아주 어렵습니다. 옛날이나 지금이나 사람들은 어떤 지식이나 기술은 어떤 탁월한 스승으로부터 전수받는다고 생각했습니다. 그래서 어떤 사람을 소개할 때도 이 사람은 어느 유명한 선생의 수제자라는 식으로 소개하든지 어떤 분야의 권위자 밑에서 10년을 배운 사람이라고 소개하면 사람들은 인정하게 됩니다. 그러나 예수님에게는 성경을 가르쳐 준 자도 없었고, 예수님이 능력을 배운 사람도 없었던 것입니다.

예수님이 가지고 있는 유일한 타이틀은 "마리아의 아들 목수 예수"였습니다. 여기서 '요셉의 아들'이라고 하지 않은 이유는 아마 요셉이 벌써 죽었기 때문일 것입니다. 예수님은 일종의 소년 가장이었던 것입니다. 예수님 밑에는 동생들이 남동생 여동생 할 것 없이 줄줄이 있었습니다. 그는 학교를 다닌 적도 없었고 어떤 유명한 스승 밑에서 배운 경력도 없었습니다. 그런데 그 당시 어느 누구도 할 수 없는 설교와 능력을 행하셨던 것입니다. 이것을 보고 고향 사람들은 예수님의 가르침은 우리가 받아들일 수 없다고 판단하고 배척까지 했습니다. 그곳 사람들의 신앙의 불은 오래전에 꺼져 있었고 더이상 신앙의 불을 원하지 않았습니다.

18세기에 영국에 조지 윗필드(George Whitefield, 1714~1770)라는 목사가 있었습니다. 이분이 처음 목사 안수를 받고 설교할 때 10여 명쯤이 그의 설교를 들었는데, 그들은 그의 설교를 듣고 너무 은혜를 받아서 전부 미친 사람처럼 되어버렸다고 합니다. 그리고 나서부터 영국 교회는 조지 윗필드에게 설교할 기회를 주지 않았습니다. 교인들이 너무 은혜받아서 미칠까 두려웠기 때문입니다. 그래서 할 수 없이 조지 윗필드는 목사가 없는 탄광촌에 가서 광부들에게 설교를 했습니다. 그때 광부들의 얼굴에는 흘리는 눈물 때문에 줄이 그어지고 있었습니다. 그리고 그는 런던에 와서 어느 공원에서 설교했는데 어떤 사람이 헤아려보니까 약 삼만 명의 사람들이 그의 설교를 듣고 있었다고 했습니다.

한 번은 제가 서울의 한 유명한 교회 청년부에 초대되어서 설교한 적이 있습니다. 제가 설교를 마쳤을 때 그 청년부는 둘로 나뉘었습니다. 어떤 청년은 저 율법주의 설교라서 받아들이면 안 된다고 했고, 어떤 청년은 가장 복음적인 설교라고 주장했던 것입니다. 그들은 토론하다가 여름 수련회에 정식으로 모셔서 설교를 듣기로 했습니다. 그때 첫날 저녁 설교부터 성령이 강하게 임하기 시작했습니다. 마지막 날에는 엄청난 성령의 역사가 있어서 청년들은 감히 의자에 앉지 못하고 맨바닥에서 땅을 치고 뒹굴면서 기도하고 은혜를 받았습니다. 그들에게 부흥의 불이 임했던 것입니다.

예수님의 고향 사람들은 불이 꺼져 있었고 불이 임할 수 없을 정도로 식어 있었습니다.

6:4-6, "예수께서 그들에게 이르시되 선지자가 자기 고향과 자기 친척과 자기 집 외에서는 존경을 받지 못함이 없느니라 하시며 거기서는 아무 권능도 행하실 수 없어 다만 소수의 병자에게 안수하여 고치실 뿐이었고 그들이 믿지 않음을 이상히 여기셨더라 이에 모든 촌에 두루 다니시며 가르치시더라"

예수님은 아무리 선지자라 하더라도 자기 고향과 친척과 집에서는 환영받지 못한다고 말씀하셨습니다. 왜냐하면 사람들은 그를 아주 잘 안다고 생각하기 때문입니다. 그의 어린 시절을 지켜보았고 그가 그때는 아무것도 하지 못한다는 것을 잘 알기 때문이었습니다. 예수님은 고향에서 엄청난 부흥을 일으킬 준비를 다 하셨습니다. 그러나 그들이 믿지 않음을 보고 이런 말씀과 기적을 이들에게 주기에는 아깝다는 생각을 하셨습니다. 그래서 소수의 병자만 고치셨고 그들이 믿지 않음을 이상하게 생각하셨습니다. 그냥 믿기만 하면 하나님의 능력이 나타나는데 왜 인간적인 것을 붙들고 하나님의 새로운 세계를 받아들이지 않는가 이해되지 않았던 것입니다.

2. 예수님의 반격

예수님은 고향 사람들이 예수님을 믿지 않고 배척한다고 해서 위축되시지 않았습니다. 역시 하나님의 은혜는 하나님이 택하신 자 외에는 받을 수 없는 것입니다. 하나님은 은혜를 억지로 주시지 않습니다. 우리가 믿음으로 받아들일 때 무한대로 부어주시는 것입니다. 그 대신 예수님은 열두 제자를 가까운 촌에 보내시면서 귀신을 쫓아내고 복음을 전하게 하셨습니다.

6:7, "열두 제자를 부르사 둘씩 둘씩 보내시며 더러운 귀신을 제어하는 권능을 주시고"

여기서 우리가 알 수 있는 것은 예수님 시대에 그렇게 많은 귀신이 설치고 있었다는 사실입니다. 마치 지옥문이 열린 것 같이 귀신들이 무저갱에서 나와서 사람을 미치게 하고 광기에 사로잡히게 하고 서로 죽이게 하고 하나님을 대적하게 했던 것입니다. 예수님은 열두 제자들에게 기도해서 능력을 주시고 오직 복음만 전하고 기도만 하라고 하셨습니다. 제자들은 가는 곳마다 "회개하라 천국이 가까이 왔다"고 전하고 귀신 들린 사람을 만나면 귀신을 물리쳤습니다. 그랬더니 제자들이 전하는 복음을 듣고 귀신들이 도망을 쳤습니다. 이것이 하나님의 나라가 드디어 이 세상을 향해 공격하기 시작한 것입니다.

이때 예수님은 제자들에게 주의를 주셨습니다.

6:8-9, "명하시되 여행을 위하여 지팡이 외에는 양식이나 배낭이나 전대의 돈이나 아무 것도 가지지 말며 신만 신고 두 벌 옷도 입지 말라 하시고"

예수님은 제자들에게 믿음으로 복음 전할 것을 당부하셨습니다. 우리가 여행하려면 양식이 필수적이고 여벌의 옷도 필요하고 배낭과 돈은 필수적으로 있어야 합니다. 그러나 예수님은 아무것도 가지고 가지 말라고 하셨습니다. 오직 자기가 입고 있는 옷과 신고 있는 신과 지팡이만 들고 가라고 하셨습니다. 그 이유는 복음 전하는 자는 하나님께서 먹을 것이나 입을 것이나 잠잘 곳을 예비해주신다는 것을 믿어야 하기 때문입니다.

그러나 누구의 집에 들어가든지 그곳을 떠나기까지 그 집을 떠나지 말라고 하셨습니다. 이는 하나님께서는 우리를 도울 자를 준비해 놓고 계시기 때문에 혼자 하나님의 일을 하려고 하지 말고 도울 자의 도움을 받아야 한다는 뜻입니다.

그러나 아무리 복음을 전해도 한 사람도 받아들이지 않고 전체적으로 박해한다면 발의 먼지를 떨어버리라고 했습니다. 그 이유는 그들의 불신앙이 너희의 책임이 아니기 때문이라고 하셨습니다. 그 대신 다른 마을로 가라고 하셨습니다. 즉 믿지 않는 사람과 씨름할 것이 아니라 믿는 자를 찾아가라는 뜻입니다.

제자들은 예수님의 이 말씀을 듣고 시키는 대로 순종해서 많은 병자를 고치고 귀신을 쫓아내었습니다. 예수님은 이들의 보고를 듣고 하늘에서 사탄이 떨어지는 것을 보았다고 하셨습니다.

"이에 예수의 이름이 드러난지라." 이제야 사람들은 예수님에 대하여 관심을 가지기 시작했습니다. 그들은 "예수가 누구냐? 엘리아냐 죽은 세례 요한이 살아났느냐? 옛 선지자가 다시 살아났느냐?"고 하며 묻기 시작했습니다. 그러나 이러한 관심은 전부 엉터리 내용이었습니다.

예수님은 우주의 창조주이십니다. 우리가 이것을 안다면 당연히 예수님께 엎드려 내 인생을 새롭게 창조해 달라고 간청해야 합니다. 우리에게는 필요한 것이 많습니다. 하나님 나라의 능력도 필요하고,

마귀를 이길 수 있는 능력도 필요하고, 기독교를 불신하고 있는 자를 이해하는 마음도 필요하고, 코로나도 쫓아낼 수 있는 능력도 필요합니다. 예수님은 다 준비되어 있다고 말씀하셨습니다. 오직 믿기만 하면 받을 수 있습니다.

15

선지자의 최후

막 6:14-29

성경에서 은퇴식을 가장 멋있게 한 사람은 엘리야라고 할 수 있습니다. 하나님께서는 백성 거의 모두가 우상 숭배에 빠져 있던 시대에 하나님의 말씀에 충성했던 엘리야에게 하늘에서 불이 떨어지는 기적을 행하게 하셨고, 그의 기도로 3년 반 동안 오지 않던 비가 오게 하셨습니다. 그리고 엘리야는 불말과 불병거를 타고 회오리바람 가운데 하늘로 올라감으로 은퇴하게 됩니다. 아마 선지자의 은퇴로서는 가장 영광스러운 은퇴였다고 생각합니다. 그 대신 모세와 아론의 은퇴도 장엄했습니다. 그들은 모두 산에 올라가서 산꼭대기에서 홀로 당당하게 죽음을 맞이했습니다.

그런데 선지자 중에서 가장 비참하고 가장 끔찍한 은퇴는 세례 요한의 은퇴라고 생각합니다. 세례 요한은 당시 최고의 설교자였습니다. 그리고 그는 예수님의 길을 준비하는 자로서 예수님을 유대 백성에게 직접 소개했습니다. 세례 요한은 예수님을 보고 "보라 세상 죄를 지고 가는 하나님의 어린 양이로다"(요 1:29)라고 했습니다. 그러나 세례 요한은 이 세상을 마칠 때 가장 처참하게 죽었습니다. 그는 감옥에 갇혀 있다가 목이 베어져 죽었는데, 그 머리가 접시에 올려져 헤롯 앞에서 춤을 추었던 여자아이의 춤값으로 주어지게 됩니다.

하나님께서 어떻게 선지자를 이렇게 죽게 할 수 있으며 더욱이 예수님은 가까이 계시면서도 이 일에 대하여 아무 말씀도 하시지 않고 더 먼 곳으로 피해 가셨습니다. 도대체 하나님 나라의 정의는 어디에 있으며, 예수님은 왜 불의한 일을 보고서도 침묵만 하셨을까요?

1. 정의의 선지자

세례 요한은 정의감이 아주 강한 사람이었습니다. 그는 요단강가에서 설교하면서 "회개하라 천국이 가까이 왔느니라"고 했습니다. 세례 받으러 온 세리들에게 정한 세 외에는 받지 말라고 하고, 군인에게는 사람들에게 돈을 강탈하거나 사람들을 때리지 말라고 했습니다. 그러나 세례 요한은 그의 설교를 듣고 있는 바리새인과 서기관을 향하여는 "독사의 자식들아 누가 너희를 가르쳐 임박한 진노를 피하라 하더냐? 이미 도끼가 나무 뿌리에 놓였으니 좋은 열매 맺지 아니하는 나무마다 찍혀 불에 던져지리라"(마 3:7, 10)고 책망했습니다. 그는 얼마나 담대했는지 모릅니다. 그래서 사람들은 세례 요한을 진정한 하나님의 선지자로 생각했습니다.

세례 요한은 불의에 대해서는 상대방의 신분을 가리지 않고 책망했습니다. 이때 유다의 헤롯 왕은 자기 동생 빌립의 아내 헤로디아를 빼앗아서 자기 부인으로 삼았습니다. 세례 요한은 설교하는 중에 아무리 헤롯이 왕이라고 하더라도 자기 동생의 아내를 빼앗아서 자기 부인으로 삼는 것은 간음죄에 속한다고 책망하는 설교를 했습니다. 그리고 지도자는 백성에게 도덕적인 본을 보여야지 이렇게 음란한 짓을 하면 모든 백성이 본받아 사회가 어지러워진다고 지적했습니다.

이에 마음이 상한 헤롯은 군대를 보내어서 광야에 있는 세례 요한을 붙잡아 감옥에 집어넣어 버렸습니다.

그런데 헤롯에게는 양심적인 면도 있었습니다. 그것은 자기는 헤로디아와 헤어질 마음이 없었고 독재를 포기할 생각도 없었지만 그 많은 사람이 열광하던 세례 요한의 설교를 또 듣고 싶었던 것입니다. 그래서 헤롯은 가끔 세례 요한이 갇힌 감옥을 찾아가서 하나님의 말씀을 들었습니다. 그때는 헤롯이 하나님도 믿고 좋은 사람이 될 것 같기도 했습니다. 그러나 그가 세례 요한의 앞을 벗어나서 왕궁으로 가면 다시 악한 왕이 되었습니다. 헤롯은 헤로디아만 만나면 그 손에서 놀아났고, 또 왕궁의 분위기는 세상적이고 야망적이었기 때문입니다.

6:20, "헤롯이 요한을 의롭고 거룩한 사람으로 알고 두려워하여 보호하며 또 그의 말을 들을 때에 크게 번민을 하면서도 달갑게 들음이러라"

헤롯은 왔다 갔다 하는 사람이었습니다. 세례 요한 같이 의롭고 거룩한 사람의 설교를 듣고 싶었지만, 자신의 행동은 여전히 악하고 세상적인 삶을 살고 싶었기 때문입니다.

헤롯에게는 감옥에서 세례 요한의 설교를 듣는 것이 숨어서 예배드리는데 가장 적합했습니다. 문지기들 외에는 아무도 자기가 세례 요한의 설교를 듣는다는 것을 모르기 때문이었습니다. 그래서 헤롯은 자신의 삶이 비도덕적이라는 아픔이 있지만 또 다른 한편으로 '나는 적어도 세례 요한의 설교를 듣는 사람이고 개인적으로 그를 만난 사람이다' 는 만족감도 있었던 것입니다. 그러나 헤롯은 세례 요한이 가르치는 말씀대로 살 생각은 조금도 없었습니다. 헤로디아는 헤롯이 세례 요한의 설교를 들으러 가는 것을 알았던 것 같습니다. 그래서 헤롯이 자꾸 세례 요한의 설교를 들으면 언젠가는 자기와 헤어지자고 할지 모른다는 불안한 마음을 가진 것 같습니다.

2. 세례 요한이 몰랐던 것

세례 요한은 말라기 이후 거의 400년 만에 나타난 하나님의 선지자였습니다. 그의 설교는 권위가 있었는데 사람들은 세례 요한의 설교를 듣고는 가슴을 치지 않을 수 없었고 요단강 물에 들어가서 자기 죄를 자백하고 세례를 받지 않을 수 없었습니다. 예수님은 세례 요한에 대하여 "여자가 낳은 자 중에 세례 요한보다 더 큰 이가 일어남이 없도다"(마 11:11)라고 말씀하셨습니다. 이 말은 사람 중에서 세례 요한이 가장 위대한 사람이라는 뜻입니다.

세례 요한은 감동적인 설교로 사람들을 광야로 오게 했는데 어떤 때는 우레 같은 음성으로 어떤 때는 번개 같은 날카로움으로 그들의 양심을 찔렀습니다. 그리고 그는 구약성경 말라기에 예언된 선지자였습니다. 하나님은 "크고 두려운 날이 이르기 전에 내가 선지자 엘리야를 너희에게 보내리니"(말 4:5)라고 하셨는데, 그 엘리야가 바로 이 세례 요한이었던 것입니다. 그리고 세례 요한은 예수님이 세례를 받으시고 물에서 올라오실 때 그에게 성령이 비둘기같이 임하시는 것을 보고 '하나님의 아들이라' 고 증언했습니다. 구약 선지자 중에서 하나님의 아들을 직접 눈으로 보고 하나님의 아들이라고 증언한 선지자는 세례 요한밖에 없었습니다.

그러나 세례 요한이 모르는 것이 있었습니다. 그래서 예수님은 이렇게 말씀하셨습니다. "그러나 천국에서는 극히 작은 자라도 그(세례 요한)보다 크니라"(마 11:11). 이 천국(하나님의 나라)은 무엇을 말합니까? 바로 예수님과 함께 임한 눈에 보이지 않는 하나님의 나라를 말합니다. 바로 신약 시대의 모든 성도는 성령의 능력이 임하기 때문에 아무리 부족하고 못난 사람도 세례 요한보다 더 큰 능력으로 하나님의 일을 할 수 있다는 것입니다.

그러나 세례 요한은 하나님의 아들이 오시면 즉시 불로써 세상을 심판하시고 자신의 타작마당을 정리하셔서 알곡은 창고에 넣고 쭉정이는 꺼지지 않는 불에 던지실 줄 알았습니다. 그래서 세례 요한은 아주 급한 마음으로 사람들에게 곧 심판이 온다고 선포했고 헤롯에게도 곧 하나님의 심판이 올 것이라고 경고했습니다. 도끼가 나무뿌리에 이미 놓였다고도 했습니다. 그런데 예수님이 오셔서 심판도 하시지 않고 병자만 고치시고 말씀만 전하시니까 세례 요한은 그 모습을 보고 감옥에서 너무 답답해서 제자를 보내어서 예수님께 "오실 메시아가 당신입니까? 아니면 우리가 다른 사람을 기다려야 합니까?"라고 물었던 것입니다(마 11:3).

세례 요한이 몰랐던 것이 무엇입니까? 그것은 자기로 구약 시대가 끝난다는 사실이었습니다. 세례 요한은 구약 마지막 선지자였던 것입니다. 그리고 예수님은 신약 시대를 하나님의 나라와 거의 동격으로 사용하셨습니다. 그래서 예수님은 세례 요한 이후에는 누구든지 천국은 침략당한다고 하셨습니다(마 11:12). 이것은 나쁜 악의 세력이 하나님의 나라를 공격한다는 뜻이 아닙니다. 누구든지 믿는 자는 하나님 앞에 침노해 들어가서 모든 좋은 선물을 다 차지할 수 있다는 뜻입니다. 지금은 하나님의 백화점이 개점되었습니다. 누구든지 쳐들어가기만 하면 가장 좋은 것을 가질 수 있습니다.

오늘 우리 교회는 하나님의 나라가 개점되어서 모든 축복을 바겐세일 하고 있습니다. 가방이나 시계나 옷이나 명품 중의 명품을 다 공짜로 줍니다. 그런데 우리 눈에는 아무것도 보이지 않습니다. 이때 우리는 이것을 가슴으로 잡아야 합니다. 우리의 가슴이 따뜻해지고 우리의 사악한 마음이 선해진다면 지금 선물을 받고 있는 것입니다. 이것은 나중에 엄청난 축복으로 나타나게 됩니다. 나 자신의 영생과 영원한 천국의 축복으로 나타나게 될 것입니다. 세례 요한은 자신의 임무를 마쳤습니다. 마치 마리아가 예수님을 태어나게 하심으로 그의 임무를 마쳤던 것같이 세례 요한은 예수님을 하나님의 아들이라고 소개함으로 그의 임무를 완수한 것입니다. 이제 세례 요한은 무대에서 내려올 때가 되었습니다.

3. 비극의 생일잔치

이 세상의 그 누구도 헤롯의 생일잔치가 그렇게 비참한 생일잔치가 될 줄은 몰랐습니다. 하나님의 말씀을 듣고서도 결단을 내리지 못하고 중간에서 왔다 갔다 하는 사람은 어느 한순간 사자에게 물어뜯기듯이 사탄에게 물어뜯기게 됩니다. 우리는 하나님의 말씀을 들으면 하나님 편에 딱 붙어 있어야 합니다. 물론 앞으로 실수할 수도 있고 죄를 지을 때도 있겠지만 함부로 돌아다녀서는 안 되는 것입니다.

그때 헤롯이 생일을 맞이하게 되었습니다. 헤롯은 모든 귀인과 군대에서 높은 천부장들과 대신들을 초청해서 큰 잔치를 벌였습니다. 그런데 그 잔치의 클라이맥스는 춤이었습니다. 이때 헤로디아의 딸 살로메가 나와서 벨리 댄싱을 했습니다. 아마 살로메는 헤롯의 딸이 아니고 헤로디아가 데리고 온 딸인 것 같습니다. 살로메는 배꼽을 내놓고 1초에 수십 번 움직이는 벨리 댄스와 정신없이 흔들어대는 춤으로 헤롯과 그 자리에 참석한 모든 남자의 정신을 다 쏙 빼놓았습니다. 그때 남자들은 손뼉을 치면서 좋아했는데 헤롯은 기분이 굉장히 업(up)되었던 것 같습니다. 헤롯은 너무 기분이 좋아서 살로메를 가까이 오라고 부른 후에 춤 값을 주고 싶은데 "나라의 절반" 정도까지라도 주겠으니까 네가 춤값을 요구하라고 했습니다. '나라의 절반까지' 라는 말은 진짜 나라의 절반을 떼어 준다는 뜻이 아니라 무엇이든지 요구하는 대로 다 들어주겠다는 것입니다(23절). 살로메는 자기 어머니에게 갔습니다. 그리고는 어머니에게 춤값으로 무엇을 요구하면 좋을지를 물었습니다. 그랬더니 헤로디아는 표독스러운 표정으로 "세례 요한의 머리를 구하라"고 했습니다. 살로메는 다시 헤롯에게 와서 "세례 요한의 머리를 소반에 얹어 내게 주기를 원하옵나이다"라고 요구했습니다(25절).

6:26, "왕이 심히 근심하나 자기가 맹세한 것과 그 앉은 자들로 인하여 그를 거절할 수 없는지라"

그때 헤롯은 얼굴이 굳어지면서 심히 근심하게 되었습니다. 그러나 자기가 맹세한 것과 앉아 있던 주위 사람들로 인하여 그 요청을 거절할 수 없었습니다. 헤롯은 헤로디아의 계교에 넘어가서 이스라엘의 가장 위대한 선지자를 여자아이의 춤값으로 주고 말았습니다. 결국 헤롯은 세례 요한의 목을 잘라서 소반에 담아 살로메에게 주니 그가 어머니에게 주었던 것입니다(27-28절). 이것이 바로 위대했던 선지자 세례 요한이 무대에서 내려가는 모습이었습니다.

이제는 예수님이 무대에 나설 때가 된 것입니다. 예수님은 잠시 갈릴리로 물러나셨다가 본격적으로 "회개하라 천국이 가까이 왔느니라"고 하면서 복음을 전하기 시작하셨습니다.

세례 요한은 정의감이 아주 강했습니다. 그래서 예수님이 오시면 바로 세상을 불로 심판하실 줄 알았습니다. 그러나 예수님이 심판하시는 것은 쉬운 일이지만 그렇게 하면 천국에 갈 사람이 너무 적어지게 되고 이방인들은 전혀 천국에 들어가지 못하고 개돼지처럼 살다가 죽게 될 것입니다. 그래서 예수님은 바람같이 하나님의 나라가 오게 하셔서 마지막 심판 때까지 상당한 기간이 있게 하셨습니다. 유대인들은 이제 끝났습니다. 그들은 세례 요한을 죽이고 예수님을 죽임으로 끝났습니다. 그러나 이제 복음은 이방인에게 전파되어 천국을 가득 채우게 될 것입니다. 그때까지 예수님은 불의를 보시고도 때때로 침묵하실 것입니다.

우리는 이 복음의 시대에 어떻게 해야 세례 요한 이상으로 능력을 행할 수 있을까요? 예수님은 "성령이 오시면 권능을 받고"라고 하셨습니다(행 1:8). 성령의 능력으로 모든 것을 행하면 됩니다. 그 대신 우리는 이 세상을 사랑하면 안 됩니다. 세상은 세상이고 우리는 우리인 것입니다. 그러나 세상 사람들이 정신을 차려서 정의로운 일을 할 수 있도록 기도해야 합니다.

은퇴는 쓸쓸한 것입니다. 우리는 언젠가는 시간이 되어서 자기 공연이 끝나면 무대에서 내려와야 합니다. 우리가 인생의 무대에서 내려올 때는 가차 없이 끌려 내려오게 됩니다. 그리고 죽음이 그 사람을 꿀꺽 삼켜 버리게 됩니다. 아직 우리에게는 시간이 있습니다. 우리는 아직 부를 노래가 있고 해야 할 연기가 있습니다. 끝까지 최선을 다하고 죽는 것은 무대에서 내려오는 것입니다. 끝까지 최선을 다 한 사람들에게는 천사들의 영접이 있을 것입니다.

16
오병이어

막 6:30-44

어떤 고등학생이 동생과 병든 할머니를 모시고 살고 있었습니다. 이 학생은 돈가스 가게에서 일하다가 코로나로 손님이 없으니까 실직하고, 택배를 차에 내리고 올리는 알바를 하면서 하루하루 살았습니다. 그런데 이 학생이 10살 된 동생을 데리고 음식점이 있는 곳을 지나가는데, 동생이 형에게 자꾸 치킨을 사달라고 했습니다. 형이 주머니를 뒤져보니까 오천 원밖에 없었습니다. 그래서 치킨집에 들어가서 오천 원어치만 팔 수 있느냐고 물으니까 치킨집마다 그렇게는 안 판다고 하면서 거절했습니다. 몇몇 치킨집을 돌았지만 대답은 전부 똑같았습니다. 그런데 한 치킨집 앞에서 또 동생이 '치킨! 치킨!' 하면서 떼를 쓰는 소리를 치킨집 주인아저씨가 듣게 되었습니다. 이 치킨집 아저씨는 그 아이가 불쌍해서 들어오라고 하여 푸짐한 치킨과 다른 디저트까지 내어주었습니다. 그 학생은 가진 돈이 오천 원밖에 없다고 했습니다. 주인은 그런 걱정 하지 말고 오늘 치킨을 실컷 먹으라고 하면서 많이 주었습니다. 나중에 오천 원을 주려고 하니까 주인은 돈은 안 줘도 괜찮다고 하면서 이들에게 치킨이 먹고 싶으면 또 오라고 하며 보내었습니다. 이 형제에게는 정말 기적이 일어난 것과 같았습니다. 그런데 그 주인은 나중에 동생을 미용실에 데리고 가서 이발까지도 시켜주었다고 합니다.

그 학생은 그 치킨 주인의 마음이 정말 고마워서 그 치킨 본점 사장에게 이 사연을 적어서 편지로 보내었습니다. 그 회사에서는 그 사연을 그대로 인터넷에 올렸습니다. 사람들은 그 학생의 편지를 보고 모두 감동했습니다. 그래서 사람들은 그 치킨집 주인은 '돈쭐을 내어야 한다' 고 해서 엄청나게 치킨을 주문했다고 하는데, 치킨을 주문할 수 없는 사람은 그냥 돈을 보내기도 했다는 것입니다. 이런 것을 보면 아직 우리나라 사람들의 정신은 완전히 썩은 것은 아니라는 것을 알 수 있습니다.

이 세상에는 기적을 믿는 사람이 있는가 하면 기적을 믿지 않는 사람들도 있습니다. 대개 기적을 믿지 않는 사람들은 하나님을 믿지 않는 사람들입니다. 그래서 모든 것을 자기 힘으로 해결하려고 하고 아무리 노력해도 안 되면 자포자기해버립니다. 그 자포자기의 결과가 자살이고 알코올 중독자가 되는 것이고 노숙자가 되는 것입니다.

그런데 기적을 믿는 사람들은 전부 하나님을 믿는 사람들입니다. 그들은 하나님이 결코 자기들을 버리지 않으신다는 것을 믿기 때문에 자포자기하고 싶은 마음이 생겨도 끝까지 참고 견딥니다. 그러나 나머지 대부분 사람은 기적이 일어날 수도 있고 안 일어날 수도 있다고 생각합니다. 기적이 일어나면 좋고 안 일어나도 할 수 없다고 생각하는 것입니다.

예수님의 삶은 기적을 몰고 다녔습니다. 예수님이 가시는 곳에는 꼭 기적이 일어났습니다. 그 이유가 무엇일까요? 그는 바로 천지를 지으신 하나님의 아들이셨기 때문입니다. 그러나 예수님을 믿는 데 가장 걸림돌이 되는 것은 그가 너무 사람과 똑같았고 완전히 사람이었다는 사실이었습니다.

1. 대책이 없는 사람들

우리는 가끔 정말 사람의 힘으로는 어떻게 할 수 없는 대책이 없는 사람들을 보게 됩니다. 예를 들어서 병원에서 환자의 병이 너무 깊어서 이제는 약도 통하지 않고 음식도 먹을 수 없다면 그 환자는 숨은 쉬고 있지만 대책이 없는 것입니다.

그런데 예수님 주위에는 그런 대책 없는 사람들이 너무 많았습니다. 이 사람들은 돈도 없고 양식도 없고 갈 데도 없었습니다. 이런 대책 없는 오천 명이 넘는 사람들이 예수님을 찾고 있었습니다.

예수님은 바쁜 공생애 가운데 고향에 가셨습니다. 예수님은 고향에서 엄청난 부흥과 기적을 일으키시려고 능력의 말씀과 수많은 축복을 가지고 가셨습니다. 그러나 예수님의 고향은 너무 오랫동안 부흥의 불이 식어 있어서 싸늘했습니다. 얼마나 식어 있었던지 예수님이 불을 붙이고 또 붙이려고 해도 불이 붙지 않았습니다. 오히려 고향 사람들은 예수님을 배척하고 그곳에서 내보내었습니다. 그렇다고 해서 포기하실 예수님이 아니셨습니다.

예수님은 열두 제자에게 병 고치는 능력과 귀신 쫓아내는 능력을 주시고 "회개하라 천국이 가까이 왔다"는 복음을 주셔서 온 동네에 보내셨습니다. 그때 제자들이 놀랐던 것은 예수님이 말씀하신 대로 하니까 귀신이 떠나고 열이 떨어지고 병이 나았고 믿는 사람들이 생기기 시작했다는 것입니다. 이것이 하나님 나라의 반격이었습니다. 제자들은 모두 신이 나서 예수님께 돌아와서 "귀신이 복종하고 병이 낫고 사람들이 믿기 시작했습니다"라고 보고하니까 예수님은 나는 하늘에서 사탄이 떨어지는 것을 보았다고 말씀하셨습니다. 복음이 증거되니까 사탄이 떨어져 버리는 것입니다.

예수님은 수고한 제자들을 아무도 없는 곳에 데리고 가셔서 쉬게도 하시고 먹을 것도 주시려고 했습니다. 그 빈틈에 오천 명의 이 대책 없는 사람들이 이 사실을 알고는 예수님에게로 모여들기 시작했습니다. 우선 이 사람들은 먹을 것이 없는 사람들이었고 돈도 없는 사람들이었고 집도 없는 사람들이었습니다. 이 사람들은 다 떨어진 옷을 입고 있었습니다. 이 떨어진 옷마저 떨어지면 더 이상 입을 옷도 없는 사람들이었습니다.

예수님은 이 사람들을 보시고 목자 없는 양과 같다고 하셨습니다. 우리나라에서는 이런 것을 보고 주인이 버린 유기견과 같다고 합니다. 주인이 개를 키우다가 이사하거나 혹은 오래 집을 비워야 하거나 하면 개를 버리고 그냥 가버립니다. 그러면 그 개는 먹을 것을 주는 사람이 없으니까 마을을 떠돌아다니는 들개가 됩니다.

6:34, "예수께서 나오사 큰 무리를 보시고 그 목자 없는 양 같음으로 인하여 불쌍히 여기사 이에 여러 가지로 가르치시더라"

우리가 이해되지 않는 것이 바로 이것입니다. 예수님이 이런 대책 없는 사람들이 자기에게 오는 것을 보시면 그들에게 가장 필요한 것부터 해결해주셔야 할 것입니다. 그들에게 먹을 것과 옷을 주고 병든 몸을 치료해주셔야 할 것입니다. 지금 예수님께 나아온 사람들은 내일이라고는 없었습니다. 그 사람들은 당장 오늘 먹을 것이 필요했고 오늘 잘 데가 필요했고 오늘 누구의 도움이 필요한 사람들이었습니다.

그런데 예수님은 이 대책 없는 사람들에게 먹을 것도 주시지 않고 입을 것도 주시지 않고 집도 마련해주시지 않고 하나님의 말씀만 계속 가르치셨습니다. 사람들에게 예수님의 말씀이 귀에 제대로 들어갔을까요? 그러나 예수님에게는 이 세상에 있는 모든 사람이 목자 없는 양과 같고 주인에게 버림받은 개와 같습니다. 단지 자신들의 형편을 스스로가 잘 모를 뿐입니다.

예수님은 이 대책 없는 사람들에게 계속 하나님의 말씀만 전하시고, 사람들은 예수님의 말씀만 들었습니다. 이것은 마치 유기견들이 모여 있는 곳에서 말만 계속하는 것과 같아 보입니다. 그 이유가 무엇일까요? 하나님의 말씀이 바로 능력이었기 때문입니다. 예수님의 말씀은 그냥 좋은 철학 교훈이나 인생 처세술이 아니라 바로 생명이고 능력이었습니다. 단지 사람들은 예수님의 말씀을 현실로 바꾸는 방법을 모를 뿐이었습니다. 예수님은 지금 그 방법을 가르쳐주시려고 하는 것입니다.

2. 한계점에 도달한 사람들

이제 예수님을 찾아온 사람들이나 제자들은 한계점에 도달하게 되었습니다. 날이 저물어가고 사람들은 이제 더 이상 배가 고파서 예수님의 말씀을 듣고 싶어도 도저히 더 들을 수 없었기 때문입니다. 예수님의 말씀을 듣고 있는 사람들 중에는 이제 집으로 돌아간다 해도 가다가 쓰러져 죽을 사람들이 많이 있었습니다. 예수님의 제자들도 온종일 전도하고 왔는데 또 사람들이 몰려드는 바람에 아무것도 먹지 못했습니다. 제자들에게도 먹을 것이 하나도 없었기 때문에 그들도 빨리 동네로 가서 양식을 사서 먹어야만 했습니다. 예수님의 제자들은 예수님이 이 많은 사람을 언제 해산시키는지 그것만 기다리고 있는데, 예수님은 계속 사람들을 붙들고 있었습니다. 그러나 이제는 더 이상 기다릴 수 없었습니다. 모두 너무나도 배가 고팠기 때문입니다.

그래서 드디어 제자들은 예수님의 설교를 중단시켜야만 했습니다.

6:35-36, "때가 저물어가매 제자들이 예수께 나아와 여짜오되 이 곳은 빈 들이요 날도 저물어가니 무리를 보내어 두루 촌과 마을로 가서

무엇을 사 먹게 하옵소서"

제자들은 더 이상 기다릴 수 없었습니다. 더 이상 기다리면 그 많은 사람이 다 굶어야 하고 자칫 잘못하면 굶어 죽는 사람들도 생길 수 있었습니다. 사람에게 가장 큰 고통은 먹지 못해서 굶어야 하는 것입니다.

이제 예수님의 일행은 극단적인 단계까지 오게 되었습니다. 이제는 사실 집으로 가기에도 너무 늦었습니다. "무리를 보내더 두루 촌과 마을로 가서 무엇을 사 먹게 하옵소서." 이 제자들의 요구는 자기들이 이 많은 무리를 책임질 수 없으니까 지금이라도 이들을 빨리 가까운 마을로 보내 무엇인가 사 먹게 하여 해산시키자는 뜻이었습니다.

그때 예수님께서는 제자들에게 "너희가 먹을 것을 주라"고 말씀하셨습니다.

6:37, "대답하여 이르시되 너희가 먹을 것을 주라 하시니 여짜오되 우리가 가서 이백 데나리온의 떡을 사다 먹이리이까"

예수님은 제자들에게 "너희가 먹을 것을 주면 되지 않느냐?"고 말씀하신 것입니다. "너희는 하나님의 말씀으로 귀신도 쫓아내고 병도 고치고 사탄도 하늘에서 떨어지게 했는데 너희가 얼마나 능력이 있는지 모르느냐? 너희가 먹을 것을 주면 된다"는 것입니다. 제자들은 예수님의 말씀에 기가 막혔습니다. 지금 제자들도 배가 고파서 죽을 지경이지만 가지고 있는 빵도 없었습니다. 그러나 예수님은 오천 명이나 되는 사람들의 먹을 것을 제자들에게 주라고 말씀하고 계십니다. 그러나 제자들은 기가 막혀서 "이백 데나리온(지금 돈으로 대략 천만 원) 어치 떡을 어디서 사서 이 사람들을 먹이라고 말씀하시는 것입니까?"라고 대답했습니다. 예수님의 말씀은 말도 되지 않는 말씀이었습니다. 지금 여기서 양식이 생기지 않으면 제자들은 굶거나 사람들의 폭동으로 죽을지도 모르는 형편이었습니다.

그런데 여기에 놀라운 비밀이 있었습니다. 우리가 아무리 하나님의 말씀을 들어도 기적은 일어나지 않습니다. 그 대신 하나님의 말씀을 들으면 극한 상황까지 갈 수 있습니다. 이제는 굶게 되고 더 시간이 지나면 굶어 죽을 수도 있습니다. 그러나 이런 한계 상황에서 하나님의 능력이 나타나게 됩니다.

3. 하나님의 응답

모든 사람이 예수님의 입만 쳐다보고 있었습니다. 도대체 예수님은 무슨 말씀을 하시며 무슨 일을 하려고 하시는가 궁금했습니다. 그 대신 제자들은 예수님에 대하여 불만이 많았습니다. 설교를 하시더라도 적당하게 잘라서 사람들을 보내야지 사람들이 굶어 죽을 수도 있는 상태까지 몰고 가시면 어떻게 하냐는 것이었습니다.

6:38, "이르시되 너희에게 떡 몇 개나 있는지 가서 보라 하시니 알아보고 이르되 떡 다섯 개와 물고기 두 마리가 있더이다 하거늘"

그때 한 소년이 예수님의 제자 중 하나에게 자기 도시락을 바쳤습니다. 그것은 보리떡 다섯 개와 물고기 두 마리였습니다. 이 소년은 예수님의 설교 말씀을 듣고 너무 감사해서 자기가 가지고 있는 모든 것을 예수님께 바쳤습니다. 사람이 극한적인 상황에 도달하면 교양이고 지식이고 아무 소용이 없습니다. 그런데 한 소년은 자기 도시락을 예수님께 바쳤습니다. 이 소년은 예수님의 말씀을 듣고 그 영혼이 배가 불렀던 것입니다. 그때 예수님께서는 너무 기뻐하셨습니다. 왜냐하면 그것이 바로 말씀에 대한 반응이었기 때문입니다. 제자들은 아직 예수님의 능력을 믿지 못하는데 소년은 예수님의 능력을 믿었던 것입니다. 이 소년은 믿음의 능력을 보았고 하나님의 나라가 임한 것을 체험했습니다.

예수님은 모든 사람을 풀밭에 오십 명씩, 백 명씩 앉게 하시고 하나님께 감사 기도를 하셨습니다. 예수님은 하나님께 "보리떡 다섯 개와 물고기 두 마리가 뭡니까? 이것 가지고 누구 입에 바르겠습니까?"라고 하시지 않았습니다. 예수님은 오천 명 중에 단 한 명이 말씀에 믿음으로 반응했을 때 기뻐하셨습니다. 그리고 제자들에게 이 떡을 떼어서 사람들에게 나누어주라고 하셨습니다. 놀라운 것은 떡은 떼면 뗄수록 더 커지고 많아졌다는 것입니다. 결국 거기에 있는 오천 명이 모두 배가 부르도록 떡을 먹고 물고기도 먹었습니다. 그리고 예수님은 남은 떡과 물고기를 버리지 못하게 하시고 다 모으게 하시니 열두 바구니가 가득 채워졌습니다. 이것이 바로 기적의 열두 바구니였습니다.

우리가 하나님의 말씀을 듣고 죽느냐 사느냐 한계까지 갈 때 하나님의 말씀이 살아나게 됩니다. 우리는 잠자고 있는 하나님의 말씀을 깨워야 합니다. 코로나 19도 한계점까지 갈 수 있습니다. 우리는 예수님의 말씀이 능력이고 양식이라는 것을 믿으시기 바랍니다. 그래서 기적이 일어나고 또 일어나고 우리 한평생 하나님의 기적이 일어나기를 바랍니다.

우리는 대책이 없는 사람들이 아닙니다. 오히려 우리에게는 대책이 있습니다. 우리가 하나님의 말씀을 가지고 한계 상황까지 가는 것입니다. 함께 모여서 기도하고 감사할 때 기적이 일어나고 부흥이 일어나게 됩니다.

17

불가사의

막 6:45-56

사람들은 물의 신비를 잘 알지 못합니다. 아마 열대 지방에 사는 사람들은 추위에 강이 얼어서 사람들이 걸어서 강을 건넌다는 말을 믿지 않을 것입니다. 저도 처음에 서울에 왔을 때 한강이 어는 것을 보고 얼마나 신기하게 생각했는지 모릅니다. 물이 얼면 가벼워져서 얼음이 위로 올라가게 됩니다. 그래서 강도 얼고 바다도 어는 경우가 있습니다. 그리고 물을 끓이면 증기가 나오게 되는데 그 증기를 막으면 엄청난 폭발이 일어나게 됩니다. 그래서 사람들은 물을 끓여서 그 증기의 힘으로 증기 기차도 가게 했습니다.

어떤 책을 보니까 미국인들이 최초로 서부로 진출해서 들판에 정착하려고 할 때, 한 인디언 노인이 나귀를 타고 와서는 그들에게 한 손은 세 손가락을 다른 한 손은 네 손가락을 펴보면서 뭐라고 하더라는 것입니다. 그때 인디언 말을 아는 어떤 사람이 통역하기를 앞으로 겨울이 7개월 동안 온다는 뜻이라고 했습니다. 그리고 얼마 되지 않아 서북부에 눈 폭풍이 오는데 7개월 동안 계속되더라는 것입니다. 그 폭풍에 사람들은 얼어 죽거나 굶어 죽지 않으려고 온갖 노력을 다

하게 됩니다.

들판에서 예수님을 찾아온 사람들은 아무 대책이 없었습니다. 이들은 돈도 없고 양식도 없고 갈 데도 없었습니다. 그런데 예수님은 그들에게 열심히 하나님의 말씀을 가르치셨습니다. 왜냐하면 하나님의 말씀이 능력이기 때문입니다. 그러나 그들이 더 이상 하나님의 말씀을 들을 수 없게 되었습니다. 해가 져서 날이 어두워지고 모인 사람들이 너무 배가 고파서 기절할 정도가 되었기 때문입니다. 제자들은 이제 사람들이 너무 기진하여서 쓰러지게 되었으니까 빨리 돌려보내자고 말씀드렸습니다. 그러나 예수님이 그들을 보니까 집으로 가다가 기력이 없어서 쓰러질 사람들도 많았습니다. 예수님은 말씀으로 능력을 주셨는데 아무도 믿음의 반응을 보이지 않았습니다.

그런데 한 소년의 반응이 있었습니다. 그 소년은 자기 도시락인 보리떡 다섯 개와 물고기 두 마리를 예수님께 바쳤습니다. 어른 오천 명이 설교를 들었는데 소년 한 명이 아멘으로 반응한 것입니다. 그것도 소년이. 예수님은 기뻐하셨습니다. 그리고 우리에게 생명 주신 하나님께 감사드리고 떡을 나누어주셨습니다. 그런데 나누어주면 줄수록 떡이 더 커지고 많아졌습니다. 또 물고기도 사람들에게 나누어주면 줄수록 더 커지고 많아졌습니다. 예수님이 이 표적을 보여준 것은 대책이 없는 어려움에 빠졌더라도 예수님과 그분의 말씀만 있으면 아무 걱정하지 말라는 뜻입니다. 왜냐하면 하나님의 능력이 우리에게 있기 때문입니다.

1. 기도하러 산에 가심

오병이어의 기적을 체험한 오천 명의 사람들과 예수님의 생각은 좀 다른 부분이 있었습니다. 보리떡 다섯 개와 물고기 두 마리로 오천 명이 배부르게 먹고 열두 광주리나 남은 것을 본 사람들은 예수님만 붙잡으면 먹는 것이 해결되겠구나 하고 생각했습니다. 그들은 예수님을 먹는 것을 해결하러 오신 분으로 생각한 것입니다. 그래서 예수님은 그들에게 썩을 양식을 위하여 일하지 말고 영생하도록 있는 양식을 위하여 하라고 교훈하셨습니다(요 6:27). 즉 육신의 먹는 문제보다는 말씀 듣고 능력 받기 위해서 열심을 내라고 말씀하신 것입니다. 우리에게 아무 미래가 없고 대책이 없더라도 예수님의 말씀만 있으면 모든 것이 다 해결된다는 것을 믿습니까? 이 질문에 '아멘!' 이라고 대답할 수 있어야 합니다.

6:46, "무리를 작별하신 후에 기도하러 산으로 가시니라"

예수님은 이때 굉장히 기뻐하셨습니다. 오천 명의 사람들이 하나님을 찬양하며 예수님을 믿으려고 했기 때문입니다. 그래서 예수님은 혼자 하나님께 감사의 기도를 드리고 싶었습니다. 예수님은 사람들을 다 흩어 보내고 제자들도 호수 건너편으로 배를 타고 가게 하시고, 홀로 산으로 올라가서 땅에 엎드려 기도하셨습니다. "하나님 아버지, 저에게 이런 능력을 주시고 부흥을 주셔서 감사합니다. 저는 지금 너무 기쁩니다. 오천 명의 사람들이 하나님을 찬양하고 대부흥이 일어났습니다. 아버지께서 영광을 받으시니 너무 기쁩니다."

그러나 예수님은 기도하는 가운데 마음에 걸리는 것이 있었습니다. 그것은 이 오천 명의 사람들이 떡 문제가 해결되어서 기뻐하는지 아니면 말씀을 듣고 기적이 일어나는 것을 보고 기뻐하는지 알 수 없었기 때문입니다. 이들은 말씀에는 아멘을 하지 않다가 떡을 먹고 배가 부르니까 아멘이 튀어나온 것이었습니다. 말씀을 듣고 아멘이라고 한 사람은 소년 한 명뿐이었습니다. 그리고 그들은 예수님을 거기서 왕으로 세우려고 했습니다. 예수님은 이 세상의 왕이 되려고 이 땅에 오신 것이 아니었습니다. 예수님은 희생의 제물이 되기 위해서 이 세상에 오셨던 것입니다. 만약 들판에 있던 사람들이 예수님을 왕으로 삼는다면 세상 법에도 맞지 않고 또 로마군이나 유대인들과 전쟁하면 전멸할 수밖에 없었을 것입니다. 예수님은 하나님께 기도하는 중에 오천 명의 부흥이 완전한 부흥은 아니라는 것을 아시게 되었습니다.

그리고 예수님은 제자들이 호수를 잘 건너가고 있는지 돌아보니까 호수에 돌풍이 불어서 그들이 굉장히 위태로운 상태에 빠져있다는 것을 알게 되셨습니다. 예수님은 더 이상 산 위에서 보고 있을 수 없었습니다. 그래서 예수님은 산 밑으로 달려가셨습니다. 그러나 예수님과 제자 사이에는 깊은 호수가 가로막고 있었습니다. 예수님이 보리떡 다섯 개와 물고기 두 마리로 오천 명을 먹으신 이유가 무엇입니까? 예수님의 말씀은 기적의 능력이 있다는 것입니다. 그리고 예수님을 믿고 말씀 들은 사람은 어떤 위험이 찾아와도 두려워하지 말라는 것을 가르쳐주시려는 것이었습니다.

2. 물 위로 걸으심

물은 자기보다 무거운 것은 가라앉게 합니다. 그래서 사람은 물 위에서 걸을 수 없습니다. 그렇게 무겁고 큰 배가 물 위에 떠다닐 수 있는 것은 쇠를 넓게 펴서 비중이 물을 받쳐주기 때문입니다. 사람은 물에서 수영할 수 있고 잠시 떠 있을 수는 있지만 물 위를 걸을 수는 없습니다. 지금 제자들이 탄 배는 돌풍에 휘말려서 이리 돌고 저리 돌고 위험에 처해있는데 파선할 가능성이 컸습니다. 그런데 예수님과 제자들 사이에는 호수가 가로놓여 있었습니다. 이때 예수님은 어떻게 하셔야 했을까요?

6:48, "바람이 거스르므로 제자들이 힘겹게 노 젓는 것을 보시고 밤 사경쯤에 바다 위로 걸어서 그들에게 오사 지나가려고 하시매"

예수님은 물 위를 그냥 걸어오셨습니다. 예수님은 물 위를 걸어서 제자들이 있는 곳을 지나가려고 하셨습니다. 똑바로 제자들에게 걸어오셔서 배에 올라타시면 제자들이 너무 놀라서 물에 뛰어내릴지도 모르기 때문입니다.

처음 예수를 믿으려고 성경을 읽는 사람 중에 이 부분이 마음에 걸려서 성경을 엉터리라고 하면서 집어 던지는 사람이 많이 있습니다. '도대체 사람이 어떻게 물 위를 걸을 수 있어? 성경은 엉터리야.' 어떻게 예수님은 물 위를 걸으셨을까요? 예수님이 갑자기 자신의 몸무게를 제로로 만드셨을까요? 아니면 하늘에서 하나님의 능력이 예수님의 몸을 위로 끌어올리셨을까요?

그러나 성경은 여러 곳에서 물에 대해 많은 말씀을 하고 있습니다. 우선 이스라엘 백성이 출애굽하고 홍해까지 갔을 때 그들 뒤에는 애굽의 마병이 추격하고 있었습니다. 그때 이스라엘 백성은 죽는다고 소리 지르면서 모세를 향해 욕을 했습니다. 그때 모세는 그들에게 "너희는 가만히 서서 하나님께서 하시는 일을 보라"고 했습니다(출 14:13). 그리고 모세는 하나님의 지시에 따라 지팡이로 홍해를 가리키니까 바다가 갈라지기 시작했습니다. 이스라엘 백성은 홍해를 건널 때 양쪽으로 물기둥이 서 있는 가운데 걸어서 건넜습니다. 우리는 물이 액체이기 때문에 반드시 높은 데서 낮은 데로 흐른다고 생각합니다. 그것은 맞습니다. 물은 자체 무게가 있으므로 반드시 높은 데서 낮은 데로 흐르게 되어 있습니다. 그런데 하나님의 말씀은 물을 벽돌처럼 세울 수 있습니다. 이스라엘 백성이 홍해를 건널 때 양쪽에 바닷물은 벽돌같이 서 있었습니다. 그러다가 모세가 다시 지팡이를 내미니까 물이 합쳐지면서 그 바다를 지나던 애굽 군대가 전부 물에 빠져 죽었습니다.

또 이스라엘 백성이 사십 년 광야 생활을 한 후 가나안 땅에 들어가려고 하니까 요단강이 그들을 가로막았습니다. 그러나 이스라엘 백성은 다리를 만들 수 없었고 배도 만들 수 없었습니다. 그때 여호수아가 하나님의 지시대로 제사장들이 언약궤를 매고 발을 물에 담그자 저 위에서부터 요단강물이 댐도 없는데 쌓이기 시작했습니다. 요단강은 마치 벽돌처럼 쌓여서 이스라엘 백성이 한 사람도 빼놓지 않고 다 건너기까지 견고하게 서 있었습니다.

예수님이 제자들을 찾아가실 때 몸무게를 제로로 만들 필요가 없었습니다. 그냥 예수님의 발아래 있는 호숫물이 단단해져 버렸던 것입니다. 창조주의 능력 앞에서 호숫물은 예수님이 밟는 곳마다 돌처럼 단단해졌습니다. 그리고 예수님이 발을 떼면 다시 물로 돌아갔습니다. 예수님은 우리의 먹는 문제만 해결하시는 분이 아닙니다. 예수님은 물도 얼마든지 단단하게 만드실 수 있는 분이십니다.

이스라엘 백성이 광야에 있을 때 거기서는 물을 구할 수 없었습니다. 그래서 그들은 또 모세를 향해 욕을 했습니다. "너희는 애굽에 죽을 데가 없어서 이 광야까지 우리를 데리고 와서 물이 없어 죽게 만들려고 하느냐?' 라고 소리 질렀습니다. 그때 하나님은 모세에게 네가 가지고 있는 지팡이로 반석을 치라고 명하셨습니다. 모세가 지팡이로 반석을 치니까 바위가 터지면서 거기서 생수가 쏟아져 나왔습니다. 사도 바울은 이 반석은 예수님을 나타낸다고 했습니다. 사람들이 예수님을 십자가에 못 박는 순간 예수님의 못 자국에서는 생명수가 터져 나온 것입니다. 그런데 후에 모세도 너무 화가 나니까 반석을 두 번 치면서 "내가 이 반석에서 물을 내랴?" 라고 하며 백성을 향해 심한 말을 했습니다. 모세가 반석을 두 번이나 친 것은 예수님을 두 번 십자가에 못 박는 행위나 마찬가지였습니다. 반석은 한 번만 쳐도 충분한 것입니다.

그러나 우리는 문을 자꾸 두드려야 합니다. "문을 두드리라. 문을 두드리는 자에게 열릴 것이니라"고 말씀하셨습니다. 우리가 예수님을 두 번 십자가에 못 박는 것은 예수를 믿고 성령을 체험한 후에 또 세상으로 가는 것을 말합니다. 그러나 기도가 금방 응답되지 않아서 병은 지속되고 마귀의 시험이 계속되더라도 우리는 계속 하나님의 문을 두드려야 합니다. 끈질기게 기도해야 하는 것입니다.

6:49, "제자들이 그가 바다 위로 걸어 오심을 보고 유령인가 하여 소리 지르니"

우리가 이 장면에서 위안받는 것은 제자들도 우리와 똑같은 인간이라는 사실입니다. 우리도 캄캄한 밤에 호수를 배 저어 지나가는데 흰옷을 입은 사람이 물 위를 걸어서 온다면 머리가 쭈뼛해지면서 귀신인가 하고 생각할 것입니다. 그러나 제자들은 그 정도가 아니라 "유령이다! 유령이 우리를 해치려고 따라오고 있다!"라고 소리 질렀던 것입니다.

제자들이 위험에 처한 것을 아시고 돌풍을 잠재우려고 급히 물 위를 걸어오신 예수님을 보고 제자들은 유령이라고 생각했습니다. 제자들은 배가 물에 빠지려고 하고 유령까지 나타나니까 이제 꼼짝하지 못하고 죽었다고 생각했던 것입니다. 그들은 유령이라고 생각한 것이 아니라 유령이라고 하면서 소리를 질렀던 것입니다.

3. 예수님의 위로

예수님은 배에 더 가까이 오시기 전에 "내니", 즉 주님이시다라고 말씀하심으로 제자들을 안심시켜 주셨습니다.

6:50, "그들이 다 예수를 보고 놀람이라 이에 예수께서 곧 그들에게 말씀하여 이르시되 안심하라 내니 두려워하지 말라 하시고"

제자들은 예수님을 보고 모두 놀랐습니다. 그들은 예수님이 절대로 물 위를 걸어오실 수 없다고 생각했던 것입니다. 그들은 예수님 비슷하게 생긴 유령일 것이라고 생각했습니다. 물론 우리는 이런 제자들을 믿음 없다고 탓할 수 없습니다. 우리도 그런 처지에 놓이면 똑같은 반응을 했을 것이기 때문입니다. 예수님은 "안심하라. 내니 두려워하지 말라" 하시고 배 위에 올라오셨습니다. 그리고 예수님은 돌풍을 잠잠하게 해주셨습니다.

"내니 두려워하지 말라." 이 얼마나 안심이 되는 말씀입니까? 아이들끼리 밤에 집을 지키고 있을 때 밖에서 무슨 소리가 나면 혹시 도둑놈인가? 아니면 살인범인가? 아니면 유령인가? 하며 두려움에 떨게 될 것입니다. 그때 밖에서 "엄마다. 걱정하지 말고 문 열어라"라고 한다면 아이들은 너무 기뻐하면서 문을 열고 달려들 것입니다.

6:51, "배에 올라 그들에게 가시니 바람이 그치는지라 제자들이 마음에 심히 놀라니"

예수님이 물 위를 걸어서 오신 것은 제자들에게 너무나도 두려운 일임과 동시에 영원한 미스터리였습니다. 예수님은 사람인데 어떻게 물 위를 걸어서 오실 수 있었을까? 예수님이 물 위를 걸어오신 것은 제자들을 도우시는 데 그의 마음이 급하셨기 때문입니다. 그래서 예수님은 그냥 물 위를 걸으셔서 제자들에게 바로 오셨던 것입니다.

이때 성경은 아주 중요한 말씀을 하십니다.

6:52, "이는 그들이 그 떡 떼시던 일을 깨닫지 못하고 도리어 그 마음

이 둔하여졌음이러라"

만일 제자들이 예수님께서 오병이어의 기적 행하신 것을 제대로 생각하고 믿었더라면 그분이 물 위로 걸어오시는 것을 이상하게 생각하지 않았을 것입니다. 그러나 그들은 오병이어의 기적을 새카맣게 잊어버리고 생각이 둔하여지고 미련해져서 예수님이 물 위를 걸어오시는 기적을 믿지 못하고 유령이라고 생각했던 것입니다. 오병이어의 기적이 말하는 것이 무엇입니까? 우리는 인간이기 때문에 먹어야 하고 병에 걸릴 수 있고 죽을 수도 있습니다. 그런데 예수님은 우리의 이런 문제를 다 해결하기 위하여 오신 것입니다. 예수님은 물 위를 걸어오실 수도 있고 바다를 갈라지게 하실 수도 있고 반석에서 물이 나게 하실 수도 있습니다. 예수님이 눈에 보이지 않아도 우리에게 하나님의 말씀이 있으므로 우리가 신앙의 체험을 기억하고 붙들면 무서워할 것이 하나도 없는 것입니다.

우리는 무슨 이상한 일이 생기면 걱정하고 두려워합니다. 그러나 주님은 우리를 도우시는 것이 너무 급하시기 때문에 물 위를 걸어서 오시며 "내니 두려워하지 말라"고 안심시켜 주십니다. 그런데 우리에게 이해되지 않는 것은 예수님의 마음은 그렇게 급하신데, 왜 우리의 어려움은 빨리 해결되지 않을까 하는 점입니다. 그것은 유령이 아니라 사탄이 결사적으로 우리의 미래가 열리며 부흥이 일어나는 것을 막고 있기 때문입니다. 지금 이렇게 치열한 영적인 전쟁이 있기 때문에 시간이 걸리는 것입니다. 두려워하지 말고 하나님이 하시는 때를 기다려야 합니다. 그래서 작은 은혜에도 아멘 하고 하나님의 말씀에는 무조건 아멘 해서 하나님의 능력을 체험하는 우리 모두가 되기를 바랍니다.

18
사람의 교훈

막 7:1-23

이 세상에는 신앙을 가진 사람이 있는가 하면 신앙을 가지지 않은 사람도 있습니다. 그들 모두 병에 걸리기도 하고 다치기도 하고 공부나 사업에 성공하기도 하고 실패하기도 하면서 살아갑니다. 이때 우리 마음속에 이 세상 살면서 굳이 종교를 가질 필요가 있는가 하는 생각이 들게 됩니다. 그래서 어떤 사람은 종교가 없는 것보다는 가지고 있는 것이 낫기 때문에 종교를 가진다고 생각하는 사람이 있고, 복을 받으려고 종교를 가진다는 사람도 있습니다.

과연 우리가 이 세상에서 신앙을 가질 필요가 있을까요? 만일 우리가 신앙을 가진다면 어떤 신앙을 가지는 것이 좋을까요? 또 신앙을 가지는 것이 좋다면 무엇이 우리에게 좋다는 것일까요? 이것들은 가장 중요한 질문이 아닐 수 없습니다. 절에서 불자들이 유명한 승려를 찾아가서 흔히 묻는 말이 "내가 누구입니까?" 라는 질문입니다. 그러면 유명한 승려는 자연을 보고 설명합니다. '물은 위에서 낮은 데로 내려가고 꽃은 피었다 지는데, 과연 인생이 무엇이겠느냐' 라고 반문하면서 깊이 한번 생각해보라고 대답한다는 것입니다. 이 세상에 신앙을 가진 사람도 살고 신앙을 가지지 않은 사람도 살고, 어떤 경우에는 신앙이 없는 사람이 더 성공해서 잘 사는데, 과연 우리에게 굳이 신앙이 필요한가라는 생각이 들 때가 있습니다.

1. 신앙은 과연 필요한가?

우리는 일단 신앙이 없어도 이 세상을 살아가는 데 아무 지장이 없습니다. 물론 기도를 열심히 해서 사고를 당하지 않고 신앙생활을 열심히 해서 성공하는 사람도 있지만, 역시 세상에서는 열심히 노력하는 사람이 이기고 머리가 좋은 사람이 성공하는 것이 사실입니다. 그래서 미국 같은 나라에서는 예수 믿는 사람이라고 하면 우리같이 적극적으로 믿는 사람을 말하지 않습니다. 부활절에 교회 한번 가는 사람도 자신의 종교는 기독교라고 말을 하고, 예수 믿는다는 것은 예수를 좋아한다는 말이지 예수의 보혈을 믿거나 자신의 죄 씻음을 믿는다는 뜻이 아닌 것입니다. 지금 세상은 하나님의 존재를 부인하고 있습니다. 사람들이 하나님을 부정하는 가장 큰 이유는 하나님이 눈에 보이지 않기 때문이고, 또 죄를 지어도 하나님께서 아무 벌도 내리시지 않기 때문입니다.

그러나 하나님은 분명히 존재합니다. 우리가 눈을 들어 우주를 보면 그 먼 곳에 있는 별들이 마치 누군가가 철사로 연결해 놓은 것처럼, 자기 자리를 지키고 있고 어마어마한 규모로 일정한 법칙으로 존재하고 있기 때문입니다. 태양은 조금만 뜨거워도 인류는 다 타서 죽을 수밖에 없고, 태양이 조금만 식어도 지구의 생명은 얼어 죽을 수밖에 없습니다. 또 지구 속에는 엄청난 마그마 불덩어리가 있지만, 그 마그마 층 위에는 단단한 암석층이 빈틈없이 그것을 싸고 있습니다. 그리고 그 위에 또 흙이 있어서 농사짓고 집을 지을 수도 있습니다.

또 바다를 보면 많은 물이 있지만 물이 육지 위로 함부로 올라오지 않습니다. 그것은 누군가가 바다를 지키고 있기 때문입니다.

또 자연계를 돌아보면 놀라지 않을 수 없습니다. 꽃이 피고 열매를 맺는 수많은 식물을 보고 또 수많은 다양한 동물이 있는 것을 보면 창조자가 있다는 사실을 부인할 수 없습니다. 더욱이 인간이 얼마나 머리가 뛰어나고 잘 생겼습니까? 이것은 우리 인간을 만든 창조자가 있다는 뜻입니다. 창조자는 태양을 만드셨지만 태양 뒤에 숨어 계시고, 우주를 만드셨지만 그 뒤에 숨어 계시는 것입니다. 하나님은 머리가 뛰어나고 잘생긴 사람을 만드셨지만 사람들 앞에 자신을 나타내시지 않는 것입니다. 하나님은 참 겸손하고 수줍음이 많으신 분이셔서 언제나 숨어 계십니다.

그런데 왜 우리에게 창조자에 대한 신앙이 필요합니까?

먼저 가장 중요한 이유는 우리가 하나님을 만나지 못하면 영원히 자기를 알 수 없기 때문입니다. 우리는 뛰어난 머리를 가지고 있고 너무나 잘생긴 모습이지만 우리 자신이 과연 누구인지 왜 이 세상에서 살아야 하는지 모르고 살아가고 있습니다. 그러다 보니까 결국 남들이 하는 대로 살아갈 수밖에 없습니다. 남들이 공부하니까 자기도 공부하고 남들이 결혼하니까 자기도 결혼하고 아이가 생기니까 키우는 것입니다. 그러다가 늙고 죽으면 썩는 것이 인생입니다. 우리는 죄 씻음받고 하나님 앞에 올라가 하나님을 만나야 자기 자신을 찾을 수 있습니다.

그런데 우리 인간이 알지 못하는 사실이 있습니다. 그것은 우리가 사는 세상 바로 옆에 유리로 된 칸막이가 있고 거기에 더 큰 세계가 있다는 사실입니다. 하나님은 거기서 우리를 관찰하고 계십니다. 물론 하나님이 직접 우리 삶에 개입하실 때도 있고 그냥 두고 보실 때도 있습니다. 하나님이 우리 삶에 개입하시면 기적이 일어나게 됩니다.

우리에게 신앙이 필요한 두 번째 이유는 우리 모든 인간은 병을 가지고 있기 때문입니다. 이번에 코로나19는 전 세계에 큰 충격을 주었습니다. 그래서 죽은 사람도 수백만 명이고 병에 걸린 사람은 수천만 명도 넘을 것입니다. 그러나 아직 백신은 완전하지 못합니다. 그래도 사람들은 이 백신을 맞고서라도 이 병에 걸리지 않으려고 애를 씁니다. 그런데 우리 인간은 이보다 더 무서운 병에 걸려 있습니다. 그것은 나이가 들수록 저절로 미치는 병입니다. 사람들은 점점 더 미쳐가고 있습니다. 그러나 하나님을 만나면 이 병을 치료받을 수 있습니다.

한 걸음 더 나아가 우리에게 신앙이 필요한 가장 중요한 이유는 하나님이 우리를 사랑하신다는 사실 때문입니다. 하나님은 태양이나 비로 사랑을 나타내셨습니다. 전 우주에 아직까지 물이 이렇게 많은 별은 지구밖에 없습니다. 하나님은 우리에게 학문을 주시고 음악과 미술을 주시고 먹을 것을 주셨습니다. 나중에 하나님은 아들을 우리를 위해 주셨습니다. 우리가 하나님의 사랑을 받지 못하면 사람의 가치를 알지 못합니다. 그러나 하나님의 사랑을 받은 사람은 다른 사람을 자기 자신처럼 사랑합니다. 오늘 모든 사람은 화를 내고 있고 실제로 화병으로 죽어가고 있습니다. 이때 가장 필요한 것이 기쁨이고 행복입니다. 하나님은 우리에게 기쁨을 주시고 행복을 주십니다.

2. 하나님을 찾는 방법

하나님은 인간이 하나님의 사랑을 받고 자기 자신을 찾고 가치 있는 삶을 살도록 하기 위하여 엄청난 일을 하셨습니다. 바로 하나님의 아들을 이 세상에 보내셔서 피 흘려 죽게 하신 것입니다. 예수님 당시에 유대인들은 신앙의 중요성을 깨달았습니다. 그런데 우리가 하나님을 만나려고 하면 이 육신의 몸으로는 만날 수 없고 하나님이 주신 말씀으로 예수 그리스도 안에서 만날 수 있습니다. 그러나 이것은 참 어려운 문제입니다. 즉 어떻게 성경책이 하나님일 수 있느냐 하는 것입니다. 예수님께서는 내가 하는 말은 모두 하나님의 말씀이라고 하면서 십자가에 죽으시고 성경책을 우리에게 남겨주셨습니다. 성경책 한 페이지 한 페이지가 예수님의 피가 발린 책입니다. 그러나 우리는 영생을 얻기 전에 이 세상에서 살아야 하는데, 성경은 아무리 읽어도 구체적으로 이렇게 하라든지 저렇게 하라는 지침이 없습니다.

유대인들은 신앙이 아주 중요하기는 한데 구체적이지 않으니까 율법을 지킬 수 있는 구체적인 지침을 만들었습니다. 즉 외출했다가 돌아오면 죄인이 만진 것을 만졌을 가능성이 있으니 꼭 손을 씻고 음식을 먹어야 한다고 했습니다. 그들은 안식일도 지켜야 하고 금식도 해야 하고 십일조도 꼭 내야 한다고 가르쳤습니다. 또 성경에는 부모를 공경하라고 되어 있습니다. 그런데 부모를 공경하는 것이 어떤 것입니까? 요양원에 모시는 것이 공경하는 것입니까? 요즘은 요양원에 모시는 것을 현대식 고려장이라고 부릅니다. 유대인들은 하나님께 많은 헌금을 하는 것이 부모를 공경하는 것이라고 가르쳤습니다.

7:5, "이에 바리새인들과 서기관들이 예수께 묻되 어찌하여 당신의 제자들은 장로들의 전통을 준행하지 아니하고 부정한 손으로 떡을 먹나이까"

그러나 예수님의 제자들은 외출하고 돌아온 후 손을 씻지 않고 음식을 먹었습니다. 바리새인들이나 서기관 같이 지체 높은 유대인들은 예수님을 찾아와서 따졌습니다. "왜 당신의 제자들은 더러운 손으로 음식을 먹는 것이요? 이것은 죄를 먹는 것입니다. 당신은 제자들을 엉터리로 가르치고 있소"라고 공격했습니다.

그때 예수님께서는 그들에게 당신들 그릇의 겉은 깨끗하지만 속에는 온갖 더러운 것이 있다고 말씀하셨습니다. 예수님은 이사야 선지자의 말을 인용해서 대답했습니다.

7:6하-7, "이 백성이 입술로는 나를 공경하되 마음은 내게서 멀도다 사람의 계명으로 교훈을 삼아 가르치니 나를 헛되이 경배하는도다 하였느니라"

만약 어떤 사람이 플라톤 철학에 대가라면 인정을 받을 것입니다. 미국 하버드의 어떤 교수는 칸트를 현대적으로 해석해서 큰 인기를 얻었습니다. 사람들은 니체를 이야기하고 칼 바르트가 이렇게 가르쳤다고 주장합니다. 또 설교자들은 C. S. 루이스를 인용해야 지식이 있는 사람으로 인정받습니다. 물론 사람의 이런 교훈들은 우리 인생을 깨닫는 데 많은 도움을 주는 것이 사실입니다. 그러나 예수님의 보혈과 하나님의 말씀이 없으면 하나님의 사랑을 알 수 없습니다.

우리가 성경 말씀을 읽으면 무슨 뜻인지도 잘 모르겠고 우리 생활에 어떤 도움을 주는지도 잘 알 수 없습니다. 그러나 하나님의 말씀을 사랑하고 자꾸 설교를 듣고 배우는 가운데 성령의 영감이 생깁니다. 하나님은 우리 마음속에 "그 일은 하지 말라. 그 사람과의 만남은 속임수이다. 이 일은 망할 것이다"라고 가르쳐 주시는 것입니다.

원래 유대인들의 여러 가지 전통은 성경이 이해하기 어려우니까 도움을 주려고 만든 것이었습니다. 그러나 그것을 절대시하고 그것으로 신앙의 기준을 삼고 다른 사람을 판단하니까 죽은 신앙이 되어버렸던 것입니다.

3. 하나님이 주시는 선물

우리가 하나님을 만날 수 있는 유일한 방법은 말씀을 통해서 예수님을 믿는 것입니다. 예수님께서는 "내가 곧 길이요 진리요 생명이라"고 하셨습니다(요 14:6). 우리가 이 세상만 살다가 죽으면 굳이 예수를 믿을 필요가 없을 것입니다. 그러나 사람이 한 번 죽는 것은 정해진 것이요 그 후에는 심판이 있다고 했습니다(히 9:27). 우리는 예수님을 통해서 유일하게 하나님을 만날 수 있습니다.

우리가 예수님을 믿는 첫 번째 이유는 이것이 바로 우리 자신을 찾는 길이기 때문입니다. 좋은 차나 건물에는 설계도가 다 있습니다. 우리의 설계도는 예수님입니다. 그래서 예수님이 누구냐가 그렇게 중요한 것입니다.

7:15-16, "무엇이든지 밖에서 사람에게로 들어가는 것은 능히 사람을 더럽게 하지 못하되 사람 안에서 나오는 것이 사람을 더럽게 하는 것이니라 하시고"

우리가 예수님을 믿는 두 번째 이유는 예수님은 우리의 마음에 구정물 구멍을 막기 때문입니다. 예수님은 "사람의 입으로 들어가는 것이 사람을 더럽히는 것이 아니요, 사람의 입에서 나오는 것이 사람을 더럽힌다"고 말씀하셨습니다. 사람의 마음속에는 더러운 수챗구멍이 있습니다. 거기서 끊임없이 음란한 것과 거짓말과 사기와 폭력과 동성애와 자살과 욕설이 나옵니다. 그런데 우리가 예수를 믿고 하나님의 말씀을 들으면 이 더러운 구멍은 막히고 성령의 새 구멍이 뚫립니다. 그래서 예수님께서는 목마른 자들아 다 내게로 오라고 하시면서 나를 믿는 자는 그 배에서 영생하도록 솟아나는 샘물이 생길 것이라고 말씀하셨습니다(요 7:37-38). 사람들이 욕을 하고 거짓말을 하고 더러운 말을 하는 것은 그 속에 더러운 구멍이 열려서 더러운 것으로 꽉 찼기 때문입니다. 그러나 하나님의 말씀이 예수님입니다. 하나님의 말씀을 믿으면 더러운 구멍이 막히고 성령의 문이 열리면서 성령으로 꽉 차게 됩니다. 그러면 걸어 다니는 성전이 되는 것입니다. 하나님이 우리 안에서 말씀하시고 하나님이 우리 손으로 사람을 치료하시는 것입니다.

우리가 예수님을 믿는 세 번째 이유는 예수님이 우리의 미치는 병을 낫게 하시기 때문입니다. 우리 모든 인간은 매일 독을 한 사발씩 마시고 미쳐가고 있습니다. 그러나 우리가 성경 말씀을 읽으면 우리 겉 사람은 늙어가지만, 속사람은 날로 새로워진다고 했습니다. 그리고 예수 믿는 우리는 새 피조물이라고 했습니다. 우리는 매일 새 인생을 살아가게 되는 것입니다.

우리가 예수님을 믿는 마지막 이유는 우리가 이 육신 벗을 때에 영생의 옷을 입고 유리 밖의 세상 저 영원한 천국으로 가기 때문입니다. 예수님은 부활의 첫 열매로 무덤 문을 열고 부활하셨습니다. 우리는 다시 살게 됩니다. 그런데 그때 우리의 몸은 가장 젊고 아름답고 아프지도 않고 죽지도 않는 천사보다 더 멋진 모습으로 살아나게 됩니다. 예수님이 부활하신 후에 하늘로 올라가실 때 천사가 나타나서 "갈릴리 사람들아 왜 하늘만 쳐다보느냐 너희 가운데 올리우신 예수는 가심을 본 그대로 다시 오시리라"고 했습니다(행 1:11).

예수님은 제자들에게 자신의 죽음을 앞두고 "너희는 마음에 근심하지 말라 하나님을 믿으니 또 나를 믿으라 내 아버지 집에 거할 곳이 많도다"라고 말씀하셨습니다(요 14:1-2). 하나님의 집은 엄청 크고 넓어서 우리는 얼마든지 거기서 살 수 있습니다. 피조물의 최고 영광은 하나님을 보는 것입니다. 예수님의 제자들은 성자 하나님을 보았습니다. 우리는 성경 안에서 예수님을 봅니다. 그러나 천국이 임하면 우리 몸에서 엄청난 빛이 나면서 우리 눈으로 하나님을 보게 될 것입니다.

그러나 하나님의 아들이 오신 것을 믿지 않고 하나님을 믿지 않는 사람들은 우주 맨 밑에 우주 쓰레기장이 있는데, 거기에 떨어질 것입니다. 거기서 영원히 꺼지지 않는 쓰레기와 함께 불탈 것입니다. 거기에는 물이 한 방울도 없습니다. 거기에는 사랑이 없습니다. 그곳은 유황 냄새로 지독할 것이고, 모든 사람의 몸은 썩어서 구더기가 몸에서 기어 나올 것입니다.

지금 세상은 갈 데까지 다 갔습니다. 동성애자들이 부끄러워하지 않고 거짓된 정치를 하고 노인들은 오래 살지만 요양원에 갇혀 지내고 사람들의 마음에는 아무도 사랑하지 않고 외모로 판단하며 입에서 끊임없이 욕이 나오는 세태를 보면, 주님의 심판 때가 되어가고 있다는 증거입니다. 어쩌면 우리가 살아있을 때 주님이 오시면 너무 좋을 것입니다. 어떤 사람은 천사장의 나팔 소리와 호령이 날 때 예수님을 향하여 달려갈 것이고, 어떤 사람들은 너무 두렵고 부끄러워서 바위야 산아 내 위에 무너지라고 외칠 것입니다.

하나님은 인간이 아무리 악한 짓을 해도 참고 기다리셨습니다. 이제는 참기 어려운 때가 다 된 것 같습니다. 예수 믿는 사람들은 없고 사람들은 기독교를 욕하고 배척하고 있습니다. 예수님은 그런 곳에서는 발의 먼지를 떨어버리라고 말씀하셨습니다. 하나님은 우리에게 영생을 선물로 주실 것입니다. 그때 우리는 천사 같이 변할 것입니다. 그때 우리는 완전히 청년이 되고 새사람이 될 것입니다. 그날이 점점 더 가까워지고 있습니다. 꼭 영생을 얻는 성도들이 다 되시기 바랍니다.

19

수로보니게 여인의 믿음

막 7:24-30

한번은 어느 청년이 자기 여동생이 집에서 심한 발작을 일으키니까 제발 좀 만나서 기도해 달라고 사정했습니다. 그때 저는 교회에서 집회 중이었기 때문에 동생을 교회로 데리고 오라고 했습니다. 그 여동생은 아주 귀엽게 생긴 대학생이었습니다. 그러나 최근에 집에서 물건을 집어 던지고 책을 찢고 욕을 하고 식사도 하지 않는다는 것입니다. 그래서 저는 식구들에게 자리를 비켜 달라고 하고 그 자매와 이야기했습니다. 그 자매에게 내가 하나님을 대신해서 너와 이야기를 한다고 말했습니다. 그리고 네가 괴로워하는 문제는 식구들에게 이야기할 수 없는 문제냐고 물으니까 그렇다고 했습니다. 식구들에게 말할 수 없는 문제인데 마음은 답답하고 화가 나니까 그런 행동을 한다는 것이었습니다. 저는 그 자매에게 남자 문제냐고 물었더니 그렇다고 했습니다. 저는 그 자매의 손을 잡고 간절하게 기도해주고 걱정하지 말라고 위로해 주었습니다. 어느 정도 시간이 지난 후 그 자매는 완전히 정상이 되었고 그 후에 결혼한다고 저에게 연락이 왔습니다.

신문을 보니까 아들이 심한 뇌성마비가 걸렸는데 어머니가 이 아이가 다 클 때까지 돌보아 주었습니다. 그런데 어머니가 암에 걸려서 돌아가시게 되었습니다. 어머니는 자기가 죽으면 이 아들을 돌볼 사람이 아무도 없다는 것을 두고 고민하다가 어느 날 아들을 데리고 한강 다리로 갔습니다. 어머니는 한강 다리에서 자신의 팔과 아들의 팔을 단단히 묶어서 풀어지지 않게 하고 뛰어내렸습니다. 나중에 구조대가 와서 건졌을 때는 이미 두 사람 다 죽어 있었습니다. 그런데 그들의 팔에는 줄이 단단히 묶여 있었습니다. 아마 그 이야기를 듣고 마음이 아프지 않는 사람이 없을 것입니다.

오늘날도 많은 사람이 선천적인 병이나 혹은 암이나 정신적인 병으로 고통받고 있습니다. 또 조현병이나 우울증 등 남들이 이해하지 못하는 병으로 고통받는 사람들이 많습니다. 그런데 예수님은 이런 병자들을 다 고쳐주셨습니다. 예수님께서 이런 병자를 고치신 내용이 성경에 적혀 있는 것은 우리도 기도하면 이런 병을 고칠 수 있음을 보여주는 것입니다. 실제로 교회에서 기도하고 병원에서 치료해서 이런 병자들이 온전하게 된 경우를 많이 봤습니다.

1. 예수님이 이방인 지역으로 피하심

예수님은 자신이 어렸을 때 자라신 동네나 갈릴리에 있는 도시에 큰 부흥의 불을 일으키기 위하여 많은 말씀과 큰 능력을 준비해서 오셨습니다. 그러나 예수님이 자라신 동네나 예수님께서 능력을 많이 행하셨던 가버나움 같은 마을 사람들은 예수님을 믿지 않고 배척하는 바람에 많은 말씀이나 능력을 행하실 수 없었습니다. 그뿐만 아니라 그들은 예수님이 안식일을 지키지 않는다고 해서 죽이려고 음모를 꾸미고 있었습니다. 그래서 예수님은 어쩔 수 없이 두로 지방으로 물러나셨습니다. 예수님께서는 아직 때가 되지 않았는데 유대인들과 충돌하는 것을 원치 않으셨기 때문입니다.

7:24, "예수께서 일어나사 거기를 떠나 두로 지방으로 가서 한 집에 들어가 아무도 모르게 하시려 하나 숨길 수 없더라"

예수님은 이해할 수 없었습니다. 예수님은 갈릴리에 큰 부흥을 일으키려고 하셨습니다. 누구든지 예수님의 말씀을 듣고 믿기만 하면 천국 백성이 될 수 있습니다. 하나님께서는 지금 그들에게 천국을 바겐세일하고 계셨던 것입니다. 유대인들은 누구든지 예수님 앞에 나오기만 하면 그들의 어려움을 해결 받을 수 있고 병도 나음을 받을 수 있었습니다. 그러나 그들은 아예 예수님이 과거에 목수였고 학벌이 없다는 등의 이유로 예수님을 믿으려고 하지 않았습니다. 그래서 예수님은 어쩔 수 없이 이방 나라인 두로 지역으로 떠나가셨습니다.

그런데 그 지방에는 회당에서 귀동냥으로 하나님의 말씀을 들은 한 이방인 여자가 있었습니다. 이 여자는 딸이 귀신 들려서 자주 발작하고 있었습니다. 이 여자는 수로보니게 족속의 이방인이었습니다. 즉 베니게 사람인데, 아프리카 출신의 베니게인과 구별하기 위하여 시리아계 베니게 사람으로 분류되고 있었습니다. 이 여자는 회당에서 귀동냥으로 들었던 그 말씀의 주인공이 자기 지방에 오셨다는 소식을 들었습니다. 그는 예수님이 귀신 들린 자나 병자들을 많이 고치셨다는 소문을 들었습니다. 그래서 이 여자는 당장 예수님께 달려가서 자기 딸의 귀신 들린 것을 고쳐 달라고 매달렸습니다.

예수님에게 이해되지 않았던 것은 하나님의 백성인 유대인들은 예수님의 말씀을 거부하고 예수님의 기적도 사기로 생각하고 오히려 예수님을 죽이려고 음모를 꾸미는데, 이 이방인 여자는 예수님께 나아와서 자기 딸의 귀신 들린 것을 고쳐 달라고 매달렸던 것입니다.

옛날 엘리야 때 그의 기도로 삼년 반 동안 이스라엘에 비가 내리지 않아서 많은 유대인이 고통 가운데 있었습니다. 그러나 그들은 바알을 버릴 생각이 없었고 엘리야가 전하는 하나님의 말씀을 믿지도 않았습니다. 그래서 엘리야는 어쩔 수 없이 두로 지방에 있는 사르밧 땅으로 갔습니다. 그곳에 가니까 한 과부가 마지막 남은 가루와 기름으로 떡을 만들어 아들과 함께 먹고 죽으려 하고 있었습니다. 엘리야는 그 과부에게 물을 좀 달라고 했습니다. 과부가 물을 가지러 가려고 하니까 엘리야는 그 과부에게 미안하지만 내가 배가 너무 고프니까 떡도 한 조각 가져다 달라고 부탁했습니다. 지금 그 과부는 이 마지막 떡을 자식과 먹고 죽으려고 준비하고 있습니다. 그런데 그 마지막 떡을 자기에게 달라고 하는 것입니다. 그러면서 생판 모르는 사람이 이 과부에게 하나님의 말씀을 전했습니다. "네가 내 말을 믿으면 하나님께서는 흉년이 끝날 때까지 너희 집에 가루가 떨어지지 않고 병에 기름이 마르지 않도록 하시리라고 하셨다." 그런데 이 과부는 선지자의 이 말을 믿고 마지막 떡을 선지자에게 주었습니다. 그리고 하나님의 기적은 그 집에 일어나기 시작했습니다. 정말로 하나님은 3년 반이 다 되도록 그 과부의 집에 일용할 양식을 떨어지지 않고 주셨던 것입니다.

이것이 이스라엘 백성과의 차이점이었습니다. 이스라엘 백성은 하나님의 율법을 너무 잘 알았습니다. 그러나 그들이 하나님을 믿는 것은 자기 과시용이었습니다. 이들은 하나님의 말씀을 가지고 이야기하라고 하면 얼마든지 줄줄 할 수 있지만 실제로 믿지는 않았습니다.

요즘 서울에서는 평신도 제자훈련이 활성화되어서 이제는 평신도들이 목사를 가르칠 정도가 되었습니다. 그러나 그들이 자녀 교육을 하는 것이나 생각하는 것이나 행동하는 것은 세상 방식으로 하는 것입니다. 그들은 성경에 대하여 많이 알기는 알지만 실제로 믿음은 없는 것입니다. 우리에게 중요한 것은 하나님의 말씀을 얼마나 많이 아느냐 얼마나 잘 가르칠 수 있느냐 하는 것이 아닙니다. 하나님의 기적을 일으키는 것은 실제로 하나님의 말씀을 얼마나 믿느냐 하는 것입니다. 우리가 하나님의 말씀을 믿는다면 죽음이나 질병 앞에서 평안할 수 있을 것입니다. 우리는 두려움을 이길 수 있을 것입니다.

두로에는 유대인들도 많이 살았지만 그들은 예수님을 찾지 않았습니다. 그러나 이 이방인 여자는 예수님을 찾아와서 딸이 귀신 들려 미친 것을 고쳐 달라고 예수님께 매달렸습니다.

2. 예수님의 거절

하나님은 우리에게 은혜를 주시기 전에 먼저 우리의 믿음을 테스트해보십니다. 즉 하나님은 때때로 우리의 요구를 거절하심으로 우리의 믿음을 달아보시는 것입니다. 수로보니게 여인이 예수님을 찾아와서 매달린 결과는 자비로우신 예수님의 손길이 아니라 예수님의 철저한 무관심이었습니다. 예수님은 아예 이 여인을 상대하시지 않았습니다.

7:25-26, "이에 더러운 귀신 들린 어린 딸을 둔 한 여자가 예수의 소문을 듣고 곧 와서 그 발 아래에 엎드리니 그 여자는 헬라인이요 수로보니게 족속이라 자기 딸에게서 귀신 쫓아내 주시기를 간구하거늘"

우리는 이 여자의 딸의 상태를 충분히 짐작할 수 있습니다. 이 여자의 딸은 어린데도 어른의 목소리로 말을 하고, 알아듣지도 못하는 소리를 지르고, 눈을 희번덕거리고 방에서 데굴데굴 뒹구는데 짐승처럼 행동하고 있었던 것입니다. 다른 사람들은 이 귀신 들린 아이를 아무도 상대하려고 하지 않았을 것입니다. 그러나 엄마는 딸을 이렇게 잃을 수 없었습니다. 어떻게 해서든지 딸을 치료하고 싶었습니다. 그런데 그는 유대인들에게서 회당에서 말씀하시는 그 기적의 주인공이 자기 지방에 오셨다는 소식을 들었습니다. 그녀는 당장 예수님께 달려가서 그 발 아래에 엎드려 자기 딸이 귀신 들려서 미친 것을 고쳐달라고 애원했습니다.

그런데 다른 복음서에 보면, 예수님은 아예 이 여자를 상대해주지 않으셨다고 했습니다(마 15:21-28). 예수님은 말씀의 주인공으로 오셨지만, 이 여자를 본체만체하셨던 것입니다. 그러나 이 여자는 끝까지 예수님을 물고 늘어졌습니다. 그러면서 "주 다윗의 자손이여 우리 딸의 귀신 들린 것을 고쳐주소서" 하고 크게 소리를 질렀습니다. 마태복음에 보면 이 여자는 예수님을 "다윗의 자손"이라고 불렀습니다. 이는 메시아에 대한 다른 호칭이었던 것입니다. 이 여인은 다윗의 자손이라는 칭호를 사용할 자격이 절대로 없었습니다. 그래서 예수님은 아무 대꾸도 하시지 않았던 것입니다. 이는 너희 신이나 찾아가서 병 고쳐 달라고 할 것이지, 하나님의 백성이 쓰는 비밀의 암호인 '다윗의 자손' 이라고 왜 나를 부르느냐는 뜻입니다.

그런데 이 여자가 하도 예수님께 자기 딸의 귀신 들린 것을 고쳐달라고 울부짖으니까 제자들은 너무 시끄럽고 귀찮아서 예수님께 "이렇게 애원하는데 그까짓 귀신 좀 쫓아내 주시고 이 여자를 보냅시다" 라고 말씀드렸습니다. 그러나 이때도 예수님은 이 여자의 자존심을 너무나도 상하게 하는 말씀을 하셨습니다.

7:27, "예수께서 이르시되 자녀로 먼저 배불리 먹게 할지니 자녀의 떡을 취하여 개들에게 던짐이 마땅치 아니하니라"

예수님은 이 이방 여자를 개 취급했던 것입니다. 예수님은 맛있는 음식을 만들어 오셨습니다. 그것은 바로 엄청난 하나님의 말씀이고 병 고침이고 하나님 나라의 축복이었습니다. 그러나 유대인들이 원했던 것은 그런 것이 아니었습니다. 그들은 이 세상에서 부자 되는 것이고 자기 나라가 독립하는 것이고 이 세상에서 존경받으면서 오래 사는 것이었습니다. 그런데 한 이방 여자가 진정한 이스라엘 백성이 아니면 부를 수 없는 '다윗의 자손이여' 하면서 자기 딸의 귀신들린 것을 고쳐달라고 하는 것입니다. 예수님의 천국 잔칫상에 그 집 식구들은 전부 아예 쳐다보지도 않는데 이방 여자는 그것을 달라고 애원하는 것입니다. 개가 그 음식을 너무 먹고 싶어서 주인의 발 앞에 앉아서 달라고 조르는 형국입니다.

여기서 예수님은 떡과 자식과 개를 분명히 구별하여 말씀하셨습니다. 즉 자식은 자기가 먹고 싶으면 얼마든지 천국의 음식을 먹을 수 있습니다. 그런데 유감스럽게도 하나님의 자녀들은 세상 유혹이나 성공에 다 빠져 있었습니다. 그런데 아무 자격도 없는 옆집의 개는 너무나도 그 음식을 먹고 싶어서 자꾸 달라고 하는 것입니다. 그때 예수님은 이 여자에게 너는 개와 같은 처지라고 하시면서 쫓아내려고 하셨던 것입니다.

아마 보통 여자 같으면 실망하거나 화를 내면서 갔을지도 모릅니다. 그러나 이 여자는 예수님이 자기를 거절하시면 어디로 가겠습니까? 이번에 자기 딸이 고침 받지 못하면 평생 귀신 들려 지낼 텐데 딸은 죽은 것이나 마찬가지였습니다. 그래서 이 여자는 끝까지 예수님을 붙잡고 늘어졌습니다.

3. 예수님의 응답

이 여자는 예수님께서 자기를 개 취급하시는 것을 보고 화를 내지 않았습니다. 그리고 자기가 음식 먹을 자격이 없는 이방인이라는 것을 인정했습니다. 그러나 이 여자는 예수님에 대한 믿음을 가지고 있었습니다. 예수님이 아니면 자기 딸을 고칠 수 없으며, 여기서 예수님을 포기하면 딸은 죽은 것이나 마찬가지라는 것도 알았습니다.

그래서 이 여자는 예수님 앞에서 더 겸손하게 엎드렸습니다.

7:28, "여자가 대답하여 이르되 주여 옳소이다마는 상 아래 개들도 아이들이 먹던 부스러기를 먹나이다"

이 여인은 예수님이 하신 말씀이 너무 옳다고 인정했습니다. 자기는 예수님에게 아무것도 요구할 자격이 없었습니다. 주인이 음식을 만들어서 자기 애들에게 먼저 주는 것은 너무나도 당연합니다. 이 여인은 예수님에게 그렇게 하시라고 했습니다. 이 여인은 예수님에게 자녀들에게 떡을 주시라고 했습니다. 그러나 자기는 끝까지 기다려서 아이들의 상에서 떨어지는 부스러기를 가지고 가서 딸에게 주겠다고 했습니다. 자기는 절대로 부스러기라도 가지고 가기 전에는 예수님을 떠나지 않겠다고 대답했습니다.

이 여인은 떡과 부스러기의 차이를 알고 있었습니다. 그는 감히 예수님께 "하나님의 말씀을 주세요. 성령을 주세요." 할 자격이 없다는 것을 알았습니다. 그러나 개들도 주인의 상에서 떨어지는 먹다 남은 음식 부스러기를 먹는다고 말했습니다. 이 여인에게 부스러기는 병이 낫는 것이었습니다.

예수님이 주시려는 것은 온전한 천국 잔치였습니다. 거기에는 기적이 있고 말씀의 능력이 있고 새로운 인생이 있습니다. 그러나 이스라엘 백성이 원하는 것은 개들이 좋아하는 닭다리나 돼지 뼈 같은 것이었습니다. 즉 세상이었던 것입니다. 이 수로보니게 여인은 예수님에 대한 말씀을 유대인들로부터 들은 것이 틀림없습니다. 그는 자기가 말씀을 들을 자격이 없다는 것도 인정했습니다. 그러나 이방인들도 귀신이 나가는 복이나 병 고침을 받는 부스러기는 먹을 수 있다고 했습니다.

이것이 바로 오늘 크리스천들이 가장 혼동하고 있는 부분입니다. 오늘 크리스천들은 주식과 부스러기를 혼동하고 있습니다. 밥은 먹지 않고 자꾸 불량식품만 먹으려고 하는 아이들과 같은 것입니다. 우리에게 하나님의 말씀은 아직 실현되지 않은 공허한 것입니다. 거기에 비하여 세상의 성공이나 돈 버는 것은 손에 잡히는 확실한 것입니다. 그러나 세상 것은 부스러기에 불과한 것입니다.

예수님은 이 여인의 믿음에 놀라셨습니다. 세상에 어떻게 이방인이 이런 믿음을 가질 수 있는가? 예수님께서 이 여인의 믿음을 시험해 본 결과는 백점이었습니다.

7:29-30, "예수께서 이르시되 이 말을 하였으니 돌아가라 귀신이 네 딸에게서 나갔느니라 하시매 여자가 집에 돌아가 본즉 아이가 침상에 누웠고 귀신이 나갔더라"

예수님은 이 여인에게 돌아가라, 귀신이 네 딸에게서 나갔다고 말씀하셨습니다. 즉 이렇게 대답할 정도 같으면 다른 것은 볼 필요도 없이 합격이라는 뜻입니다. 이 여자는 예수님을 모시고 집에 가지도 않았습니다. 오직 예수님의 말씀을 믿고 집에 가니까 아이는 침상에 누워서 잠을 자고 있었고 귀신의 발작은 끝나있었던 것입니다.

우리는 하나님의 자녀이기 때문에 얼마든지 천국의 음식을 먹을 수 있습니다. 우리는 세상을 사랑하면 하나님의 자녀가 아니라 자격이 훨씬 떨어지게 됩니다. 예수님이 이 병을 고쳐주신 것은 우리도 기도하면 고칠 수 있다는 것을 보여줍니다. 우리 모두 예수님께 매달려서 모든 병이 다 치료될 수 있기를 바랍니다.

20

에바다

막 7:31-37

예전에 어느 교회의 청년 집회에서 설교한 적이 있습니다. 그때 수요일이 되어서 본당에서 어른들과 함께 예배를 드리게 되었습니다. 그런데 담임 목사님이 저에게 "목사님, 아무리 흥분하셔도 강대상을 내리치시면 안 됩니다"라고 특별히 부탁하셔서 그 이유를 물었더니 강대상만 이천만 원 들었다는 것입니다. 알고 보니까 그 강대상은 자동으로 올라가고 내려가는 장치가 되어 있어서 그렇게 비싼 것이었습니다. 그 좋은 강대상이 있는 교회에 제 설교를 들으러 오신 특별한 분이 있었는데, 귀가 완전히 안 들리는 분이었습니다. 수화를 사용하지 않고 상대방의 입 모양을 읽어서 뜻을 이해하는 분이었습니다.

그런데 그 강대상의 마이크가 아주 커서 설교자의 입을 완전히 가려서 잘 보이지 않았습니다. 그래서 제 설교를 듣고 싶어서 먼 곳에서 왔지만 그날은 설교를 하나도 알아듣지 못했습니다. 그분은 자기가 알아듣지 못하는 것이 너무 답답했습니다. 그런데 그다음 날에도 그분이 찾아왔습니다. 이때는 아예 동영상이 되는 카메라를 가지고 와서 설교하는 제 입술이 보이는 장소를 찾아서 설교하는 모습을 전부 녹화했습니다. 그리고 집에 가서 여러 번 그 동영상을 틀어 놓고 제 입 모양을 보면서 완전히 설교를 알아들을 때까지, 옆 사람이 웃으면 왜 웃는지 알 때까지 반복해서 들었다고 했습니다. 저는 그분이 비록 귀는 들리지 않지만 어느 누구보다 하나님을 사랑하신다고 확신합니다.

이처럼 사람에게는 다른 사람의 말이나 음악을 듣는다는 것이 얼마나 중요한지 모릅니다. 들을 수 없으면 말할 수도 없습니다. 그러나 오늘 본문을 보면 들을 수 없는 사람에게 아주 중요한 일이 일어났습니다. 그것은 바로 예수님이 이 세상에 오셨다는 것입니다.

1. 귀 먹은 사람

예수님은 두로 지방에 오래 계시지 않고 이방 지역을 거쳐서 갈릴리로 다시 돌아오셨습니다.

> 7:31, "예수께서 다시 두로 지방에서 나와 시돈을 지나고 데가볼리 지방을 통과하여 갈릴리 호수에 이르시매"

예수님께서 두로 지방에서 나와 시돈과 데가볼리를 지나 갈릴리에 오실 때까지 아무 일도 일어나지 않았습니다. 여기서 아무 일도 없었다는 것은 수로보니게 여인처럼 예수님에게 매어 달려서 병을 고쳐 달라고 부탁하는 사람이 없었다는 뜻입니다. 그래서 예수님이 이렇게 순조롭게 갈릴리까지 오셨다는 것은 결코 좋은 일이 아닙니다.

그런데 예수님이 갈릴리 지방에 오시니까 벌써 사람들은 달라져 있었습니다. 그들은 어떻게 해서든지 예수님을 바쁘시게 했습니다.

그들은 자기 문제가 아니라도 다른 사람의 어려운 문제를 가지고 예수님께 나아왔습니다. 그 갈릴리 지방에는 귀가 먹어서 말을 듣지 못하고 말도 어눌하게 하는 한 장애인이 있었습니다. 사람들은 이 듣지 못하는 장애인을 예수님께 데리고 와서 치유를 위해 안수 기도해 달라고 부탁했습니다.

우리가 이 듣지 못하는 장애인의 입장에서 생각해 봅시다. 그는 태어날 때부터 청각이 손상을 입어서 아무 소리도 듣지 못했습니다. 어쩌면 그가 어렸을 때 열병에 걸려서 청력을 잃어버렸는지도 모릅니다. 그에게는 아무 소리도 들리지 않았습니다. 또 말을 하고 싶어도 자기가 하는 말을 들을 수 없었습니다. 그래서 어떤 때는 소리를 지르기도 하고 어떤 때는 아무 말도 하지 않기도 했습니다. 그런데 이 사람이 말을 더듬었다는 것을 보면 어렸을 때는 말을 배웠는데 그 후에 병으로 귀가 먹으면서 말도 잘하지 못하게 된 것 같습니다. 말을 하기는 하는데 띄엄띄엄 이야기하다가 점점 더 말을 하지 않게 되었고, 그러다가 혀가 점점 돌같이 굳어지게 되었고 지금은 말을 거의 하지 못하게 되었습니다.

그런데 예수님 당시에는 아무도 이 듣지 못하는 사람을 도울 수 없었습니다. 그래서 사람들 사이에서 같이 살고 있었지만 혼자 격리되어 지금까지 살아왔습니다. 그런데 이 사람을 예수님께 데리고 와서 축복해 달라고 안수 기도를 부탁했습니다. 그런데 예수님은 이 사람이 아주 예민한 사람이며, 사람들로부터 많은 조롱 받은 것을 아시고는 따로 데리고 가셨습니다. 그리고 예수님은 먼저 이 사람의 귀에 손가락을 넣으셔서 귓구멍 속을 파내어주는 행동을 하셨습니다. 예수님은 그냥 말씀으로 '너의 귀가 들려라' 고 하실 수도 있었을 텐데, 일부러 이 사람의 귀에 손가락을 넣으셔서 귀를 파주셨습니다.

7:33, "예수께서 그 사람을 따로 데리고 무리를 떠나사 손가락을 그의 양 귀에 넣고 침을 뱉어 그의 혀에 손을 대시며"

예수님은 이 사람을 개인적으로 따로 만나셨습니다. 그리고 그냥 듣게 하신 것이 아니라 한 번도 듣지 못한 귓구멍에 손가락을 넣으셔서 귀를 후벼 주셨습니다. 그리고 예수님은 침을 뱉으셔서 이 사람의 입을 벌리게 하시고 돌같이 굳어 있는 이 사람의 혀를 만져주셨습니다. 이것은 말려 올라가서 돌같이 굳어 있는 그 사람의 혀를 풀어주는 행동이었습니다. 일종의 혀 마사지였습니다.

그런데 예수님은 왜 침을 뱉으셔서 이 사람의 혀를 만져주셨을까요? 이 사람의 혀는 자주 사용하지 않아서 돌같이 굳어져 있었습니다. 예수님은 침으로 그 사람의 혀를 부드럽게 하시고 혀를 만져주셔서 딱딱한 혀를 풀어주셨습니다. 여기서 예수님의 침은 그냥 세상의 다른 물이나 다른 사람의 침이 아니었습니다. 예수님의 몸에서 나온 액체였습니다. 이것은 나중에 예수님이 십자가에서 흘리실 보혈을 상징하는 것입니다. 예수님은 굳어 있는 그 사람의 혀를 자신의 피로 풀어주신 것입니다. 그러자 이 사람의 귀가 열리고 혀가 풀리기 시작했습니다. 이것은 이 세상에 엄청난 시대가 열린 것을 보여주는 것입니다.

이사야 선지자는 앞으로 이런 때가 올 것이라고 예언했습니다. "그 때에 맹인의 눈이 밝을 것이며 못 듣는 사람의 귀가 열릴 것이며 그 때에 저는 자는 사슴 같이 뛸 것이며 말 못하는 자의 혀는 노래하리니 이는 광야에서 물이 솟겠고 사막에서 시내가 흐를 것임이라"(사 35:5, 6).

맹인이 보게 되고 듣지 못하는 자가 듣게 되는 메시아의 시대가 오리라는 것입니다. 메시아 즉 하나님의 아들이 오시면 듣지 못하는 자만 듣게 되는 것이 아닙니다. 그때는 말하지 못하는 자가 노래하게 될 것이며, 저는 자는 사슴같이 뛰게 되고, 메마른 땅에 시냇물이 흐르게 될 것입니다.

이 듣지 못하는 자의 귀가 예수님께서 만져주심으로 듣게 되었다는 것은 무조건 메시아가 오신 것입니다. 메시아는 아무도 할 수 없는 일을 해주셨습니다. 그리고 이제부터는 메시아의 시대가 온 것입니다. 그래서 듣지 못하는 자만 듣는 것이 아니라, 맹인이 눈을 뜨고, 걷지 못하는 자가 뛰게 되며, 메마른 사막과 같은 우리 마음에 하나님의 생명수 시내가 흐르게 되는 것입니다. 이제 이 사람의 귀에는 봄이 오게 되었습니다. 예수님은 이 장애인에게 개인적인 관심을 가져주셨습니다. 그래서 그가 처음 듣게 된 소리는 다른 사람들의 웅성거리는 소리가 아니라 바로 천지를 지으신 하나님 아들의 소리였던 것입니다.

2. 하늘을 우러러 탄식하심

7:34상, "하늘을 우러러 탄식하시며"

예수님은 귀가 먹고 혀가 굳어진 사람의 환부를 자세히 보신 것이 아니라 하늘을 우러러보시고 탄식하셨습니다. 이것이 의사가 하는 의술과 다른 것입니다. 요즘은 의술이 많이 발달해서 듣지 못하는 사람을 수술해서 듣게 하기도 하고, 말하지 못하는 사람의 성대를 수술해서 말하게 할 수도 있을 것입니다. 그때 의사는 환자의 환부를 살펴봅니다. 그리고 엑스레이나 MRI를 찍어서 신경이 어디가 잘못되었는지 살펴볼 것입니다. 그러나 예수님은 하늘을 우러러보셨습니다. 이것은 모든 장애인의 책임은 하나님께 있다는 뜻입니다. 이 사람이 청각 장애인이 된 것은 운이 나빠서 그런 것이 아니라 하나님께서 예수님을 만나게 하시려고 그렇게 하셨다는 것입니다.

출애굽기를 보면 하나님이 모세를 부르셔서 애굽으로 보내실 때 모세는 혀에 상당히 문제가 있는 것을 알 수 있습니다. 이때 모세는 혀가 짧았든지, 아니면 말을 심하게 더듬었든지 하는 언어 장애가 있었습니다. 그래서 모세는 자기가 하나님의 말을 해도 사람들의 웃음거리밖에 되지 않으니까 다른 사람을 보내달라고 거절의 말을 합니다. 그때 하나님은 모세에게 "누가 말 못 하는 자나 못 듣는 자나 눈 밝은 자나 맹인이 되게 하였느냐? 나 여호와가 아니냐"(출 4:11)라고 말씀하셨습니다. 즉 장애인들이 그렇게 된 것은 본인에게 있는 것이 아니라 하나님에게 있다는 것입니다. 그래서 우리는 장애인들을 도와주어야지 장애가 있다고 해서 부족하다고 생각해서는 안 됩니다.

예수님은 이 사람의 귀를 듣게 하심으로 이제 메시아가 왔으니까 보지 못하는 자나 걷지 못하는 자나 귀신 들린 자나 우울증 환자나 모두 예수님께 오면 예수님께서 다 고쳐주신다는 것을 보여주신 것입니다. 예수님께서 하늘을 우러러 탄식하신 것은 하나님과 우리 사이에 죄와 불신의 담이 있어서 이런 병이 생기고 고통당하고 있기 때문입니다. 그러나 예수님은 그 죄와 불신의 담에 구멍을 뚫으셔서 이 세상에 하나님의 축복을 가지고 오셨습니다. 이제 누구든지 메시아 앞에 나오기만 하면 장애만이 아니라 하나님의 축복을 받게 되는 것입니다.

그런데 우리에게 고민거리가 하나 있습니다. 그것은 예수님이 죽으시고 부활하신 후 하나님의 보좌 우편에 올라가심으로 이제 우리 곁에 계시지 않게 되었다는 것입니다. 예수님이 옆에 계시기만 하면 예수님에게 우리의 신체적인 장애를 고쳐 달라고 매달릴 텐데, 예수님이 안 계시니 메시아 시대가 오면 무슨 소용이 있습니까? 예수님은 그때만 세상에 계시다가 하늘나라로 돌아가신 것 아닙니까? 이것이 우리에게는 가장 어려운 문제입니다. 그러나 예수님은 분명히 우리에게 "내가 너희를 고아와 같이 버려두지 아니하고 너희에게로 오리라"고 말씀하셨습니다(요 14:18). 예수님이 우리를 떠나시면 우리는 부모

없는 고아와 같이 되고 마는 것입니다. 그러나 예수님이 하늘에 올리어가심으로 우리를 떠나신 것이 아닙니다. 예수님은 하나님 보좌 우편에도 계시고 우리 옆에도 계신 것입니다.

그런데 왜 예수님은 우리의 장애나 병을 금방 고쳐주시지 않는 것일까요? 이것은 두 가지로 생각할 수 있습니다. 하나는 예수님이 일반은총으로 의학이 엄청나게 발달하게 하셔서 많은 병자와 장애인을 고쳐주시는 것입니다. 이 의술의 발달로 예수님을 믿는 자나 믿지 않는 자나 의사만 있으면 누구든지 도움을 받을 수 있습니다. 그러나 또 한 가지는 영적으로 듣지 못하기 때문입니다. 예수님이 오시기 전까지 사람들은 하나님의 말씀을 알아듣지 못했습니다. 그러나 예수님이 오셔서 보혈을 흘려주심으로 성령이 우리 마음에 오셨습니다. 그래서 우리는 무진장으로 예수님의 말씀을 듣게 되고 우리 안에는 하나님의 생명수가 흐르게 되는 것입니다. 이 광야와 같은 세상에 우리 뱃속에서부터 성령의 생수가 흐르게 되는 것입니다. 그래서 광야가 변하여 꽃밭이 되게 되는 것입니다.

사람들은 대부분 귀를 가지고 듣고 있는데 하나님의 말씀은 알아듣지 못하고 있습니다. 예수님께서는 이 장애인의 귀를 치료해 주셨지만, 이제부터는 모든 사람의 영의 귀를 열리게 하셔서 하나님의 말씀을 알아듣게 하시는 것입니다. 우리 크리스천이 가장 행복할 때는 하나님의 말씀을 알아들을 때입니다. 우리에게 혀가 굳어졌다는 것은 기도하지 못하는 것입니다. 그리고 찬송하지 못하는 것입니다.

지금은 메시아 시대입니다. 사자가 어린양과 함께 뛰놀며, 어린아이가 독사 굴에 손을 넣어도 물리지 않는 시대입니다. 그것은 우리가 하나님의 말씀을 듣고 마음속에 있는 사자나 독사 같은 본성이 양의 본성으로 변하기 때문입니다. 예수님께서 우리 혀를 만져주시고 귀를 만져주시면, 우리 혀에서 독사의 독이 빠지고 귀에서 환청이나 나쁜 말을 걸러낼 수 있게 되는 것입니다. 우리에게 부흥이 일어나면 절대로 전쟁이 일어날 수 없습니다. 사람들은 칼을 쳐서 삽을 만들고 창을 쳐서 낫을 만들어 농사를 지을 것입니다.

3. 에바다

예수님은 얼마든지 자신의 능력으로 이 장애인의 장애를 고쳐주실 수 있지만, 하늘을 보시면서 기도하셨습니다.

7:34-35, "그에게 이르시되 에바다 하시니 이는 열리라는 뜻이라 그의 귀가 열리고 혀가 맺힌 것이 곧 풀려 말이 분명하여졌더라"

예수님은 하늘을 향하여 기도하면서 명령하셨습니다. 우리 성경에 '에바다'라고 표기된 단어는 히브리 성경에 '에파타'라고 하는데, '열려라'라는 명령형의 단어입니다. 이것은 예수님께서 하나님을 향하여 명령하신 것이 아닙니다. 예수님은 이미 하나님의 승낙 받으셨습니다. 메시아는 누구에게나 얼마든지 병을 고쳐주실 수 있습니다. 그런데 '열려라'라고 명령하신 것은 지금 하나님과 우리 죄인 사이에 가로놓여 있는 죄와 불신의 담이 열려라는 뜻입니다.

우리가 이 세상에서 병으로 고통받고 어려움을 겪게 되는 원인은 하나님과 우리 사이에 죄의 담, 불신의 담이 놓여 있어서 하나님의 은혜가 제대로 우리에게 오지 않기 때문입니다. 그러나 예수님께서 '에파타'라고 말씀하실 때 하나님의 축복을 가로막고 있는 죄의 담과 불신의 담이 왕창 무너지는 것입니다.

독일 사람들은 이런 일이 일어나는 것을 이미 경험했습니다. 동독과 서독 국경 사이에는 우리나라 휴전선 같은 담과 철조망이 세워져 있었습니다. 이 담을 넘어가려고 하면 총을 쏘아서 죽였습니다. 그러나 어느 날부터 이 불신의 담, 이념의 담이 흔들리기 시작했습니다. 그러더니 어느 날 갑자기 그 장벽이 무너져 버렸습니다. 그리고 동독 사람들은 무한정으로 서독으로 넘어오게 되었습니다. 독일 수상이었던 메르켈도 동독 출신입니다. 오늘 우리나라는 좌파와 우파로 나뉘어 서로 욕하고 싸우고 있습니다. 북한과 남한 사이에도 마찬가지입니다. 그러나 예수님이 '에파타' 라고 말씀하시는 순간 이 담은 무너질 것입니다.

예수님께서 열려라고 말씀하시니까 이 사람의 귀가 뚫리고 혀가 풀려서 다른 사람들이 하는 말도 알아듣고 자기 말도 분명히 할 수 있었습니다. 예수님께서는 이 사실을 다른 사람들에게 알리지 말라고 경고하셨습니다. 이것을 신학자들은 '메시아 은닉' 이라고 합니다.

7:36, "예수께서 그들에게 경고하사 아무에게도 말하지 말라 하시되 경고하실수록 그들이 더욱 널리 전파하니"

예수님께서 열려라고 말씀하신 것은 하늘과 우리를 가로막고 있는 불신의 벽과 죄의 벽이 왕창 무너지라는 뜻이었습니다. 병자들이 예수님에게 와서 고침을 받을 수 있지만, 예수님이 원하셨던 것은 하늘의 벽이 무너지는 것이었습니다. 예수님께서 '에파타' 라고 하시면 죄의 댐이 무너지면서 성령의 쓰나미가 일어나게 됩니다. 그때 많은 기적이 일어나서 많은 사람이 살아나게 됩니다. 오늘도 우리와 하나님 사이의 불신의 벽이 허물어지고, 메시아의 나라가 우리 마음에 이루어지기를 바랍니다.

21

먹는 것보다 더 중요한 것

막 8:1-26

옛날에 우리에게는 먹는 것이 가장 중요하고 어려운 문제였습니다. 그래서 지금 어른 중에는 어렸을 때 굶으면서 자라지 않은 사람은 거의 없을 것입니다. 그러나 지금 우리나라는 이미 그런 극빈자의 나라를 벗어나서 세계적인 경제 대국의 잘 사는 나라가 되었습니다. 얼마 전 모기업의 회장이 죽었는데 그가 남긴 유산은 26조 원이고, 그가 수집한 진귀한 미술품만 해도 2만 3천점이라고 합니다. 저는 그 회장이 불쌍하다고 생각되는데, 그 이유는 그 많은 돈을 하나도 제대로 써보지도 못하고 죽었기 때문입니다.

이제 우리나라 사람 중에 옛날처럼 굶는 것을 걱정하는 사람은 많지 않습니다. 지금 우리나라 사람들은 코로나도 크게 걱정하지 않습니다. 마스크만 잘 쓰면 잘 안 걸린다는 것을 알았기 때문입니다. 주로 우리나라 사람들이 걱정하는 것은 나라나 자신의 미래 문제입니다. 우리의 미래는 어떻게 될 것인가? 북한의 핵 문제는 평화롭게 해결될 것인가? 어떻게 처리해야 하는가? 우리 집 아이 교육은 어떻게 시켜야 하는가 하는 문제를 두고 걱정하고 있습니다. 그리고 개인적으로는 내가 암에는 걸리지 않을까? 앞으로 나도 90세까지 살게 될지도 모르는데 혹시 치매는 오지 않을까? 혹시 노인 병원에 들어가서 침대에 손발 묶여 있다가 죽는 것은 아닐까? 또 죽기는 죽을 텐데 그 전까지 무엇을 해야 가치가 있을까? 이런 문제를 두고 걱정하고 있습니다. 그런데 우리가 이런 걱정을 하는 것이 과연 옳으냐 하는 것입니다.

1. 여전히 가난했던 백성

예수님 당시의 유대뿐만 아니라 전 세계 사람들은 먹는 것이 가장 심각한 문제였습니다. 그래서 한 끼를 먹으면 그다음 끼니를 걱정해야 하고 굶지 않고 평생을 산다는 것은 엄청나게 잘 사는 것이었습니다. 얼마 전에도 사업하는 어떤 분에게 요즘 사업이 잘 되시냐고 물으니까 그분은 "밥은 굶지 않을 정도로 버티고 있습니다"라고 대답했습니다. 이분은 회사가 현상 유지되는 것을 아주 옛날식으로 표현한 것입니다.

예수님 당시도 갈릴리 지방에는 굶는 사람들이 특히 많았습니다. 그런데 예수님은 그 가난한 사람들을 대상으로 계속 말씀을 전하셨는데, 수천 명의 사람이 집에 가지도 않고 모여들었습니다. 그들은 사흘 연속해서 예수님의 말씀을 들었습니다. 그들은 은혜를 받았지만 먹을 것이 없어 굶으면서 말씀을 듣고 있었기 때문에 쓰러지려는 사람들이 많이 있었습니다.

8:1-3, "그 무렵에 또 큰 무리가 있어 먹을 것이 없는지라 예수께서 제자들을 불러 이르시되 내가 무리를 불쌍히 여기노라 그들이 나와 함께 있은 지 이미 사흘이 지났으나 먹을 것이 없도다 만일 내가 그들을 굶

겨 집으로 보내면 길에서 기진하리라 그 중에는 멀리서 온 사람들도 있느니라"

여기서 우리에게 이해되지 않는 것이 있습니다. 이렇게 먹을 것이 없는 사람이라면 예수님의 말씀을 듣는 것보다는 먹을 것을 구하러 집이나 마을로 가야 하지 않을까요? 그런데 참 놀라운 것은 먹을 것도 없는 가난한 사람들이 예수님이나 목사의 말씀이나 설교에 관심을 가진다는 사실입니다. 오히려 먹을 것이 있는 사람들은 사회에 관심을 가지고 사람들을 만나서 세상 이야기를 하거나 무엇인가 더 성공하고 더 출세할 생각을 한다는 것입니다.

본문에 예수님께서 하신 말씀을 보면, 예수님은 이들의 먹고사는 문제에 관심이 없으신 것처럼 보입니다. 예수님은 먹고사는 문제에 대하여 전혀 대책이 없는 사람들에게 비현실적인 하나님의 나라에 대해 계속 말씀하셨습니다. 예수님은 말씀을 듣는 이 사람들이 쓰러져 죽든지 말든지 관심이 없는 것처럼 보입니다. 그런데 사흘째 되니까 사람들이 배고픈 것을 참는 데도 한계가 오게 되었고, 이제는 더 견딜 수 없게 되었습니다. 그때 예수님은 이렇게 말씀하셨습니다. "내가 무리를 불쌍히 여기노라 그들이 나와 함께 있은 지 이미 사흘이 지났으나 먹을 것이 없도다."

예수님은 얼마 전에 보리떡 다섯 개와 물고기 두 마리로 오천 명을 먹이신 적이 있었습니다. 그러나 사람들은 기적이라는 것은 어쩌다 한번 일어나는 것이지 늘 일어나는 것이라고 기대하지는 않았습니다. 이것은 예수님의 제자들도 마찬가지였습니다. 그러나 사실 예수님은 말씀을 듣고 있는 사람들의 상태에 큰 관심을 가지고 계셨습니다. 예수님은 그들에게 먹을 것이 없다는 것과, 미래에 대하여 전혀 대책을 가지고 있지 않다는 것과, 그들 중에 어떤 사람은 이미 굶으면서 말씀을 듣고 있다는 것과, 그들 중 어떤 사람은 멀리서 온 사람도 있다는 것을 잘 알고 계셨습니다. 예수님은 만일 이들을 그냥 돌려보내면 길을 가다가 쓰러져 죽을 사람도 여러 명이 있다는 것을 아셨습니다.

이 사람들은 예수님에게 아이가 배고프니까 먹을 것을 달라는 사람이 한 사람도 없었습니다. 그들 중에는 예수님이 설교를 빨리 마치지 않고 너무 길게 하신다고 불평하는 사람도 없었습니다. 그들은 예수님의 설교에 빨려들 듯이 듣고 있었습니다. 그런데 정신을 차리고 보니까 이미 사흘이 지나갔고, 이제 현실적인 문제에 부딪히게 된 것입니다. 그것은 바로 먹을 것이 없다는 것이었고, 이미 여러 끼니를 거르고 있었던 것입니다.

이때 제자들도 난감하기는 마찬가지였습니다. 이 황량한 들판에서 어디서 그 많은 사람이 먹을 음식이 생기겠습니까? 하늘에서 떨어지겠습니까? 아니면 땅에서 음식이 솟아나겠습니까? 그래서 제자들은 예수님께 물었습니다.

8:4, "제자들이 대답하되 이 광야 어디서 떡을 얻어 이 사람들로 배부르게 할 수 있으리이까"

아무도 살지 않은 이 광야 들판에서 제자들은 누구에게 떡을 얻어서 굶주려 쓰러져 가는 사람들을 먹일 수 있겠습니까?

그때 예수님은 제자들에게 떡이 얼마나 있느냐고 물어보셨습니다.

8:5-6, "예수께서 물으시되 너희에게 떡 몇 개나 있느냐 이르되 일곱이로소이다 하거늘 예수께서 무리를 명하여 땅에 앉게 하시고 떡 일곱 개를 가지사 축사하시고 떼어 제자들에게 주어 나누어 주게 하시니 제자들이 무리에게 나누어 주더라"

제자들이 놀란 것은 바로 이것이었습니다. 그들은 기적이라는 것은 평생에 어쩌다가 한두 번 일어날까 말까 한 일이라고 생각했습니다. 그러나 예수님은 얼마 전에 보리떡 다섯 개와 물고기 두 마리로 오천 명을 먹이셨던 것처럼, 보리떡 일곱 개로 또 사천 명을 먹이셨습니다. 예수님이 기도하시고 제자들에게 주신 보리떡은 뗄수록 더 많아졌고, 사람들에게 나누어줄수록 더 많아지고 있었습니다. 제자들이 생각해보니까 자기들에게 생선도 두어 마리가 있었습니다. 그래서 제자들은 예수님께 "여기 생선도 몇 마리 있습니다"라고 했더니 예수님이 축복하시고 나누어주게 하셨습니다. 그런데 이 생선도 나누면 나눌수록 커지고 사람들에게 주면 줄수록 더 많아지고 있었습니다. 예수님께서는 어른 남자만 무려 사천 명이나 되는 사람들을 배불리 먹이셨습니다. 그리고 남은 떡을 버리지 말고 모으니 일곱 광주리나 되는 떡이 모이게 되었습니다. 예수님은 얼마 전에 오병이어의 기적을 행하셨는데, 이번에도 또 그런 기적을 행하셨던 것입니다.

여기서 제자들이 깨달았는지 깨닫지 못했는지 알 수 없지만, 예수님은 두 가지 사실을 보여주셨습니다. 하나는 예수님이 '기적의 주인(Lord of Miracle)' 이라는 사실입니다. 예수님은 이 세상에 기적을 가지고 오시는 분입니다. 그리고 예수님이 원하시기만 하면 언제 어디서나 기적은 일어날 수 있었습니다. 그리고 또 한 가지는 하나님의 나라가 결코 그들에게 멀리 있는 것이 아니라는 사실이었습니다. 예수님이 무려 사흘 동안이나 하나님의 나라에 대하여 설교하시는 것이 사람들에게는 공허하게 들렸을 것입니다. 그러나 그들의 눈에는 보이지 않지만 이미 하나님의 나라는 그들 옆에 아주 가까이 와 있었습니다. 하나님의 나라는 먹을 것이 무진장 준비되어 있는 나라였던 것입니다.

지금 우리도 눈에 보이는 세상만 바라보면 예수님의 말씀이 공허하고 기독교는 아무것도 아닌 것처럼 보입니다. 그러나 바로 우리 옆에 어마어마한 하나님의 나라가 가까이 있습니다. 이 세상 나라와 하나님의 나라를 연결하기만 하면 기적은 언제나 일어나게 되는 것입니다. 우리는 바로 기적의 세계 바로 옆에 있습니다. 누구든지 하나님의 나라를 열기만 하면 먹을 것이나 병드는 것이나 굶는 것을 걱정할 필요가 전혀 없는 것입니다. 그 하나님의 나라의 열쇠가 바로 예수님이고 하나님의 말씀입니다.

하나님은 한 번만 기적을 일으키시는 분이 아닙니다. 우리 인간은 한 끼 잘 먹었다고 해서 평생 살 수 있는 것이 아닙니다. 우리에게는 계속적으로 먹을 것이 필요하고 돈이 생겨야 하고 병을 이길 수 있는 힘이 생겨야 합니다. 그 열쇠가 바로 예수님이고 하나님의 말씀입니다. 그러나 예수님은 사람들을 길 가다가 쓰러질 정도의 극한 상황까지 몰고 가셨습니다. 하나님의 말씀이 살아나려면 굶어 죽을 수밖에 없는 극한 상황까지 가야 합니다. 그래야 하나님의 말씀이 살아나는 것입니다. 오늘도 우리가 해야 할 일은 무엇을 입을까, 무엇을 먹을까 염려하는 것이 아니라, 죽어 있는 것 같은 하나님의 말씀을 살리는 일입니다. 그러면 하나님의 말씀이 살아나면서 기적이 일어나게 됩니다.

2. 시대의 표적

예수님께서 떡 일곱 개로 사천 명을 먹이신 소문은 즉시 바리새인들의 귀에 들어가게 되었습니다. 바리새인들은 예수님이 옛날 모세와 같은 하나님의 종일지도 모른다고 생각했습니다. 그러나 그들을 헷갈리게 하는 것은 예수님의 외모는 너무 평범했고 보잘것없었다는 사실입니다. 만약 예수님이 모세 같은 위대한 하나님의 종이라면 지팡이도 들고 얼굴에서 빛도 나고 해야 하는데 예수님은 그런 모습이 전혀 없었습니다.

바리새인들은 예수님에게 몰려가서 당신이 하나님이 보낸 사람이라면 그 증거를 보여 달라고 요청했습니다. 즉 그들은 예수님께 하늘로부터 오는 표적을 구했던 것입니다. 엘리야처럼 하늘에서 불을 떨어지게 하든지, 아니면 모세처럼 만나를 내리게 해 달라는 뜻이었습니다.

이 말을 듣고 예수님은 마음속으로 깊이 탄식하셨습니다.

8:12, "예수께서 마음속으로 깊이 탄식하시며 이르시되 어찌하여 이 세대가 표적을 구하느냐 내가 진실로 너희에게 이르노니 이 세대에 표적을 주지 아니하리라 하시고"

바리새인들에게는 예수님이 떡 일곱 개로 사천 명을 먹이신 기적은 아무것도 아니었습니다. 그들에게는 엘리야나 모세에게 일어났던 더 강력한 표적이 필요했던 것입니다. 그래서 그들은 예수님에게 더 강력한 표적을 보여 달라고 요구했습니다. 이들은 보지 못하고 듣지 못하고 있었습니다. 예수님에게 일어나고 있는 기적들은 하나님의 나라가 임한 증거였습니다. 그리고 예수님이 증언하는 하나님의 말씀은 살아있는 하나님의 음성이었습니다. 그러나 그들은 이런 것을 믿을 수 없고 더 크고 더 놀랄만한 기적을 보여 달라고 요구한 것입니다. 이런 것이 바로 중독되는 것입니다. 유대 지도자들은 이미 하나님의 은혜에 중독되어 있었습니다. 그래서 그들은 무조건 강력한 기적을 원했던 것입니다. 그러나 예수님은 이 세대가 표적을 구하지만 보여주지 않겠다고 말씀하셨습니다. 그 이유는 그들에게 필요한 것은 더 큰 기적이 아니라 하나님의 말씀을 들을 수 있는 기관이 없었기 때문입니다. 그들에게 더 필요한 것은 기적이 아니라 하나님의 말씀이었습니다.

우리는 지금 어떤 시대에 살고 있고 이 세상에는 앞으로 어떤 일이 일어날까요? 지구 온난화로 지구는 파괴될까요? 일본에는 지진이 일어날까요? 우리나라에는 전쟁이 터질까요? 우리는 일기예보를 통해서 언제 비가 오며 기온이 얼마나 오르며 미세 먼지가 나쁠지 좋을지 대략 알 수 있습니다. 세상은 아주 많이 바뀌어버렸습니다. 그러나 아직 우리가 어떤 시대에 살고 있으며 우리 사회가 어떻게 변할지 아무도 모릅니다.

교회를 몇십 년 다녀도 성경을 믿지 않는 사람들이 많이 있습니다. 이들은 종교에 중독된 것입니다. 그래서 세상에서는 기독교를 종교 활동이라고 부릅니다. 이것은 기독교라는 종교에 관심 있는 사람들이 모여서 예배하고 교제하는 활동이라는 뜻입니다. 그들에게 하나님은 존재하지 않습니다. 예수님은 그들에게 표적을 보여주지 않겠다고 말씀하셨습니다. 하나님의 말씀을 듣지 않는 자에게는 아무리 큰 표적을 보여주어도 도움이 되지 않기 때문입니다.

3. 먹는 것보다 중요한 것

예수님은 제자들과 함께 배를 타고 갈릴리 호수 건너편으로 건너가고 계셨습니다. 그때 제자들은 떡을 한 개밖에 가지고 있지 않았습니다. 그때 예수님은 제자들에게 "바리새인의 누룩과 헤롯의 누룩을 조심하라"고 경고하셨습니다.

예수님의 제자들은 이 말씀을 듣고 서로 수군거렸습니다. '아차, 우리가 떡을 한 개밖에 준비하지 않았는데, 예수님은 그것을 말씀하시는구나. 우리에게 바리새인과 헤롯당에게는 떡을 빌릴 생각을 하지 말라는 말씀이구나' 하고 생각했습니다. 제자들에게 가장 중요한 것은 먹는 떡이었기 때문입니다. 세상을 사는 우리에게는 계속 죽을 때까지 양식이 공급되어야 하고 돈이 생겨야 합니다.

그래서 제자들은 예수님이 떡 일곱 개로 사천 명을 먹이신 기적을 그냥 한번 일어날 수 있는 일쯤으로 생각하고 또 미래를 염려하고 있었던 것입니다. 예수님은 이런 제자들을 책망하셨습니다. "아직도 알지 못하며 깨닫지 못하느냐? 너희가 눈이 있어도 보지 못하며 귀가 있어도 듣지 못하느냐? 또 기억하지 못하느냐?" 그리고 예수님은 제자들에게 "떡 다섯 개로 오천 명을 먹이고 남은 조각이 몇 바구니냐? 그리고 떡 일곱 개로 사천 명을 먹이고 몇 광주리를 거두었느냐?"고 물어보셨습니다. 제자들은 각각 열두 바구니를 거두었고, 일곱 광주리를 거두었다고 대답했습니다.

예수님은 자신이 이 세상에 오시고 말씀을 전하심으로 이미 새로운 시대가 온 것을 강조하셨습니다. 이제 더 이상 먹는 것은 걱정하지 않아도 되는 시대가 온 것입니다. 제자들은 이제 바리새인이나 헤롯당의 외형 지상주의를 조심해야 합니다. 그들은 하나님의 축복을 오직 이 세상에서 잘 사는 것으로 판단했습니다. 이것은 무서운 감염력이 있기 때문에 바른 신앙을 다 갉아 먹는다고, 주님은 그들의 행동을 경계하셨습니다.

우리는 하나님의 말씀을 전하고 또 말씀을 붙들고 기도하면 다 살게 되어 있고, 우리의 미래는 아름다워지게 되어 있습니다. 세상의 이야기를 듣기 전에 하나님의 나라에 구멍을 뚫으시기 바랍니다. 우리는 세상 사람들과 이미 다른 차원에 있습니다. 우리는 돈으로 사는 사람들이 아닙니다. 우리는 하나님의 기적의 비밀을 아는 사람들입니다. 사람을 치료하고 살리면 우리는 살게 되어 있습니다. 하나님의 말씀을 뚫으시기 바랍니다. 기도로 하나님의 나라를 뚫으시기 바랍니다. 그러면 사탄의 나라는 물러나고 우리 사회도 치료될 것입니다.

22
예수님은 누구신가?

막 8:27-35

요즘 수명이 늘어가니까 나이가 들어 치매에 걸리는 사람도 많아지고 있습니다. 그런데 치매가 아주 심해지면 자기가 누구인지 모르는 일도 생깁니다. 요즘 치매로 신문 기사에 자주 오르는 분 중에 예전에 유명했던 여배우가 있습니다. 그는 아름다웠고 연기력이 있었고 유명한 피아니스트와 결혼해서 행복하게 살았는데, 10년 전부터 치매로 인해 사람도 잘 알아보지 못한다고 합니다. 그분의 딸이 엄마에게 "엄마!" 라고 부르면 딸을 몰라보고 "내가 왜 네 엄마니?" 라고 대답한다는 것입니다.

제가 서울의 어떤 교회에서 집회했을 때, 집회 중에 저를 차에 태워 호텔까지 태워준 장로님이 계셨습니다. 그분은 사업에 성공해서 부족한 것이 없었고 고등학교 다닐 때는 수영 선수였다고 합니다. 그런데 가정에 큰 아픔을 가지고 있었습니다. 지금 아내가 나이도 젊은데 알츠하이머병을 앓아서 아무도 알아보지 못한다는 것입니다. 자기가 누구인지도 모르고 아들이나 남편도 알아보지 못한다고 했습니다. 딱 이분이 할 수 있는 한 가지는 찬송가를 부르는 것이라고 합니다.

찬송가는 기억하고 같이 부른다고 했습니다. 이것을 보면 찬송이 얼마나 위력이 있는지 모릅니다. 찬송은 치매를 뚫고 들어가 하나님을 찬양하게 합니다.

요즘 젊은이들에게는 치매보다 더 위험한 것이 있는데, 자살 충동입니다. 모든 것이 자기 뜻대로 되지 않고 학교에서 왕따를 당하거나 하면 절망하거나 화가 나서 아파트 창문을 열고 뛰어내리거나 다리에서 뛰어내려서 죽어버리는 것입니다. 모든 사람에게는 병이 다 있습니다. 하나는 서서히 미쳐가는 병이고, 다른 하나는 자기가 누구인지 모르는 병입니다.

우리는 왜 예수님을 알아야 할까요? 그리고 예수님의 정체는 과연 무엇일까요? 왜 우리는 죽자 살자 예수님을 믿어야 구원 얻는다고 말하고 있을까요? 예수님은 빌립보 가이사랴라는 곳에서 갑자기 제자들에게 "사람들이 나를 누구라고 하느냐" 고 물어보셨습니다.

1. 일반인이 가지고 있는 인식

오늘 일반 사람들에게 " 예수를 누구라고 생각하느냐?" 고 물으면 무엇이라고 대답하겠습니까? 아마 세상 사람들은 부처나 소크라테스와 함께 3대 성인 중의 한 분이라고 말할 것입니다. 또 다른 사람들은 예수님에 대하여 정말 가난한 자들을 위해 오시고 가난한 자들의 친구가 되신 위대한 선생님이라고 말할 것입니다. 오늘 사람들은 교회에 대하여 비대면 예배를 하지 않으려고 하고 자기들만 생각하는 이기적인 집단이라고 비난하는 모습을 볼 수 있습니다.

그런데 만일 우리가 예수님을 유일하신 하나님의 아들이라고 말하고 예수님의 십자가 보혈을 믿어야만 구원을 얻는다고 주장한다면, 기독교는 너무 독선적이라고 하든지 아니면 세상에는 구원 얻는 방법이 여러 길이 있는데 결국 끝에 가서는 다 만난다고 대답하는 사람들도 많을 것입니다.

예수님께서 빌립보 가이사랴 마을에서 제자들에게 "사람들이 나를 누구라고 하느냐"고 물어보셨을 때도 오늘 사람들과 별로 다르지 않은 반응을 보였습니다.

8:27-28, "예수와 제자들이 빌립보 가이사랴 여러 마을로 나가실새 길에서 제자들에게 물어 이르시되 사람들이 나를 누구라고 하느냐 제자들이 여짜와 이르되 세례 요한이라 하고 더러는 엘리야, 더러는 선지자 중의 하나라 하나이다"

예수님께서 갈릴리에서 많은 병자와 귀신 들린 자를 고치시고 하나님 나라의 말씀을 전하시는 것을 보고, 사람들은 죽었던 세례 요한이 살아난 것이라고 하든지, 아니면 구약 시대의 엘리야라고 하든지, 아니면 선지자 중의 하나로 생각한다고 대답했습니다. 그들 중에서 예수님이 하나님의 아들이라고 말하는 사람은 아무도 없었습니다. 그 이유는 예수님은 분명한 사람이셨기 때문입니다. 오히려 세상 사람들이 예수님에 대하여 가지고 있던 것은 대단히 미신적인 생각이었습니다. 어떤 사람은 헤롯에 의하여 목이 베여서 죽은 세례 요한이 도로 살아난 것이라고 했습니다. 어떤 사람은 구약 시대에 불말과 불병거를 타고 하늘로 올라간 엘리야라고 했습니다. 그것은 예수님이 말씀에 대한 열정이 뜨겁고 능력이 많은 사람이라는 뜻이었습니다. 또 어떤 사람들은 구약 시대에 죽은 선지자 중의 어떤 영이 예수에게 임하여서 그런 능력을 행한다고 주장했습니다.

세상 사람들이 예수님에 대하여 이런 식으로 말하는 것을 보면 예수님이 그동안 열심히 복음을 전한 것이 아무 소용이 없는 것처럼 보입니다. 복음 전도에 실패한 것처럼 보입니다. 이것을 한마디로 말하면 예수님의 능력은 인정하지만, 예수님에 대해서는 아무것도 모르며 그 정체를 도무지 모르겠다는 뜻입니다. 사람의 정체를 모르면 그 사람을 믿을 수 없습니다. 결국 사람들은 예수님의 능력은 신기해하지만, 그가 누구신지 모르고 있으며 두려운 마음까지 가지고 있었던 것입니다.

예수님의 능력보다 예수님이 누구신지 아는 것이 중요한 이유가 무엇입니까? 예수님이 누구신지 모르면 영원히 자기 자신을 찾을 수 없기 때문입니다. 하나님은 우리를 사랑하셔서 예수님을 보내셨습니다. 그래서 우리는 예수님을 모르면 하나님의 사랑을 알 수 없고, 하나님의 사랑을 모르면 우리 자신이 누구인지 알 수 없습니다. 이 세상 사람들은 모두 자기 자신을 찾으려고 합니다. 그러나 사람들은 결국 알츠하이머 환자처럼 자기 자신이 누구인지 찾지 못합니다. 결국 마지막으로 남는 질문은 '내가 과연 누구냐?' 하는 것입니다.

오늘 사람들은 이 정신적인 알츠하이머를 치료할 수 있는 길을 알지 못합니다. 그 진리를 알지도 못합니다. 그러니까 그 인생은 죽어가고 있습니다.

2. 예수님은 누구십니까?

예수님은 제자들에게 "너희는 나를 누구라고 생각하느냐?"고 물어보셨습니다. 그때 베드로가 대답했습니다. "주는 그리스도이십니다." 여기서 '주'는 하나님을 부를 때 사용하는 말입니다.

8:29, "물으시되 너희는 나를 누구라 하느냐 베드로가 대답하여 이르되 주는 그리스도시니이다"

마태복음에 보면 "주는 그리스도시요 살아계신 하나님의 아들이시니이다"(마 16:16)라고 했습니다. 어떻게 베드로는 예수님이 하나님의 아들인지 알 수 있었을까요? 예수님은 어디를 봐도 사람이었습니다. 그리고 예수님 자신도 자신을 부를 때 '인자'라고 하셨는데, 이것은 '사람의 아들'이라는 뜻입니다. 예수님은 완전한 사람이셨고 자신도 스스로를 '사람의 아들'이라고 하셨는데, 어떻게 예수님은 그리스도가 될 수 있고 하나님의 아들이 될 수 있겠습니까?

아마 예수님에 대하여 가장 정확한 표현은 '갈릴리 출신의 선지자'라는 말일 것입니다. 예수님은 갈릴리 출신이셨고 하나님의 말씀을 전하셨고 능력이 많으셨습니다. 그래서 예수님의 제자 중에서도 예수님을 '갈릴리 출신의 선지자'라고 말하는 사람도 있었습니다. 그러나 베드로는 예수님이 살아계신 하나님의 아들이시라고 고백했습니다. 성경은 예수님을 떠나서는 구원이 없다고 말씀하고 있습니다. 어떻게 완전한 사람이 하나님의 아들이 되실 수 있을까요?

바로 그것은 주님의 피 때문입니다. 사람의 죄는 다른 어떤 것으로도 지워지지 않습니다. 오직 죄 없는 하나님의 아들의 피 한 방울이 우리 모든 인간의 죄를 씻을 수 있는 것입니다.

하나님 앞에서 인간의 이 죄를 치료하는 데는 죄 없는 사람의 피 한 방울이 필요합니다. 그러나 이 세상에 죄가 없는 사람은 단 한 명도 없습니다. 이 일에 하나님의 아들이 자원하셨습니다. 자기가 완전한 인간이 되어서 이 피를 만드시겠다는 것입니다. 그래서 예수님은 모든 것을 다 버리고 인간이 되는 데 성공하셨습니다. 예수님은 하나님의 아들이지만 처녀의 몸에서 잉태되어 인간으로 태어나는 데 성공하셨습니다. 여기에는 성령님의 도우심이 절대적으로 필요했습니다. 예수님은 피와 살을 가지신 인간이 되셨습니다. 그래서 사람들이 보기에는 예수님은 갈릴리 출신 사람이므로 갈릴리 출신 선지자로 보는 것이 너무나도 당연했습니다. 그가 완전한 사람이 되신 것은 인간의 피를 가지시기 위해서입니다. 그러나 예수님은 너무나도 완벽한 인간이므로 그가 하나님의 아들이심을 아는 것은 보통 사람들에게는 불가능했습니다.

그래서 하나님은 선지자들을 통하여 미리 예언하셨습니다. "약속하신 메시아가 오면 맹인이 눈을 뜰 것이요, 듣지 못하던 사람이 들을 것이며, 말하지 못하던 사람이 노래할 것이며, 장애인이 사슴처럼 뛸 것이라"고 하셨습니다. 그래서 그런 기적을 일으키시는 분은 무조건 메시아이고 하나님의 아들이신 것입니다.

그런데 사람들은 하나님의 아들이 오시면 바로 온 세상을 심판하실 것이라고 생각했습니다. 구약의 선지자는 그가 오시는 날은 크고 두려운 날이라고 예언했습니다. 그는 하늘도 땅도 바다도 흔들 것이라고 했습니다. 세례 요한은 그가 오시면 알곡은 모두 창고에 들이고 쭉정이는 따로 모아서 영원히 꺼지지 않는 불에 던질 것이라고 했습니다. 그런데 예수님은 맹인의 눈을 뜨게 하시고 못 걷던 자를 일어서게 하시면서도 심판을 바로 실행하시지 않았습니다. 오히려 유대인들이 예수님을 잡아 죽이려고 하니까 두로로 피해버리셨습니다. 그 이유가 무엇일까요? 아직 이 피가 실험에 성공하지 못했기 때문입니다. 예수님이 피를 가지셨다고 해서 바로 인간의 죄가 씻겨지고 미친 것이 치료되는 것이 아니었습니다. 예수님의 피는 죽음을 통과하고 지옥을 통과하고 하나님 앞에 가서 오케이 확인을 받으시고 다시 사셔야만 인간의 병을 치료하실 수 있었던 것입니다.

그래서 예수님은 이렇게 말씀하셨습니다.

8:31, "인자가 많은 고난을 받고 장로들과 대제사장들과 서기관들에게 버린 바 되어 죽임을 당하고 사흘 만에 살아나야 할 것을 비로소 그들에게 가르치시되"

예수님은 인간이 되는 것에는 성공하셨습니다. 그는 갈릴리 출신의 선지자가 맞습니다. 그러나 그는 인간의 미치는 병을 고치기 위하여 오셨고, 하나님의 사랑을 받도록 하기 위하여 오셨습니다. 그래서 그는 이제부터 많은 고통을 당할 것입니다. 사람들에게 무지막지한 불신과 욕을 먹고 침 뱉음을 당하고 머리털이 뽑히고 채찍으로 거의 죽도록 맞아야 하는 것입니다. 그리고 이것으로도 불충분하여 십자가에 못 박혀 죽으셔야 했습니다. 양손에 못이 박히고 양발에 못이 박히고 그 뜨거운 태양 아래서 목말라하셨습니다. 그리고 죽고 난 후에는 더 큰 고통이 따랐습니다. 그의 영혼은 지옥에서 사흘 동안 탈탈 털리셨습니다. 마귀는 온갖 귀신들을 다 모아놓고 예수님의 죄를 털었습니다.

그러나 예수님은 죄가 없었습니다. 예수님은 거기서 사망의 권세를 부수고 마귀의 머리를 깨시고 하나님 앞에 자신의 피를 가지고 가셔서 오케이 사인을 받으셨습니다. 그리고 죽은 지 사흘 되던 날에 무덤 문을 여시고 사망에서 부활하셨습니다. 이제 예수님은 죄에서 우리를 살리는 완전한 백신이 되신 것입니다.

3. 제자들이 해야 할 일

만일 미친 것을 치료하고 영생을 주는 백신이 있다면, 전 세계 사람들이 맞아야 할 것인데 그 비용은 코로나 백신과는 비교되지 않을 것입니다. 그러나 예수님은 이 백신은 무료라고 선언하셨습니다. 그리고 누구든지 예수님이 하나님의 아들이라는 것을 믿기만 하면 구원 얻는다고 하셨습니다. 여기서 구원 얻는 것은 미친 병이 치료되고 하나님의 사랑을 받아서 자신을 찾고 영생 얻는 것을 말합니다. 우리가 예수님이 누구신지 알지 못하면 절대로 자기 자신을 찾을 수 없습니다. 우리는 모두 좀비의 인생으로 살다가 영원한 지옥 불에 태워질 수밖에 없습니다.

그러나 우리가 예수님의 보혈을 믿는 순간 우리의 미친 병이 치료되고 하나님의 사랑받는 자녀가 됩니다. 우리도 인간이기 때문에 죽습니다. 그러나 육신과 뼈까지 완전히 벗어버리고 새 육신과 새 뼈를 받게 됩니다. 이것이 바로 예수님의 피가 하는 일입니다. 예수님의 피는 죄를 이기고 미친 것을 이기고 죽음을 이기는 백신입니다. 예수님은 이 모든 비밀을 우리 제자들에게 맡기셨습니다. 우리는 그것을 구워 먹을 수 있고 삶아 먹을 수도 있습니다. 단지 이 복음은 무료라는 것입니다.

이때 베드로는 예수님이 죽는다고 말씀하시니까 예수님에게 절대로 죽는다는 말을 하지 말라고 항변했습니다. 이것은 베드로의 진심이었습니다. 하나님의 아들이 어떻게 죽을 수 있습니까? 이것은 말도 되지 않는 것입니다. 그러나 말도 되지 않는 일이 딱 한 번 일어나게 됩니다. 그것은 우리를 죽음의 병과 저주에서 치료하는 피를 만들기 위해서 주님이 십자가에 달리신 것입니다.

예수님은 베드로를 책망하셨습니다.

8:33, "예수께서 돌이키사 제자들을 보시며 베드로를 꾸짖어 이르시되 사탄아 내 뒤로 물러가라 네가 하나님의 일을 생각하지 아니하고 도리어 사람의 일을 생각하는도다 하시고"

예수님의 죽음은 하나님의 계획 중에 가장 중요한 일이었습니다. 그러나 베드로에게는 있을 수 없는 일이었습니다. 예수님은 사탄이 베드로의 마음속에 들어가서 예수님의 마음을 약하게 하려는 것으로 보셨습니다. 그만큼 예수님의 피를 백신으로 만드는 것은 예수님에게도 고통스럽고 싫은 일이었습니다. 그러나 예수님의 피를 묽게 만드는 것은 사탄이 하는 일입니다.

예수님은 제자들에게 이렇게 말씀하셨습니다.

8:34, "무리와 제자들을 불러 이르시되 누구든지 나를 따라오려거든 자기를 부인하고 자기 십자가를 지고 나를 따를 것이니라"

예수님의 제자들은 이 복음을 맡았습니다. 그렇다면 자기 목숨을 걸고 죽을 각오를 하고 이 복음을 지켜야 합니다. 오늘 교회나 믿는 자의 사명은 이 보혈의 복음을 지키는 것입니다. 우리는 자기 목숨을 걸고 자기 십자가를 지고 이 복음을 지키고 사람들에게 이 복음을 무료로 나누어주어야 합니다.

그러나 예수님은 누구든지 죽으려고 하는 자는 살고, 살고자 하는 자는 죽을 것이라고 하셨습니다. 목숨을 걸고 복음을 지키고 전하는 자는 오히려 살게 되지만 복음과 예수님의 피를 부끄러워하는 자는 죽게 될 것입니다. 왜냐하면 그는 백신만 가졌지, 자기 자신은 맞지 않았기 때문입니다. 예수님은 온 천하를 얻고도 자기 목숨을 잃으면 무슨 소용이 있느냐고 말씀하셨습니다. 아무리 위대한 사람이라도 이 보혈을 믿지 않으면 자기 목숨을 잃게 되고 망하게 됩니다. 그러면 과연 그 성공이 무슨 소용이 있겠습니까? 우리는 영생의 비법을 가진 자들입니다. 우리는 이것을 지켜야 하고 이것을 부끄러워해서는 안 됩니다. 자기 생각을 부인하고 죽을 각오를 하고 이 복음을 지키시기를 바랍니다.

23

하나님의 나라가 임함

막 8:36-9:1

사람의 생명의 가치를 무엇으로 매길 수 있을까요? 그 사람이 벌어들이는 수입으로 이십억 원 혹은 백만 원짜리라고 말할 수 있을까요? 아닙니다. 그 수치는 그 사람의 기능 또는 재능의 가치이지 생명의 가치는 아니기 때문입니다. 그렇다면 그 사람이 가진 재산으로 말할 수 있을까요? 또 어떤 사람은 사람의 생명은 가치가 없다고 생각할 수도 있습니다. 그러니까 많은 사람이 자살하는 것입니다.

우리 인간 생명의 가치는 도대체 얼마나 될까요? 예수님은 온 천하와 우리 생명은 바꿀 수 없다고 하셨습니다. 즉 이 세상의 모든 돈이나 차나 비행기나 땅이나 집을 다 합친 것과 우리 생명은 바꿀 수 없다는 것입니다. 그렇다면 우리 생명은 수억 조원이 넘을 것입니다. 단지 이것을 현금화할 수 없다는 것이 문제입니다. 그런데 예수 믿는 사람들의 가치는 한 사람의 가치가 수천억 조 원이 넘습니다. 왜냐하면 그냥 살아 있는 것이 아니라 하나님의 축복을 가져올 수 있고 영생하기 때문입니다.

1. 사람 생명의 가치

언젠가 한 번 〈타임〉지에서 인신매매에 대하여 다룬 기사를 보았습니다. 러시아 여성들이 인신매매로 많이 팔려가는데 러시아 여성들이 젊은 처녀일 때에는 얼마나 아름다운지 모릅니다. 그런데 본인은 성에 대하여 아무 생각이 없다는 것입니다. 이것은 미국이나 영국도 마찬가지입니다. 미국 어린아이들을 보면 얼마나 예쁜지 꼭 인형 같다는 생각이 들 때가 있습니다. 그러나 그들이 고등학교만 진학하면 자신의 성이나 가치에 대하여 아무런 생각 없이 아무하고나 성관계를 가지고 마약을 코로 흡입하는 것을 보게 됩니다. 이것은 우리나라도 마찬가지입니다. 우리나라도 정말 머리 좋고 공부도 잘하는 학생이 많지만 문제는 자신의 가치를 모른다는 것입니다.

그래서 저는 그런 사람들의 영혼을 건지자고 생각했습니다. 예수님께서는 제자들에게도 "나를 따라오라. 내가 너희를 사람을 낚는 어부가 되게 하리라"(마 4:19)고 말씀하셨습니다. 그러면 아무리 사람을 낚아도 돈이 생기지 않으니까 무엇인가 먹고 살아야 할 것 아닙니까? 그때 주님은 또 말씀하시기를 "그의 나라와 그의 의를 구하라 그리하면 이 모든 것을 너희에게 더하시리라"(마 6:33)고 하셨습니다. 그래서 저는 제대로 월급 받던 직장에 사표를 내고, 논문만 쓰면 석사 학위를 받을 수 있는데 그것도 포기하고, 대학에 들어가서 성경 공부하고 학생들 하숙집에서 성경 공부하고, 청소년들을 그들의 집에 모아놓고 성경 공부를 하고, 청년들이 수련회 하는 곳에서 부르는 곳이라면 어디라도 다 찾아갔습니다. 그러니까 한 해에 청년들을 많이 만날 때는 만 명 정도 만나기도 했습니다. 이들은 모두 자기를 찾았다고 하고 자신의 가치를 발견했다고 고백하기도 했습니다.

한번은 어느 대학 앞에 있는 하숙집에서 복음송을 부르고 성경 공부를 하는데, 학생 하나가 빼꼼히 나를 쳐다보고 있었습니다. 그래서 들어오라고 했더니 들어왔습니다. 그리고 그의 인생의 길을 듣게 되었습니다. 그는 지방에서 고등학교를 다녔는데 그때 학교 깡패들에게 집단 폭행당하고 자살하려고 산에 가서 목에 새끼줄을 매고 있는데, 그때 하필 나무꾼이 나무하고 오다가 이것을 보고 작대기 들고 달려오는 바람에 못 죽었다고 했습니다. 그는 대학에 와서 하숙집 옆에 제가 성경 공부하는 것이 너무 보기 좋아서 구경하고 있었던 것입니다. 그리고 후에 하나님의 말씀과 은혜로 그의 생명이 구원받게 되었습니다.

8:36, "사람이 만일 온 천하를 얻고도 자기 목숨을 잃으면 무엇이 유익하리요"

예수님께서는 세상에서 아무리 부자가 되고 정복자가 되고 최고가 되어도 그 사람이 죽거나 병들면 아무 소용 없다고 말씀하셨습니다. 땅이나 빌딩이나 직장이나 스포츠는 사람이 사는 수단이지, 목숨 그 자체는 아닙니다. 즉 먹고 살기 위해서 사는 것이고 사람들을 행복하게 하고 돈 벌기 위해서 하는 일입니다.

예를 들어서 어떤 사람이 마이크로소프트사의 빌 게이츠나 애플사의 스티브 잡스같이 유명하게 되고 부자가 되었다 하더라도 그가 죽으면 그 회사가 자신에게 무슨 소용이 있을까요? 우리나라는 사람이 죽으면 엄청나게 찾아오는 관례가 있습니다. 그래서 김수환 추기경이 죽거나 성철 스님이 죽었을 때 수십만 명의 인파가 몰려왔습니다. 그러나 그것이 그 본인에게 무슨 소용이 있을까요? 그는 관에 들어가서 썩거나 불에 타서 재가 되는 수밖에 없는 것입니다.

예수님께서는 같은 말을 한 번 더 하십니다.

8:37, "사람이 무엇을 주고 자기 목숨과 바꾸겠느냐"

이 세상에서 자기 목숨과 바꿀 수 있는 것이 무엇이 있겠습니까? 사랑과 목숨을 바꿀 수 있겠습니까? 물론 젊었을 때는 미쳤기 때문에 사랑을 위해서라면 죽으려고 하는 사람도 있을 것입니다. 그러나 몇십 년 지나면 그렇게 사랑했던 사람도 늙거나 병들거나 죽습니다. 돈으로 목숨을 바꿀 수 있을까요? 치매에 걸리면 아무리 돈이 많아도 누군가에게 다 뺏기게 되어 있습니다.

예수님이 하신 "사람의 목숨을 무엇과 바꿀 수 있겠느냐?" 라는 말 속에는 사람은 모두 오래오래 살고 싶어 하지만 그 생명은 다른 분의 손에 달려 있다는 의미가 있습니다. 즉 우리는 하나님이 살라고 하는 만큼만 살게 되고 누구든지 부르면 죽을 수밖에 없는 존재라는 것입니다. 이것은 움직일 수 없는 법칙입니다. 그렇다면 이 세상에서 가장 가치 있는 일은 먹고 사는 것보다 자기 자신을 찾고 하나님을 찾는 일입니다.

자기 생명을 찾는 것보다 더 중요한 것이 자기 영혼을 찾는 일입니다. 오늘 사람들은 약간의 돈이나 명예를 위해서 자기 양심을 너무 싼값에 파는 것을 볼 수 있습니다. 그러나 양심의 가치는 어마어마한 것입니다. 우리의 영혼을 찾는 것이 온 천하를 얻는 것보다 더 중요합니다. 자기 영혼을 찾아야 자기 가치를 찾을 수 있고 사는 의미를 알 수 있기 때문입니다.

그러나 인간은 자기 힘으로는 자신의 가치를 찾을 수 없습니다. 그래서 하나님의 아들 창조자가 직접 이 세상에 오셨습니다. 우리가 하나님의 아들을 알고 그분에게 생명을 맡기는 일이야말로 가장 수지맞는 일이고 대박을 터트리는 일입니다. 하나님의 아들이 우리에게 영생을 얻게 하시기 때문입니다. 우리는 죽음을 이기는 능력을 받게 됩니다. 결국 중요한 것은 사느냐 죽느냐 하는 것인데, 예수님을 믿는 자는 죽음에 지는 것이 아니라 죽음을 통과해서 새 인생을 살게 됩니다.

우리는 자기 영혼을 찾아야 합니다. 우리가 자기 영혼을 찾는 방법은 창조자 하나님의 아들을 믿는 것밖에 다른 방법이 없습니다. 영혼이 죽었는데 교수를 하면 무슨 소용이 있으며, 양심이 없는데 대통령이 되면 무슨 소용이 있습니까? 영혼이 없는 자는 구더기 밥이 될 뿐입니다.

2. 음란하고 죄 많은 세상

예수님께서는 우리가 사는 이 세상이 음란하고 죄 많은 세상이라고 강조하셨습니다.

8:38, "누구든지 이 음란하고 죄 많은 세대에서 나와 내 말을 부끄러워하면 인자도 아버지의 영광으로 거룩한 천사들과 함께 올 때에 그 사람을 부끄러워하리라"

원래 하나님께서는 사람을 남성과 여성으로 만드셔서 서로 사랑하게 하셨습니다. 그러나 음란하다는 것은 남성과 여성이 서로 사랑하는 것이 아니라 동물적인 감정으로 서로 상대하는 것입니다. 사람들은 하나님이 정하신 사랑으로 만족을 하지 못합니다. 왜냐하면 자신의 가치를 모르기 때문입니다. 음란한 사람의 특징은 자신의 영혼의 가치를 모른다는 것입니다. 그래서 동물적인 본능을 가지고 성욕을 해결하려고 하고, 육체만을 좋아하고 있습니다. 사실 인간이 타락하고 난 후에 인간의 성욕은 모든 삶을 지배하게 되었습니다. 그래서 우리 세상이 얼마나 썩었는지 목회자조차도 성적인 문제 때문에 사람들에게 신뢰와 존경을 잃어버리고 쓰레기 같은 취급을 당하고 있습니다.

요즘은 사람들이 떳떳하게 자신을 동성애자라고 밝히고 있습니다. 애플사의 최고경영자 팀 쿡 회장은 자기가 동성애자라고 밝혔습니다. 우리나라 어떤 연예인도 자기가 동성애자라는 것을 밝히고 버젓이 텔레비전에 나오고 있습니다.

《천로역정》에 보면 '크리스천' 이 천성으로 가다가 '허영' 이라는 도시에 들어가게 됩니다. 그 허영의 도시에는 팔지 않는 것이 없습니다. 그러나 그들은 그 시장에서 아무것도 사지 않습니다. 왜냐하면 그들은 진리를 찾고 있었기 때문입니다. 결국 허영의 시장 사람들은 '크리스천' 과 '믿음' 을 이상한 사람이라고 하면서 철창에 가둡니다. 그리고 나중에 '믿음' 을 이상한 사람이라고 해서 처형해 버립니다. 우리는 지금 허영이라는 도시에서 너무 오래 머물고 있습니다. 우리는 이 허영의 도시에서 성공하고 인정받는 것이 최고의 인생 목적이라고 생각합니다. 그러나 하나님은 이 세상에서 예수님과 예수님의 말씀을 부끄러워하고 무가치하게 생각한 사람은 예수님이 천사들과 함께 오실 때 그 사람을 무가치하게 쓰레기같이 취급하실 것입니다.

또 죄가 많다는 것은 사람들이 마음에 악이 가득 차서 서로 욕하고 미워하는 것을 말합니다. 오늘 우리 시대는 분노로 가득 차 있습니다. 이때 예수님과 말씀을 소중하게 생각하지 않으면 세상으로 떠내려가게 됩니다. 결국 게헨나 지옥 쓰레기장에서 영원히 불타게 되는 것입니다. 우리는 예수 믿는 것을 자랑스럽게 생각해야 합니다. 사람들이 술상에서 우리 신앙을 욕하는 것을 꾸짖어야 합니다. 우리는 하나님이 살아계신다고 말해야 합니다. 우리는 하나님의 말씀을 사랑해야 합니다. 그래야 천사들과 같이 하나님의 영광에 들어갈 수 있습니다.

3. 하나님의 나라가 임함

이어서 예수님께서는 우리가 정말 이해할 수 없는 말씀을 하셨습니다. 그것은 지금 예수님의 말씀을 듣는 사람 중에 죽기 전에 하나님의 나라가 권능으로 임하는 것을 볼 자들이 있다고 하신 것입니다.

9:1, "또 그들에게 이르시되 내가 진실로 너희에게 이르노니 여기 서 있는 사람 중에는 죽기 전에 하나님의 나라가 권능으로 임하는 것을 볼 자들도 있느니라 하시니라"

우리는 하나님의 나라가 임한다는 것을 천사장이 호령하고 천사들이 나팔 불면서 예수님이 재림하시는 장면으로 생각합니다. 그래서 예수님의 제자들은 자신들이 살았을 때 예수님이 다시 오실 것으로 생각했습니다. 그러나 제자들도 다 죽고 무려 이천년이라는 세월이 흘렀습니다. 그러나 아직 예수님은 오시지 않고 계신 것입니다. 아직 천사장의 호령과 나팔소리는 들리지 않고 있습니다. 단지 사람들은 노아 때와 같이, 소돔과 고모라 때와 같이 열심히 죄를 지으면서 살아가고 있을 뿐입니다. 도대체 어떻게 된 일입니까?

예수님은 "회개하라 천국이 가까이 왔느니라"고 선포하셨습니다. 그러니까 사람들에게 아주 가까운 거리에 천국이 와서 대기하고 있다고 말씀하신 것입니다. 하나님의 나라는 이 세상과 아주 가까운 거리에 와서 여차하면 복음의 원자폭탄과 성령을 퍼부으려고 대기하고 있다는 것입니다. 그러면 예수님 당시 천국은 어디까지 와 있었을까요? 예수님의 육체 안에까지 하나님의 나라는 와서 대기하고 있었습니다. 그리고 예수님이 하시는 말씀과 기적을 통하여 하나님 나라는 조금씩 이 세상에 흘러나오고 있었습니다. 예수님은 귀신 들린 사람들을 쫓아내는 사역을 통해서 사탄의 세력을 결박하고 계셨습니다.

그런데 예수님 안에까지 와 있던 하나님의 나라가 언제 터지게 됩니까? 예수님의 육체가 찢어지면서 하나님의 나라는 터져 나오게 됩니다. 즉 예수님이 십자가에 못 박히시고 손과 발이 찢어지셨을 때, 그 피와 함께 하나님의 나라는 쏟아져 나왔습니다. 거기에 있던 사람들은 나병이 나았습니다. 맹인이 눈을 떴습니다. 하나님의 나라는 계속 밀려오고 있었습니다. 예수님께서는 사망의 권세를 깨시고 육체로 부활하셔서 찾아오셨습니다. 그리고 오순절에는 성령이 불과 바람같이 믿는 자들에게 임하셨습니다. 그래서 예수님의 말씀을 듣던 대부분 사람이 하나님의 나라가 임하는 것을 보았습니다. 지금도 믿지 않는 사람들은 하나님의 나라가 임한 것을 보지 못합니다. 그들은 눈이 있어도 보지 못하고 귀가 있어도 듣지 못합니다. 그러나 우리는 내 안에 하나님의 나라가 임하고, 교회에 하나님의 나라가 임하고, 학교나 직장이나 세상에 하나님의 나라가 임하는 것을 보게 됩니다.

우리 교회 많은 성도들이 하나님의 말씀을 듣고 새사람이 되었다고 고백하고 있습니다. 저는 가장 반가운 말이 바로 '내가 변했다' 는 것과 '새 사람이 되었다' 는 말입니다. 하나님의 나라는 부흥으로 계속 밀려오고 있습니다. 하나님의 나라는 바겐세일을 하고 있습니다. 누구든지 오면 성령을 마실 수 있고 하나님의 축복을 가질 수 있습니다. 그러나 주님은 올라가신 모습 그대로 다시 오실 것입니다. 죽은 자들이 다 무덤을 열고 일어날 것입니다. 우리가 살아 있을 때 주님이 오시면 다 변화되어 공중에서 주님을 맞이하게 될 것입니다.

하나님의 나라는 현재 진행형입니다. 우리가 예수님을 만난 후에는 또 새로운 세계가 펼쳐지게 될 것입니다. 그래서 예수님이 십자가에서 피 흘리는 순간부터 하나님의 나라는 이 세상에 쳐들어오기 시작했습니다. 우리는 이 허영의 도시에 너무 빠지지 마시기 바랍니다. 주님과 주님의 말씀을 너무나도 자랑스럽게 생각하시기 바랍니다. 자기 영혼을 찾으시고 다른 사람의 영혼도 건지는 사람들이 다 되시기 바랍니다.

24

높은 산 위의 영광

막 9:2-13

예수님은 제자들에게 "너희들은 내가 누구라고 생각하느냐?"고 물으셨습니다. 그때 베드로는 "주는 그리스도시요 살아계신 하나님의 아들이십니다"라고 대답했습니다. 그러나 예수님은 어디를 보아도 사람이지 하나님의 아들 같은 모습은 아니었습니다. 그때 예수님은 제자들에게 이제 인자가 예루살렘에 올라가면 많은 고난을 받고 십자가에 못 박혀 죽은 후 사흘 만에 다시 살아날 것이라고 말씀하셨습니다. 도대체 하나님의 아들도 하나님인데, 누가 하나님의 아들을 죽일 수 있겠습니까? 어떻게 하나님이 죽을 수 있겠습니까? 이것은 말도 되지 않는 일입니다. 그래서 베드로는 "예수님은 절대로 죽을 수 없습니다"라고 말했다가 예수님에게 "사탄아 내 뒤로 물러나라"는 엄청난 책망을 듣게 됩니다(막 8:27-38). 그러나 놀라운 것은 우주가 생긴 이래 하나님의 아들이 딱 한 번 죽습니다. 이것은 엄청난 일이고 우주가 놀랄 일입니다. 그러나 예수님은 우리를 사랑하셔서 우리 죄를 씻어주시려고 딱 한 번 육체를 가진 모습으로 죽으셨던 것입니다.

예수님은 하나님의 아들이 맞습니다. 그러나 예수님은 늘 허름한 사람의 몸을 입고 사람의 옷을 입고 있었기 때문에 전혀 하나님의 아들처럼 보이지 않았습니다. 그런데 오늘 본문을 보면, 예수님은 높은 산에 제자 세 명을 데리고 올라가셔서 거기서 자신의 원래 모습으로 변화되셨습니다. 사람들은 예수님이 변화되셨다고 생각하는데 사실 예수님은 변화되신 것이 아니라 원래 자신의 모습으로 돌아가신 것입니다. 그래서 사람들은 그 산을 변화산이라고 하지만, 실제로는 예수님이 원래 모습으로 돌아가신 산이라고 말해야 하는 것입니다.

1. 예수님의 영광된 모습

제자들이 예수님을 볼 때마다 헷갈리는 것이 있었습니다. 그것은 예수님이 말씀하시는 것이나 기적을 행하시는 것을 보면 하나님의 아들인 것 같은데, 그의 외모를 보면 어디를 보나 사람의 모습이었기 때문입니다. 그러나 제자 중 세 사람이 예수님께서 죽었다가 부활하시기 전에 원래의 영광된 모습을 보게 되었습니다.

9:2-3, "엿새 후에 예수께서 베드로와 야고보와 요한을 데리시고 따로 높은 산에 올라가셨더니 그들 앞에서 변형되사 그 옷이 광채가 나며 세상에서 빨래하는 자가 그렇게 희게 할 수 없을 만큼 매우 희어졌더라"

여기 "엿새 후"라는 것은 예수님께서 빌립보 가이사랴 마을에서 제자들에게 "내가 누구라고 생각하느냐"고 물어보신 후 엿새라는 말입니다. 엿새 동안 예수님이 어디를 향하여 가셨느냐 하는 것에 따라서 올라가신 산도 바뀌게 됩니다. 성경은 헬몬산이라든지 혹은 다볼산이라고 말하지 않고 그냥 높은 산이라고 했습니다. 예수님은 이 높은 산에 모든 제자를 다 데리고 올라가신 것도 아니라 제자 세 명만 데리고 올라가셨습니다. 예수님은 이 세 사람을 기도의 동역자로 생각하신 것 같습니다. 예수님이 겟세마네 동산에서 피땀을 흘리면서 기도하실 때도 바로 이 제자 세 사람을 데리고 가셨기 때문입니다.

이 일이 있기 전에 예수님은 제자들에게 자신이 예루살렘에 올라가면 종교 지도자들에게 핍박받고 십자가에 못 박혀 죽을 것이라고 말씀하셨습니다. 그런데 예수님께서 이 일을 하시는 데는 하나님의 능력이 필요했습니다. 예수님은 얼마든지 십자가를 피하려고 하면 피할 수 있었습니다. 그러나 예수님은 자신이 죽어야 우리가 산다는 것을 아셨습니다. 그래서 예수님은 자신의 마음이 비겁해지지 않고 십자가에서 도망치지 않고 십자가 위에서 자신을 조롱하는 사람들을 저주하지 않고 끝까지 참고 죽기 위해서는 하나님의 도우심이 필요했던 것입니다. 그 하나님의 도우심은 예수님이 더 철저하게 하나님의 말씀대로 죽어지는 것이었습니다.

그래서 예수님은 너무나도 기도의 필요성을 느끼셨습니다. 예수님은 제자들이 다 산에 올라가서 기도하는 것보다는 딱 세 사람만 데리고 가셔서 기도에 집중하기를 원하셨습니다. 예수님의 제자들도 다 모이기만 하면 누가 더 높으냐? 누가 더 하나님의 나라에서 높은 자리를 차지하느냐? 하는 문제로 늘 싸웠던 것입니다. 예수님은 죽어야 하는데 제자들은 높아지려고 생각하고 있었습니다. 예수님은 이것을 너무나도 잘 아셨기 때문에 싸우지 않는 세 사람만 데리고 가셔서 기도하는 일에 전념하려고 하셨습니다. 예수님이 이번에 틀림없이 하나님의 말씀에 순종하여 십자가에 죽을 수 있게 하시고 하나님의 말씀만 다 성취할 수 있게 해 달라는 기도였습니다.

예수님이 그곳에서 이 기도를 하고 있는 중에 예수님의 모습이 갑자기 변화되셨습니다. 이것은 하나님께서 예수님의 기도에 응답하신 표시였습니다. 예수님은 기도하는 중에 갑자기 감추어 놓으셨던 원래 모습으로 돌아가셨습니다. 우선 예수님의 얼굴이 해같이 빛이 나고 예수님의 옷까지 하얀색으로 변했는데, 세상에 어떤 사람이 빨래해도 그렇게 희게 할 수 없을 정도로 빛난 하얀색으로 변했습니다. 이것이 예수님의 원래 모습이었던 것입니다. 하나님께서는 예수님이 기도하는 소리를 들으시고 원래 그의 모습이 나타나게 하셨습니다.

그리고 예수님의 십자가는 절대로 수치스러운 십자가가 아니라 영광된 십자가입니다. 예수님의 가장 영광된 모습은 손과 발에 못자국이 있는 모습입니다. 이것은 우리의 구원을 다 이루신 하나님 아들의 모습입니다. 그러나 아직 예수님의 손과 발에는 못자국이 없었습니다. 예수님은 이 못에 박히려고 예루살렘에 가시는 것이었습니다. 제자들은 그제야 예수님이 자신의 원래 모습을 감추고 계셨던 사실을 알았습니다. 예수님은 진짜 하나님의 아들이셨습니다. 만일 예수님이 그 빛나는 모습으로 이 세상에 계셨더라면 아무도 예수님를 십자가에 못 박을 수 없었을 것입니다. 그러나 예수님은 그것을 원하지 않으셨습니다. 예수님은 우리 속속들이 부패시키고 있는 죄를 자신의 피로 씻어주시기를 원하셨던 것입니다.

그때 제자들에게 더 놀라운 일이 일어났으니, 예수님이 혼자가 아니셨다는 사실입니다. 변화되신 예수님 옆에는 두 사람이 함께 있었습니다.

9:4, “이에 엘리야가 모세와 함께 그들에게 나타나 예수와 더불어 말하거늘”

예수님 옆에 나타난 두 사람은 모세와 엘리야였습니다. 제자들은 그들의 모습을 보고 모세와 엘리야인 줄 금방 알았습니다. 모세는 이스라엘의 가장 위대한 지도자였습니다. 그는 이스라엘 백성을 애굽의 노예에서 인도하여 내고 이스라엘이 되게 했습니다. 그는 홍해를 갈랐고 광야의 반석에서 생수를 터지게 한 능력의 종이었습니다. 거기에 비하여 엘리야는 기도로 하늘 문을 열고 닫아 삼년 반 동안 비가 오지 않게 했고, 나중에는 하늘이 열려서 비가 쏟아지게 했으며, 기도로 하늘에서 불이 떨어지게 함으로써 바알에 빠졌던 이스라엘 백성의 마음을 하나님께 돌아오게 했던 능력의 종이었습니다. 예수님이 십자가에 못 박혀 죽으시는 것은 홍해를 가르는 능력이나 하늘에서 불이 떨어지고 비가 오게 하는 능력보다 엄청나게 중요한 일이었습니다. 이것은 바로 예수님이 피를 흘리심으로 모든 인간이 죄 용서받고 구원받을 수 있는 유일한 길이었기 때문입니다.

여기서 놀라운 것은 산 자와 죽은 자가 예수님 앞에서 만났다는 것입니다. 모세는 느보산 위에서 죽었습니다. 엘리야도 산 채로 하늘로 올라갔다고 하지만 죽은 사람이라고 봐야 합니다. 그런데 베드로와 요한과 야고보는 산 자였습니다. 예수를 믿는 자는 산 자나 죽은 자나 다 살아 있고 하나였던 것입니다.

그런데 모세와 엘리야는 주님과 주님의 죽으심에 대하여 이야기를 나누고 있었습니다. 모세와 엘리야는 "주님, 우리를 위하여 너무 끔찍한 죽음을 통과하셔야 하는데 괜찮으시겠습니까?" 라고 말하니까 예수님은 "나는 하나님의 뜻이면 모든 것을 다 할 수 있다" 고 대답하셨을 것입니다. 십자가는 비참한 것이 아니라 영광중의 영광입니다. 우리는 가족이 죽었다고 해서 너무 슬퍼하지 마시기 바랍니다. 그 죽었던 분이 예수님이 입으셨던 그 빛난 옷을 입을 것이고, 우리도 그런 옷을 입고 만날 것이기 때문입니다.

2. 여기가 좋사오니

이때 베드로는 예수님의 영광된 모습과 모세와 엘리야를 보고는 너무나도 좋았던 것 같습니다. 그래서 베드로는 예수님께 여기에 우리가 계속 살았으면 좋겠다고 했습니다.

9:5, "베드로가 예수께 고하되 랍비여 우리가 여기 있는 것이 좋사오니 우리가 초막 셋을 짓되 하나는 주를 위하여, 하나는 모세를 위하여, 하나는 엘리야를 위하여 하사이다 하니"

베드로는 예수님이 함께 계시고 모세와 엘리야까지 같이 있으면 너무나도 든든할 것 같았습니다. 베드로는 예수님과 모세와 엘리야를 붙잡고 싶었습니다. 그래서 베드로는 예수님께 "랍비여, 여기가 좋습니다. 허락하시면 초막 셋을 지어서 하나는 예수님이 계시고 다른 하나는 모세가 있고 다른 하나는 엘리야가 살면 좋겠습니다"라고 했습니다. 이 말을 한마디로 하면 지금 이 순간보다 더 좋을 수 없다는 뜻입니다. 예수님이 영광중에 계시고 모세가 있고 엘리야가 있는데 무엇이 걱정이며 무엇이 더 필요하겠습니까?

우리도 그럴 때가 있을 것입니다. 많은 사람이 모인 곳에서 무슨 큰 상을 받게 되고 수많은 사람이 환호하며 손뼉 칠 때 이 순간이 영원히 계속되었으면 좋겠다고 생각할 것입니다. 어떤 분은 지금 여기서 죽었으면 좋겠다고 말할 것입니다. 이것이 바로 우리 안에 성령이 부어질 때 일어나는 현상입니다. 우리에게 성령이 부어지면 성령이 넘치게 됩니다. 그때 우리는 자신의 감정이 최고의 수준에 이르게 되고 더 이상 감정 통제가 안 됩니다. 그러면 너무 그 순간이 좋으니까 숨을 쉴 수도 없습니다. 그때 자신의 얼굴에도 빛이 나게 됩니다.

베드로와 요한과 야고보는 이름도 모르는 높은 산에서 인생 최고의 순간을 맞이하고 있었습니다. 예수님이 영광된 모습으로 나타나시고 오래전에 죽었던 모세와 엘리야가 살아 있는 광경을 보고 더 이상 다른 것은 필요가 없었던 것입니다. 오직 이 순간만 영원히 계속되고 거기서 죽어도 좋다고 생각했던 것입니다. 우리 교회 한 은퇴하신 권사님이 계셨습니다. 성찬식이 거행될 때 그분에게 성령이 임했습니다. 그 권사님은 하나님께 "지금 여기서 죽게 해주십시오"라고 기도를 드렸습니다. 그러나 그분은 바로 돌아가시지 않고 중풍이 왔고 일년 정도 더 사시다가 돌아가셨습니다. 그러나 그분은 하나님의 영광이 자기에게 임했던 순간을 잊지 못하셨습니다.

그런데 더 놀라운 것은 그 순간에 하나님의 소리가 들렸다는 것입니다.

9:7, "마침 구름이 와서 그들을 덮으며 구름 속에서 소리가 나되 이는 내 사랑하는 아들이니 너희는 그의 말을 들으라 하는지라"

여기 이 구름은 옛날 모세가 성막을 만들었을 때 성막을 채웠던 바로 그 빛난 구름이었습니다. 그때 제사장들은 성전에 이 빛난 구름이 꽉 차서 그 안에 들어갈 수 없었습니다. 예수님이 계신 곳에 빛난 구름이 덮인 것은 예수님이야말로 하나님이 임재하시는 참된 성전임을 나타내는 것입니다. 하나님은 음성으로 말씀하셨습니다. "이는 내 사랑하는 아들이니 너희는 그의 말을 들으라"고 하셨습니다. 하나님은 소리로 말씀하시는 일이 거의 없었습니다. 그러나 예수님이 계신 곳에 하나님의 음성이 들렸습니다. 예수님은 하나님의 사랑하는 아들입니다. 그리고 우리의 할 일은 오직 예수님의 말씀만 듣고 따라가는 것입니다. 예수님의 말씀이 아무리 이해되지 않아도 세상이나 사람의 말을 들으면 안 되고 오직 예수님의 말씀을 들어야 합니다.

3. 왜 엘리야가 먼저 와야 하는가?

제자들이 기절 상태에 있다가 정신이 들고 보니까 구름도 없어지고 모세와 엘리야도 사라지고 예수님도 원래의 모습으로 그들과 함께 계셨습니다. 그러나 예수님은 하나님의 아들이 틀림없었습니다. 그리고 모세와 엘리야의 도움이 없어도 예수님은 우리의 구원을 이루실 것입니다. 예수님은 산에서 내려오시면서 제자들에게 인자가 죽은 자 가운데서 살아날 때까지 너희가 본 것을 사람들에게 말하지 말라고 당부하셨습니다. 우리 생각에는 제자들이 산에서 본 것을 사람들에게 많이 이야기해야 사람들이 하나님 나라의 능력을 더 믿을 것이고 더 많은 사람이 예수님을 믿고 따르게 될 것입니다. 그러나 예수님에게 중요한 것은 그것이 아니었습니다. 예수님이 하나님의 아들이라는 것이 알려지면 아무도 예수님을 십자가에 못 박지 못할 것입니다. 그래서 예수님은 제자들에게 그들이 본 예수님의 영광을 아무에게도 말하지 말라고 당부하신 것입니다.

그때 제자들에게는 의문이 생겼습니다. 즉 사람이 죽었다 살아나는 것이 무엇일까 하는 것입니다. 이것은 사람을 죽여도 죽여도 또 살아나는 것을 말하는지, 그렇지 않으면 사람이 죽었다가 몇 시간 지나서 다시 살아나는 것을 말하는지 이해가 되지 않았습니다.

예수님은 정말 가치 없는 우리를 사랑하셔서 피를 흘리셔서 우리를 살리신 것입니다. 우리는 아직도 좀비 인간들을 부러워합니까? 우리는 좀비를 보면 도망쳐야 합니다. 그리고 예수님의 피로 주사를 놓아서 살려야 하는 것입니다. 그 권세가 우리에게 있습니다.

제자들은 예수님에게 궁금한 것을 물어보았습니다.

9:11, "이에 예수께 묻자와 이르되 어찌하여 서기관들이 엘리야가 먼저 와야 하리라 하나이까"

구약의 마지막 선지자인 말라기는 두려운 날이 오기 전에, 즉 하나님의 사자 메시아가 오시기 전에 엘리야가 오리라고 예언했습니다(말 4:5). 사람들은 아마도 엘리야가 죽지 않고 불말과 불병거를 타고 회오리바람과 함께 산채로 하늘로 올라갔기 때문에 다시 불말과 불병거를 타고 세상에 올 것으로 생각했던 것 같습니다. 그러나 예수님은 엘리야가 이미 왔다고 말씀하셨습니다. 이 엘리야는 세례 요한이었던 것입니다. 그러나 사람들이 세례 요한의 말을 듣지 않고 그를 목 베어 죽였다고 하셨습니다. 여기서 우리가 보기에는 엘리야와 세례 요한에게 공통되는 점이 없는 것 같습니다. 엘리야는 하늘 문을 열고 닫았고 하늘에서 불이 떨어지게 했습니다. 그리고 삼년 반 동안 오지 않던 비가 쏟아지게 했습니다. 그러나 세례 요한은 그런 기적을 하나도 행했다는 말이 없습니다. 그러나 세례 요한의 설교의 능력은 엘리야의 능력보다 더 강했습니다. 그는 많은 사람의 마음을 주님께 돌아오게 했습니다. 그는 광야의 외치는 소리였습니다. 그렇게 엘리야의 정신을 가지고 이스라엘 백성의 마음을 하나님께로 돌이키려고 애를 썼던 선지자였습니다. 그는 예수님의 선발대였습니다.

예수님은 이제 위대한 십자가로 우리 죄를 씻으시며 영광된 모습으로 부활하셔서 우리를 하나님께로 인도하실 것입니다. 우리는 오직 예수님의 말씀만 들으면 됩니다. 베드로는 나중에 베드로후서에서 우리가 예수님의 영광을 친히 이 눈으로 보았지만 하나님의 말씀이 이 체험보다 더 중요하다고 권면했습니다. 하나님의 말씀은 이 어두운 세상에서 우리의 길을 밝히는 등불이라고 했습니다. 자기 멋대로 가고 싶은 대로 가다가 낭떠러지에서 떨어지지 마시고 예수님의 말씀만 듣고 따라가시는 성도들이 다 되시기 바랍니다.

25

할 수 있거든이 무슨 말이냐

막 9:14-29

한 번은 교회 어린이 하나가 뇌수막염에 걸렸는지 열은 펄펄 끓는데 근처 병원에서는 고칠 수 없다고 합니다. 그래서 이 아이가 그냥 죽으면 어떻게 하나 걱정하고 있었는데, 마침 비상 헬기가 준비되어 서울에 있는 큰 병원에 가서 입원하여 치료받았고 살았습니다. 나중에 이 아이가 유아 세례를 받으러 교회에 왔는데, 면역성이 없어서 다른 아이들과 같이 유아 세례를 받을 수 없었습니다. 그래서 수요 예배드리기 전에 먼저 이 아이에게 세례를 주겠으니 교회로 오라고 했습니다. 그때 이 아이는 이미 걷고 있었습니다. 아이는 아빠의 손을 잡고 입에는 마스크를 쓰고 당당하게 교회를 걸어 들어와서 세례를 받고 갔습니다.

예수님은 높은 산 위에서 원래 그 영광스러운 모습으로 변화되시고 모세와 엘리야까지 나타나서 예수님의 십자가 죽음을 앞두고 염려스러운 대화를 나누었습니다. 베드로는 그 영광이 너무 좋아서 여기에 초막 셋을 짓고 계속 살다가 죽었으면 좋겠다고 했습니다. 그러나 그 산 아래에서는 한 어린아이가 귀신이 들렸는데 말도 못하고 듣지도 못하는 데다가 간질까지 일으키는 합병증으로 고통받고 있었습니다. 이 아이에게 증세가 일어나기만 하면 입에 거품을 흘리고 경련을 일으키며 얼굴이 파랗게 되면서 땅에서 뒹굴었습니다.

그런데 제자들이 아무리 이 아이 속에 들어 있는 귀신을 쫓으려고 해도 귀신은 나가지 않았고 아이의 병도 고칠 수 없었습니다. 그래서 이 아이의 아버지는 엄청난 고통 가운데 있었습니다. 제자들이 다른 때는 전도하러 가서 귀신을 많이 쫓아내었는데 이번에는 그렇지 못했습니다. 그러자 서기관들이 몰려와서 너희들이 귀신을 쫓아낸다는 것은 처음부터 사기가 아니냐 하면서 공격하니까 제자들은 굉장한 어려움을 겪고 있었습니다.

1. 큰 병이 걸린 아이

예수님이 산에서 내려오시니 제자들만 예수님을 기다리고 있는 것이 아니라 서기관이나 많은 무리도 기다리고 있었습니다. 예수님의 제자들과 서기관들은 큰 소리로 다투고 있었는데, 그 원인은 귀신 들린 한 아이 때문이었습니다. 이 아이는 아주 심한 정신병에 걸려 있었는데 말도 하지 못하고 듣지도 못하고 거기에다가 간질 증세까지 있었습니다. 이 아이의 아버지는 제자들이 귀신을 잘 쫓아낸다는 말을 듣고 아이를 제자들에게로 데리고 왔는데, 제자들이 아무리 귀신을 쫓아내려고 해도 고쳐지지 않으니까, 서기관들은 제자들에게 "너희 선생과 너희가 귀신을 쫓아낸다는 것은 완전 사기다. 너희들은 사기꾼 집단이다"라고 하며 공격했습니다. 제자들은 "우리와 선생님이 귀신을 쫓아낸 것은 사실이다. 그런데 이번에 왜 귀신이 안 나가는지 우리도 모르겠다"라고 대답하면서 귀신에 대하여 논쟁을 벌이고 있었습니다.

예수님께서 제자들에게 무엇 때문에 그렇게 논쟁하고 있느냐고 물으시니까 아이의 아버지가 대답했습니다. 자기 아이에게 고약한 귀신이 들렸는데, 말도 못하고 듣지도 못하는 데다가 한번 발작하면 입에 거품을 흘리고 경련을 일으키며 땅에 쓰러져 뒹군다고 했습니다. 그뿐만 아니라 이 아이는 자살 충동이 강해서 물에 빠져 죽으려고 뛰어들기도 하고, 불에 타서 죽으려고 뛰어드는 것을 붙잡아 내기도 했다고 했습니다. 그런데 당신의 제자들에게 이 아이의 병을 고쳐달라고 하니까 제자들은 애만 쓰지 아무것도 하지 못했다고 불평 섞인 말을 했습니다.

우선 우리가 알아야 할 것이 있는데, 어린아이들은 정신병에 들거나 귀신이 잘 들지 않는다는 것입니다. 우울증은 이 세상에 살면서 한이 많이 맺히고 속에 분노가 꽉 찼을 때 잘 생기는 것이기 때문입니다. 단지 선천적으로 태어나면서 간질에 걸리는 경우가 있습니다. 간질은 이 아이의 증세와 거의 똑같습니다. 입에 거품을 흘리고 이를 갈면서 쓰러져 경련을 일으키는데 시간이 어느 정도 지나면 저절로 회복됩니다. 그러나 요즘은 좋은 약이 많이 개발되어서 약을 잘 먹으면 거의 정상인 같이 살 수 있다고 합니다.

그런데 본문에 나오는 이 아이는 간질환자도 아니고 듣지 못하는 단순한 청각 장애인이나 말 못 하는 언어장애인도 아니었습니다. 이 아이는 귀신이 들려서 이런 장애가 복합적으로 나타난 것이었습니다.

예수님께서는 이 아이가 발작을 일으키는 것을 보시고 이 세대에 대하여 분노하셨습니다.

9:19, "대답하여 이르시되 믿음이 없는 세대여 내가 얼마나 너희와 함께 있으며 얼마나 너희에게 참으리요 그를 내게로 데려오라 하시매"

예수님은 이 아이가 이렇게 심한 귀신이 들린 것은 이 세대 사람들이 하나님께 대한 믿음이 하나도 없기 때문이라고 하셨습니다. 어른들이 조금만 믿음이 있어도 아이가 이 정도까지는 되지 않는데, 어른들이 너무 악하고 이기적이기 때문에 아이가 이렇게 심한 귀신에 들리게 되었다고 말씀하셨습니다.

예수님은 이 아이 아버지에게 물어보셨습니다.

9:21, "예수께서 그 아버지에게 물으시되 언제부터 이렇게 되었느냐 하시니 이르되 어릴 때부터니이다"

아이가 아주 어릴 때부터 이렇게 되었다면 그 가족이 겪은 어려움은 말로 표현할 수 없을 것입니다. 아이가 발작을 일으킬 때마다 놀라고 또 아이가 말도 못하고 듣지도 못하고 이상한 괴물 같은 소리나 내고, 또 자살하려고 물에서 빠지려고 하고 불에도 타 죽으려고 덤벼드니 그때마다 부모는 절망했을 것입니다.

2. 아이 아버지의 불신앙

우선 이 아이가 이렇게 될 정도면 그 가족의 생활도 엉망이었다는 것을 짐작할 수 있습니다.

그런데 예수님의 제자들은 이 어린아이 속에 있는 귀신을 쫓아내지 못했습니다. 사실 이 어린아이의 병은 요즘 의학적으로 보아도 중증 중세이고, 어느 병원에서도 고칠 수 없는 병이었습니다. 그런데 예수님의 제자들은 여러 동네에서 복음을 전하면서 틀림없이 귀신 들린 자들을 고쳐주었습니다. 제자들은 여러 가지 병든 자들까지도 고쳐주었습니다. 그런데 왜 이 아이 속에 있는 귀신은 제자들이 쫓아내지 못했을까요? 그것은 이 아이의 상태가 너무 중증이었기 때문입니다. 이 아이 속에 들어 있는 귀신은 귀신 중에서도 아주 악질적이고 지독하고 급수가 상당히 높고 제자들의 믿음을 훨씬 능가하는 힘을 가진 귀신이었던 것입니다.

사도행전 19장에 보면, 사도 바울이 귀신을 쫓아내니까 유대 제사장 스게와의 아들 일곱이 귀신 들린 자에게 "내가 바울이 전파하는 예수의 이름으로 명하노니 떠나라"고 하니까 그 귀신이 얼마나 힘이 센지 "내가 예수도 알고 바울도 알지만 너희들은 누구냐"고 하면서 덤벼들어서 일곱 아들을 실컷 두들겨 패고 옷까지 빼앗으니까 그들이 알몸으로 도망치는 망신을 당하고 말았습니다. 이 스게와의 아들도 불행하게 너무 센 귀신을 만나는 바람에 실컷 두들겨 맞고 말았던 것입니다.

예수님께서 제자들에게 주신 능력도 귀신을 쫓아내는 권능이었습니다(마 10:1). 그러나 이 아이에게 든 귀신은 너무나도 악독하고 지독하고 강한 귀신이었던 것입니다. 이 귀신이 예수님의 제자들에게 덤벼들지 못한 것은 그나마 제자들에게 하나님의 냄새가 났기 때문입니다. 그러나 지금은 바로 예수님 때처럼 악하고 믿음이 없는 세대입니다. 그 결과 하나님의 능력을 잘 믿지 않습니다.

오늘 세대 사람들은 하나님에 대한 믿음이 없습니다. 그 결과 자꾸 귀신들의 세력이 강해지고 있습니다. 제자들은 아무것도 하지 못하고 오히려 세상 사람들에게 욕만 얻어먹고 있고, 아픈 사람들은 더 아프고, 그리고 죽으니 결국 사람들은 예수 믿어도 아무 소용이 없다고 생각하고 있는 것입니다.

이 아이 아버지도 하나님에 대한 믿음이 별로 없었습니다. 그는 예수님에게 이렇게 말했습니다.

9:22, "귀신이 그를 죽이려고 불과 물에 자주 던졌나이다 그러나 무엇을 하실 수 있거든 우리를 불쌍히 여기사 도와 주옵소서"

아이의 아버지는 예수님도 이 아이를 고치시지 못하겠지만 그래도 혹시 모르니까 무엇인가 할 수 있거든 좀 도와달라고 부탁했습니다.

저도 처음 목회할 때 아픈 교인을 심방하면 자기 하소연을 실컷 하고 난 후에 "기도나 한번 해주세요"라고 부탁합니다. 저는 의사도 아니고 돈이 있는 것이 아니고 침을 놓아주는 기술도 없었습니다. 저는 왜 의대를 나오지 않았을까 후회하기도 했습니다. 아픈 교인들이 이렇게 많은데 제가 할 수 있는 것이 아무것도 없었습니다. 그래서 '기도나' 해주고 돌아왔습니다. 그런데 이상하게 '기도나' 해주었을 때, 병이 아주 잘 나았습니다.

오늘 사람들은 교회에 이런 심정으로 나올 때가 많습니다. 교회라고 해서 별수 없겠지만, 혹시 모르니까 '기도라도' 해 달라는 심정으로 나올 때가 많은 것입니다. 그러나 이 '기도라도' 해주는 것이 얼마나 대단한 일인지 알 필요가 있습니다.

예수님은 아이의 아버지를 책망했습니다.

9:23, "예수께서 이르시되 할 수 있거든이 무슨 말이냐 믿는 자에게는 능히 하지 못할 일이 없느니라 하시니"

우리 생각과 예수님의 생각 사이에는 엄청난 차이가 있습니다. 우리는 '혹시 하나님이 고쳐주실 리 없지만 그래도 고쳐주시면 다행이다' 라는 심정으로 교회에 옵니다. 그러나 예수님은 "할 수 있거든이 무슨 말이냐? 믿는 자에게는 능히 하지 못할 일이 없느니라"고 말씀하셨습니다. 예수님은 믿기만 하면 모든 병도 고칠 수 있고 귀신도 쫓아낼 수 있고 불가능한 것이 없다고 강조하신 것입니다. 예수님은 너희에게 믿음이 겨자씨 한 알 만큼만 있어도 산을 명하여 여기서 저기로 옮겨지라 하면 옮겨질 것이라고 했습니다(마 17:20).

이것은 예수님이 생각하는 믿음과 우리가 생각하는 믿음 사이에 엄청난 차이가 있음을 보여줍니다. 예수님은 자신의 살고 죽는 모든 것을 하나님께 다 맡긴 믿음이고, 우리는 이 세상에서 살아야 하는 믿음입니다. 예수님은 믿는 자에게는 능히 하지 못할 일이 없다고 말씀하셨습니다. 그러나 아이의 아버지나 제자들도 예수님이 요구하시는 수준의 믿음이 없어서 이 악독한 귀신을 쫓아내지 못하고 있었던 것입니다.

이때 이 아이의 아버지가 소리를 질렀습니다.

9:24, "곧 그 아이의 아버지가 소리를 질러 이르되 내가 믿나이다 나의 믿음 없는 것을 도와 주소서 하더라"

아이의 아버지는 자기가 얼마나 믿음이 없는 줄 알게 되었습니다. "내가 믿나이다"라는 말은 '저는 믿고 싶습니다. 예수님은 하실 수 있다는 것을 믿습니다'라는 뜻입니다. 서기관도 고치지 못하고 의사도 고치지 못하고 제자들도 고치지 못했지만, 예수님은 고치실 수 있다는 것을 믿는다고 하면서 "나의 믿음 없는 것을 도와주소서"라고 했습니다. 이것이 바로 우리가 드려야 할 기도입니다.

우리는 주님을 위해서 많은 일을 하려고 합니다. 그러나 정말 중요한 것은 우리에게 믿음이 없다는 것입니다. 우리는 항상 인간적인 생각만 하고 실제로 하나님이 하실 수 있다는 것을 믿지 않습니다. 우리는 오늘 이 시간 하나님께 "우리의 믿음 없는 것을 도와주소서"라고 기도해야 합니다. 하나님께서 우리의 믿음 없는 것을 도와주셔야 합니다. 우리가 하나님께 우리의 믿음 없는 것을 도와달라고 소리를 지르면 100%로 만들어주실 것입니다.

3. 아이를 고치신 예수님

예수님은 먼저 귀신 들린 아버지에게 아이를 데려오라고 하셨습니다. 아이가 예수님 앞에 오니까 귀신이 발작을 일으켜서 아주 심한 간질 증세가 나타났습니다. 입에서 거품을 흘리고 이를 갈고 경련을 일으키고 얼굴색은 파래지고 땅에 쓰러져서 뒹굴었습니다.

그때 예수님은 귀신을 꾸짖으면서 아이에게서 나가라고 명하셨습니다.

9:25, "예수께서 무리가 달려와 모이는 것을 보시고 그 더러운 귀신을 꾸짖어 이르시되 말 못하고 못 듣는 귀신아 내가 네게 명하노니 그 아이에게서 나오고 다시 들어가지 말라 하시매"

예수님은 아이의 병만 고치신 것이 아니라 병의 근원이 되는 귀신을 꾸짖고 쫓아내셨습니다. 예수님은 "이 더러운 귀신"에게 정확하게 말씀하셨습니다. "말 못하고 못 듣는 귀신아!"라고 하셨습니다. 그리고 그 아이에게서 나오고 다시 들어가지 말라고 명하셨습니다. 귀신의 목적은 사람 속에 들어가서 자살하게 하거나 미쳐서 죽게 하는 것입니다. 그러나 예수님이 명하시니까 귀신이 힘을 잃고 그 아이에게서 나오게 되었습니다.

그러나 귀신은 곱게 나오는 법이 없습니다. 귀신은 소리를 지르고 아이로 더 심한 경련을 일으키고 녹초가 되게 해서 마치 죽은 아이처럼 만들었습니다. 그래서 사람들은 아이가 죽었다고 하면서 소란을 피웠습니다. 제자들은 귀신을 쫓아내지 못하더니 예수님은 아이를 죽였다는 것입니다. 그러나 예수님이 아이의 손을 잡아 일으키시니까 아이가 말도 하고 소리를 듣기도 하고 간질도 사라진 정상적인 아이가 되었습니다. 아이는 깨끗하게 고쳐졌습니다. 그러나 이것은 예수님과 귀신 사이에 벌어진 치열한 전쟁이었습니다.

우리는 우리 힘으로 이 세상을 정화하고 정권을 바꾸고 코로나를 없앨 생각을 해서는 안 됩니다. 물론 최선을 다해야 하지만 귀신들은 우리보다 능력이 훨씬 고단수입니다. 그러나 예수님은 이런 귀신을 쫓아내는 데 전문가이십니다. 예수님은 쇠몽둥이를 가지고 질그릇을 부수듯이 악한 세력을 깨뜨리실 것입니다.

제자들은 얼마 후 예수님께 조용히 나아와서 "우리는 왜 귀신을 쫓아내지 못했습니까?" 하고 물었습니다. 그때 예수님은 이런 강한 귀신을 쫓아내는 것은 예수님밖에 없다고 말씀하셨습니다. 그것을 예수님께서는 기도로 표현하셨습니다.

9:29, "이르시되 기도 외에 다른 것으로는 이런 종류가 나갈 수 없느니라 하시니라"

제자들이 가진 능력으로는 이 악독하고 더러운 귀신을 쫓아낼 수 없었습니다. 그들은 한번 시도해보고 안 되었을 때 예수님이 산에서 내려오시기만을 기다려야 했습니다. 예수님만이 산을 옮길 수 있고, 예수님만이 사탄을 결박할 수 있기 때문입니다. 우리는 기도해서 금방 환자들의 병이 낫지 않는 것을 부끄러워해서는 안 됩니다. 왜냐하면 병을 고치시는 분은 예수님이시기 때문입니다. 우리는 의사와의 협력도 필요합니다. 그러나 큰 규모의 코로나 같은 질병이나 경제적인 폭망이나 전쟁의 위기에서는 예수님이 오셔야 합니다. "우리의 믿음이 부족하오니 예수님이 오셔서 우리 믿음을 채워주시고 이 악한 사탄의 세력을 물리쳐주소서"라고 기도해야 합니다. 하나님 앞에서 절망하지 마시고 믿음을 100% 채움받아서 응답받는 성도들이 다 되시기를 바랍니다.

26

제자의 길

막 9:30-50

비록 소설이지만 《동의보감》을 보면 감동이 됩니다. 주인공 허준이 서자라고 멸시받다가 사고를 치고는 남쪽 산청이라는 곳으로 도망치게 됩니다. 그런데 거기에 유명한 한의사 유의태라는 사람이 제자들을 두고 병자를 치료하고 있었습니다(물론 유의태는 작가가 만들어낸 가공 인물입니다). 허준은 선생으로부터 의학을 배우고 싶어 하지만 선생은 절대로 가르쳐주지 않습니다. 그러다가 하도 사정하니까 유의태가 허준에게 약을 달이기 위하여 물을 길어오는 일부터 시킵니다. 허준은 열심히 물지게에 우물물을 길어서 지고 왔습니다. 그때 선생은 그 물을 발로 차서 다 쏟아버리면서 "물이 무엇인지도 모르는 놈이 무슨 의술을 배우겠다고 하느냐?" 고 호통칩니다. 허준이 나중에 알고 보니까 물이라고 해서 같은 물이 아니고 오십 가지 종류가 있다는 것입니다. 즉 우물물이 있고 시냇물이 있으며, 계곡물이 있고 산에서 나는 샘물이 있는데, 샘물도 어느 산에서 나는 물이냐에 따라서 효력이 다르다고 했습니다. 또 물을 떠 오는 시간도 아주 중요했습니다. 어느 시간에 떠오느냐에 따라 효력이 다르다는 것입니다. 이를 무시하고 쉽게 가까운 우물에서 물을 떠오니까 선생이 화가 난 것입니다. 기본도 되지 못한 녀석이라고 야단치면서 잔심부름만 시켰던 것입니다.

그러나 허준은 그 고비를 넘기고 열심히 의학서적을 연구하고 선생이 환자를 치료하는 모습을 보고 배워서 나중에 유명한 의원이 됩니다. 이와 같이 제자가 선생으로부터 어떤 기법이나 기초 이론은 강의나 실습으로 배울 수 있지만, 선생만이 가지고 있는 비법은 선생이 간 길을 따라가면서 죽도록 고생하지 않으면 절대로 배울 수 없습니다.

우리가 일반적인 지식은 학교에서 정규 과정을 통해서 배울 수 있습니다. 그러나 정말 죽어가는 사람을 살리고 특이한 병을 치료할 수 있는 기술은 위대한 스승 밑에서 철저하게 낮아져서 밑바닥부터 배워야 스승과 같은 위대한 사람이 될 수 있는 것입니다.

1. 예수님의 사명

제자들이 보기에 예수님은 이미 최고의 경지에 오르신 분입니다. 예수님은 많은 병자와 장애인을 고치셨고, 심지어 죽은 열두 살 된 소녀를 살리셨습니다. 보리떡 다섯 개로 오천 명을 먹이셨고, 물 위를 걸으시고 바람과 파도를 잔잔하게 하셨습니다. 또 귀신 들려서 심한 간질 증세를 보이는 아이를 고치셨고, 높은 산에 세 제자를 데리고 올라가셔서 영광스러운 모습으로 변화되기도 하셨습니다. 제자들이 보기에 예수님은 이미 인간이 도달할 수 없는 경지에 도달하셨습니다. 예수님은 최고의 인간이고 메시아로서 전혀 손색이 없는 분이셨습니다.

그런데 예수님은 더 하실 일이 남아 있었습니다. 그것은 더 높아지는 것이 아니라 죽기까지 낮아지는 일이었습니다. 제자들은 예수님의 이 말씀을 이해할 수 없었습니다. 예수님처럼 높은 지식과 경험과 능력을 가지신 분이 무엇이 부족하다고 가장 낮은 자리까지 내려가셔야 합니까?

9:31, "이는 제자들을 가르치시며 또 인자가 사람들의 손에 넘겨져 죽임을 당하고 죽은 지 삼 일만에 살아나리라는 것을 말씀하셨기 때문이더라"

이 세상 사람들이 가장 싫어하고 또 가장 비참하게 생각하는 것은 죽임을 당하는 것입니다. 그러나 예수님은 자신에게 일어날 그 비참한 일을 정확히 알고 계셨습니다. 그것은 예수님이 사람들에게 넘겨져서 죽임을 당하는 것이었습니다. 그리고 자신이 죽은 지 사흘 만에 다시 살아날 것이라고 말씀하셨습니다. 예수님이 자신에게 일어날 일을 정확히 알고 계신다는 것은 우리에게 일어날 일도 정확하게 알고 계신다는 것을 의미합니다.

예수님께서 이 세상에 오신 목적은 높은 자리에 앉으려는 것이 아니라 사람들의 병을 고치기 위해서였습니다. 모든 인간은 두 가지 병에 걸려 있습니다. 하나는 죽음의 병입니다. 모든 인간은 죽어야 하고 죽은 후에는 무서운 지옥이 입을 벌리고 기다리고 있습니다. 그리고 다른 하나는 이 세상에서 나이가 들수록 점점 미쳐가는 병입니다. 그래서 돈에 미치고 정욕에 미치고 술에 미치고 명예에 미쳐서 늙어가는 것입니다. 이런 인간을 치료하려면 죄가 전혀 없는 분이 피를 흘려서 죽어야 합니다. 그리고 죽을 뿐 아니라 다시 살아나야 인간의 병을 치료할 수 있는 백신을 만들 수 있습니다.

인간이 누구나 가지고 있는 미치는 이 질병은 무섭습니다. 인간은 마음속에 온갖 악을 다 가지고 있습니다. 인간은 잠재의식 자체가 썩어 있습니다. 그리고 미치면서 나이가 들어가고 있습니다. 그러다가 죽으면 영원한 지옥행입니다. 이런 쓰레기 같은 인간을 우주에 둘 데는 지옥밖에 없기 때문입니다. 죄가 하나도 없는 분이 피를 흘리면서 죽고 다시 살아나야 이 죄의 바이러스를 이길 수 있습니다.

제자들은 예수님 같은 분이 죽어야 한다는 말이 도무지 이해되지 않아서 물어보기도 두려웠습니다.

2. 제자들의 길

우선 제자들은 예수님을 스승으로 모신 것을 최고의 행운으로 생각했습니다. 예수님은 더 오를 곳이 없을 정도로 최고의 실력과 능력을 가지신 분이었기 때문입니다. 제자들은 예수님을 따라가면 예수님 같은 능력과 실력을 갖춘 사람이 될 것으로 생각했습니다. 그래서 제자들은 모이기만 하면 누가 크냐 하는 문제를 놓고 싸웠습니다.

9:33, "가버나움에 이르러 집에 계실새 제자들에게 물으시되 너희가 길에서 서로 토론한 것이 무엇이냐 하시되"

예수님께서 제자들을 데리고 가버나움으로 가실 때 그들은 길에서 크게 다투었습니다. 그것은 제자들 사이에 서로 자기가 최고라고 하면서 토론한 것입니다. 그래서 예수님은 모르는 체하면서 "너희가 길에서 무슨 대화를 큰소리로 하는 것 같았는데, 무엇을 가지고 토론했느냐?" 고 물으셨습니다. 그러자 제자들은 아무 말도 하지 못했습니다. 제자들은 "우리 중에서 누가 가장 크고 누가 가장 위대한가?" 하는 것을 놓고 큰 소리로 핏대를 올려가면서 싸웠기 때문입니다.

이때 예수님은 능력의 비결을 하나 말씀해 주셨습니다. 그것은 예수님의 제자라고 해서 예수님 같은 능력이 나타나는 것이 아니라는 것이었습니다. 예수님 같은 능력이 나타나려면 비법이 하나 있는데, 그것은 모든 사람 중에서 가장 못난 사람이 되고 가장 끝에 있는 사람이 되어야 한다는 것이었습니다.

9:35, "예수께서 앉으사 열두 제자를 불러서 이르시되 누구든지 첫째가 되고자 하면 뭇 사람의 끝이 되며 뭇 사람을 섬기는 자가 되어야 하리라 하시고"

예수님은 열두 명의 제자들을 부르셨습니다. 그들은 자신이 다른 사람들보다 높은 자라고 생각했고, 잘만 하면 최고의 자리를 차지하는 제자가 될 수 있을 것으로 기대했습니다. 그러나 예수님은 병자를 고치고 귀신 들린 사람들을 고치고 사람의 영혼을 구원하려면 사람 중에서 가장 낮은 사람이 되어야 한다고 강조하셨습니다. 매일 굶을 정도로 가난하고 가장 별 볼 일 없는 사람이 되어야 하나님의 말씀이 살아나고 능력이 나타난다는 것입니다. 자기가 가장 잘났다고 생각하고 가장 높은 자리에 앉은 사람은 진짜 별 볼 일 없는 사람이고, 예수님의 진짜 제자도 아니고, 지옥에 가는 것이 합당하다고 말씀하신 것입니다. 이것이 오늘날 기독교가 세상 사람들에게 욕을 얻어먹고 능력이 나타나지 않는 이유입니다. 오늘 교회 안에서나 교계에서는 아무도 낮아지려고 하지 않습니다. 전부 높아지고 최고가 되려고 하니까 겉모양은 예수님의 제자이지만 속은 예수님의 능력이 없는 엉터리 제자입니다.

예수님께서는 제자들 가운데 어린아이 하나를 데리고 오셔서 안으셨습니다. 그리고 이렇게 말씀하셨습니다.

9:37, "누구든지 내 이름으로 이런 어린 아이 하나를 영접하면 곧 나를 영접함이요 누구든지 나를 영접하면 나를 영접함이 아니요 나를 보

내신 이를 영접함이니라"

제자들은 바로 이런 힘이 없고 연약한 어린아이의 모습으로 복음을 전하러 나가야 합니다. 그러면 사람들은 제자들을 전부 무시하고 업신여기고 그렇게 초라하고 비천한 기독교는 믿지 않으려고 할 것입니다. 그러나 이런 어린아이 같은 사람을 영접하면 그 집에는 예수님의 능력이 나타나기 시작하는 것입니다. 병이 치료되고 귀신이 나가고 변하여 새사람이 되기 시작하는 것입니다.

그리고 예수님을 영접하면 하나님이 그 집에 들어오시게 됩니다. 하나님이 계신 집은 이 세상에서 가장 위대한 집입니다. 그 집에서 하나님의 축복이 터져 나오게 되는 것입니다. 그래서 우리가 사람에게 인정받으려는 욕심을 포기하고 조금 낮아지기만 하면 예수님의 능력, 복음의 비법을 터득하게 되는 것입니다. 그러나 사람들은 예수를 믿으면서도 세상의 지위나 계급을 가지고 높아지려고 하고 있습니다. 세상의 지위가 있으면 있을수록 큰 교회를 다니려고 합니다. 그래서 껍데기만 예수님의 제자이지 실제로 예수님의 비법은 나타나지 않는 것입니다.

3. 제자들의 결단

누구든지 예수님의 제자가 되어 예수님의 능력을 나타내려고 하면 낮아지겠다는 결단을 해야 합니다. 그래서 다른 사람들이 자기를 높이려고 하면 절대로 사양해야 합니다. 그리고 절대로 높은 사람 흉내를 내지 말아야 합니다.

그때 요한이 예수님께 아뢰었습니다. 어떤 이상한 사람이 있는데 예수님은 따르지 않으면서 예수 이름으로 귀신을 쫓아내는 것을 보고 자기가 하지 못하게 막았다고 했습니다. 예수님의 이름은 제자들의 전매특허인데 예수님의 제자도 아니면서 예수 이름을 사용해서 귀신을 쫓아내면 이것은 예수님의 이름을 도용하는 것이기 때문입니다. 그러나 예수님은 예수 이름으로 귀신을 쫓아내는 것을 금하지 말라고 하셨습니다. 예수 이름은 열두 제자만의 전매특허가 아니기 때문입니다. 누구든지 예수님의 말씀을 믿고 따르는 자에게는 능력이 나타나게 되어 있습니다. 지금 당장 예수님을 따르지 않는 제자는 잠재적인 제자라고 볼 수 있습니다. 그는 지금 개인 형편이나 여러 가지 사정으로 주님을 따르지 못하고 있지만, 마음으로는 예수님의 제자입니다. 예수님께서는 지금은 잠재적인 제자라 하더라도 나중에 얼마든지 훌륭한 제자가 될 수 있다고 말씀하셨습니다.

9:41-42, "누구든지 너희가 그리스도에게 속한 자라 하여 물 한 그릇이라도 주면 내가 진실로 너희에게 이르노니 그가 결코 상을 잃지 않으리라 또 누구든지 나를 믿는 이 작은 자들 중 하나라도 실족하게 하면 차라리 연자맷돌이 그 목에 매여 바다에 던져지는 것이 나으리라"

누구든지 예수님의 이름으로 복음을 전하는 자에게 냉수 한 그릇이라도 주면 그 사람은 절대로 상을 잃지 않을 것이라고 하셨습니다. 그리고 작은 어린아이라고 해서 그를 실족하게 하면 차라리 연자맷돌이 그 목에 매여 바다에 던져지는 것이 나으리라고 했습니다. 여기서 어린아이는 어린이나 청소년들이나 혹은 처음 예수 믿는 사람들을 말합니다. 이들은 교회가 어떤 곳인지, 기독교가 무엇인지 잘 모릅니다. 그들은 정말 어린아이 같은 마음으로 성경의 가르침을 배우고 따르는 자들입니다. 그런데 그들의 순수함을 이용해서 돈을 빌리거나 혹은 헌금을 강요하거나 그런 사람들이 보는 앞에서 편을 갈라서 싸운다면, 이 사람들은 기독교를 완전히 엉터리 종교라고 생각하고 평생 안

티 기독교인이 되는 것입니다. 그들은 많은 사람을 믿지 못하게 하고 기독교의 나쁜 점을 들추어내어서 그들로 하여금 실족해서 지옥에 가게 합니다.

그래서 예수님께서는 제자들에게 세 가지 결단을 내리라고 하셨습니다. 그 하나는 눈알을 빼는 결단입니다(47절). "네 오른 눈이 범죄하게 하면 빼버리라"고 했습니다. 사람에게 있어서 오른 눈이 얼마나 중요한지 모릅니다. 이 오른 눈은 우리에게 세상의 명예와 출세와 성공을 보게 합니다. 그래서 예수님은 그런 오른 눈을 빼버리고 한 눈이 없는 외눈박이가 되라고 말씀하신 것입니다. 물론 이것은 비유입니다. 다행스러운 것은 예수님의 제자 중에서도 오른 눈을 뺀 사람은 없다는 것입니다. 그러나 그런 결단이 없이 세상의 영광을 가질 것 다 가지고 명예를 챙길 것 다 챙기고 천국에 갈 수 없다는 경고의 말씀입니다. 그래서 교회에서 목회자나 장로가 돈 있고 사회적으로 성공한 사람이면 특별 대우하고 가난한 사람은 거의 없는 사람으로 대하는 것은 작은 자를 실족하게 하는 것입니다. 이것은 진정한 교회가 아닙니다.

그리고 두 번째 결단은 오른손을 잘라버리라는 것입니다. 우리는 오른손으로 많은 일을 합니다. 돈을 헤아리기도 하고 자신의 힘을 보여주기도 합니다. 즉 예수님의 제자들도 돈의 유혹과 감투의 유혹이 오고 악한 일에 동참할 것을 요구받을 때 그 오른손을 잘라버려서 장애인이 되라고 말씀하시는 것입니다. 손 하나 없이 천국 가는 것이 오른손을 가지고 지옥에 가는 것보다 훨씬 낫기 때문입니다(43절).

세 번째 결단은 범죄하게 하는 발을 찍어버리라는 것입니다.

9:45, "만일 네 발이 너를 범죄하게 하거든 찍어버리라 다리 저는 자로 영생에 들어가는 것이 두 발을 가지고 지옥에 던져지는 것보다 나으니라"

여기서 발은 만나는 사람들을 말하고 그가 자주 가는 곳을 말합니다. 어떤 사람은 정치적인 사람들을 자꾸 만납니다. 그러면 그 사람은 교계의 나쁜 이야기만 듣게 됩니다. 그리고 큰 교회 목사나 정치인들을 자꾸 만나면 허영만 생기게 됩니다. 그런 제자들에게는 예수님의 능력이 나타나지 않습니다. 그 대신 그들은 예수님의 제자이지만 제자의 사명을 다하지 못했기 때문에 지옥 불구덩이에 들어가게 되는 것입니다.

예수님은 지옥에 대하여 이렇게 말씀하셨습니다.

9:48-49, "거기에서는 구더기도 죽지 않고 불도 꺼지지 아니하느니라 사람마다 불로써 소금 치듯 함을 받으리라"

분명히 죽어서 무덤에서 편히 쉴 줄 알았더니 그것이 아닙니다. 지옥에서는 세상에서 죽었을 때의 몸을 입고 살아 있는 것입니다. 그리고 온몸에서 구더기가 기어 나오고 있습니다. 그리고 너무나도 악취가 나니까 천사들이 불로 사람을 소금 치듯이 친다고 했습니다. 모든 인간을 기다리고 있는 운명은 하나님의 쓰레기장에서 영원히 불타는 것입니다. 한평생 자기 욕심을 위해서 살았기 때문에 온몸이 쓰레기가 되어 있습니다. 그래서 지옥불은 꺼지지 않고 타오르고 죽은 사람은 살아서 온몸에서 구더기가 기어나오는 형벌을 받습니다.

우리는 복음의 능력의 비결을 예수님께 배워야 합니다. 그것은 결코 높아지는 것이 아닙니다. 우리가 가야 하는 길은 좁은 길이고 좁은 문입니다. 이 세상에서 모든 것을 다 누리려고 하지 말고, 하나님과 천사들 앞에서 영생의 복을 누리는 성도들이 다 되시기 바랍니다.

27

가장 위험한 축복

막 10:1-16

요즘 우리나라 여성들이 자주 보는 텔레비전 프로 중에 〈미우새〉(미운 우리 새끼)라든지 〈나 혼자 산다〉 같은 것들이 인기가 많은데, 나이가 들었지만 자기 일을 하느라고 결혼하지 않고 사는 자녀들의 생활을 들여다보는 내용입니다. 대개 이들 중에는 연예인이 많고 운동선수나 모델 같은 사람도 있습니다. 나이가 오십 살이 넘었는데도 결혼하지 않고 혼자 사니까 부모에게는 얼마나 미운 오리 새끼이겠습니까? 그러나 그들은 요리도 잘해 먹고 개도 키우고 어떤 사람은 고양이를 여러 마리 키우면서 나름대로 행복하게 살아가고 있습니다.

하나님은 우리 인간을 만드시되 반쪽 인간으로 만드셨습니다. 그래서 아무리 남자가 돈을 잘 벌어도 반쪽 인간이고, 여자가 아무리 아름답고 똑똑해도 역시 반쪽 인간입니다. 하나님은 이 반쪽끼리 서로 만나 결합함으로 하나가 되게 하셨습니다. 하나님이 우리에게 주신 최고의 축복은 남자와 여자가 서로 사랑하는 것입니다. 정신적으로만 사랑하고 끝나는 것이 아니라 육체적으로도 사랑하고 완전한 하나가 되는 축복을 주셨습니다. 그런데 이런 남녀 간의 사랑은 한창 서로 사랑할 때는 미친 듯이 사랑하고 아무도 그들 사이에 끼어들 수가 없습니다. 그러나 이 사랑의 불은 시간이 지나면 좀 식게 됩니다. 그때 하나님이 주신 이 사랑의 감정을 이미 한 몸이 된 남편과 아내 대신에 다른 남자나 여자에게 향하게 되면, 그 사랑은 무서운 재앙이 됩니다.

하나님은 남자의 갈비뼈를 뽑아서 여자를 만드셨습니다. 남자의 갈비뼈 안에는 가장 소중한 남자의 심장이 있습니다. 그리고 하나님께서는 여자에게 남자는 여자의 머리라고 하셨습니다(엡 5:23). 남자와 여자는 결혼하면서 남자는 옛날부터 가지고 있었던 유치한 심장을 버리고, 아름답고 풍부한 아내를 자신의 심장으로 받아들이게 됩니다. 그리고 여자는 남자의 심장이 되면서 자동적으로 남자가 여자의 머리가 되어 이제부터는 더 이상 부모의 간섭을 받지 않고 자기들끼리 모든 의사 결정을 하고 아이를 낳아서 기르는 독립된 가정이 되는 것입니다. 이것은 하나님이 우리 인간에게 주신 최고의 축복입니다. 이렇게 좋은 배우자를 만나서 아이를 낳고 키우는 부부는 하나님으로부터 가장 귀한 복을 받은 사람들입니다.

1. 결혼을 공격하는 사탄의 전략

사춘기나 청년기에는 이성을 미친 듯이 사랑하는 감정을 느끼게 되는데, 이때는 하루라도 빠짐없이 서로에게 전화해야 하고, 만나야 하고, 만나서 이야기하면 시간 가는 줄 모르고 상대에게 빠지게 됩니다. 사람이 이성을 사랑할 수 있다는 것은 하나님이 주신 최고의 축복입니다. 나이 들었는데 짝이 없는 사람만큼 불쌍한 사람이 없다고 합니다. 사람이 늙으면 둘이 있어야 겨우 한 사람의 몫을 할 수 있습니다. 이 중에 가장 안타까운 것은 혼자 힘으로 화장실에 가지 못하는 경우입니다. 그러면 자녀나 간병인이 뒤치다꺼리해주어야 하는데 이

것보다 더 수치스러운 일도 없습니다.

하나님은 사람을 남자와 여자로 창조하셨는데 중성은 없습니다. 남자 아니면 여자입니다. 하나님은 여성에게 많은 은사를 주셨습니다. 여성은 남성보다 사랑의 감정이 풍부하고 남을 잘 믿어주고 친절하며 오래 참고, 아기를 임신하고 아기를 키울 수 있는 능력을 가지고 있습니다. 그리고 남성은 여성이 가진 이런 재능보다는 힘이 있기 때문에 돈을 벌 수 있고 힘쓰는 일을 할 수 있고 감정적이기보다는 이성적으로 생각할 수 있습니다.

그런데 사탄은 남자와 여자가 서로 행복하게 사는 것을 그냥 볼 수 없었습니다. 남자와 여자가 서로 사랑하는 가정은 어느 누구도 넘볼 수 없는 작은 천국이기 때문입니다. 그래서 사탄은 가정을 깨트리는 전략을 사용합니다. 그중에 첫 번째가 남자의 부정입니다. 남자는 일단 힘이 있기 때문에 돈을 벌고 여성은 남성에게 금전적으로 의존할 수밖에 없습니다. 그런데 남자나 여자는 모두 늙습니다. 그러나 남자는 자기가 늙는다는 것은 생각하지 않고 부인이 늙는 것만 생각합니다. 여성이 나이가 들면 여성 호르몬은 줄어들고 남성 호르몬이 나오기 때문에 허리도 굵어지고 힘도 세지고 옛날같이 수줍음을 타지 않습니다. 그때 남자의 눈에는 여전히 젊고 자기에게 잘해주는 젊은 여성이 들어옵니다. 그러다가 조강지처를 버리고 이혼하게 됩니다.

10:2, "바리새인들이 예수께 나아와 그를 시험하여 묻되 사람이 아내를 버리는 것이 옳으니이까"

옛날 예수님 당시에도 이혼이 굉장한 사회 문제가 되었습니다. 즉 남자들이 자기들이 가진 돈이나 육체적인 힘을 이용해서 본부인과 이혼하고 다른 여자와 사랑에 빠지는 일이 즐비했기 때문입니다. 그래서 한 바리새인은 예수님에게 와서 "남자가 아내를 버리는 것이 옳은 일입니까?" 하고 물었습니다. 이것은 예수님을 시험에 빠트리기 위한 목적이었습니다. 모세의 율법에는 이혼 증서를 써주면 얼마든지 이혼할 수 있었기 때문입니다. 교회 안에도 여러 가지 이유로 혼자 사는 분도 있고 재혼해서 사는 분도 있습니다. 재혼을 통해서 정말 패자 부활하는 분도 있고 혼자 있어서 더 자기 일을 잘할 수 있는 분들도 있기 때문에 우리는 함부로 다른 사람을 비방해서는 안 됩니다. 교회는 이들을 모두 따뜻하게 받아들여서 더 이상의 상처를 받지 않고 행복하게 살도록 이끌어주어야 합니다.

그리고 사탄이 사용하는 또 다른 가정 파괴의 방법은 폭행입니다. 폭력 행사하는 남자들은 맨정신으로 하는 것이 아니라 비겁하게 술을 마시고 집에 들어와서 행패를 부립니다. 옛날부터 우리나라는 술에 있어서는 관대한 편이었습니다. 나이가 들면 들수록 자녀들은 엄마 편이고 여자들의 말발이 세지기 때문에 남자들은 집에서 소외되게 됩니다. 거기에다가 수입도 없고 직장에서도 쫓겨나게 되면 열등감이 생겨서 평소에는 털어놓지 못하던 불만을 술에 의지해서 폭력을 휘두르는 것입니다. 그러나 술을 마시고 부인을 때리는 사람은 짐승보다 못한 사람입니다.

그리고 사탄이 가정 파괴에 사용하는 또 다른 방법은 동성애입니다. 사람 중에는 자기가 태어나면서부터 잘못 태어났다고 생각하고 성전환 수술까지 받는 사람이 있습니다. 요즘은 이성 간의 교제를 하면서 마음에 상처받는 경우도 많고 데이트하는 데 시간도 많이 걸리고 돈도 많이 필요하므로 동성끼리 자연스레 연애하는 경우가 많다고 합니다. 그래서 부부처럼 한집에 살기도 하고 어떤 경우에는 결혼식을 하기도 합니다. 미국에는 이미 동성애가 대세가 되었습니다. 우리나라에도 고위직에 있는 사람들이 정신이 좀 이상한지 양성평등이라는 교묘한 이론으로 동성애를 합법화하려고 시도하고 있습니다.

그러나 우리는 동성애자를 차별한 적도 없고 성소수자라고 해서 불이익을 준 적도 없습니다. 우리는 동성애라는 것 자체를 잘 알지 못합니다. 그러나 이제는 이상한 용어들을 만들어서 세상을 흔들어 놓으려고 하는 것입니다. 조용히 혼자 동성애를 하면 우리는 알 수 없고 뭐라고 하지도 않을 텐데 퀴어 축제를 해서 떠들썩하게 만들고, 설교에서 동성애를 욕하면 몇천만 원의 벌금을 낼 수 있다는 법을 국회에서는 입법화하려고 시도하고 있습니다. 물론 우리는 동성애자들이 다른 사람들에게 많은 피해를 준다고 생각하지 않습니다. 문제는 하나님께서 엄청나게 진노하신다는 것입니다. 하나님이 주신 최고의 선물인 성을 짓밟는 행위이기 때문입니다. 그래서 교회에서는 이들을 바른 결혼의 길을 갈 수 있도록 상담해주고 인도해야 합니다.

2. 하나님의 원리

하나님께서는 이 세상에서 인간이 부족한 이상 얼마든지 이혼도 할 수 있고 재혼도 할 수 있다는 것을 인정하셨습니다. 그것이 바로 모세의 율법이었습니다. 우리 속담에 "열 길 물속은 알아도 한 길 사람 속은 알 수 없다"는 말이 있습니다. 그런데 한 번이나 두 번 보고 결혼하거나 옛날처럼 아예 본인들은 보지도 못하고 부모끼리 결혼을 결정할 경우, 본인에게는 부부로서 전혀 맞지 않을 수도 있습니다. 그래서 같이 살려고 노력해도 도저히 안 되는 경우가 있는데, 이때 모세는 이혼을 허락해야 여자가 살 수 있다는 것을 알았습니다. 이혼이 절대로 안 된다고 하면 남자는 여자의 피를 말려서 죽일 수 있기 때문입니다.

어떤 랍비는 여자가 요리를 못하는 것이 이혼 사유가 된다고 했습니다. 또 심하면 아내가 잠자면서 코를 골거나 이빨을 갈아도 이혼의 사유가 되고, 우울증이 있어도 이혼할 수 있었기 때문에 유대인들은 마음대로 핑계를 붙여서 딴 여자와 관계했습니다. 그러나 그리스도인들은 그 결과를 알고 있습니다. 사탄은 인간에게 지금 부정한 사랑을 하면 정말 행복할 것이고 둘이서 도망치면 영원히 행복할 것이라고 부추깁니다. 그러나 죄의 삯은 사망입니다. 우리나라도 얼마나 많은 사람이 이런 부정한 사랑에 걸려서 자살하고 또 모든 직책과 신뢰를 다 잃어버렸는지 모릅니다. 사랑 속에서는 시한폭탄이 들어있어서 잘못된 사랑에 빠지면 폭발하게 됩니다.

예수님은 이렇게 말씀하셨습니다.

10:5-9, "예수께서 그들에게 이르시되 너희 마음이 완악함으로 말미암아 이 명령을 기록하였거니와 창조 때로부터 사람을 남자와 여자로 지으셨으니 이러므로 사람이 그 부모를 떠나서 그 둘이 한 몸이 될지니라 이러한즉 이제 둘이 아니요 한 몸이니 그러므로 하나님이 짝지어 주신 것을 사람이 나누지 못할지니라 하시더라"

제자들은 그 당시 너무 이혼이 많으니까 예수님께 "우리가 그냥 독신으로 사는 것이 좋겠습니다"라고 했습니다. 그때 예수님은 신체적인 독신도 있고, 남자나 여자를 잘못 만난 독신도 있고, 복음을 위해서 스스로 독신으로 사는 사람도 있다고 말씀하셨습니다. 베드로는 예수님을 만나기 전에 이미 결혼했고, 사도 바울도 평생 독신으로 살았습니다. 사도 바울은 믿지 않는 남편이 갈라지기를 원하면 갈라지라고 했습니다(고전 7:15). 왜냐하면 혼자 살면 주님과 자기 일을 더 잘 할 수 있기 때문입니다. 그러나 주님은 하나님이 짝지어 주신 것을 사람이 나누지 못한다고 결론을 맺어주셨습니다.

3. 아동 학대

요즘 우리나라에서 또 문제가 되는 것이 아동 학대입니다. 어떤 여학생은 학교 화장실에서 아이를 낳고는 변기에 버려서 죽이는 경우도 있고, 어떤 사람은 아기를 가방에 넣어서 질식해 죽이기도 하고, 때리거나 굶겨서 죽이기도 하여 이것이 뉴스에 자주 나오고 있습니다.

사실 어린아이는 힘이 없고 누군가 온종일 붙어서 돌보아 주어야 하므로 사랑이 없으면 귀찮은 존재일 수 있습니다. 그러나 아기가 자라는 것은 너무나 신기한 일입니다. 만일 우리에게 어린 시절이 없다면 추억할 것이 아무것도 없을 것입니다. 우리가 어렸을 때는 모든 것이 신기했습니다. 꽃도 신기하고 벌레도 신기하고, 또 잘못해서 아버지에게 맞을 때도 있고, 이런 과정을 다 거쳐서 성숙한 어른이 되는 것입니다. 우리는 순수하고 욕심이 없던 어린 시절이 있었기 때문에 기억할 것이 너무나도 많은 것입니다. 그래서 우리는 모두 어린 시절에 대한 엄청난 그리움을 가지고 살아가게 됩니다. 그러나 사람들은 너무 욕심이 많아서 어린아이에게 갑자기 어른이 되기를 요구할 때가 많이 있습니다. 그래서 공부도 잘하고 스키도 잘 타고 말도 타고 영어도 잘하고 운동도 잘하는 어린아이가 되기를 바라는 것입니다. 그러나 그것은 어디까지나 부모의 욕심입니다.

어떤 사람들이 자기 아이의 머리를 쓰다듬어 주시기를 바라며 아이를 안고 예수님에게로 왔습니다. 그때 제자들이 이 아이를 데리고 오는 부모를 막으면서 야단을 쳤습니다. "예수님은 지금 피곤하신데 왜 애들까지 데리고 와서 더 힘드시게 하느냐?" 고 꾸짖은 것입니다. 이 모습을 보고 예수님은 노하셨습니다. "왜 어린아이들이 내게 오는 것을 막느냐 하나님의 나라가 바로 이런 자의 것이니라" 고 말씀하셨습니다.

천국이 이런 자의 것이란 무슨 뜻일까요? 어떤 사람은 어린아이가 죽으면 천국에 간다고 하고, 천국에는 어린아이들만 있다고 말하기도 합니다. 이것은 다 옳지 않습니다. 일단 어린아이는 힘이 없습니다. 그리고 어린아이는 아는 것도 없고, 돈도 없습니다. 그래서 아무것도 할 줄 모릅니다. 그런데 이 어린아이들은 예수님을 좋아하고 예수님의 만져주심을 바라서 예수님에게 나아온 것입니다. 예수님은 아무것 없어도 예수님의 만져주심을 바라는 자들이 천국의 주인이라고 말씀하신 것입니다. 따라서 어른이 되면 될수록 천국에서 멀어지는 것입니다. 어른의 특징은 무엇입니까? 미래에 대하여 생각을 많이 하고 모든 것이 완전해져야 직성이 풀리고 모든 것을 다 할 수 있다고 생각하는 것입니다. 왜 예수님이 나를 만져주셔야 합니까? 어른들은 다른 사람이 자기를 만지는 것을 싫어합니다. 그러나 예수님께서 만져주시기를 바라는 사람들이 있습니다. 이들은 병든 자들입니다.

10:15, "내가 진실로 너희에게 이르노니 누구든지 하나님의 나라를 어린 아이와 같이 받들지 않는 자는 결단코 그 곳에 들어가지 못하리라 하시고"

우리는 어렸을 때 마루로 된 예배당의 방석 위에 앉아서 선생님이 하나씩 넘겨주는 찬송가 가사를 열심히 따라 부르고, 또 선생님의 설교를 열심히 들었습니다. 우리는 다른 아무것도 생각하지 않았습니다. 왜냐하면 하나님의 말씀이 너무 재미있었기 때문입니다. 천국은 바로 이런 자들의 것입니다. 교회가 제일 재미있고, 예수님을 가장 좋아하는 사람들만이 천국에 들어갈 수 있는 것입니다. 우리는 모두 시한폭탄을 가지고 있으므로 분노하지 마시고 성적으로 한 사람만 사랑하셔서 이런 폭탄이 터지지 않도록 힘써야 합니다. 더 나아가 하나님의 축복만 받게 되시기를 바랍니다.

28

영생의 조건

막 10:17-31

박경리 씨가 쓴 소설《토지》를 보면, 부자 할머니가 손녀 서희에게 다른 것은 다 빼앗겨도 마루에 있는 고리짝 찬장을 빼앗기지 말라고 당부하며 어디든지 가지고 가라고 유언합니다. 그런데 서희는 나이가 어린데다가 어머니도 종과 눈이 맞아서 달아났다가 병에 걸려서 죽고, 아버지도 폐병으로 돌아가셔서 종들밖에 없었습니다. 그때 가까운 친척이 하나 나타나서 일본의 앞잡이 노릇을 하면서 서희의 땅을 다 빼앗고, 집에 있는 좋은 물건들도 하나씩 다 빼앗아 갑니다. 손녀 서희는 도저히 우리나라에서 살 수 없어서 그 고리짝 찬장만 하나 가지고 만주로 떠납니다. 그런데 할머니는 이런 일이 일어날 줄 알고 그 고리짝 바닥에 금괴를 조금씩 사서 그것을 쌓아두었습니다. 서희는 나중에 그것을 발견하고 그것을 기반으로 만주 용정에서 나무 장사를 해서 재기하는 데 성공하게 됩니다. 그래서 다시 고향 평사리에 돌아와서 집을 도로 찾고 논과 밭도 도로 찾게 됩니다. 할머니는 전란의 위기에는 돈이나 밭은 다 빼앗길 수밖에 없지만 금덩이는 끝까지 효력을 발휘한다는 것을 알고 계셨던 것입니다.

오늘 본문은 예수님의 말씀 중에서 가장 이해하기 어려운 교훈 중 하나입니다. 예수님께서는 부자는 천국 가기가 매우 어렵다고 말씀하셨습니다. 부자가 천국 가기가 얼마나 어려운가 하면 낙타가 바늘구멍에 들어가는 것보다 더 어렵다고 하셨습니다. 사실 낙타가 바늘구멍으로 통과하는 것은 불가능합니다. 그렇다면 이 세상에서 나름대로 열심히 일을 해서 부자가 되고 성공한 사람은 아무리 예수를 믿어도 천국에 들어갈 수 없다는 뜻일까요? 그러나 이 세상에서 돈을 싫어하는 사람은 아무도 없습니다. 그리고 모두 부자가 되기를 원합니다. 그러나 부자가 되거나 세상에서 성공하면 정말 천국에 들어갈 수 없는 것일까요?

1. 부자는 나쁜 것인가?

우리는 이 세상에서 성공하기를 원합니다. 운동선수들이 그 힘든데도 열심히 운동하는 것은 올림픽에서 메달을 따기 위해서입니다. 기업 하는 사람들은 공장을 세웠는데 공장 경영이 잘 되어서 돈을 많이 벌고 많은 사람을 고용할 수 있으면 성공한 것입니다. 그것을 위해서 경영자는 외국에도 많이 다니고 어떻게 해서든지 기업이 잘되도록 기술개발도 하고 거래처도 확보하기 위하여 불철주야 노력합니다. 그러나 그렇게 정직하게 기업을 경영해서 부자가 되는 것도 악한 것일까요?

이 세상에서 성공한다는 것은 열심히 노력하는 데 하나의 동기부여가 되고, 또 성공하면 유명해질 뿐만 아니라 더 상위 계층에 있는 사람들과 사귀게 되기 때문입니다. 만일 누군가가 이 세상에서 성공은 나쁜 것이고 악한 것이라고 말한다면 오히려 그 사람을 이상한 사람으로 생각할 것입니다. 그러나 예수님은 부자에 대하여 아주 비관

적으로 말씀하셨습니다. 부자는 결코 천국에 들어가지 못할 것이라고 말씀하신 것입니다.

우선 우리는 돈이 전지전능한 것이 아니라는 것을 알 필요가 있습니다. 돈이라는 것은 우리가 이 세상에서 여유 있게 살도록 하는 것은 사실이지만 자신이나 자식의 운명을 바꾸지 못한다는 사실입니다. 사람은 자기가 생각하지 못한 순간에 병이 생기거나 사고로 죽음을 맞이할 때가 많이 있습니다. 만일 자기가 언제 죽는다는 것을 미리 알면 대비했을 것입니다. 그러나 돈이나 성공은 사람의 운명을 바꾸지 못합니다. 오히려 성공하면 성공할수록 더 욕심에 사로잡히게 되고 마음이 공허해지게 됩니다.

그리고 또 중요한 것은 돈이나 명예라는 것은 이 세상에서만 통용되는 것이지 죽을 때는 아무것도 가지고 갈 수 없고, 영생의 세계에서는 휴지밖에 안 된다는 사실입니다. 사람이 죽으면 평생 애써 모은 돈이나 물건들을 하나도 가지고 가지 못하고 수의 하나만 입고 관속에 들어가게 됩니다. 사람이 이 세상에 사는 목적은 하나님을 영화롭게 하는 것이지만 그것은 인간에 대한 사랑으로 나타납니다. 하나님께서 우리에게 지식과 재물과 높은 자리를 주신 것은 그것을 가지고 다른 사람들 위에 군림하라고 주신 것이 아니라 더 많은 사람을 사랑하라고 주신 것입니다. 사랑은 남에게 내 것을 주는 것입니다.

그런데 여기서 가장 중요한 질문은 과연 영생이 있느냐 하는 것입니다. 사람은 모두 이 세상에 태어나서 영생이라는 것을 한 번도 본 적이 없습니다. 그리고 누구든지 자기가 언제 죽을지 모릅니다. 자기가 죽는 시간을 정확히 알기만 한다면 그 전에 모든 재산을 알아서 처분할 텐데 영생이 있는지 없는지도 확실히 알 수 없고, 또 자기가 언제 죽는지도 모르는데, 그렇게 아까운 재산을 함부로 남에게 줄 수 있을까요?

이것이 가장 중요한 문제입니다. 그러나 영생의 세계에서 우리에게 이 사실을 알려주신 분이 있습니다. 그분이 바로 예수님입니다. 예수님은 영생의 세계에서 이 세상에 오셨습니다. 그리고 영생의 세계에서는 돈이 하나도 소용없다고 말씀하셨습니다. 영생의 세계에서 가장 중요한 것은 금 같은 믿음입니다. 금 같은 믿음을 가지고 가야 하나님 앞에서 인정받지, 돈이나 자기가 한 업적이나 명성은 그곳에서는 쓰레기보다 못한 것이 되는 것입니다. 그리고 사람은 자기가 언제 죽을지 모른다는 사실입니다. 그러나 언젠가는 죽는 것이 분명합니다. 그렇다면 죽음을 생각한 순간부터 아프지 않을 때 자신의 재산을 조금씩 줄여나가야 합니다.

2. 영생에 대한 질문

10:17, "예수께서 길에 나가실새 한 사람이 달려와서 꿇어 앉아 묻자오되 선한 선생님이여 내가 무엇을 하여야 영생을 얻으리이까"

예수님 당시에 세상에서 성공한 한 청년이 있었습니다. 이 사람은 젊은 나이에 부자가 되었고, 유대 사회에서도 인정받는 감투를 쓰고 있었습니다. 그는 종교에도 관심이 많아서 어떻게 해서든지 율법을 어기지 않고 부자가 되었습니다. 그러나 이 청년은 예수님이 말씀하시는 영생에 관심이 많았습니다. 그래서 하루는 예수님이 가까이 지나가신다는 말을 듣고 예수님에게 달려와서 무릎을 꿇고 앉아서 "선한 선생님, 내가 무엇을 하여야 영생을 얻겠습니까?" 라고 질문했습니다. 이 청년은 이 세상에서는 부족함 없이 살고 있었습니다. 그러나 그가 가장 자신이 없는 것은 자기가 영생의 세계에서도 성공한 사람일까 하는 것이었습니다. 그래서 예수님을 찾아와서 무릎을 꿇고 겸손하게 질문했던 것입니다.

그러나 예수님의 대답은 처음부터 이 청년의 기대와는 완전히 달랐습니다. 이 청년은 예수님이 아주 청빈하고 정의로운 분이라고 생각했습니다. 그러나 예수님은 이 청년에게 "네가 어찌하여 나를 선하다고 하느냐? 하나님 외에는 선한 분이 없느니라"고 하며 반박하셨습니다. 그러면 예수님은 결코 선하지 않은 분일까요? 그것은 아닙니다. 예수님은 선한 분이십니다. 예수님은 이 청년의 인간적인 생각에 대해 반박하신 것입니다. 그는 큰 죄를 짓지 않고 열심히 살아가는 것을 선하다고 생각했던 것입니다. 거기서 한 걸음 더 나아가서 예수님처럼 청빈까지 하다면 더 선하다고 생각했던 것입니다.

그러나 그것은 하나님 보시기에 선한 것과는 전혀 다른 것입니다. 이 청년은 예수님이 하나님의 아들이시란 사실을 모르고 있었습니다. 하나님 앞에서 선한 것은 자신의 삶이 하나님의 말씀에 정확하게 일치하는 것입니다. 우리의 인생을 하나님의 뜻에 정확하게 맞추는 것이 선한 것이라는 뜻입니다. 일반 사람들은 지도자의 청빈을 존경의 조건으로 생각합니다. 특히 종교 지도자들의 청빈은 국민이 그를 엄청나게 존경하게 만들고 우상시하게 됩니다. 그러나 하나님 앞에서 선한 것은 하나님과 예수님을 아는 것입니다. "영생은 유일하신 참 하나님과 그의 보내신 자 예수 그리스도를 아는 것이라"(요 17:3)고 했습니다. 그리고 우리가 자발적으로 하나님의 말씀에 순종하는 것입니다.

예수님은 이어서 이 청년에게 하나님의 계명을 잘 지켰는지 물어보셨습니다. 이 청년은 하나님의 계명은 어려서부터 잘 지켰다고 대답했습니다(20절). 과연 이 청년은 종교 생활도 열심히 했습니다. 그러나 그다음에 이 청년의 귀에는 마치 벼락을 치는 것 같은 예수님의 말씀이 떨어졌습니다. 예수님은 이 청년에게 이렇게 말씀하셨습니다.

10:21, "예수께서 그를 보시고 사랑하사 이르시되 네게 아직도 한 가지

부족한 것이 있으니 가서 네게 있는 것을 다 팔아 가난한 자들에게 주라 그리하면 하늘에서 보화가 네게 있으리라 그리고 와서 나를 따르라 하시니"

청년은 예수님의 이 말씀을 듣고 깊은 고민을 하면서 돌아갔다고 했습니다(22절). 이 청년만이 아니라 우리에게도 예수님이 이 말씀을 하셨다면 우리는 고민하기는커녕 예수님을 미친 사람이라고 하면서 돌아갔을지 모릅니다. 사람은 돈이 없으면 살아갈 수 없습니다. 거기에다가 사치하지 않고 열심히 일을 하면 돈을 모으게 되어 있습니다. 그런데 예수님은 이 청년에게 한 가지 부족한 것이 있다고 말씀하셨습니다. 우선 그는 예수님이 누구신지 몰랐습니다. 그리고 그는 자기가 언젠가는 죽어야 한다는 사실도 몰랐던 것입니다.

우리가 다른 것으로는 이해하기 어렵기 때문에 성공한 목회자의 예를 들어서 생각해 보겠습니다. 이분은 하나님의 일에 열정이 아주 많은 사람이었습니다. 그래서 그는 하나님께 서원한 대로 목회자가 되어서 천막에서부터 교회 사역을 시작했습니다. 그리고 '어떻게 하면 많은 사람을 모아서 목회에 성공할 수 있을까?' 생각해 보았습니다. 그래서 재미있는 설교를 하고 사람들에게 하나님을 믿으면 복을 많이 받고 모든 병이 다 치료된다고 강조했습니다. 그리고 헌금을 특히 강조했습니다. 예배당을 크게 지어야 교회가 더 부흥할 수 있기 때문입니다. 그래서 결국 교인들이 낸 헌금과 은행에서 빌린 돈으로 큰 예배당을 지었습니다. 큰 예배당을 짓고 많은 사람이 몰리는 것을 보고 사람들은 무엇인가 대단한 것이 있는가 보다 생각해서 더 많은 사람이 몰려들어 교인이 수만 명에 이르게 되었습니다. 그는 교회에 들어오는 헌금으로 병원도 세우고 학교도 인수하고 여러 기관에 기부도 많이 해서 세상으로부터 큰 관심을 끌게 되었습니다.

그런데 예수님은 그 목회자의 성공을 인정하지 아니하셨습니다.

왜냐하면 그 목회자는 처음부터 길을 들어설 때 말씀의 길로 가지 않고 이 세상의 길로 성공했기 때문입니다. 아마 예수님께서 그 목회자에게 네가 지금까지 목회한 것을 다 포기하고 새로 작은 교회를 개척해서 말씀만 가지고 다시 목회하라고 하신다면 그 사람은 근심할 것입니다. 그는 이미 자기가 성공했다고 생각하기 때문입니다.

우리는 차를 몰고 길을 갈 때 지리를 모르면서도 신나게 달릴 때가 있습니다. 그러나 아무리 달려도 목표한 곳이 나오지 않는다면 차를 돌려서 처음에 길을 잘못 든 곳으로 가서 다시 시작해야 합니다. 이처럼 우리가 영생에 들어가려면 더 중요한 것부터 먼저 바로 잡아 놓아야 합니다.

예수님께서는 이 세상에 많은 성공한 사람이 대부분 출발점부터 잘못되었기 때문에 영생에 들어가기가 어렵다고 말씀하셨습니다.

10:24-25, "제자들이 그 말씀에 놀라는지라 예수께서 다시 대답하여 이르시되 얘들아 하나님의 나라에 들어가기가 얼마나 어려운지 낙타가 바늘귀로 나가는 것이 부자가 하나님의 나라에 들어가는 것보다 쉬우니라 하시니"

제자들은 예수님의 이 말씀을 듣고 전부 놀랐습니다. 이것은 무엇을 말합니까? 예수님의 제자들을 포함해서 유대인들 거의 전부는 부자가 되는 것을 원하고 있었다는 것입니다. 그들에게 있어서 인생의 성공은 돈을 많이 버는 것이었고, 그것을 원하지 않는 사람은 아무도 없다는 뜻입니다. 낙타가 바늘귀로 나가는 것보다 더 어렵다고 했습니다. 낙타가 얼마나 큰 동물입니까? 그런 동물이 아주 조그만 바늘구멍을 통과한다는 것은 불가능합니다. 바늘구멍은 가느다란 실만 통과할 수 있습니다. 그것도 실에 침을 발라서 끝을 뾰족하게 해야 겨우 통과할 수 있습니다. 결국 낙타와 실의 문제입니다. 하나님의 영생이 바늘구멍이라면 나는 낙타가 될 것인지 실이 될 것인지를 생각해야 하는 것입니다.

이 말을 듣고 제자들은 놀라서 예수님에게 "그런즉 누가 구원을 얻겠습니까?" 라고 물었습니다. 그 당시 부자가 되고 싶어 하지 않는 사람은 아무도 없었기 때문입니다.

3. 하나님은 하실 수 있다

10:26, "제자들이 매우 놀라 서로 말하되 그런즉 누가 구원을 얻을 수 있는가 하니"

제자들은 예수님의 말씀에 매우 놀랐다고 했습니다. 제자 중에서 부자가 되기 싫은 사람은 아무도 없었기 때문입니다. 우리는 돈이 있어야 목회도 하고 선교도 하고 신학교도 운영할 수 있다고 생각합니다. 사실 예수님은 그 부자 청년을 사랑하셨다고 했습니다. 예수님은 그 청년에게 부자보다 더 큰 것, 말씀의 종이 되기를 바라셨던 것입니다. 이 청년은 아직 자기가 젊으므로 죽음에 대하여 생각하지 않고 있었습니다. 그러나 그가 죽으면 아무것도 가지고 가지 못할 것입니다. 이 청년은 천국의 입구 주위에서만 맴돌고 있지 그 안에 들어가려고 하지 않았던 것입니다. 돈에 대한 애착을 포기할 수 없었기 때문입니다.

부자는 자기가 살아있을 때만 인정받고 큰소리를 치지만, 죽고 난 후에는 아무도 알아주지 않습니다. 특히 그는 죽을 때 어느 것 하나 가지고 가지 못합니다. 서양 사람들은 사람들이 죽으면 눈 위에 돈을 올려놓습니다. 이것은 죽음의 바다를 건너갈 때 뱃삯으로 내라는 뜻입니다. 예수님은 결론으로 사람의 힘으로는 영생에 들어갈 자가 한 사람도 없지만, 하나님은 낙타로 하여금 바늘구멍을 통과하게 할 수 있다고 하셨습니다.

무엇이 낙타를 실로 변하게 할 수 있을까요? 하나님이 그 사람에게 말씀을 퍼부으시면 됩니다. 그러면 돈이라는 것은 대단한 것이 아니며 이 세상을 사는 수단의 하나에 불과하다는 사실을 깨닫게 될 것입니다. 그리고 돈을 많이 모으면 모을수록 돈에 대하여 무감각해지게 됩니다. 돈이 계속 들어오면 감사한 마음이 없어지고 자신이 돈의 지배를 받게 됩니다. 돈은 들어오는 것은 좋아하지만 나가는 것은 절대로 싫어하기 때문입니다. 이것을 이기지 못하면 낙타가 되는 것입니다. 그러나 돈에 대한 인색함을 이길 때, 즉 돈의 종이 아니라 주인이 될 때 이 사람은 낙타에서 실로 변하게 되는 것입니다. 인간에게 가장 중요한 것은 남을 사랑하는 것입니다. 그리고 사랑하는 것은 남에게 주는 것입니다.

이 말씀 후에 예수님의 제자들은 자기들은 어떻게 되느냐고 물었습니다. "우리가 모든 것을 버리고 주를 따랐습니다. 배도 버리고 그물도 버리고 직장도 버렸습니다." 그때 예수님은 그런 사람들은 이 세상에서도 백 배를 받고 모두 영생을 얻을 것이라고 말씀하셨습니다. 즉 주님을 위해서 버리면 더 가지게 된다는 것입니다. 그러나 예수님은 나중 된 자로 먼저 될 자가 많다고 하셨습니다(31절). 자기는 똑똑하고 잘 믿는다고 생각하는 동안에 새신자들이 나보다 더 믿음으로 앞질러 가버리는 것입니다. 그래서 이 믿음의 경기에서는 누구나 안심할 수 없습니다. 자꾸 더 믿음으로 사는 사람이 생기므로 옛날에 잘 믿은 것으로는 아무 소용이 없습니다. 지금 우리는 돈을 이겨야 하고, 돈의 주인이 되어야 합니다. 너무 돈에 인색하지 마시고 남에게 주는 것을 좋아해야 영생의 자녀가 될 수 있습니다.

29

그리스도의 짐

막 10:32-52

헤밍웨이가 쓴《누구를 위하여 종은 울리나》를 보면 산 위쪽에 있는 다리를 끊기 위해서 과다라마 산맥의 어느 계곡에 미국 교수 출신의 로버트가 무거운 다이너마이트를 매고 찾아옵니다. 프랑코의 파쇼당 쪽에서는 수많은 탱크와 군인들을 보내는데, 그 다리를 통과하는 길 외에는 다른 길이 없었습니다. 그때 로버트가 짊어진 다이너마이트의 짐은 너무 무거웠습니다. 그에게 이미 총공격의 정보가 누설되었고, 수많은 프랑코의 군대가 이동하는 것을 보고 공격은 실패라는 전갈을 보내지만, 게릴라군 장군은 그 말을 듣지 않았습니다. 그래서 로버트는 그 무거운 다이너마이트를 지고 가서 다리 밑에 설치해 놓고, 탱크와 군인들을 실은 트럭들이 다리로 몰려올 때 터트리려는데 폭탄이 터지지 않았습니다. 그래서 그는 다시 선을 연결해서 스위치를 누르자 다리가 폭발하면서 탱크와 군대는 다리를 건너가지 못합니다. 그러나 그 폭발로 그를 돕던 집시 한 명이 철근에 깔려 죽고 로버트 일당은 모두 말을 타고 도망을 치는데, 대포가 터지는 바람에 로버트도 말에 깔려서 다리가 부러지고 도망치지 못하고 죽게 됩니다.

식구들은 많은데 몸이 좋지 못한 가장은 식구들을 먹여 살려야 하고 자녀의 등록금까지 마련하고 결혼까지 시키려고 하면 매일 그 짐이 무거울 것입니다. 또 많은 직원의 생계를 책임지고 있는 사장은 경기가 어려워지고 직원에게 줄 월급이 없다면 그 짐 역시 대단히 무거울 것입니다.

예수님은 자신의 몸 안에 하나님의 나라를 가지고 오셨습니다. 그러나 하나님의 나라가 이 세상에 임하게 하려면 예수님의 그 몸이 찢기고 피를 흘려야 했습니다. 그뿐만 아니라 예수님은 모든 인간의 죄를 홀로 어깨에 다 짊어지고 십자가를 향해서 가야만 했습니다. 예수님은 시간이 가면 갈수록 어깨가 더 무거워졌습니다. 인간의 죄를 해결하고 하나님의 용서를 받을 수 있는 길은 예수님이 십자가 위에서 죽는 길 외에는 없었기 때문입니다. 마침내 예수님 혼자서 인류의 모든 죄를 다 짊어지고 갈보리 언덕으로 올라가야만 했습니다. 그가 그 십자가 위에서 죽는 순간 하나님의 진노는 끝나고 하나님의 나라가 이 세상에 임하게 되는 것입니다.

1. 인생의 가장 무거운 짐

사람마다 나름대로 무거운 짐을 지고 이 세상을 살아가고 있습니다. 학생이 그 무거운 가방을 어깨에 메고 학교나 학원에 다니는 것을 보면 공부가 무거운 짐이라는 것을 알게 됩니다. 옛날에는 사람들이 산에서 나무를 했는데 지게에 나무를 산더미만큼 쌓아서 장터에 팔러 가는 것을 보면 먹고사는 것이 무거운 짐이었습니다. 또 전쟁터에서 강한 군대를 가진 적군과 싸워서 나라를 지켜야 하는 장군은 무거운 짐을 느낄 것입니다. 그러나 인간이 진 어떤 짐도 예수님이 지신 짐에 비하면 비교할 수도 없게 가벼운 것입니다. 예수님은 예루살렘을 향하여 올라가시면서 제자들에게 자신을 기다리고 있는 것이 무엇인지 분명하게 말씀하셨습니다.

10:32-34, "예루살렘으로 올라가는 길에 예수께서 그들 앞에 서서 가시는데 그들이 놀라고 따르는 자들은 두려워하더라 이에 다시 열두 제자를 데리시고 자기가 당할 일을 말씀하여 이르시되 보라 우리가 예루살렘에 올라가노니 인자가 대제사장들과 서기관들에게 넘겨지매 그들이 죽이기로 결의하고 이방인들에게 넘겨 주겠고 그들은 능욕하며 침 뱉으며 채찍질하고 죽일 것이나 그는 삼 일 만에 살아나리라 하시니라"

예수님은 자신의 안팎으로 아주 무거운 짐을 지고 계셨습니다. 예수님은 세상 죄를 전부 다 혼자 지고 예루살렘으로 올라가셨습니다. 그때 예수님의 표정이 너무 긴장되고 진지했기 때문에 제자들은 따라가면서도 놀랐고 굉장히 두려웠습니다. 예수님은 '내가 이번에 예루살렘에 올라가면 반드시 골고다 언덕에서 천국을 터트리고 모든 인간의 죄를 불사르고야 말겠다'는 의지가 확고했습니다. 그런데 예수님은 이미 세 번째 이 말씀을 제자들에게 하신 것이었습니다. 이것은 예수님이 고난받고 죽으시는 것은 단순한 예측이 아니라 확고한 결심임을 보여주는 것입니다. 이것은 오직 하나님의 아들 메시아 예수님만이 혼자 감당해야 하는 것이었습니다.

그래서 예수님은 제자들에게 계속 이 말씀을 하셨습니다. "우리가 예루살렘에 올라가면 영광과 명예와 벼슬이 기다리고 있는 것이 아니다. 내가 유대인 지도자들에게 붙들리고, 그들은 나를 죽이는 결정을 내리고 이방인인 로마 군인의 손에 넘겨질 것이다. 그들은 나에게 침 뱉고 채찍질하고 십자가에 못 박아 죽일 것이지만 나는 사흘 만에 다시 살아날 것이다."

왜 예수님은 시간이 날 때마다 제자들에게 자신의 고난과 죽음에 대하여 말씀하셨을까요? 지금 세상은 전쟁이 터지기 일보 직전과 같았기 때문입니다. 이 전쟁은 하나님과 인간의 전쟁이고, 천사와 사탄의 전쟁이고, 나라와 나라 사이의 전쟁입니다. 그러나 예수님이 십자가에 매달려서 하나님의 말씀에 죽음으로 순종할 때 전쟁은 터지지 않게 되는 것입니다. 즉 하나님의 심판은 세상 끝날까지, 마지막 한 사람을 구원할 때까지 지속되는 것입니다. 그러나 이때 제자들은 예수님의 죽으심에는 관심이 없고 오로지 누가 더 높은 자리에 올라가느냐 하는 것에만 신경을 쓰고 있었습니다.

예수님이 자신의 미래 일을 알고 계셨던 것은 우리 모두의 미래를 알고 계시기 때문입니다. 우리는 이 세상에서 나름대로 살다가 죽을 것입니다. 그리고 오래 살고 유명하고 돈을 많이 번 사람들은 성공했다고 칭찬할 것입니다. 그러나 우리 모든 인간을 기다리고 있는 것은 무서운 죄의 심판이고, 우주의 쓰레기를 태우는 지옥에 들어가서 타야 하는 운명입니다. 우리는 이 상태로는 하나님 나라에 들어갈 수 있는 자가 한 사람도 없었습니다.

예수님의 십자가 죽음 외에는 우리에게는 아무 소망이 없는 상태였습니다. 예수님은 자신이 예루살렘에서 당할 일을 분명히 알고 계셨습니다. 대제사장과 유대 지도자들은 예수님을 체포해서 죽이는 결정을 내리고 로마 군인들에게 넘겨주면 그들은 십자가에 못 박아 죽일 것입니다. 그때 비로소 예수님의 피를 통해서 천국이 쏟아져 나오고, 인간의 죄는 다 태움을 받게 됩니다. 그러나 예수님은 예루살렘에 가면 갈수록 이 짐이 점점 더 무거워지고 부담되는 것을 느끼셨습니다.

그러나 제자들은 예수님이 하시는 이 말씀을 이해하지 못했습니다. 그들은 모두 예수님이 이상한 말씀을 하신다고 생각했고 두려워했습니다. 그 대신 제자들은 서로 높은 자리를 차지하려고 서로 다투고 있었습니다. 그래서 예수님의 짐은 시간이 갈수록 더 무거워졌습니다. 나중에 예수님은 십자가를 지고 가면서 그 짐이 너무 무거워서 자꾸자꾸 쓰러지셨습니다.

2. 예수님의 오른쪽과 왼쪽

옛날에 왕이 정치를 할 때 보통 오른쪽 자리에 왕의 장자를 세웠습니다. 그리고 왼쪽에는 왕비가 앉는 경우도 있고 총리나 부총리가 서거나 앉아서 왕에게 조언하기도 했습니다. 이때 예수님의 제자들은 예수님이 무슨 말씀을 하셔도 듣지 않았습니다. 제자들이 보기에 예수님은 예루살렘에 가시면 무조건 왕이 되실 것인데, 그들에게 중요한 것은 그때 누가 예수님 옆의 자리를 맡느냐 하는 것이었습니다. 예수님은 이렇게 싸우는 제자들 사이에 어린아이를 세우고 너희가 어린아이같이 되지 않으면 천국에 들어가지 못한다고 강조하시고 높은 자는 낮아져야 한다고 말씀하셔도 제자들은 듣지 않았습니다.

이때 다른 제자들보다 높은 자리를 새치기하려는 제자들이 있었습니다. 그들은 바로 세베대의 아들 야고보와 요한이었습니다. 다른 성경에 보면 이들의 어머니까지 와서 예수님께 부탁한 것을 볼 수 있습니다(마 20:20). 이들은 예수님께 와서 "선생님, 우리들이 요구하는 것을 들어주시기 바랍니다"라고 요청했습니다. 그래서 무엇이냐고 물으시니까 이 두 제자는 "주님의 영광 중에 우리 하나는 주의 오른편에, 다른 하나는 주님의 왼편에 앉게 해 주십시오"라고 부탁했습니다. 이 말은 우리(야고보와 요한)를 예수님 옆에 있는 제일 높은 자리에 앉게 해 달라는 것이었습니다.

그러자 예수님은 야고보와 요한에게 "너희가 내가 받는 잔을 마실 수 있으며 내가 받는 세례를 받을 수 있겠느냐?"고 물어보셨습니다. 야고보와 요한은 예수님의 이 말씀을 너무 쉽게 생각했습니다. 아니,

예수님이 포도주를 마시는데 우리가 그 잔을 못 마실 것이 뭐가 있으며, 예수님도 세례를 받으셨는데 우리도 한 번 더 세례를 받지 못할 것이 뭐가 있느냐고 생각했습니다. 그래서 야고보와 요한은 예수님께 "우리는 얼마든지 예수님의 잔을 마시며 얼마든지 예수님의 세례를 받을 수 있습니다"라고 대답했습니다.

그러나 이때 예수님이 말씀하신 '잔과 세례'는 비유입니다. 이것은 바로 십자가의 고통을 말하는 것이며, 하나님의 지옥의 진노를 말하는 것입니다. 잔은 속으로 마시는 것이고, 세례는 겉에 부어지는 것입니다. 예수님의 속은 하나님의 진노로 타들어 갔으며, 예수님의 겉은 태양의 열기와 채찍질과 가시관과 십자가의 피로 범벅이 되었습니다. 만일 예수님께서 그들의 요구를 들어주셨더라면 한 사람은 예수님의 오른편에, 다른 한 사람은 예수님의 왼편에서 십자가에 못 박혀 죽어야 했을 것입니다.

그러나 예수님은 그들의 요구를 거절하셨습니다. 그들은 예수님과 함께 죽는 것이 아니라, 살아서 예수님의 복음을 지키고 전해야 했기 때문입니다. 그래서 예수님은 "너희가 내 잔을 마시고 내 세례를 받을 수 있겠지만, 내 옆에 앉는 것은 내가 정하는 것이 아니요 내 아버지 하나님께서 정하시는 것이라"고 말씀하셨습니다. 즉 주님을 위하여 가장 많이 희생한 사람들 순으로 예수님 옆에 앉게 된다는 뜻입니다. 목 베임을 당하거나 채찍질을 당하거나 침 뱉음을 당하거나 고문을 당하거나 고통 중에서도 끝까지 주님을 찬양하고 굶으면서도 신앙을 버리지 않는 사람들이 예수님 가까이에 앉게 되는 것입니다. 실제로 야고보는 예수님이 부활하신 후 예수님의 제자 중에서 가장 먼저 목 베임을 당했습니다. 야고보는 자신의 세례를 받았습니다. 그러나 요한은 오래오래 죽지 않고 살았습니다. 그는 밧모섬에 유배갔다가 살아서 돌아왔습니다. 그는 자신에게 주어진 잔을 다 마셨습니다.

그런데 다른 제자들이 야고보와 요한의 이 말을 듣고는 그들이 자기 자리를 새치기한다고 생각해서 야고보와 요한에게 화를 내었습니다. 그때 예수님은 세상 나라와 하나님의 나라는 다르다고 말씀하셨습니다. 세상에서는 높은 사람이 낮은 사람에게 시키고 그들 위에서 군림하지만, 천국에서는 큰 자는 섬기는 자가 되고 으뜸이 되려고 하는 자는 종이 되어야 한다고 말씀하셨습니다.

천국에서 가장 위대한 사람은 어머니처럼 희생과 사랑을 아낌없이 베푸는 사람입니다. 그러면서 예수님은 자신이 이 세상에 오신 목적을 말씀하셨습니다.

10:45, "인자가 온 것은 섬김을 받으려 함이 아니라 도리어 섬기려 하고 자기 목숨을 많은 사람의 대속물로 주려 함이니라"

예수님은 정복자로 이 세상에 오신 것이 아니라 우리를 도와주고 섬기기 위해서 오셨습니다. 예수님은 자신을 대속물로 주시려 오셨다고 했는데, 이 대속물은 인질의 값을 말하는 것입니다. 죄의 노예가 된 우리에게 예수님은 자기 생명을 인질의 값으로 주셔서 우리를 자유케 하려고 오신 것입니다.

3. 메시아를 부르는 소리

이제 예수님이 예루살렘에 거의 가까이 오시게 되었습니다. 예수님은 예루살렘 가까이에 있는 여리고까지 오셨습니다. 그러나 여전히 많은 사람이 예수님을 따라오고 있었습니다. 그때 여리고에 바디매오라는 한 맹인이 있었습니다. 그는 주위에 많은 사람이 지나가는 소리가 들리기에 옆에 있는 사람에게 무슨 일이냐고 물어보았습니다. 그때 옆에 있는 사람이 '나사렛 예수가 지나가는 소리' 라고 했습니다.

이 말을 듣자마자 그는 자기 젖 먹던 힘까지 다해서 "다윗의 자손 예수여, 나를 불쌍히 여기소서"라고 소리를 질렀습니다. 그러니까 주위에 있는 사람이 '예수님이 지나가시는데 왜 거지가 소리를 지르는 것이냐?' 고 하면서 그를 꾸짖었습니다. 그랬더니 그는 더 큰 소리로 "다윗의 자손 예수여, 나를 불쌍히 여기소서"라고 외쳤습니다.

10:48, "많은 사람이 꾸짖어 잠잠하라 하되 그가 더욱 크게 소리 질러 이르되 다윗의 자손이여 나를 불쌍히 여기소서 하는지라"

그런데 여기서 맹인이 한 말의 비밀은 "다윗의 자손"입니다. 이것은 메시아의 숨은 별명입니다. 구약성경에서는 앞으로 메시아가 오시면 맹인의 눈을 뜨게 하실 것이라고 했습니다. 이 맹인 바디매오는 예수님을 메시아로 믿었고, 메시아가 맹인의 눈을 뜨게 한다는 말을 들었습니다.

예수님은 다윗의 자손이라는 말을 듣고 그를 데리고 오라고 하셨습니다. 예수님은 자기 짐도 무거운데 맹인의 짐까지 지려고 하셨습니다. 이때 바디매오는 예수님이 자기를 부르신다는 말을 듣고 겉옷과 자리와 깡통과 모든 것을 버려두고 예수님이 계신 곳으로 달려갔습니다. 예수님은 이 맹인에게 무엇을 해주기를 원하느냐고 물으셨습니다. 그는 조금도 주저하지 않고 "보기를 원합니다"라고 대답했습니다. 이 사람은 예수님이 물으실 때 대답할 것을 준비하고 있었습니다. 이때 예수님은 그 자리에서 "가라. 네 믿음이 너를 구원하였느니라"라고 하시니까 그 자리에서 그 맹인의 눈이 뜨이게 되었습니다.

이 맹인 바디매오는 예수님이 다윗의 자손 메시아인 것을 믿었고, 자신이 요구할 것을 준비하고 있었습니다. 이것은 메시아가 오셔서 하실 일과 성경에도 일치하는 것이었습니다. 우리는 예배드리러 나올 때마다 예수님이 무엇을 원하느냐고 물으시면 대답할 말을 준비하고 있어야 합니다. 이때 맹인의 눈을 뜨게 하는 분은 무거운 짐을 지신 메시아였습니다. 그러나 사람들은 맹인이 눈을 뜬 것만 신기하게 바라봤지 예수님에 대해서는 관심이 없었습니다.

예수님은 무거운 짐을 지고 예루살렘에서 골고다까지 가셔서 스위치를 누르셨습니다. 그런데 왜 이 땅에는 평화가 없고 교인들은 병에 시달리고 전 세계에 코로나는 기승을 부르고 있을까요? 예수님이 이미 대속제물이 되시고 자신의 잔을 다 마시고 자신의 세례를 다 받으셨지만 우리는 아직 예수님을 잘 믿지 못하기 때문입니다. 우리는 세상의 기준으로 성공을 자꾸 달라고 요구하고 있습니다. 우리에게는 천국 문이 활짝 열려 있습니다. 그러나 우리는 세상에서 더 잘되기를 바라고 세상이 발전하기를 원하고 있습니다. 우리는 세상과 천국을 다 가지기를 원하는 것입니다. 이것은 예수님이 원하시는 것이 아닙니다. 물론 우리는 이 세상에서도 병이 심하거나 환란이 있을 때 기도해야 합니다. 그러나 우리는 저 영원한 천국에서 예수님의 잔치에 참여할 것을 생각해야 합니다. 우리가 감히 예수님의 오른쪽과 왼쪽에 앉을 수는 없을 것입니다. 그러나 교회에서나 세상에서 아버지 같은 사람보다는 어머니 같은 사람이 더 위대합니다. 우리가 어머니만 생각하면 눈물이 나는 것은 그의 사랑과 그의 수고가 너무나도 절대적이고 희생적이기 때문입니다.

무조건 짐을 지신 분이 있으면 예수님의 십자가에 그 짐을 내려놓으시기 바랍니다. 질병의 무거운 짐, 가난의 무거운 짐, 직장의 무거운 짐들을 예수님의 십자가 아래 내려놓으시기 바랍니다. 예수님은 "수고하고 무거운 짐 진 자들아 다 내게로 오라 내가 너희를 쉬게 하리라" 고 말씀하셨습니다. 높은 자리를 탐내어 싸우지 마시고 스스로 낮은 자리를 찾아가시는 성도들이 다 되시기 바랍니다.

30

어린 나귀를 타심

막 11:1-14

인류의 조상 아담이 금지된 열매를 따 먹음으로 이 세상에 무서운 죄 바이러스가 들어오게 되었습니다. 그래서 모든 인간은 이 병에 감염되어 태어나기 때문에 한 사람도 빠짐없이 다 죽게 되었습니다. 그런데 예수님이 바로 이 죽음이라는 병을 고치는 백신을 만들기 위하여 이 세상에 오셨습니다. 이 죽음이라는 백신이 만들어지려면 죄가 전혀 없는 사람의 피가 있어야 했습니다. 그리고 이 피는 지옥에서도 인정받고 하나님 앞에서도 인정받아야 했습니다. 예수님은 이 피를 가지신 유일하신 분이셨습니다. 이제 예수님은 오늘 본문에서 이 바이러스 백신을 만들기 위하여 예루살렘에 들어가시게 됩니다.

1. 새끼 나귀를 타심

11:7, "나귀 새끼를 예수께로 끌고 와서 자기들의 겉옷을 그 위에 얹어 놓으매 예수께서 타시니"

예수님은 겉으로는 다른 사람들과 전혀 다른 점이 보이지 않았습니다. 그러기 때문에 성경에는 예수님에 대한 흔적을 남겨 놓으셨습니다. 그 하나는 예수님이 맹인을 보게 하시고 청각 장애인을 듣게 하시고 말하지 못하는 자를 노래하게 하시는 것이었습니다. 예수님께서는 여리고에서 앞을 보지 못하는 맹인 바디매오의 눈을 고쳐서 보게 해주셨습니다. 만일 유대인들이 조금이라도 성경을 믿었다면 맹인의 눈을 뜨게 하신 분은 무조건 하나님의 아들이심을 믿었을 것입니다. 그들은 모두 예수님 앞에 엎드려 "주여, 우리가 어떻게 하면 구원을 얻겠습니까? 우리는 당신이 하나님의 아들이신 것을 믿습니다"라고 해야 했습니다. 그러나 유대인들은 오직 눈에 보이는 것만 생각했습니다. 예수님은 스가랴서에 예수님 자신에 대한 흔적이 있는 것을 아셨습니다. 그것은 바로 그가 새끼 나귀를 타고 예루살렘에 입성하신다는 예언이었습니다.

슥 9:9, "시온의 딸아 크게 기뻐할지어다 예루살렘의 딸아 즐거이 부를지어다 보라 네 왕이 네게 임하시나니 그는 공의로우시며 구원을 베푸시며 겸손하여서 나귀를 타시나니 나귀의 작은 것 곧 나귀 새끼니라"

로마 군인들은 전쟁에서 승리한 후에 말을 타고 수도에 입성했습니다. 심지어 폼페이우스 같은 사람은 칼을 차고 성전 안의 성소에까지 들어가기도 했습니다. 그러나 유대인들은 나귀를 주로 사용했습니다. 나귀는 산지에서도 잘 걸어 다니고 힘이 좋아서 짐을 싣기에 편리했기 때문입니다. 그러나 스가랴 선지자는 이스라엘의 왕이 공의롭고 겸손해서 나귀 새끼를 타고 입성할 것이라고 예언했습니다. 그런데 일반적으로 사람들은 나귀는 타지만 나귀 새끼는 타지 않습니다. 나귀 새끼는 아무래도 힘이 없고 폼도 나지 않기 때문입니다. 그러나 예수님은 나귀 새끼를 타고 예루살렘에 입성하는 것이 메시아의 흔적이라는 것을 아셨습니다. 하지만 예수님은 나귀 새끼가 없으셨습니다. 예수님은 돈이 없어서 늘 걸어서 다니셨고 나귀도 타지 않으셨습니다. 예수님은 나귀나 나귀 새끼도 없으니까 어떻게 해야 합니까? 그러나 예수님은 나귀 새끼가 어디에 있는지 아셨습니다. 이것이 우리와는 다른 점입니다.

예수님은 감람산 근처 베다니와 벳바게로 가셨을 때, 제자들에게 건너편 마을에 가면 아무도 타 보지 않은 나귀와 나귀 새끼가 있을 것인데, 그 나귀 새끼를 끌고 오라고 하셨습니다. 그 나귀 새끼는 한 번도 사람이 탄 적이 없었습니다. 아마 너무 어렸기 때문에 아무도 타지 않았던 것 같습니다. 그러나 이 나귀 새끼는 예수님을 위하여 준비된 것이었습니다. 즉 사람의 손때가 전혀 타지 않은 깨끗한 짐승이었습니다. 그러나 이 어린 새끼 나귀가 어미를 떠나서 모르는 사람을 따라가려고 하겠습니까? 그리고 그 나귀의 주인이 모르는 사람들이 와서 자기 나귀 새끼를 끌고 가는데 가만히 있겠습니까? 그러나 예수님은 하나님을 믿고 하나님의 말씀대로 순종하면 모든 길이 열린다는 것을 믿으셨습니다.

제자들이 예수님의 말씀대로 건너편 마을에 가니까 나귀와 나귀 새끼가 매여 있었습니다. 그래서 나귀 새끼를 풀어서 오려고 하니까 새끼는 새끼대로 안 오려고 하고, 주인은 왜 남의 나귀 새끼를 끌고 가느냐고 물었습니다. 그때 제자들은 예수님이 시키신 말씀 그대로 "주님이 쓰시려고 하신다"고 하니까 나귀 새끼도 기쁨으로 따라오고 주인도 아무 소리 하지 않고 허락했습니다(2-3절).

예수님은 예루살렘에 죄와 싸우기 위해서 들어가셨습니다. 그러나 칼과 군대로 싸우시는 것이 아니라 평화와 겸손으로 싸우러 들어가셨던 것입니다. 예수님은 아주 낮은 나귀 새끼를 타고 들어가셨습니다. 나귀 새끼는 비틀거렸지만 온 힘을 다해서 예수님이 넘어지지 않도록 버티었습니다. 우리가 과연 평화로 폭력을 이길 수 있을까요? 우리는 과연 겸손으로 거만한 자들을 이길 수 있을까요? 예수님이 이기시면 우리도 이기는 것입니다. 그러나 우리는 하나님의 말씀을 믿어야 합니다. 우리가 예수님처럼 하나님의 말씀을 믿고 나가면 모든 일이 해결될 것입니다.

2. 환호하는 무리들

무엇보다 먼저 어떻게 해서 나귀 새끼가 어미와 떨어져서 모르는 사람들을 따라왔고, 또 그 주인은 주님이 쓰신다는 말씀 한마디에 나귀 새끼를 빌려주었을까요? 그것은 바로 그날 사람들은 몰랐지만 성령의 강한 역사가 있었기 때문입니다. 이때 성령의 강한 역사가 임하면서 사람들은 예수님을 큰 소리로 영접하게 되었습니다.

11:8-9, "많은 사람들은 자기들의 겉옷을, 또 다른 이들은 들에서 벤 나뭇가지를 길에 펴며 앞에서 가고 뒤에서 따르는 자들이 소리 지르되 호산나 찬송하리로다 주의 이름으로 오시는 이여"

그래서 사람들은 자기도 모르게 예수님이 앉으신 나귀 새끼에 자기 겉옷을 벗어서 깔고, 들에서 벤 나뭇가지를 길에 깔았습니다. 그리고 그들은 가까운 곳에 있는 종려나무 가지를 꺾어와서 "호산나 찬송하리로다 다윗의 나라여 가장 높은 곳에서 호산나"라고 소리를 지르고 예수님을 환영하기 시작했습니다. "호산나"는 '우리를 구원하소서'라는 뜻입니다. 이들이 왜 그렇게 했을까요? 그들은 알지 못했지만 이상하게 그렇게 하고 싶었던 것입니다. 그 이유가 무엇일까요? 그날 성령의 바람이 워낙 강하게 불고 있었기 때문입니다. 그래서 사람들은 감히 예수님을 조롱하거나 비웃지 못했습니다. 그들은 정말 자기 왕을 환영하듯이 겉옷을 벗어서 땅에 깔았습니다. 그렇게 예수님은 사람들이 입고 다니던 겉옷, 땀 냄새가 나고 떨어지기도 한 겉옷 위를 나귀를 타고 들어오셨던 것입니다.

헨델의 〈메시아〉를 보면 '문들아 고개 들어라' 라는 찬양이 나옵니다. 이것은 예수님께서 예루살렘 성에 입성하시는 장면을 노래한 것입니다. "그는 전쟁에 능하시며 싸움에 강하신 분" 이라고 노래하고 있습니다. 예수님은 정말 강하고 싸움에 능하신 분입니다. 그러나 단 한 번 예루살렘에 입성하실 때는 나귀 새끼를 타고 입성하셨습니다. 그 이유는 우리를 살릴 수 있는 백신을 만들어야 했기 때문입니다. 그래서 예수 믿는 것은 영생의 백신 주사를 맞는 것입니다. 이 백신은 전혀 부작용이나 실패가 없습니다. 제대로 맞기만 하면 영생을 얻게 됩니다.

예수님이 입성하실 때 예수님은 아이들에게 엄청나게 인기를 얻으셨습니다. 그래서 예루살렘의 어린이들이 거의 다 나오다시피 해서 "호산나 다윗의 자손으로 오시는 이여" 라고 소리 지르고 찬송했습니다.

그러나 대제사장은 사람들이 예수님을 환영하고 특히 어린이들이 열심히 예수님을 찬송하는 것을 보고 불만이 가득했습니다. 대제사장은 예수님을 대적했습니다. "그렇지 않아도 로마 군인들이 유대인들을 주목해서 보고 있는데, 이렇게 소란을 피우면서 성으로 들어오면 어떻게 하느냐? 그들이 의심하게 되면 우리는 다 죽는다" 고 경고했습니다. 그때 예수님은 이 어린이들이 소리치지 않으면 돌들이 소리를 칠 것이라고 대답하셨습니다. 어린이들은 만유의 주인을 찬송하고 있었습니다. 그러나 어른들이 로마를 겁내어서 어린아이들의 입을 다물게 하면 돌들이 가만히 있지 않을 것이라고 했습니다. 지금 예루살렘에 있는 돌들까지도 메시아의 오심을 기뻐하고 있었던 것입니다.

3. 잎만 무성한 무화과나무

예수님은 예루살렘에 입성하셔서 성전의 끔찍한 모습을 보셨습니다. 그 당시 예루살렘 성전은 유월절을 앞두고 가축 시장이 되어 있었습니다. 이 당시 성전에는 평생 한 번이라도 성전에서 제사드리기 위해서 그 먼 로마나 소아시아 북부, 아프리카 등지에서 백만 명이 넘는 사람들이 모여들었습니다. 그러나 그들은 그 먼 곳에서 제사드릴 소나 양을 끌고 올 수 없었으므로 예루살렘에서 그 짐승을 사야만 했습니다. 그리고 이방인의 돈을 하나님의 성전에 바칠 수 없었으므로 그들은 성전에 바치는 돈으로 환전해야만 했습니다. 그러나 이 모든 장사를 대제사장이 감독했던 것입니다. 그래서 이들은 성전 뜰에서 소나 양을 팔았고 비둘기도 팔았고 돈도 환전해 주었습니다. 이런 대가로 대제사장이나 성전 당국은 엄청난 돈을 벌었던 것입니다. 그들은 사람들에게 편의를 제공해준다는 핑계를 대었지만 실제로는 돈벌이를 했던 것입니다. 예수님은 성전에 들어가신 첫날에 이 모든 장면을 다 보셨습니다.

말라기 3장에 보면 "너희들이 사모하는 사자가 성전에 갑자기 임하시리니 그가 임하시는 날을 누가 당하며 그가 나타날 때 누가 감히 서리요 그는 금을 연단하는 불과 같이 임하시리라. 그는 표백하는 자의 잿물 같을 것이라"(1-2절)고 했습니다. 이 예언 그대로라면 예수님은 거기에 불을 내리셔서 장사하는 사람들을 다 태우시고 그들을 모두 빨래통에 넣어서 표백제로 희게 만드셔야 할 것입니다.

그러나 예수님은 이튿날 엄청난 말씀으로 책망하시면서도 하늘에서 불이 내리게 하시거나 그들을 모두 빨래통에 넣지는 않으셨습니다. 그들은 예수님을 죽여주어야 할 자들이었기 때문입니다. 예수님은 하나님의 말씀을 적용하셨지만 무조건 적용하지 아니하셨습니다. 예수님은 오직 십자가를 위하여 그 진노를 아끼셨습니다.

예수님이 예루살렘에 들어가신 이튿날 성전에 가시려고 길을 가시는데 너무나도 배가 고프셨습니다. 아마 예수님은 그곳에 들어오시면서 여러 끼를 먹지 않으신 것 같습니다. 그때 예수님의 눈앞에 멋지게 생긴 무화과나무가 보였습니다. 그리고 잎이 무성한 것이 예수님을 오시라고 초청하는 것 같았습니다. 그래서 예수님은 무화과나무에 무슨 열매가 있는가 하여 가보니까 열매가 전혀 없었습니다. 이 무화과나무는 지금의 예루살렘 성전과 똑같았습니다. 겉으로는 하나님의 이름을 팔면서 화려한 건물을 자랑하고 거창한 제사를 드리고 있었지만 그 안에는 참된 열매가 단 하나도 없었던 것입니다.

11:14, "예수께서 나무에게 말씀하여 이르시되 이제부터 영원토록 사람이 네게서 열매를 따 먹지 못하리라 하시니 제자들이 이를 듣더라"

예수님은 거기서 당장 그 나무를 향해 "이제부터 영원토록 사람이 네게서 열매를 따 먹지 못하리라"고 저주하셨습니다. 그리고 실제로 그다음 날 아침에 보니 그 무화과나무는 뿌리째 말라 죽어 있었습니다(20절). 사람들은 예수님이 너무 심하셨다고 말하기도 합니다. 왜냐하면 이때는 무화과를 딸 시기도 아니고 또 예수님이 배가 고프셨다고 해서 무화과나무를 저주하신 것은 너무 심하신 것이 아니냐는 것입니다.

그러나 예수님이 타신 새끼 나귀는 준비되어 있었습니다. 그 새끼 나귀는 아무도 그 등에 타 본 적이 없었습니다. 그러나 그 무화과나무는 전혀 준비되어 있지 않았습니다. 비록 무화과를 딸 때는 되지 않았다 하더라도 어린 무화과 열매라도 있어야 했습니다. 예수님은 다 익은 무화과 열매가 아니더라도 어린 열매로도 충분히 만족하셨을 것입니다. 그러나 그 어린 무화과 열매도 없는 것을 보면, 이 나무는 열매를 맺지 못하는 나무였고 사람들을 속이는 나무였던 것입니다.

교회는 사람을 살려야 교회이지 자기만 자랑하는 교회는 교회가 아닙니다. 예수님은 싸움에 능하고 모든 전쟁에서 이기신 왕이십니다. 이분이 갈보리 언덕의 십자가에서 죽으심으로 그 깨끗한 피로 우리를 영원히 살리는 백신을 만드셨습니다. 예수님을 믿으면 영생을 얻습니다. 우리의 육신이 죽는 것은 우주를 여행하는 것과 같습니다. 그리고 우리는 지금보다 훨씬 넓고 빛나는 세상에서, 오염된 것이 하나도 없는 세상에서 또 살게 될 것입니다. 그때 우리가 무엇을 할지는 알 수 없습니다. 그러나 우리는 온 우주와 천국을 다니면서 하나님의 일을 할 것입니다.

얼마 전 신문에서 우주여행 한 번 하는데 312억 원이 든다는 기사를 봤습니다. 한 기업체 회장이 그 돈을 주고 뽑혔습니다. 그런데 명예 승무원이라고 해서 82세 된 할머니도 뽑혔습니다. 그 할머니는 40년 전에 우주선을 탈 사람들을 뽑았을 때 1등으로 뽑혔지만 여자라고 하여 또 비행기 조종사 경력이 없어서 탈락했었습니다. 그러나 이제는 드디어 뽑혀서 기쁨을 감출 수 없다고 했습니다. 우리가 죽는 것은 옷을 갈아입는 것밖에 되지 않습니다. 하나님을 믿으시고 또 예수님의 말씀을 믿으시기 바랍니다.

31

겨자씨 믿음

막 11:15-33

예수님은 최후의 죽음을 위하여 예루살렘에 올라가셨습니다. 예루살렘에 올라가실 때 성경 말씀을 이루기 위하여 나귀 새끼를 타고 입성하셨습니다. 이것은 예수님께서 성경의 모든 말씀을 다 이루신다는 것을 보여줍니다. 그래서 우리는 성경의 모든 말씀을 열심히 읽고 공부해서 내 말씀으로 만들어야 합니다. 그러면 우리의 인생은 하나님의 말씀처럼 성취되고 보배가 되는 삶이 될 것입니다.

예수님은 예루살렘에 올라가서서 대제사장이나 로마 총독을 만나지도 않으셨습니다. 가장 먼저 하신 일은 하나님의 성전을 방문하신 것이었습니다. 성전은 아버지의 집이고, 예수님이 열두 살 때 여기에 올라와서 율법 학자들과 성경 토론을 벌인 추억도 있으셨기 때문입니다(눅 2:41-52).

그러나 예수님이 예루살렘 성전에 올라가 보니까 그 거룩한 성전은 장사하는 곳으로 변해 있었습니다. 즉 전 세계에서 많은 유대인이 하나님께 제사 드리러 오니까 대제사장과 성전 관리인들은 그들의 편의를 돕는다는 미명으로 성전 뜰에서 제사에 필요한 소와 양과 염소나 비둘기를 팔고 돈도 환전해 주고 있었습니다. 우리가 보기에 이것은 큰 잘못이 아닌 것 같습니다. 대제사장은 먼 곳에서 오는 유대인들의 편의를 제공하기 위하여 제사에 필요한 제물을 팔고 또 환전을 해 주었던 것입니다. 그리고 그것은 다른 사람들이 관여할 일도 아니었습니다. 문제는 예수님이 하나님의 아들이라는 데 있었습니다. 아들은 아버지의 집이 장사하는 집으로 변한 것에 대해 엄청나게 분노하셨습니다. 그래서 예수님은 노끈으로 채찍을 만들어서 짐승들을 내쫓으시고 환전하는 사람들의 상을 뒤집어엎으셨습니다.

1. 내 아버지의 집

예수님은 성전 뜰에서 장사하는 모습을 보시고 엄청나게 분노하셨습니다.

11:15-16, "그들이 예루살렘에 들어가니라 예수께서 성전에 들어가사 성전 안에서 매매하는 자들을 내쫓으시며 돈 바꾸는 자들의 상과 비둘기 파는 자들의 의자를 둘러 엎으시며 아무나 물건을 가지고 성전 안으로 지나다님을 허락하지 아니하시고"

우리는 예수님의 성품이 아주 온유하고 겸손하신 것으로 알고 있습니다. 그래서 예수님은 예루살렘에 입성하실 때도 나귀가 아니라 나귀 새끼를 타고 입성하셨습니다. 그러나 이 성전에서 예수님이 분노하신 모습은 결코 온유하고 겸손하신 것이 아니었습니다. 예수님은 소리를 지르시고 채찍을 만들어서 거기에 있는 동물을 때려서 성전 밖으로 내쫓으시고 비둘기를 파는 자들의 의자를 둘러 엎으시고 돈 바꾸는 사람들의 탁자를 뒤집어엎으셨습니다.

우리가 인간적으로 생각해 보면 거기서 장사하는 사람들이 크게 나쁜 짓을 하는 것 같지 않습니다. 이때 성전을 찾는 유대인들은 로마나 아프리카, 갑바도기아나 페르시아 같이 먼 곳에서 오는 사람들이 많았으므로 그 먼 곳에서 제사 드리기 위해 도저히 가축을 끌고 올 수 없었습니다. 그래서 그들은 예루살렘에 와서 소나 양을 사야 했고 성전에서 필요한 돈을 바꾸어야 했습니다. 성전에서 양이나 소를 팔고 환전을 해주면 제사 드리는 사람들이 시간도 절약되고 노력도 절약될 것입니다. 그리고 그들은 자기 마음대로 장사하는 것이 아니라 대제사장의 허락을 받아서 하는 것이고 또 그들에게 상당한 권리금을 주었던 것입니다. 그러나 예수님은 거기서 엄청나게 분노하셔서 장사하는 사람들을 다 내쫓으셨습니다. 그 이유가 무엇일까요? 성전은 바로 하나님의 집이었기 때문입니다.

예수님은 이렇게 말씀하셨습니다. "비둘기 파는 사람들에게 이르시되 이것을 여기서 가져가라 내 아버지의 집으로 장사하는 집을 만들지 말라 하시니"(요 2:16).

성전은 예수님의 아버지, 하나님의 집이었습니다. 하나님께서는 이 성전을 오랫동안 대제사장들과 레위인들에게 맡기셔서 관리하셨습니다. 그러나 대제사장이나 레위인들은 성전의 주인이 아니었습니다. 성전의 주인은 하나님이셨습니다. 대제사장이나 레위인들은 어디까지나 그 건물을 맡아서 관리하는 집사에 불과했던 것입니다. 그런데 드디어 그 집 아들이 성전에 오시게 되었습니다. 아들이 성전에 와 보니까 관리인들이 자기 마음대로 거기서 장사를 하고 있었습니다. 그리고 성전 뜰은 소와 양이 우는 소리 그리고 비둘기들이 날갯짓하는 소리로 가득했습니다. 장사하는 사람들은 주머니에 전부 돈을 가득 넣어서 흔들고 있었습니다. 대제사장이나 관리들은 성전을 장사하는 곳으로 만들었고, 엄청난 돈을 버는 장소로 타락시켰던 것입니다.

예수님은 성전을 '내 아버지의 집' 이라고 하심으로 자신이 누구신지 분명히 밝히셨습니다. 성전에서 채찍을 만들어 장사하는 사람들을 내쫓으시고 돈 바꾸는 자들의 탁자를 뒤집어엎을 수 있는 사람은 그 집 아들밖에 없었습니다.

예수님은 이렇게 말씀하셨습니다.

11:17, "이에 가르쳐 이르시되 기록된 바 내 집은 만민이 기도하는 집이라 칭함을 받으리라고 하지 아니하였느냐 너희는 강도의 소굴을 만들었도다 하시매"

하나님께서 성전을 대제사장이나 레위인들에게 맡기신 목적은 오직 만민이 하나님 앞에 나와서 기도하는 것을 돕기 위해서였습니다. 이 세상에서 하나님을 만나기 원하는 자들은 모두 이 성전에서 기도하면 되었습니다. 불치병이 든 자들이나 많은 빚이 있는 자들이나 혹은 억울한 일을 당하거나 하나님의 은혜를 받아서 감사하고 찬양하기 원하는 자들, 그리고 하나님의 말씀을 듣기 원하는 자들은 모두 성전에 와서 하나님께 기도함으로써 응답을 받았습니다.

하나님은 천 년이 넘는 기간 동안 아무 간섭도 하지 아니하시고 대제사장과 유대 관리들에게 성전을 맡기셨습니다. 그런데 그 집 아들이 갑자기 성전을 찾아오게 되었습니다. 그것은 물론 아버지께 기도하기 위해서였습니다. 그러나 예수님이 성전에 와보니까 자신도 기도할 수 없었을 뿐 아니라 아무도 기도할 수 없었습니다. 사람들이 기도할 그 자리를 짐승들이 다 차지하고 있었기 때문입니다. 예수님은 대제사장과 성전 관리인들을 강도라고 말씀하셨습니다. 그들은 외국에서 온 사람들에게 엄청난 바가지를 씌우고 그 돈을 방에서 나누어 가졌기 때문입니다.

성전은 오직 만민이 하나님을 만나기 위하여 기도하는 곳입니다. 특히 힘없는 사람들이 하나님께 나아와서 전쟁이 일어나지 않도록 기도하는 곳이었습니다. 예수님은 성전에 오셔서 십자가를 질 수 있는 힘을 달라고 하나님께 기도하고자 했습니다. 그러나 대제사장들과 성전 관리인들은 하나님의 허락도 받지 않고 완전히 난장판으로 만들어 놓고 돈 버는 데만 혈안이 되어 있었습니다. 성전은 결코 종교인들이 지배하거나 돈 버는 곳이 아닙니다. 그들은 자기 것도 아닌 성전을 마음대로 이용해서 돈을 버는 강도들이었던 것입니다.

사실 어느 곳이든지 장사하는 사람을 내쫓는다는 것은 쉬운 일이 아닙니다. 그러나 예수님은 아주 큰 소리로 "이곳은 너희들이 마음대로 장사할 수 있는 곳이 아니다. 모두 당장 이곳을 떠나라"고 했을 때 그 누구도 왜 장사를 방해하느냐고 대드는 사람이 없었습니다. 그날도 성전에는 강한 성령의 임재가 있었기 때문입니다.

예수님은 성전에서 기도하는데 두 부류가 있다고 하셨습니다. 한 사람은 바리새인입니다. 그들은 성전 앞쪽에 나와서 두 손을 들고 하나님 앞에 자기 자랑을 했습니다. "하나님, 저는 일주일에 세 번 금식하고 십일조는 빠짐없이 냅니다. 저는 매일 기도 시간을 지킵니다. 저는 저 형편없는 세리와 같지 않습니다."라고 기도했습니다. 그러나 다른 한 부류는 세리입니다. 그는 성전 앞에 감히 나오지도 못하고 성전 맨 뒤에서 두 손으로 가슴을 치면서 "하나님, 저는 죄가 많습니다. 저는 이번에도 또 죄를 지었습니다. 이 죄인을 용서해주시기 바랍니다."라고 기도했습니다.

예수님은 바리새인의 기도보다 세리의 기도가 더 의롭다고 칭찬하셨습니다. 아마 세리는 기도하면서 많은 눈물을 흘렸을 것이고, 또 그의 마음에는 많은 죄가 용서받은 시원함이 있었을 것입니다. 그러나 바리새인은 실컷 자기 자랑하고 난 후에 다른 사람의 결점을 물어뜯으려고 돌아다녔을 것입니다. 이렇게 종교를 이용해서 돈을 버는 사람은 강도입니다.

2. 겨자씨만 한 믿음

예수님은 아침에 성전으로 오실 때 배가 고파서 주위를 돌아보시다가 잎이 무성한 한 무화과나무를 보시고 열매가 맺혔는가 보러 가셨는데, 열매가 하나도 없는 것을 보시고 그 나무를 저주하셨습니다. 예수님은 이 무화과나무를 향해 "너는 다시 사람들에게 열매를 주지 못할 것이다"라고 저주하셨습니다. 그런데 제자들이 성전에서 나와서 베다니로 가다 보니까 그 저주하신 무화과나무가 잎도 죽어 있었고 뿌리조차 말라 있었습니다. 예수님의 말씀 한마디에 그 나무는 죽어 있었던 것입니다. 베드로는 이 모습을 보고 예수님에게 말씀드렸습니다.

11:21, "베드로가 생각이 나서 여짜오되 랍비여 보소서 저주하신 무화과나무가 말랐나이다"

베드로가 이 말을 한 이유는 나무가 사람의 말을 알아듣는 것이 아니기 때문입니다. 아무리 주인의 말을 잘 알아듣는 개라 하더라도 주인이 '죽어!' 라고 했다고 죽을 개는 없을 것입니다. 그러나 예수님의 말씀에 사람의 말을 알아들을 수 없는 나무가 완전히 말라 죽어 있었습니다.

예수님은 제자들에게 왜 이 나무를 저주했는지 말씀하시지 않았습니다. 그러나 이 나무는 사실 사람을 속이는 나무였습니다. 잎만 무성해서 겉으로 보기에는 대단한 무엇인가 있는 것처럼 보였지만 실제로는 전혀 열매를 맺지 않는 나무였기 때문입니다. 그러나 예수님이 말씀하신 교훈은 말씀의 능력이었습니다. 예수님의 말씀은 불가능한 것이 없습니다.

11:22-23, "예수께서 그들에게 대답하여 이르시되 하나님을 믿으라 내가 진실로 너희에게 이르노니 누구든지 이 산더러 들리어 바다에 던져지라 하며 그 말하는 것이 이루어질 줄 믿고 마음에 의심하지 아니하면 그대로 되리라"

참 어려운 말씀입니다. 예수님은 우리가 기도할 때 무엇이든지 기도하고 의심하지 않으면 그대로 이루어진다고 말씀하셨습니다.

언젠가 한 번 제 친구 아버지가 말기 암에 걸려서 배에 복수가 차고 위독했습니다. 그 친구가 전도사인 저에게 찾아와 기도해 달라고 부탁했습니다. 그래서 집에 가서 기도해드리고, 또 그 동생과 친구를 데리고 관악산에 올라가서 밤새도록 기도했습니다. 그리고 저는 친구에게 너희 아버지의 암이 나을 것이라고 이야기했습니다. 그런데 이틀 뒤 그 친구로부터 아버지가 돌아가셨다는 소식을 듣게 되었습니다. 저는 그때 굉장히 실망하고 낙심했습니다. 저는 틀림없이 믿고 의심하지 않고 기도했는데 하나님은 내 기도를 들어주시지 않았기 때문입니다.

저는 낙심하던 중에 로이드 존즈의 로마서 강해 시리즈를 보게 되었습니다. 그 책을 읽다가 그와 똑같은 내용을 보게 되었습니다. 어떤 선교사가 선교를 떠나면서 조카를 데리고 가려고 했는데, 조카가 그만 병에 걸렸습니다. 그래도 그 선교사는 기도하고 의심하지 않으면 하나님께서 다 들어주신다고 믿고 출발했는데 그 조카는 배에서 죽어버렸습니다. 그러면서 그분은 신념과 믿음은 다르다고 강조했습니다. 신념은 내가 할 수 있는 것을 믿는 것이고, 믿음은 하나님이 하실 수 있는 것을 믿는 것이라고 설명했습니다.

우리는 기도에 응답받는 것이 결코 쉬운 일이 아니라는 것을 알아야 합니다. 그런데 예수님은 "하나님을 믿으라"고 말씀하셨습니다. 하나님을 믿는다는 것은 '말씀을 깨우는 것'과 같은 것입니다. 하나님의 말씀대로 살다 보면 끼니를 이을 수 없을 정도로 가난해지고 도저히 살 수 없는 어려움을 만나게 될 때가 있습니다. 그때 하나님의 말씀을 죽을 각오를 하고 믿으면 말씀이 깨어나게 됩니다. 그리고 이상하게 일용할 양식이 주어지면서 그때부터 기도가 잘 응답되게 됩니다. 놀라울 정도로 기도가 이루어지게 됩니다. 나중에는 교회 부흥도 일어나게 됩니다. 오늘 많은 사람이 교회를 떠나는 이유는 바로 이 응답되는 기도와 진정한 부흥을 체험하지 못했기 때문입니다.

예수님은 제자들에게 심지어 이 산이 들리어 바다에 빠지라 해도 그대로 될 것이라고 하셨습니다. 우리가 기도하면 사회를 누르고 있던 독재와 관습과 악행들이 쪼개어지고 하나님과 연결되는 육지가 생기는 것입니다.

그런데 마태복음 17장 20절에 보면 예수님은 "너희 믿음이 작은 까닭이니라 진실로 너희에게 이르노니 만일 너희에게 믿음이 겨자씨 한 알 만큼만 있어도 이 산을 명하여 여기서 저기로 옮겨지라 하면 옮겨질 것이요 또 너희가 못할 것이 없으리라"고 말씀하셨습니다.

도대체 겨자씨 한 알만한 믿음이 얼마만 한 것입니까? 겨자씨는 크기가 좁쌀만 합니다. 그러면 우리는 모두 좁쌀만 한 믿음도 없다는 뜻입니까? 도대체 큰 믿음은 큰 바위만 한 믿음일까요? 우리는 어떻게 해서 겨자씨만 한 믿음도 없어서 작은 어려움에 쩔쩔매고 있는 것일까요? 우리는 왜 우리의 기도가 잘 응답되지 않는지 깊이 생각해 보아야 합니다. 우리가 겨자씨만 한 믿음을 가지려고 하면 잘못된 교회의 의식과 전통을 버려야 합니다. 그리고 오직 하나님의 말씀에 목숨을 걸고 매달려야 합니다. 그러면 우리에게 겨자씨만 한 믿음이 생깁니다. 그리고 지속적으로 기도에 힘쓰면 오순절에 임한 세상을 뒤엎는 성령의 능력이 나타나는 것입니다.

3. 예수님의 정체

이제 드디어 대제사장과 서기관들과 바리새인들이 예수님을 성전에서 만나서 "당신은 무슨 권세로 성전에서 장사하지 못하게 하느냐? 누가 당신에게 그런 권세를 주었느냐?" 고 따졌습니다. 예수님은 그들의 질문에 대답하시기 전에, 먼저 하나님이 보내신 선지자 세례 요한의 사역에 대해 그들이 어떻게 평하는지 질문하셨습니다. "세례 요한은 회개하는 사람들에게 물로 세례를 주었는데, 그 권세는 누가 준 것이냐? 하나님이 주신 것이냐, 자기 마음대로 준 것이냐?"

그때 대제사장과 유대 지도자들은 당황해하면서 서로 의논했습니다. 하나님이 주셨다고 하면 "왜 너희들은 세례 요한의 말을 믿지 않았느냐?" 고 반문할 것이고, 자기 마음대로 주었다고 하면 백성이 세례 요한을 선지자로 믿기 때문에 자기들이 엉터리인 것이 드러나서 돌에 맞아 죽을 것이 걱정되었습니다. 그래서 그들은 예수님에게 모르겠다고 대답했습니다. 세례 요한은 예수님을 소개하기 위해서 온 선지자였고 물로 세례를 베풀었지만, 예수님은 불과 성령으로 세례를 베푸시는 분입니다.

우리는 교회가 타락하지 않도록 기도해야 합니다. 교회가 더 이상 강도의 소굴이 되지 않도록 기도해야 합니다. 그리고 겨자씨만 한 믿음을 가집시다. 산이 옮겨져 섬이 육지가 되도록 기도 모임에 나오시기 바랍니다.

32

악한 농부의 비유

막 12:1-12

성경에서는 하나님과 이스라엘 백성의 관계를 크게 세 가지로 비유하고 있습니다.

첫 번째는 이사야서 5장에 나오는 '들포도' 비유입니다. 하나님께서 아주 기름진 산에 땅을 파서 돌을 없애고 망대를 세우고 울타리를 만들어서 최고의 포도원을 만들었는데, 나중에 보니까 도저히 먹을 수 없는 들포도가 맺힌 것입니다. 하나님께서 애굽에서 노예 생활하던 이스라엘 백성을 가나안 땅에 옮겨 놓고는 정말 멋지고 아름다운 사람들을 기대했는데, 거기서 나온 것은 폭력이고 음행이고 탐욕이었던 것입니다. 그래서 하나님은 이 포도원을 파괴해서 들짐승들이 짓밟아버리는 땅이 되게 하겠다고 하셨습니다.

두 번째는 본문에 나오는 '악한 농부'의 비유입니다. 어떤 주인이 많은 돈을 들여서 땅을 사고 울타리를 만들고 망대를 세우고 즙 짜는 틀까지 만들고는 농부들에게 그 포도원을 맡기고 먼 곳으로 떠났습니다. 포도 수확할 때가 되어서 자기 종을 그 포도원에 보내었더니 그 농부들은 그동안 주인이 연락하지 않으니까 이 포도원을 포기했거나 잊어버렸다고 생각해서 이 종을 때려서 돌려보내었습니다. 그다음에는 더 많은 종을 보내었더니 때리기도 하고 죽이기도 하고 치욕스런 취급을 하고는 그냥 보내었습니다. 그래서 주인은 어떻게 해서든지 농부들과 보기 좋게 해결하기 위해 하나밖에 없는 아들을 보내었습니다. 그랬더니 농부들은 이 포도원을 완전히 자기들의 것으로 만들기 위해서 그 아들을 포도원 밖으로 끌고 나가서 죽여버렸습니다. 그런데 이 농부들은 이 주인이 많은 군사를 거느리고 있는 왕인 줄 알지 못했습니다. 결국 왕은 화가 머리끝까지 나서 군사들을 끌고 와서 악한 농부들을 다 죽여버렸습니다. 그리고 다른 착한 농부들에게 이 포도원을 맡겼습니다.

세 번째는 '포도나무와 가지' 비유입니다. 포도의 가지가 나무에 잘 붙어 있으면 많은 열매를 맺습니다. 포도 가지는 열매가 잘 팔릴 것이나 비료의 가격이라든지 농부들의 임금 문제 따위는 걱정할 필요가 없습니다. 가지는 그냥 포도나무에 붙어 있기만 하면 많은 열매를 맺게 되어서 주인이 아주 기뻐하고 수입도 넉넉하게 되지만, 가지 중에서 나무에 붙어 있지 않고 자기 멋대로 돌아다니는 가지는 나중에 열매를 맺지 못해서 불에 던져지게 되는 것입니다.

1. 온 세상 모든 것의 주인이신 하나님

우리가 좁은 눈으로 보면 사람마다 자기 집을 가지고 있기도 하고 없기도 하고, 자기 땅을 가지고 있기도 하고 남의 땅에 농사를 지어서 살기도 하지만, 조금 넓은 눈으로 보면 우리 모든 인간은 태어날 때 전부 벌거벗은 몸으로 돈 한 푼 가지지 못하고 태어났습니다. 그리고 이 세상의 땅이나 산이 만들어질 때 우리는 아무것도 한 것이 없습니다. 그래서 하나님께서는 욥기에서 이 세상에 땅의 기초가 만들어지고 하늘이 만들어질 때 너희들은 어디에 있었느냐고 말씀하고 있습니다(욥 38:4). 그래서 모든 인간은 다 똑같습니다. 우리는 모두 하나님의 땅에 무료로 세 들어 사는 사람들입니다.

하나님께서는 우리에게 엄청난 자유를 주셔서 자기 땅을 가지게도 하고 남의 땅을 빌려 쓰기도 하게 하셨습니다. 즉 하나님은 우리 인간에게 소유를 허락하신 것입니다. 하나님께서는 사랑으로 이 세상을 만드셨고 사랑으로 살게 하셨기 때문에 스스로 알아서 아름답게 살기를 바라셨습니다. 그러나 사람들은 더 많은 것을 차지하고 더 많은 것을 가지고자 하는 욕망이 있어서 가진 자들은 가난한 자들을 억압하고, 때로는 종으로 만들거나 팔아버리는 경우도 많이 있었습니다.

그런데 하나님께서는 이스라엘 백성을 유달리 사랑하셨습니다. 그것은 이유가 없습니다. 하나님은 무조건 이스라엘 백성을 사랑하셨고 그들에게 가나안 땅을 나누어주셨습니다. 그리고 그들이 욕심을 부리지 못하도록 땅을 나누어주셨습니다. 그래서 그 옛날에 모든 백성이 자기 땅을 가지고 있는 나라는 이스라엘밖에 없었습니다. 그런데 그 이스라엘 백성이 서로 사이좋게 지내면 참 좋았을 텐데 그렇지 못했습니다. 그 땅에 흉년이 들 때가 있는데 그때 양식을 가지고 있는 사람은 엄청난 이자를 붙여서 양식을 빌려주었고, 계속해 흉년이 들어서 농사를 망치면 땅을 빼앗아버리고 사람들을 노예로 팔아버렸습니다. 그래서 하나님께서는 좋은 땅에 극상품 포도를 심었는데, 극상품 포도는 하나도 맺히지 않고 들포도만 맺혔다고 탄식하며 말씀하셨던 것입니다. 그 이유는 이스라엘 백성이 세상의 가치관을 진액으로 빨아들였기 때문입니다.

본문에서 예수님은 이사야서에 나오는 비유를 그대로 말씀하셨습니다. 어떤 주인이 있었는데 그는 엄청난 부자였습니다. 그는 포도 농사를 지으려고 아주 좋은 땅을 사고 거기에 울타리를 만들고 포도즙을 짜는 틀도 만들고 비료도 충분히 주어서 이 포도원 농사를 어떤 농부들에게 맡기고 외국으로 갔습니다. 그러다가 포도를 수확할 때가 되었을 때, 주인은 종을 보내어서 포도를 딴 소출 중에서 일부를 달라고 했습니다. 이것은 이 포도원 주인으로서 당연한 권리였습니다. 소작농을 하는 사람들은 남의 땅을 빌려 농사하고 있기 때문에 수확을 얻어도 모두 자기 것이 아니었습니다. 즉 주인의 것을 따로 떼어서 줘야만 했습니다.

12:2, "때가 이르매 농부들에게 포도원 소출 얼마를 받으려고 한 종을 보내니"

주인은 농부들에게 단지 자신이 이 포도원의 주인이기 때문에 주인의 표시로 일부를 달라고 요구한 것입니다. 그러나 그 농부들은 아주 오랫동안 자기들 마음대로 농사를 지어왔기 때문에, 아마도 주인이 포도원을 잊어버렸고 그 포도원은 이제 자기들의 것이 되었다고 생각했습니다.

여기서 주인이 한 종을 보내었다는 것은 무슨 뜻입니까? 하나님이 이스라엘 백성에게 더 이상 욕심스럽게 살지 말고 또 주인을 부정하는 우상 숭배나 음행에 빠지지 말고 하나님께 순종해서 살라는 말씀을 하나님의 종인 선지자를 보내어서 경고하셨다는 것입니다. 물론 근시안적으로 보면 모든 것을 자기 마음대로 하지 못하는 것이 속박당하는 것 같고 수확도 손해를 보는 것 같지만 사실 주인은 엄청난 자유를 이 농부들에게 주고 있었던 것입니다. 그러나 그들은 이것을 거부했습니다.

2. 주인의 요구를 거부하는 농부들

농부들은 모두 이상한 착각을 하고 있었습니다. 그것은 주인이 포도원을 오랫동안 간섭하지 않았기 때문에 자기의 것으로 만들 수 있다고 생각했던 것입니다. 그런데 어느 날 갑자기 주인이 종을 보내어서 '내가 주인이다' 라고 하면서 너희들이 농사지은 포도를 일부분 주인에게 돌려달라고 요구했던 것입니다. 이것은 사실 엄청난 축복이라고 할 수 있습니다. 왜냐하면 주인은 농부들에게 소출의 아주 작은 부분만 내놓아도 전부 다 받은 것으로 생각하고 계속해서 그 포도원에서 일할 수 있게 할 생각이었기 때문입니다.

요즘은 교회에 헌금하지 말자고 주장하는 사람들이 많이 있습니다. 우리가 하나님께 헌금하는 것은 내가 사는 것이나 먹고 사는 것 모두가 하나님의 은혜이고 하나님의 축복이라는 것을 인정하는 행위입니다. 그러면 하나님은 우리의 모든 직장과 가정을 하나님의 것으로 인정하셔서 지켜주시는 것입니다.

그러나 포도원에서 농사짓는 농부들은 욕심이 생겼습니다. 그들은 이 포도원을 주인이 먼 외국에 가 있는 틈을 타고 자기 것으로 만들고 싶은 생각이 들었던 것입니다. 그래서 그들은 주인이 보낸 종을 잡아서 아주 심하게 때리고 소출을 하나도 주지 않고 그냥 돌려보냈습니다. 그들이 그렇게 한 이유는 이 포도원은 이제 우리 것이기 때문에 주인이 간섭하지 말고 완전히 손을 떼라는 뜻이었습니다.

그러나 주인은 그 포도원을 포기할 수 없었습니다. 그 포도원이야말로 주인이 가장 사랑하고 이 세상에서 가장 맛있는 포도를 수확할 수 있는 곳이었기 때문입니다. 그래서 주인은 두 번째로 종을 보내었습니다. '이 포도원은 틀림없이 내가 만든 것인데 왜 내 종을 심히 때려서 보내었느냐? 지금이라도 너희 욕심을 버리고 나를 주인으로 인정하라' 는 뜻이었습니다. 그랬더니 이 농부들은 더 심하게 그 종을 대했습니다. 이번에는 종의 머리를 몽둥이로 때리고 얼굴에 침을 뱉고 욕을 하면서 빈손으로 돌려보냈습니다. 주인은 참 안타까웠습니다. 그들이 욕심을 부리면 안 되는데 포도원을 차지할 욕심을 부리고 있었던 것입니다. 그들은 주인이 얼마나 큰 군사를 가지고 있는 줄 모르고 오직 소출에만 눈이 멀어 있었던 것입니다.

그래서 이번에는 주인이 더 많은 종을 보내었습니다. 이것은 주인이 절대로 이 포도원을 포기하지 않을 것이며 너희들은 반드시 주인의 뜻에 따라야 한다는 경고의 의미였습니다. 여기서 주인이 보낸 종들은 전부 하나님의 선지자들이었습니다. 그들은 욕심을 부리지 말고 다른 나라를 따라가지 말고 우상 숭배하지 말고 하나님의 말씀대로 살라고 가르치는 종들이었습니다. 그런데 이번에도 주인이 보낸 종들을 심하게 때리고 고문한 후에 죽이기까지 했던 것입니다.

이 정도가 되면 주인은 그 포도원을 포기하든지 농부들에게 '너희 마음대로 해라' 고 하면 좋았을 텐데, 주인은 끝까지 이들과 좋은 결과를 가지려고 노력했습니다. 그래서 자기에게 하나 남아 있는 외아들을 그들에게 보내기로 작정했습니다. 주인은 내가 사랑하는 이 아들을 보내면 그들이 존대할 것이라고 생각해서 그들에게 보내었던 것입니다. 사실 이것은 엄청나게 위험한 행동이었습니다. 이 농부들이 지금까지 한 짓을 보면 자기 하나밖에 없는 아들도 죽이고 포도원을 완전히 차지하려고 할 가능성이 큰데 주인은 아들을 과감하게 보내었던 것입니다. 그러나 그 결과는 너무 참담했습니다.

12:7-8, "그 농부들이 서로 말하되 이는 상속자니 자 죽이자 그러면 그 유산이 우리 것이 되리라 하고 이에 잡아 죽여 포도원 밖에 내던졌느니라"

이 농부들은 정말 무지막지했습니다. 자신들에게 지금까지 은혜를 베푼 주인의 아들이 왔는데도 이 아들을 인정하지 않고 오히려 포도원을 다 차지하려고 아들을 죽이고 포도원밖에 내던졌던 것입니다.

12:12, "그들이 예수의 이 비유가 자기들을 가리켜 말씀하심인 줄 알고 잡고자 하되 무리를 두려워하여 예수를 두고 가니라"

우리는 이 비유가 어느 포도원 주인과 농부들 사이의 쟁의로 생각하기 쉬운데, 유대 지도자들은 이 비유를 듣자마자 자기들을 가리켜 한 경고로 알아들었습니다. 그래서 그들은 예수님을 잡아 죽이려고 했던 것입니다.

어떻게 이들은 이 포도원 농부 비유가 자기들을 가리켜 한 비유라는 것을 알았을까요? 성경 여러 곳에서 이스라엘을 포도원으로 비유하고 있었기 때문입니다. 그 비유에서 포도원 주인은 이 포도원에서 극상품 포도를 기대했습니다. 그리고 유대 지도자들은 주인이 종을 한 명씩 보내기도 하고 어떤 때는 여러 명을 보내기도 했다는 말씀에서 이 종들이 선지자들인 줄 알았습니다. 유대 지도자들은 이스라엘을 자기들 나라로 만들려고 했습니다. 그래서 성전을 가지고 장사해서 엄청난 수입을 올리고 있었는데, 어리석게도 이 종교 장사가 영원히 계속될 줄로 생각하고 있었습니다. 그런데 이번에는 주인의 아들이 왔습니다. 그들은 어떻게 하면 이 상속자인 아들을 죽이고 유대 나라를 자기 것으로 만들까 생각했던 것입니다.

그러나 포도원 주인은 자기 아들까지 영접하지 않고 죽이는 것을 보고 너무 화가 났습니다. 그래서 군대를 보내어서 농부들을 전부 다 죽였습니다. 그리고 이 포도원을 주인의 뜻에 순종하는 다른 사람들에게 맡겼습니다.

12:9, "포도원 주인이 어떻게 하겠느냐 와서 그 농부들을 진멸하고 포

도원을 다른 사람들에게 주리라"

여기 나오는 "다른 사람들"은 바로 우리와 같은 이방인입니다. 우리는 바로 이스라엘의 배반 때문에 하나님의 포도원을 맡은 사람들입니다. 우리는 복음을 맡았고 교회를 맡았고 하나님의 나라를 맡았습니다. 교회나 교인들이나 헌금은 교회의 것이 아니라 하나님의 것입니다. 그러나 지금도 포도원 비유에 나오는 농부들과 똑같이 행동하는 사람들이 있습니다. 그래서 그들은 교인들에게 헌금을 강요해서 건물을 크게 짓고 유명한 사람이 되고 나중에는 아들에게까지 교회를 물려주려고 합니다. 이것은 하나님의 교회를 도둑질하는 것이고 하나님의 교회를 자기 사업체로 만드는 것입니다.

하나님은 실제 역사에서 이스라엘 백성을 진멸하셨습니다. 30년 후에 로마가 쳐들어와 예루살렘에서만 110만 명이 죽고 20만 명이 로마로 끌려가서 전 세계에 노예로 팔려가게 됩니다. 그 대신 우리 이방인에게는 성령이 임하고 하나님의 말씀이 주어져서 하나님 나라의 축복이 임하게 되었습니다.

3. 건축자의 버린 돌

사람들이 큰 집을 건축하면 그 집에 머릿돌을 넣게 됩니다. 즉 이 건물을 설계한 사람은 누구이며 언제 이 집을 만들었는지 새겨놓는 것입니다. 하나님은 이스라엘을 건설하고 머릿돌을 주시면서 이것을 꼭 이 건물에 박아 놓아야 한다고 하셨습니다. 그것은 바로 예수님과 하나님의 말씀이었습니다. 그러나 유대인들은 그 건물을 주인으로부터 빼앗기 위해 머릿돌을 버렸습니다. 그리고 자기들의 이름을 적은 머릿돌을 세우고 이익을 챙겼습니다.

12:10-11, "너희가 성경에 건축자들이 버린 돌이 모퉁이의 머릿돌이 되었나니 이것은 주로 말미암아 된 것이요 우리 눈에 놀랍도다 함을 읽어보지도 못하였느냐 하시니라"

하나님은 성전을 만민이 기도하는 집이라고 하셨습니다. 이것이 하나님이 받으실 영광이고 포도였던 것입니다. 그러나 대제사장과 유대 지도자들은 성전을 장사하는 곳으로 만들고 강도의 소굴이 되게 했습니다. 그리고 그들은 율법을 자기 멋대로 해석해서 하나님의 종교를 박제된 죽은 교리가 되게 했습니다. 그들은 머릿돌이신 예수님을 죽여서 밖에 내던졌습니다. 그러나 나중에 하나님은 예수님을 다시 살리셔서 만유의 주인이 되게 하셨습니다. 유대인들은 이스라엘에서 쫓겨나고 이방인인 우리가 이제 포도원을 맡게 되었습니다. 교회는 우리의 것이 아닙니다. 아들에게 물려주어서도 안 됩니다. 교회는 결코 축복을 가지고 장사하는 곳이 아닙니다.

우리는 가지이기 때문에 오직 포도나무에 붙어 있기만 하면 됩니다. 우리는 오직 성령의 생수를 마셔서 멋진 인생을 만들기만 하면 됩니다. 탐욕은 우상 숭배입니다. 세상을 너무 사랑하지 마시기 바랍니다. 내가 가진 것은 다 주님의 것이고, 우리는 얼마 후 다 두고 떠날 것입니다. 그때를 대비해서 미리 남에게 나누어 주시기를 바랍니다. 우리는 태어날 때도 빈손이고 죽을 때도 빈손입니다. 욕심을 내서 많이 가져봐야 자기 것이 되지 않습니다. 극상품의 포도를 맺어서 하나님 앞에서 칭찬받는 성도들이 다 되시기 바랍니다.

33 가이사의 것

막 12:13-17

요즘 텔레비전을 보면 산속 깊은 곳에 가서 혼자 비닐하우스나 벽돌집 같은 것을 지어놓고 사는 자연인을 찾아가는 프로가 있습니다. 이런 자연인들을 보면 수염도 깎지 않아서 길게 자라있고 자기 혼자 밥도 해 먹고 채소도 키우고 가축도 키우면서 살아갑니다. 그 자연인은 방문자가 찾아오면 손님이 왔다고 하면서 귀한 음식을 대접하곤 합니다. 그리고 손님을 데리고 다니면서 약초를 캐는 방법이나 먹을 수 있는 풀과 먹을 수 없는 풀을 구별하는 방법을 가르쳐 주기도 합니다. 왜 이런 곳에 혼자 사느냐고 물어보면 세상 사는 것이 너무 복잡해서 조용한 곳으로 도피해 왔다는 분도 있고, 사업하다가 빚을 많이 지고는 세상에 환멸을 느껴서 왔다는 분도 있고, 병을 얻어서 기왕 죽을 바에야 산에 가서 죽자고 생각하고 왔는데 이제는 병도 낫고 여기에 정이 들어서 계속 주저앉아 살고 있다는 분도 있습니다.

미국 펜실베이니아에 가면 '아미쉬' 족이 있습니다. 이 사람들은 지금도 옛날의 생활을 그대로 유지하고 있는데, 전기를 사용하지 않고 전화도 없고 자동차도 없습니다. 그들은 모두 손으로 만든 통나무

집을 짓고 마차를 타고 다니며 검은 옷을 입고 수염도 자르지 않고 농사를 지으면서 살아가고 있습니다.

우리는 다른 사람의 도움을 받지 않고 혼자서는 살아갈 수 없습니다. 이것은 아무리 자연인이라도 마찬가지입니다. 사람만 만나지 않는 것뿐이지 그의 옷이나 그릇 같은 것은 다 시장에 가서 산 것들입니다. 이것은 국가도 마찬가지입니다. 국가끼리도 서로 무역해야 하고 기술을 이전하면서 살아가야 합니다. 우리는 코로나19를 겪으면서, 그동안 백신 같은 기초의학에 투자를 소홀히 하는 바람에 백신을 구하지 못해서 엄청나게 고생한 경험이 있습니다.

우리가 한 나라 안에서 보호받으면서 살려고 하면 세금을 내야 하고 여러 가지 의무도 지켜야 합니다. 예수님 당시 유대인들 가운데서 가장 예민한 문제는 로마에 세금을 내는 것이었습니다. 그래서 많은 유대인은 메시아가 곧 오시는데 굳이 로마에 엄청난 세금을 낼 필요가 있느냐 하는 생각을 하고 있었습니다.

1. 메시아 대망론

우리가 성경에서 보면, 예수님 당시 갈릴리나 유다에서는 끼니가 해결되지 않는 가난한 사람들이 많고, 귀신 들려서 미친 사람들도 많고, 장애를 가졌거나 병에 걸려 죽는 사람들이 많은 것을 알 수 있습니다. 그런데 그때 유대인들을 지켜주는 사상이 하나 있었는데, 그것은 우리를 구원할 메시아가 곧 오실 것이라는 생각이었습니다. 이것을 메시아 대망론이라고 하는데, 그 당시 사람들은 메시아에 대한 기대가 얼마나 대단했는지, 거의 모든 유대인이 메시아가 오실 것이라는 기대로 부풀어있었습니다.

이 메시아 대망론에 불을 붙인 사람은 세례 요한이었습니다. 세례 요한은 그 당시의 랍비들과는 완전히 달랐습니다. 낙타털로 만든 옷을 입고 가죽 띠를 띠고 메뚜기와 석청을 먹으면서 많은 사람에게 회개하라 천국이 가까이 왔다고 외쳤습니다. 그는 죄를 책망하고 회개하는 자는 모두 요단강에서 세례를 받게 했습니다. 그리고 세례 요한은 곧 내 뒤에 엄청난 분이 오실 것인데, 그분은 불과 성령으로 세례를 베푸실 것이라고 했습니다. 그리고 메시아는 이스라엘이라는 타작마당을 깨끗이 청소해서 알곡은 하나님의 창고에 집어넣고 쭉정이는 영원히 꺼지지 않는 불에 태울 것이라고 경고했습니다. 그리고 그분의 도끼가 이미 나무뿌리에 놓여 있기 때문에 회개의 열매를 맺지 않는 나무마다 다 찍어서 불에 넣어 태울 것이라고 했습니다. 서기관과 바리새인들이 세례 요한이 설교하고 세례 주는 곳에 구경 오는 것을 보고는 그들에게 "이 독사의 자식들아, 누가 너희에게 임박한 진노의 심판을 피하라고 하더냐?" 고 책망하면서 회개에 합당한 열매를 맺어야 한다고 설교했습니다. 세례 요한의 설교는 메시아가 곧 오실 것이라는 내용이었습니다. 그리고 그분이 오시면 맹인이 눈을 뜨며, 듣지 못하는 자가 들으며, 걷지 못하는 자가 뛰어다닐 것이라고 했습니다.

그런데 이 메시아 대망 사상에 더욱 불을 붙인 분은 예수님이셨습니다. 유대인들은 예수님을 메시아로 생각하지 않았습니다. 그분은 아무리 보아도 하나님의 아들처럼 보이지 않았기 때문입니다. 그러나 그가 말씀하실 때 사람들은 가슴이 찔렸고, 많은 병자가 치료되었고, 귀신 들린 사람의 병이 나았고, 보리떡 다섯 개와 물고기 두 마리로 오천 명을 먹이고 열두 광주리를 남기셨고, 죽은 자도 말씀으로 살리는 기적을 보여주셨습니다. 이미 유대 땅에는 메시아가 오셔서 활동하고 계셨던 것입니다. 그러나 그분은 하늘에서 불이 내리게 하시지는 않았습니다. 그는 이스라엘을 청소해서 알곡과 쭉정이를 구별해서 천국에 보내거나 지옥에 던지시지 않았습니다. 그래서 세례 요한도 예수님에 대하여 의문이 생겨서 "오실 이가 당신입니까? 아니면 우리가 다른 사람을 메시아로 기다려야 합니까?"라고 물어보기까지 했습니다(마 11:3).

이 당시 유대인들에게 메시아 대망 사상이 꽉 차올랐던 이유는 세 가지였습니다. 첫째는 로마가 지중해의 해적들을 소탕함으로써 지중해 여행이 안전하게 되었기 때문입니다. 그래서 유대인 중에서 평생 한 번이라도 예루살렘을 순례하고 싶었던 사람들이 엄청나게 많이 몰려와서 성전에서 제사드렸던 것입니다. 그리고 두 번째는 세례 요한의 설교나 예수님의 설교를 통해서 사람들의 병이 낫고 귀신이 떠나가며 죽은 자들이 살아나는 모습을 보고 하나님의 나라가 임했고 곧 메시아가 오셔서 포로 된 자에게 자유를 주시고 가난한 자들에게 복음을 전해주실 것이라는 기대가 엄청나게 폭발했기 때문입니다. 세 번째는 유대인들이 로마 황제에게 상당히 인정받아서 거의 독자적인 자치를 하고 있었기 때문입니다. 로마 황제는 유대인들의 여호와 유일사상을 인정해주었던 것입니다.

그런데 여기서 유대인들이 미처 깨닫지 못했던 것이 있었습니다. 그 하나는 이미 메시아가 와서 하나님의 나라를 전하고 있었는데, 그들은 그것을 깨닫지 못하고 있었던 것입니다. 유대인들은 하나님의 나라가 옛날 다윗과 솔로몬 때의 이스라엘과 같은 자주 독립국이 되고 경제 대국이 될 것으로 생각했기 때문입니다. 그리고 또 하나 유대인들이 잘못 알고 있었던 것은 자기들이 아무리 메시아에 대한 기대를 가지고 있다 하더라도 그것으로 메시아가 오시지는 않는다는 것입니다.

하나님의 아들은 이 세상에 오셨습니다. 그리고 하나님의 나라도 이 세상에 와서 대기 상태에 있었습니다. 그러나 이때 가장 중요한 것은 인간의 죄가 예수님의 깨끗한 피로 씻겨지는 것입니다. 그러나 유대인들은 다른 메시아를 꿈꾸고 있었습니다. 그 옛날 다윗과 솔로몬 같은 왕이었던 것입니다. 이런 것을 우리는 '동상이몽'이라고 합니다.

2. 유대 지도자들의 질문

유대 지도자들은 예수님이 메시아일 리 없다고 생각했습니다. 예수님은 가난한 나사렛에서 마리아라는 여자에게서 태어났고 가난했고 무식했으며 외모로도 사람들에게 매력적이지 않았기 때문입니다. 그러나 예수님이 말씀하고 행하시는 능력은 메시아적이었습니다. 그래서 유대 지도자들은 그 당시 유대인들에게 가장 골치 아픈 문제였고 유대인들이 전부 하기 싫어하던 문제로 예수님을 시험하고자 했습니다. 그것은 바로 로마에 세금을 바치는 문제였습니다.

이 당시 로마는 유대인들에게 세금을 바치게 하는 데 있어서 중간에 세리들을 이용했습니다. 로마는 이 세리들에게 적어도 유대인들은 이 정도의 세금을 바쳐야 한다는 한계를 정해주었습니다. 그런데 세리들은 로마가 정한 세금의 배 이상을 유대인들로부터 거두어서 로마에 내고 나머지는 자기들이 착복해서 자기 배를 채웠던 것입니다. 그래서 유대인들은 로마에 세금을 내는 이 세리들을 사람으로 생각하지도 않았습니다. 유대인들에게 세리는 같은 유대인이지만 아예 내놓고 도둑질하는 강도였으며, 너무나도 불의를 행하고 있는 악한 자로 여겼던 것입니다. 그래서 세리를 창녀들과 같이 취급했습니다. 우리 사회에서도 누군가가 정부의 계획을 미리 빼내어서 어느 곳이 개발될 줄 알고 그곳 땅을 미리 사놓는 자가 있다면 그를 불의한 자라고 생각할 것입니다. 아마 이때 백성의 속은 터질 것입니다. 그래서 예수님 당시 모든 백성의 눈에는 미래에 대한 불안과 불의에 대한 분노가 가득 차 있었습니다.

이때 유대 지도자들은 이 예민한 문제를 예수님에게 찾아와서 물었습니다.

12:13-14, "그들이 예수의 말씀을 책잡으려 하여 바리새인과 헤롯당

중에서 사람을 보내매 와서 이르되 선생님이여 우리가 아노니 당신은 참되시고 아무도 꺼리는 일이 없으시니 이는 사람을 외모로 보지 않고 오직 진리로써 하나님의 도를 가르치심이니이다 가이사에게 세금을 바치는 것이 옳으니이까 옳지 아니하니이까"

이들이 하는 말은 다 맞는 말이었습니다. 예수님은 사람을 외모로 보지 아니하고 오직 진리로 하나님의 도를 가르치셨습니다. 그러나 아무리 좋은 말이라도 그들의 마음속에 가지고 있는 의도에 따라서 독약이 될 수도 있습니다. 유대인들은 예수님에게 하나님의 뜻을 물으려는 것이 아니라 예수님의 말씀을 책잡아서 함정에 빠트리려고 하는 것이었습니다.

예수님이 로마에 세금을 바칠 필요가 없다고 하면 그 결과는 로마와 갈라져서 전쟁해야 합니다. 그렇다고 해서 로마에 세금을 내야 한다고 하면 예수님은 매국노가 되는 것입니다. 빼도 박지 못하는 함정입니다. 우리는 지금 불의의 진흙탕에 완전히 빠져서 살아가고 있습니다. 우리는 하나님께 묻고 싶을 것입니다. 이 불의의 진흙탕에서 언제 빠져나올 수 있느냐고.

3. 가이사의 것과 하나님의 것

예수님께서는 유대 지도자들이 보낸 사람들이 아첨하는 말을 하면서 자신을 함정에 빠트리려는 줄 이미 아셨습니다. 예수님은 하나님의 진리를 너무나도 정확하게 알고 계셨습니다. 예수님은 질문하는 자들에게 바로 대답하지 아니하셨습니다. 즉 그들로 하여금 스스로 생각할 시간을 주셨습니다. 예수님은 유대 지도자들에게 로마 동전 하나를 가지고 오라고 하셨습니다. 그러니까 유대 지도자들이 데나리온 하나를 가지고 왔습니다. 예수님께서는 그들에게 이 동전에 새겨져 있는 얼굴이 누구이며, 거기에 적혀 있는 글이 누구의 글이냐고 물으셨습니다. 그랬더니 유대 지도자들은 "그 얼굴은 가이사(시저)의 얼굴이고, 글은 가이사의 글입니다"라고 대답했습니다. 아마 시저의 얼굴 밑에 시저의 이름을 적어놓았던 것 같습니다. 이때 예수님은 그들에게 분명하게 대답하셨습니다. 즉 "가이사의 돈은 가이사에게 바치고, 하나님의 돈은 하나님께 바치라"고 하신 것입니다.

12:17, "이에 예수께서 이르시되 가이사의 것은 가이사에게, 하나님의 것은 하나님께 바치라 하시니 그들이 예수께 대하여 매우 놀랍게 여기더라"

모든 유대인은 하나만 생각하고 있었습니다. 그것은 가이사가 아니면 하나님이었습니다. 즉 이것 아니면 저것이었던 것입니다. 그러나 예수님은 '둘 다'였습니다. 즉 가이사도 섬기고 하나님도 섬겨야 한다는 뜻이었습니다. 그 이유는 우리는 두 왕국에 속한 사람들이기 때문입니다. 우리는 이 세상 나라에도 속하고 하나님의 나라에도 속한 사람입니다. 그래서 유대인들은 가이사에게 세금을 바쳐야 합니다. 왜냐하면 가이사와 전쟁할 자신이 없으면 세금을 내야 하기 때문입니다. 지금 유대인들은 로마와 전쟁할 생각이었습니다. 메시아에 대한 기대로 가득 차 있었기 때문에 싸워볼 만하다고 생각한 것입니다. 그러나 전쟁은 확실히 이길 수 있을 때 싸워야 합니다. 즉 유대인들은 메시아에 대한 기대로는 부족하고 하나님의 능력을 끌고 올 수 있는 믿음이 있을 때 전쟁해야 합니다.

또한 유대인들은 하나님께 예배드리고 헌금을 바쳐야만 했습니다. 하나님 나라의 백성이기 때문입니다. 그러면 하나님의 백성은 항상 손해를 보는 것이 아닐까요? 즉 세상에서 요구하는 것도 다 해야 하고 하나님의 뜻도 다 행해야 하기 때문입니다. 이것은 맞습니다. 우리는 두 가지 일을 모두 다 해야 합니다. 학생은 공부도 해야 하고 예배도 드려야 합니다. 직장인은 직장 상사의 말도 들어야 하고 교회에 와서 봉사도 해야 합니다. 장사하는 사람은 시장에서 장사해야 할 뿐만 아니라 교회 와서 예배도 드려야 합니다. 우리는 이 세상에 파견 나와 있는 하나님의 백성이기 때문입니다.

그런데 한편으로 두 나라에 속했다는 것이 얼마나 멋있는 것인지 모릅니다. 우리는 두 나라의 경험이 있으므로 다른 사람들보다 훨씬 폭넓은 삶을 살 수 있기 때문입니다. 우리는 이 세상에서 가이사에게 세금을 냄으로써 세상의 실제적인 훈련을 받을 수 있습니다. 그렇지 않으면 우리는 공중에 떠 있는 이상주의자밖에 되지 않거나 혹은 공상에 빠진 사람이 될 것입니다. 우리는 세상의 권세에 복종함으로 세상의 현실을 알게 됩니다. 그리고 우리는 하나님께 예배드리고 헌금을 바침으로 하나님의 백성임을 고백하게 됩니다. 이것이 크리스천에게는 겸손하면서도 현실적이고 그러면서도 믿음이 있는 엄청난 사람이 되게 합니다.

우리는 현실을 알아야 합니다. 그래서 학생은 공부해야 합니다. 그러면서도 성경을 읽어야 합니다. 어른들은 직장 생활을 하면서도 예배를 드려야 합니다. 그래야 우리는 현실적이면서도 거룩한 하나님의 백성으로 살아가게 되는 것입니다. 예수님이 불을 내리시고 성령을 부으시는 것은 그 후에 하신 일입니다. 이 세상의 불의를 심판하시는 분은 그리스도이십니다. 그는 철장으로 질그릇을 부수듯이 세상 권세자들을 깨뜨려서 가루로 만들어버릴 것입니다. 그동안 우리나라 교회는 거의 박해받지 않고 성장만 해 왔습니다. 그러나 이제는 박해도 받고 있습니다. 우리는 억울하다고 말하기보다는 이 불의한 세력에 훈련받음으로 더 멋진 교회가 될 수 있다고 생각해야 합니다.

34

부활에 대한 논쟁

막 12:18-27

오늘 본문이 우리에게 던지는 질문은 비현실적으로 느껴질 수도 있습니다. 사람이 죽으면 어떻게 되느냐 하는 것과 사람이 과연 다시 부활할 수 있느냐 하는 질문입니다.

예수님 당시 유대인 중에 사두개파 사람들이 있었는데, 그들은 같은 유대인이지만 부활은 절대 없다고 믿었습니다. 그들은 이 세상에서 잘 사는 것이 최고이고 전부이지 부활이라는 것은 없다고 믿었습니다. 그런데 그 사두개인들이 어느 날 예수님께 와서 부활이라는 것은 도저히 말도 되지 않는 것인데, 과연 부활이 있느냐고 질문하며 도전했습니다.

우리는 사실 부활이 있다고 믿는 것보다는 부활이 없다고 믿는 것이 훨씬 현실적입니다. 왜냐하면 일단 사람이 죽으면 썩어서 없어지기 때문입니다. 그래서 사람의 시체는 불로 태우든지 땅에 묻어야 합니다. 또 우리는 사람이 부활하는 것은 한 번도 보지 못했습니다. 우리 주위에서 어떤 사람이 죽었다가 다시 살아나서 천 살이나 만 살을 산다면 부활을 믿겠지만 그렇게 실제로 부활한 사람은 아무도 없습니다. 그래서 부활이라는 것이 없다고 믿는 것이 훨씬 상식에 맞습니다.

그러나 부활은 하나님의 아주 중요한 비밀 계획 중의 하나입니다. 사두개인들은 하나님의 이 엄청난 비밀 계획에 대해서 상식적으로 말이 안 되는 것이 아닌가 하면서 예수님에게 도전했던 것입니다. 그들의 도전에 대해서 예수님은 하나님의 비밀 계획 중 지극히 작은 일부를 말씀해주셨습니다. 이것만 해도 우리에게는 어마어마한 내용입니다.

1. 과연 부활이 있는가?

우리 현대인이 보기에는 부활이 없다고 생각하는 편이 상식에 맞습니다. 우리 주위에는 부활한 사람들이 없기 때문입니다. 인간의 몸 안에는 성장 프로그램이 있어 성장하지만, 어느 정도 지나가면 성장은 중지되고 노화가 진행되기 시작합니다. 그리고 인간의 몸은 조건이 맞지 않으면 무조건 죽게 되어 있습니다. 인간은 근본적으로 죽음을 피할 수 없습니다. 그리고 사람이 한번 죽으면 이 세상을 떠나야 하고 없어지는 것이 당연합니다.

그러나 예수님은 부활이 있다고 말씀하셨습니다. 예수님은 부활이 있을 뿐 아니라 모든 사람이 부활을 피할 수 없다고 하셨습니다. 단 부활에도 두 가지 종류가 있는데, 어떤 사람은 생명의 부활로, 어떤 사람은 사망의 부활로 살아날 것이라고 말씀하셨습니다.

그러나 하나님은 인간이 부활할 가능성이 있다는 것을 보잘것없는 곤충을 통하여 보여주셨습니다. 그 대표적인 곤충이 나비입니다. 나비의 애벌레는 배추벌레라고 말하는 보기에 징그러운 벌레입니다. 그런데 어느 날이 되면 이 애벌레는 번데기가 되어 돌아다니지도 않고 먹이도 먹지 않아서 죽은 것 같이 보입니다. 그러다가 어느 날 번데기를 찢고 나오는데 온 세상을 날아다니는 아름다운 나비가 됩니다.

예수님은 구약 성경의 한 구절을 통해서 인간이 죽어서 없어지는 것이 아니라는 것을 탁월하게 설명하셨습니다. 출애굽기 3장 6절입니다. 오늘 본문에서 예수님은 "죽은 자가 살아난다는 것을 말할진대 너희가 모세의 책 중 가시나무 떨기에 관한 글에 하나님께서 모세에게 이르시되 나는 아브라함의 하나님이요 이삭의 하나님이요 야곱의 하나님이로라 하신 말씀을 읽어보지 못하였느냐 하나님은 죽은 자의 하나님이 아니요 산 자의 하나님이시라 너희가 크게 오해하였도다 하시니라" 고 말씀하셨습니다.

하나님께서 모세에게 나타나셨을 때는 이미 아브라함이나 이삭이나 야곱은 죽은 지 사백 년이 넘었을 때였습니다. 그러나 하나님은 모세에게 자신을 소개하시면서 마치 아브라함이나 이삭이나 야곱이 살아있는 것처럼 말씀하셨습니다. 즉 하나님은 옛날 이 세상에 살다가 죽었던 아브라함이나 이삭이나 야곱의 하나님이 아니요 지금 하나님 앞에 살아있는 아브라함의 하나님이요, 이삭의 하나님이요, 야곱의 하나님이시라고 말씀하고 있는 것입니다. 즉 어떤 사람이 누구누구의 하나님이 되기만 하면 그 사람은 하나님 앞에서 살아있다는 것입니다. 단지 살아있는 자와 죽은 자 사이에는 큰 칸막이가 있어서 서로 볼 수 없고 서로 하는 말을 들을 수 없습니다. 그러나 하나님은 우리의 하나님도 되시고 죽은 자의 하나님도 되시는 것입니다. 그런데 우리보다도 죽은 자들이 하나님과 더 가깝고 하나님의 모든 축복을 더 누리면서 살아가고 있는 것입니다.

하나님의 백성과 세상의 백성은 죽음이 다릅니다. 하나님의 백성은 반드시 하나님이 불러야 죽을 수 있습니다. 하나님이 부르시지 않으면 아무리 죽고 싶어도 죽을 수 없습니다. 거기에 비해 하나님의 백성이 아닌 사람은 그런 것이 없습니다. 그냥 운이 나쁘고 재수 없으면 죽는 것입니다.

지금 하나님 앞에서는 우리같이 산 자나 이미 죽은 자나 다 같이 살아있습니다. 단지 서로 보지 못하고 하는 소리를 듣지 못하고 거기에 있는 줄만 알고 있는 것입니다. 지금 죽은 자들도 그리스도 안에서 모두 다 살아 있습니다. 적어도 우리보다 훨씬 더 행복한 상태에서 살아있는 것입니다. 그러나 예수 믿지 않는 자들은 음부에 갇혀 있습니다. 그 죄와 사망의 노예가 되어서 붙들려 있는 것입니다.

2. 천국에서의 모습

유대인 중에서 부활을 절대로 믿지 않는 사두개인들은 예수님에게 와서 부활이 있으면 아주 골치 아픈 문제가 생기게 된다고 주장하면서 부활은 없다고 주장했습니다.

유대인에게는 형사취수제도(levirate)라는 제도가 있습니다. 형이 결혼했는데 아이를 낳지 못하고 죽으면 대가 끊어지기 때문에 동생이 형수와 결혼해서 대를 이어주는 제도입니다. 사두개인들은 말도 되지 않는 예를 들고 와서 부활이 있으면 문제가 아주 곤란해진다고 주장했습니다.

어떤 집에 아들 일곱이 있었습니다. 그런데 큰형이 결혼해서 살다가 아들이 없이 죽었습니다. 그래서 할 수 없어서 둘째 아들이 형수와 결혼해서 대를 이어주려고 했는데, 아이를 낳지 못하고 죽었습니다. 셋째도 그렇게 해서 죽고, 넷째도 그렇게 해서 죽고, 결국 일곱 아들이 다 형수와 결혼했는데 아이를 낳지 못하고 죽었습니다. 그리고 나중에는 형수도 죽었습니다. 그런 상태로 나중에 죽은 사람들이 부활하면 형제 일곱 명이 여자 하나를 두고 서로 '내 부인이다' 라고 주장하면서 싸우게 될 것이라고 했습니다. 그러나 사실 사두개인들이 이런 예를 든 것은 말도 되지 않는 것입니다. 어떻게 어떤 집에 아들 일곱이 있는데 전부 형수와 결혼하며, 아들을 낳지 못하고 다 죽을 수 있겠습니까? 그런 예는 대답할 가치조차 없는 것이었습니다. 그러나 예수님은 놀라운 대답을 하셨습니다.

12:24-25, "예수께서 이르시되 너희가 성경도 하나님의 능력도 알지 못하므로 오해함이 아니냐 사람이 죽은 자 가운데서 살아날 때에는 장가도 아니 가고 시집도 아니 가고 하늘에 있는 천사들과 같으니라"

부활은 하나님께서 우리 영혼을 가지고 새로운 인생을 창조하시는 것입니다. 그래서 이 부활의 창조는 처음 우주나 지구가 만들어질 때보다 훨씬 더 웅장하고 영광스러운 창조가 될 것입니다.

어떤 사람은 부활에 대하여 오해하기를, 사람은 죽을 때 모습으로 다시 살아날 것이라고 생각합니다. 사람이 죽을 때 모습으로 살아난다면 정말 골치 아플 것입니다. 그리고 사람들과의 관계도 보통 복잡한 것이 아닐 것입니다. 예를 들어서 세상에서 재혼한 사람들은 전부 '내 부인이다' '아니다, 내 남편이다' 라고 하면서 싸울 것입니다. 바로 이것이 성경과 하나님의 능력을 오해한 데서 생기는 현상입니다. 우리가 알아야 할 것은 천국이나 부활은 이 세상의 연장이 아니라는 것입니다. 우리는 죽고 난 후에 그리고 부활했을 때 완전히 다른 세상에서 살게 됩니다. 그런데 우리는 자신이 누구라는 인식을 가지고 있을 것입니다. 즉 우리의 영혼은 변하지 않고 살아 있다는 것입니다.

우리 성도들은 죽으면서 이 세상에서 가지고 있던 육신을 다 벗습니다. 왜냐하면 우리는 하나님의 모든 축복의 나라에서 헤엄을 치듯이 다녀야 하기 때문입니다. 우리 믿는 자들이 천국에 들어갈 때는 천사들의 나팔 소리를 들으며 많은 성도의 영접을 받으면서 들어가게 됩니다. 그때 예수님은 직접 우리를 맞이하시면서 이 세상에서 고생 많이 했다고 위로해 주실 것입니다. 그때 주님은 우리에게 천사의 몸을 입혀 주실 것입니다. 천사의 몸은 지금의 이 몸과 다르기 때문에 만질 수 없고 건드릴 수도 없습니다. 그때 우리는 자신이 누구라는 인식을 분명히 가지고 있을 것입니다.

그러나 하나님을 자신의 하나님으로 모시지 않은 자들의 영혼은 더 땅속 깊은 곳에 있는 음부에 들어가게 될 것입니다. 그리고 거기서 자기에게 임할 무서운 심판과 자기가 지은 죄에 대하여 후회하게 될 것입니다. 그리고 성경이 진리였다는 것을 깨닫고는 '왜 내가 성경을 믿지 않았던가?', '왜 나는 아내가 그렇게 교회 가자고 하는데도 안 간다고 고집을 부렸던가?', '나는 왜 예수를 믿는다고 하면서도 성경대로 믿지 않았던가?' 이렇게 땅을 치고 가슴을 치면서 후회할 것입니다.

그런데 천국에서 놀라운 것은 우리가 과일이나 물 같은 것을 마실 수 있다는 것입니다. 보통 죽은 영혼들은 이 세상에서 아무것도 먹거나 마시지도 못합니다. 그러나 천국에 간 성도들은 거기에 있는 생명나무의 열매를 먹고 거기에 흐르는 생명수 물을 마음대로 마실 수 있습니다.

3. 부활의 모습

이 세상에 어느 누구도 알지 못하고 천사도 알지 못하고 하나님의 아들도 알지 못하는 한때가 있습니다. 그때는 바로 예수님이 재림하시고 우리 죽은 자들이 다 부활하는 때입니다. 만일 우리가 살아있는 동안 주님이 오시면 죽음을 통과하지 않고 바로 부활에 참여하게 될 것입니다. 우리가 부활했을 때 몸은 천국의 몸과 또 다릅니다. 천사의 몸을 입는 것이 아니라 완전히 새로운 체질의 인간의 몸을 입게 됩니다. 즉 우리는 부활하신 예수님과 같은 모습이 되는 것입니다.

아마 우리가 부활했을 때는 지금 모습과는 완전히 다를 것입니다. 하나님이 우리를 성형수술 시켜주시기 때문입니다. 그러면 대략 모두 몇 살 정도의 나이로 부활할까요? 확실히는 알 수 없지만 우리 인생에서 가장 아름답고 똑똑한 청년의 모습으로 변화될 것입니다. 그런데 우리는 서로를 알아볼 것입니다. 왜냐하면 옛날 모습이 조금은 남아 있기 때문입니다.

그러나 예수를 믿지 않고 자기가 신인 것처럼 교만하게 살아온 사람들은 자신이 죽을 때 모습으로 살아날 것입니다. 그래서 어떤 사람은 병자의 모습으로, 어떤 사람은 불에 타 죽었던 비참한 모습으로 다시 살아나는데, 이것은 사는 것이 아니라 영원한 죽음이라고 말씀하고 있습니다. 이들은 우주 맨 밑바닥에 있는 쓰레기를 태우는 음부에 들어가게 되는데, 거기서 유황과 같이 불타게 될 것입니다. 온몸 안에서 구더기가 나오게 되고 거기는 물이 한 방울도 없으므로 너무나도 고통받게 될 것입니다.

하나님이 정하신 때가 되면 천사장의 나팔소리와 호령 소리가 들리게 될 것입니다. 그때 천사들은 "모든 인간은 동작 그만하고 주 예수의 심판을 받으라" 고 소리칠 것입니다. 그때 사람들은 예수를 욕하고 하나님을 무시하고 더러운 생활을 한 것이 생각나서 "산아 무너져라. 언덕아 제발 나를 깔아뭉개라" 고 소리치겠지만 그들은 예수님의 눈을 피할 수 없을 것입니다. 우리는 모두 하늘로 끌려 올라가서 공중에서 어린양의 잔치에 참여하게 되는데, 그 잔치는 이 세상 어떤 왕의 대관식이나 결혼 잔치와는 비교되지 않을 것입니다. 그때 이 세상에 살면서 예수로 말미암아 핍박당하고 죽임당했던 자들이 영광스럽고 당당하게 나타나 열두 보좌에 앉아서 마귀와 그의 부하들과 이 세상에서 죄짓고 권력을 남용하고 음행하고 더러운 짓을 한 자들을 모두 심판할 것입니다.

우리 예수 믿는 사람들은 어린양의 혼인 잔치에 참여해서 모두 그리스도의 신부가 입는 옷을 입을 것입니다. 우리는 그때 모두 위대한 합창을 하게 될 것입니다. 모두 가장 아름다운 목소리로 죽임당하신 어린양에게 영광과 권력과 존귀와 모든 것을 다 돌려드릴 것입니다. 그리고 하나님의 나라와 온 우주가 우리의 것이 될 것입니다. 사람들은 천국에서 무엇을 하는지 궁금하게 생각할 것입니다. 그러나 이것은 비밀입니다. 분명한 것은 하나님은 우리를 위하여 너무나도 멋지고 영광스러운 일을 준비하고 계시리라는 것입니다.

그래서 천국의 영광을 바라보는 자는 이 세상에서 모든 것을 다 가져서는 안 됩니다. 모든 것을 다 누리는 자는 천국 백성이 아닙니다. 무엇인가 부족한 것이 있어야 주님을 만날 수 있습니다. 우리가 부활했을 때 예수님은 결혼하지 않는다고 말씀하셨습니다. 왜냐하면 우리는 모두 예수님의 신부이고 우리끼리는 모두 형제이기 때문입니다.

예수님은 그 길을 닦아 놓으셨습니다. 예수님은 우리를 위하여 먼저 죽으셨다가 부활하셨습니다. "세상에서는 너희가 환난을 당하나 담대하라 내가 세상을 이기었노라"(요 16:33), "나는 부활이요 생명이니 나를 믿는 자는 죽어도 살겠고 무릇 살아서 나를 믿는 자는 영원히 죽지 아니하리니 이것을 네가 믿느냐"(요 11:25-26), "너희는 마음에 근심하지 말라 하나님을 믿으니 또 나를 믿으라 내 아버지 집에 거할 곳이 많도다"(요 14:1-2).

우리는 하나님의 나라와 새로 만들어진 우주 전체를 차지하게 될 것입니다.

35

하나님 사랑 이웃 사랑

막 12:28-34

예수님 당시에 유대교도 사람들로 하여금 신앙생활을 더 잘하도록 하기 위하여 점수를 매겼습니다. 그중에서 가장 중요한 것이 미쉬나 같은 율법책을 다 외우는 것이고, 그다음에는 철저한 십일조 생활을 하고, 금식하고 안식일을 잘 지키는 것 등이었습니다. 그래서 유대인들은 600개가 넘는 이런 규칙을 만들었는데, 그중에서 중요하고 큰 계명이 365개가 있고, 나머지 248개는 덜 중요한 작은 계명이라고 가르쳤습니다. 그런데 이것이 학파마다 차이가 있었는데, '어떤 계명이 더 중요하다. 아니다. 다른 계명이 더 중요하다' 는 논쟁이 있었던 것 같습니다.

그래서 어떤 서기관이 예수님을 찾아와서 여러 계명 중에서 크고 첫째 되는 계명이 무엇인지 물어보았습니다. 그때 예수님은 일반 사람들이 생각하는 것처럼 십일조를 잘 내라든지 안식일을 잘 지키라든지 혹은 금식을 잘하라는 식의 말씀을 하시지 않았습니다. 예수님의 대답은 일반 사람들의 생각을 완전히 뒤집어엎는 것이었습니다.

1. 하나님을 사랑할 수 있을까?

예수님은 한 서기관의 질문을 받고는 정말 놀라운 대답을 하셨습니다.

12:29-30, "예수께서 대답하시되 첫째는 이것이니 이스라엘아 들으라 주 곧 우리 하나님은 유일한 주시라 네 마음을 다하고 목숨을 다하고 뜻을 다하고 힘을 다하여 주 너의 하나님을 사랑하라 하신 것이요"

예수님이 말씀하신 크고 첫째 되는 계명은 '하나님을 사랑하라'는 것이었습니다. 사실 우리는 하나님을 사랑할 수 없습니다. 하나님은 우리 눈에 보이지도 않고 또 너무 크신 분이시기 때문입니다. 예를 들어서 개미가 우리 사람을 향해서 마음과 뜻을 다하여 사랑한다고 하면 아무도 믿지 않을 것입니다. 개미는 우리 인간에 비하면 너무 작고 또 사랑할 수 있는 방법이 없기 때문입니다. 이와 마찬가지로 우리 인간도 하나님을 사랑할 수 없습니다.

우리가 눈에 보이는 인간이나 동물도 사랑하지 않는데, 눈에 보이지도 않는 하나님을 어떻게 사랑할 수 있겠습니까? 그런데 예수님은 그냥 하나님을 사랑하라고 하신 것이 아니라 마음을 다하고 목숨을 다하고 뜻을 다하고 힘을 다하여 너희 하나님을 사랑하라고 강조하셨습니다. 이것은 쉬운 말로 표현하면 필사적인 힘을 다해서 하나님을 사랑하라는 뜻입니다. 우리 믿는 자들에게 가장 어려운 것이 눈에 보이지 않는 하나님을 사랑하는 것입니다.

그런데 우리가 하나님을 사랑할 수 있는 이유 중 하나는 우리가 어떻게 만들어졌는가를 아는 것입니다. 우리가 그냥은 하나님을 사랑할 수 없지만, 하나님은 우리를 어머니 태 안에서 만드셨습니다. 우리는 원래 존재하지 않았습니다. 아버지의 정자나 어머니의 난자 안에도

'나' 라는 존재는 없었습니다. 그러나 어머니 뱃속에서 우리가 잉태되면서 하나님께서 우리를 만드셨습니다. 그리고 최종적으로 허파에 숨을 불어넣으셔서 우리로 하여금 숨 쉬게 하셨습니다. 그래서 우리가 이렇게 살아 있고 숨 쉬고 있는 것은 완전히 백 퍼센트 하나님 때문입니다. 만약 하나님이 우리에게서 숨을 거두어 가신다면 우리는 언제라도 죽을 수밖에 없습니다. 우리가 살아 있는 것은 백 퍼센트 하나님의 사랑 때문입니다. 그래서 우리는 하나님을 사랑할 수 있습니다.

여기서 우리는 어머니와 어린 아기의 관계를 생각해볼 필요가 있습니다. 어머니는 태아를 열 달 동안 배 안에 품고 있었습니다. 그러나 그 갓난아기는 너무 조그마하고 눈도 제대로 뜨지 못하고 누군가가 사랑해주지 않으면 죽을 수밖에 없는 연약한 존재입니다. 그래서 어머니는 갓난아기를 보면 자기 아기이기도 하지만 너무 귀엽고 사랑스럽고 너무 연약하기 때문에 사랑하지 않을 수 없는 것입니다.

하나님이 우리 인간을 보셨을 때도 이와 똑같았을 것입니다. 우리는 너무 귀엽고 사랑스럽지만 연약했고 하나님이 사랑해주지 않으면 죽을 수밖에 없는 너무 약한 존재였던 것입니다. 그렇지만 어린아이는 엄마를 어떻게 대합니까? 어린아이는 엄마에게 결사적으로 매달립니다. 배가 고프면 엄마에게 젖을 달라고 줄 때까지 웁니다. 그리고 엄마가 젖을 주면 헐떡이면서 숨도 쉬지 않고 젖을 빱니다. 그리고 아기는 모든 것을 엄마에게 결사적으로 의지합니다. 조금 큰 다음에도 절대로 엄마와는 떨어지지 않으려고 합니다. 아이는 엄마와 떨어지면 죽는 줄 알기 때문입니다. 그런데 그런 아이가 중학생이나 고등학생이 되면 엄마에게 그렇게 매달리지 않고 자기 스스로 알아서 공부하고 친구들과 어울리게 됩니다.

예수님께서 우리에게 가장 큰 첫째 되는 계명은 결사적으로 하나님을 사랑하는 것이라고 말씀하고 있습니다. 어린 아기가 결사적으로 엄마에게 매달리듯이 우리가 하나님 앞에서 어린 아기로 있으면 결사적으로 하나님에게 매달리게 됩니다. 우리는 하나님이 얼마나 크고 위대하신지 잘 모르면서도 자기도 모르게 결사적으로 하나님에게 매달리게 됩니다. 그래서 우리가 하나님을 마음을 다하고 목숨을 다하고 뜻을 다하고 힘을 다하여 사랑하려고 하면 하나님 앞에서 어린아이같이 되면 되는 것입니다. 우리가 이미 어른이 되어서 하나님을 사랑하려고 하면 되지 않습니다. 왜냐하면 하나님은 눈에 보이지도 않고 하나님을 사랑하는 방법도 모르기 때문입니다. 그러나 우리가 하나님 앞에 어린아이로 있으면 결사적으로 하나님에게 매달리게 됩니다. 이것이 마음을 다하고 목숨을 다하고 뜻을 다하고 힘을 다하여 하나님을 사랑하는 비결입니다.

그런데 문제는 우리가 늘 어린아이로만 있지 않다는 사실입니다. 우리는 자라서 청소년이 되고 청년이 되고 나중에는 어른이 되는데 그때도 어린아이같이 결사적으로 하나님께 매달릴 수 있을까요? 그때도 우리는 어린아이와 같이 되어야 합니다. 왜냐하면 우리가 지금 살아 있는 것과 하루하루 숨 쉬며 사는 것이 전부 하나님의 사랑이기 때문입니다. 이때 하나님은 우리에게 먹을 것을 주시고 우리를 안아주시며 우리 몸의 모든 더러운 것을 씻어주시고 우리 이름을 불러 주시고 우리를 사랑해주시는 것입니다. 그래서 우리가 하나님을 사랑한다는 것은 하나님을 위해서 무엇을 하는 것이 아니라 하나님께 전적으로 매달리는 것입니다. 목숨을 걸고 하나님께 매달리는 것이 하나님을 사랑하는 것입니다.

2. 마음을 다하고 목숨을 다하고

예수님께서는 우리가 하나님을 사랑하는데 결사적으로 사랑하라고 하셨습니다. 즉 마음을 다하고 목숨을 다하고 뜻을 다하고 힘을 다하여 사랑하라는 것입니다. 이것은 하나님과 나 사이에 조금이라도 틈이 없게 하라는 의미입니다. 우리 마음에는 하나님만 있는 것입니다.

"마음을 다하고"는 어린아이가 엄마 생각만 하듯이 하나님만 생각하라는 것입니다. 어린아이는 자기 혼자 노는 것을 좋아합니다. 어떤 때는 책상 밑에 숨기도 하고, 어떤 때는 친구와 놀기도 하지만 결국 모든 것이 다 끝나면 엄마 품에 안겨서 잠을 자야 행복할 수 있는 것입니다. 우리가 이 세상을 아무리 방황해도 진정한 평안이 없습니다. 결국 하나님의 품 안으로 돌아와야 평안할 수 있습니다.

어거스틴은 젊었을 때 많은 방황을 했습니다. 조로아스터교에 빠지기도 하고, 플라톤 철학을 배우기도 하고, 어린 여자와 동거하여 아들을 낳기도 하고, 거짓말도 많이 했습니다. 그러나 그의 마음에는 평안이 없었습니다. 결국 그가 하나님의 말씀을 듣고 두 손 두 발 다 들고 항복했을 때 마음에 평안이 찾아왔고 자기 자신을 찾을 수 있었습니다.

"목숨을 다하고"는 '죽을 각오를 하고'라는 뜻도 있지만, 하나님에게서 떨어지면 죽는다는 생각을 가지고 하나님에게 매달리는 것을 말합니다. 가끔 어린아이가 엄마와 시장이나 놀이공원에 갔다가 재미있는 것에 정신이 팔려서 엄마 손을 놓치는 바람에 미아가 되는 경우가 있습니다. 이런 아이는 엄마 손을 한번 놓치는 바람에 긴 세월을 엄마만 그리워하면서 살게 되는 것입니다.

"뜻을 다하고"는 우리가 이 세상을 살아가면서 모든 계획이 내 뜻대로 안 되는 것을 말씀해주고 있습니다. 어떤 사람은 법을 전공해서 판사나 검사가 되려고 했는데 목사가 되기도 합니다. 어떤 사람은 사업을 해서 돈을 많이 벌려고 했지만 실패해서 가난하게 되기도 합니다. 우리는 처음에 내 인생은 왜 이렇게밖에 되지 않는가 하면서 자기는 인생에 실패한 사람이라고 생각하게 되는데, 알고 보니까 하나님께서 내 인생을 그런 식으로 이끌어 오신 것입니다. 하나님이 나를 붙잡아 쓰시려고 그렇게 하신 것입니다. 그것이 이해될 때 우리 마음에서 열등감이 사라지게 됩니다.

그리고 "힘을 다하여"는 '내 힘을 다한다'는 뜻이 아닙니다. 하나님이 우리에게 하나님의 일을 할 수 있는 힘을 주시는 것입니다. 그때 우리는 딴생각하지 않고 즉 나의 야망이나 욕심을 따라가지 않고, 하나님께서 인도하시는 그 길을 최선을 다해서 끝까지 가는 것입니다. 때로는 너무 지쳐서 도저히 힘을 낼 수 없을 것 같은데 조금 있으면 하나님이 또 힘을 주셔서 끝까지 가게 하십니다. 그래서 우리가 하나님을 사랑한다는 것은 한순간만이 아니라 우리 한평생을 통하여 이루어지게 됩니다.

그러나 만일 우리가 하나님만 위해서 산다면 나의 행복은 어디 있으며, 나의 뜻은 어디에 있는 것일까요? 예수님께서는 "너희는 먼저 그의 나라와 그의 의를 구하라 그리하면 이 모든 것을 너희에게 더하시리라"(마 6:33)고 하셨습니다. 예수님은 공중에 나는 새를 보라고 하셨고, 들에 핀 백합화를 보라고 하셨습니다. 즉 이들은 먹을 걱정, 입을 걱정, 미래 걱정을 하지 않아도 하나님께서 다 채워주신다는 것입니다.

3. 이웃이 무엇이기에

12:31, "둘째는 이것이니 네 이웃을 네 자신과 같이 사랑하라 하신 것이라 이보다 더 큰 계명이 없느니라"

예수님께서는 두 번째로 큰 계명을 말씀하셨습니다. 그것은 바로 "네 이웃을 네 자신과 같이 사랑하라"는 것입니다. 우리가 이 말씀을 들으면 "도대체 이웃이 나에게 해 준 것이 무엇이 있다고 내가 이웃을 사랑해야 한다는 말인가?" 하고 반발할 것입니다. 우리는 이웃을 사랑할 필요가 없습니다. 왜냐하면 그들이 나에게 잘 해 준 것이 없기 때문입니다.

옛날에 사람들이 시골에 살 때, 이웃은 정말 좋은 친구였습니다. 농사할 때도 같이 도와주고 상을 당하거나 병에 걸리면 찾아오는 사람들이 이웃이었습니다. 그러나 이제는 대부분이 대도시에 다 몰리다 보니까 이웃이 아니라 원수 같은 느낌이 들 때가 많은 것입니다. 이처럼 이웃이 우리에게 해 준 것이 없는데 우리가 왜 이웃을 내 자신처럼, 내 몸처럼 사랑해야 할까요? 우리는 자기 자식은 사랑할 수 있습니다. 그리고 자기 형제나 자기 부모님은 사랑할 수 있습니다. 그러나 우리는 잘 모르는 사람들을 전혀 사랑해야 할 이유가 없습니다. 하지만 우리가 이웃을 사랑하지는 못한다 하더라도 인사는 할 수 있을 것입니다.

제가 언젠가 서울에 어떤 회사를 찾아간 적이 있는데, 거의 모든 직원이 처음 보는 사람인데도 저에게 인사를 잘했습니다. 그래서 저는 그 회사가 잘 되는 이유가 인사에 있다고 생각했습니다. 박사학위 논문을 쓰게 되면 맨 첫 장에 'acknowledgement' 라고 해서 지금까지 공부하고 논문을 쓰고 자료를 구하는 데 도움 주었던 분들에 대한 감사 인사부터 합니다. 인사를 하지 않는 사람은 교만한 사람이고, 다른 사람을 무시하는 사람이라는 인상을 주게 됩니다. 그리고 우리 주위에 있는 한 사람 한 사람을 사랑할 이유는 없다고 하더라도 자기에게 주어진 사명을 충실하게 할 필요는 있습니다. 자기에게 주어진 사명만 충실하게 지켜도 우리는 다른 사람을 충분히 사랑할 수 있습니다.

옛날에는 천연두로 죽는 사람이 아주 많았습니다. 그런데 한 유대인 의사가 소를 치는 목동이나 소젖을 짜는 사람들은 천연두에 걸리지 않는 사실을 유심히 관찰하다가 소에 천연두를 이기는 면역성이 있다고 생각해서 소에다 천연두 균을 넣어서 천연두를 치료할 수 있는 백신을 개발했습니다. 모든 사람이 유대인들을 미워하고 학대했지만 그는 천연두 백신을 개발함으로 이웃에 대한 사랑을 실천했던 것입니다.

그런데 여기서 중요한 것은 "네 자신(몸)처럼"이라는 구절입니다. 우리 자신에게 자신의 건강이나 자신의 행복보다 더 중요한 것은 없을 것입니다. 저는 처음 교회에 와서 교인들이 건강식품을 선물로 주셔서 이상하게 생각했습니다. 서울에서는 자기 건강은 자기가 챙기는 것이고, 자기 몸에 좋은 것은 의사의 처방을 받아서 사 먹어야 합니다. 그런데 저희 교인들이 저에 대해 아무것도 알지도 못하면서 무조건 드시라고 주는 것입니다. 그래서 저는 처음에 '저분이 내 건강에 대해서 얼마나 알기에 아무것이나 주는가?' 하고 생각했습니다. 그러나 시간이 지나면서 이것은 무조건 몸에 좋은 것이니까 드시고 건강하시고 목회 잘하라는 사랑의 표시라는 것을 알게 되었습니다.

자기 자신처럼 사랑하라는 것은, 우리 모두 행복하기를 원하듯이 다른 사람도 모두 행복할 자격이 있으며 사랑받을 자격이 있다는 것을 인정해주는 것입니다. '당신은 사랑받기 위해 태어난 사람' 이라는 노래가 있습니다. 모든 사람은 아름답고 행복하게 살 권리가 있습니다. 우리는 자기 일만 똑바로 해도 얼마든지 이웃을 사랑할 수 있습니다.

우리 모두 하나님을 사랑합시다. 하나님을 사랑하는 것은 하나님께 매어 달리는 것입니다. 즉 하나님 앞에서는 어린아이가 되는 것입니다. 그리고 자기가 맡은 일을 충실하게 잘 감당하시기를 바랍니다.

36

다윗의 자손이냐

막 12:35-44

예전에 한 대학생이 처음으로 제가 집에서 '홈처치' 하는 곳을 찾아왔습니다. 그 학생은 정말 열심히 예수를 믿었습니다. 그런데 그 집의 할아버지와 아버지는 기독교를 너무 싫어하고 반대했습니다. 어느 날 그 아버지와 할아버지는 이 아들이 교회 다닌다는 사실을 알게 되었습니다. 아버지는 낫을 들고 설치면서 아들을 집에서 쫓아내었고, 할아버지는 네 이름을 족보에서 파버릴 테니까 앞으로 우리 집 안에는 얼쩡거리지도 말라고 고함까지 지르셨습니다. 그러나 이 아들은 신학교에 가서 목사가 되었습니다. 이 아들이 결혼하려고 했을 때 부모님은 자기 이름을 족보에서 파버린다고 했기 때문에 결혼식장에 부모님을 모실 수 없었습니다. 그렇지만 결혼하기 전에 결혼할 처녀를 데리고 찾아가서 인사드렸습니다.

그런데 결혼할 처녀가 너무 부모님과 할아버지에게 잘해드린 것입니다. 이분들이 며느리 될 사람을 보고 그만 홀랑 빠져서 친척들을 다 데리고 결혼식장에 오게 되었습니다. 그때 주례를 제가 했는데, 이분들은 예배라는 것을 난생처음 드려보았습니다. 그런데 제가 생각하기에도 예배에 성령이 임하는 아주 감동적인 결혼식이었습니다. 할아버지와 아버지와 참석했던 동네 사람들은 모두 결혼식이 감동적이었다고 하면서 "기독교 결혼식도 괜찮네" 하면서 좋아하셨는데, "딱 한 가지 부족한 것이 있는디 술이 없는 것이야"라고 하며 아쉬움을 표했습니다.

예수님 당시 유대인들은 앞으로 메시아가 오시면 다윗의 후손으로 오실 것으로 믿었습니다. 그래서 병든 사람들은 예수님을 부를 때 '다윗의 후손' 으로 불렀고, 그것은 메시아에 대한 하나의 암호였습니다. 예수님은 자신에게 "다윗의 자손이여!"라고 부르는 사람들을 다 돌아보셔서 맹인의 눈을 뜨게 하시고, 걷지 못하던 자를 일으키시고, 말하지 못하는 자는 말하게 하셨습니다. 그러나 이제 본문을 보면, 예수님은 십자가를 지실 때가 되었을 때 왜 메시아가 다윗의 후손이냐고 하시면서 메시아는 다윗의 후손이 될 수 없다고 하셨습니다. 결국 메시아의 족보는 다윗의 족보에 올라가 있지만, 그의 출생은 미스터리였던 것입니다.

1. 메시아의 함정

사람들이 예수님을 메시아로 믿는 데는 몇 가지 함정이 있었습니다. 그래서 누구든지 믿음이 없이는 예수님을 메시아로 믿을 수 없었습니다.

예수님을 메시아로 믿는데 가장 큰 걸림돌은, 성경에는 분명히 메시아가 베들레헴에서 태어난다고 했다는 것입니다. 미가 선지자는 말하기를 "베들레헴 에브라다야 너는 유다 족속 중에 작을지라도 이스라엘을 다스릴 자가 네게서 내게로 나올 것이라"(미 5:2)고 했습니다. 그러나 유대인들이 보기에 예수님은 베들레헴 출신이 아니었습니다.

예수님은 유대인들에게 멸시와 천대받는 갈릴리 나사렛 마을 출신이었습니다. 그래서 심지어는 예수님의 제자가 된 빌립이 자기 친구 나다나엘을 찾아가서 "우리가 모세가 예언한 그분을 만났다"고 하니까, 그는 "나사렛에서 무슨 선한 것이 나오겠느냐"고 하면서 아예 만나려고 하지 않았던 것입니다(요 1:43-46). 이것을 보면 모든 유대인은 베들레헴에서 나오시는 메시아를 기대했던 것이 틀림없습니다.

그러나 예수님은 베들레헴에서 나시기는 하셨지만 태어나자마자 헤롯이 아기를 죽이려고 했기 때문에 이집트로 도망쳤다가 베들레헴으로 돌아오지 않고 나사렛으로 가는 바람에 나사렛 사람이 된 것입니다. 그래서 많은 유대인은 예수님을 메시아로 믿지 않았습니다.

그리고 두 번째로 예수님은 전혀 전투적이거나 정치적이지 않으셨다는 것입니다. 그 당시 사람들은 메시아를, 다윗처럼 베들레헴에서 태어나고 자라서 골리앗 같은 적장을 쓰러뜨리고 이스라엘을 독립시켜줄 인물로 생각했습니다. 그러나 예수님은 일단 외모가 다른 사람들과 똑같은 인간이셨습니다. 목수인 아버지 요셉이 있었고, 어머니 마리아가 있었습니다. 그리고 예수님에게는 동생들도 수두룩했습니다. 그런데 어떻게 그런 사람이 신적인 메시아일 수 있으며 하나님의 아들이 될 수 있습니까? 예수님은 오직 하나님의 말씀을 가지고 사람들을 가르치실 뿐이었고, 맹인이나 다리 저는 자나 말 못 하는 자를 고치셨을 뿐입니다. 아버지와 어머니가 있는 평범한 사람이었습니다. 그런 분을 어떻게 하나님의 아들 메시아로 믿을 수 있겠습니까?

그리고 세 번째 함정은, 예수님은 심판하지 않으셨다는 것입니다. 예수님은 세례 요한이 한 말과도 맞지 않았습니다. 세례 요한은 예수님을 장차 불과 성령으로 세례를 베푸실 분이시고 알곡은 모아 하나님의 곡간에 들이시고 쭉정이는 꺼지지 않는 불에 태우신다고 했는데(마 3:11-12), 예수님은 엘리야처럼 하늘에서 불도 내리지 아니하셨고, 모든 사람을 모아서 알곡과 쭉정이로 구분해서 심판하지도 않으셨습니다. 그 대신 예수님은 사람들이 예수님을 믿지 않는 것 자체가 심판이라고 말씀하셨습니다(요 3:18). 이 세상은 버림받을 세상이기 때문입니다.

오늘도 예수 믿는 데 많은 걸림돌이 있습니다. 그중의 하나는 성경에 나오는 기적을 믿지 못하겠다는 것입니다. 그리고 또 왜 꼭 예수님을 믿어야 구원얻는다고 하는가 하는 것입니다. 그들은 기독교도 많은 인생관의 하나라고 하면 얼마든지 받아들이겠다는 것입니다.

그리고 사람들이 예수를 믿지 못하는 이유 중 하나는 꼭 세상의 모든 것을 부정해야 하는가 하는 것입니다. 즉 이 세상에 좋은 것이 얼마나 많은데 왜 꼭 내세를 믿어야 하느냐는 것입니다. 그리고 이 세상에는 고약하고 이기적인 사람들이 예수를 믿는다는 이유만으로 죄 사함을 받고 영생을 누리지만, 희생적이고 남들을 위하여 좋은 일을 많이 한 훌륭한 사람들은 예수를 믿지 않는다는 한 가지 이유로 지옥에 가야 하느냐 하는 것도 의문이라는 것입니다. 그래서 그들은 '하나님을 찾아가는 길은 많지만 결국은 끝에 가서 다 만나게 된다. 자기 종교나 열심히 믿으라' 고 해야 만족하는 것입니다. 그런데 오직 예수만 믿어야 구원을 얻고 다른 종교는 아무리 잘 믿어도 소용이 없다고 하면 기독교는 너무 독선적이라고 비난의 말을 하는 것입니다.

이처럼 사람들이 예수 믿는 데 많은 함정이 있습니다. 그 함정에 빠지면 구원을 놓치게 됩니다. 그러나 예수 믿는 마음으로 차근차근하게 살펴보면, 성경은 틀린 것 없이 다 맞습니다. 예수님은 나사렛 사람이지만 실제로 베들레헴에서 태어났습니다. 그는 인간이지만 그 안에는 하나님의 신성이 있는 하나님의 아들이십니다. 예수님은 이 세상을 심판하지 않으셨지만 심판하시지 않은 것이 바로 심판이었습니다. 왜냐하면 이 세상은 쭉정이 나라이기 때문입니다. 예수님은 요셉이라는 육신의 아버지가 계셨지만 그는 진짜 아버지가 아니었습니다. 예수님의 출생은 미스터리인데, 다윗의 후손으로 입양된 것이었습니다.

2. 다윗이 보았던 메시아

예수님은 유대 지도자들에게, 다윗은 메시아가 자기 후손이라고 말하지 않았다고 하셨습니다. 다윗은 메시아를 하나님으로 보았습니다.

12:36, "다윗이 성령에 감동되어 친히 말하되 주께서 내 주께 이르시되 내가 네 원수를 네 발 아래에 둘 때까지 내 우편에 앉았으라 하셨도다 하였느니라"

다윗이 하나님의 말씀을 깊이 묵상하는 가운데 발견했던 놀라운 사실은, 하나님이 두 분이란 사실이었습니다. 그래서 다윗이 성령에 감동되어서 말하기를 "주께서 내 주께 이르시되"라고 했습니다. 우리는 보통 '주'라고 하면 높으신 분이나 존귀하신 분, 또는 자기 주인을 두고 그렇게 불렀습니다. 그러나 이스라엘 백성은 하나님의 이름을 망령되게 부르지 말라고 하셨기 때문에, '여호와'라고 부르지 않고 '주' 즉 '아도나이'라고 불렀습니다. 다윗 당시의 유대 성경학자들이 들으면 깜짝 놀랄 일이 바로 이것이었습니다. 유대인들은 옛날부터 하나님은 오직 '한 분'이라고 배웠습니다. 신명기 6:4에 "이스라엘아 들으라 우리 하나님 여호와는 오직 유일한 여호와이시니"라고 했습니다. 그러나 다윗은 하나님의 말씀을 묵상하면서 '여호와의 사자'라는 분에게 많은 관심을 쏟게 되었습니다. 이분은 천사 같기도 하고 아닌 것 같기도 하고, 하나님인 것 같기도 하고 아닌 것 같기도 한데, 엄청난 능력을 가지셨고 엄청나게 이스라엘을 사랑하신 분이었습니다. 나중에 다윗이 깨닫게 된 사실은 하나님이 두 분이시라는 것이었습니다.

이것은 그 당시뿐만 아니라 후대에 와서도 너무나도 충격적이었고 잘못하면 이단이라고 해서 돌에 맞을 생각이었던 것입니다. 즉 하나님께서 내 하나님께 말씀하신 것입니다. 하나님은 두 분이셨던 것입니다. 그런데 하나님은 내 하나님께 이렇게 말씀하셨습니다. "내가 네 원수를 네 발 아래에 둘 때까지 내 우편에 앉았으라." 히브리서에는 "내가 네 원수로 네 발등상이 되게 하기까지 너는 내 우편에 앉아 있으라"(히 1:13)고 말씀하신 것입니다. 여기서 "발등상"은 왕이 발을 두는 발판을 말합니다. 대개 왕은 발등상 위에 발을 두기도 하는데, 특히 말을 탈 때는 종들이 땅에 엎드리면 왕이 그의 등을 밟고 타기도 했습니다.

다윗이 내 주라고 불렀던 이 하나님은 이 세상에서 성도들과 천사들로 하여금 모든 원수의 세력들과 싸우게 하십니다. 이 하나님께서는 이 세상에 오셔서 큰 구원의 길을 만드시고, 우리 믿는 자들에게 성령과 능력을 물 붓듯이 부어주신 후에 우리가 모든 원수를 다 이길 때까지 하나님 보좌 우편에 앉아계신 것입니다. 그는 우리에게 믿음을 주시고 용기를 주시고 지혜와 능력을 주셔서 모든 원수를 다 이기게 하시는 것입니다.

3. 두 메시아의 차이

유대인들은 메시아를 다윗의 후손으로 생각했습니다. 그러나 예수님은 다윗 자신이 메시아를 자신의 후손으로 보지 않고, 또 다른 하나님으로 보았다고 주장하셨습니다.

12:37, "다윗이 그리스도를 주라 하였은즉 어찌 그의 자손이 되겠느냐 하시니 많은 사람들이 즐겁게 듣더라"

다윗은 메시아를 하나님이라고 불렀습니다. 그는 이 세상에 오셔서 고난받으시고 큰 구원을 이루신 후에 원수들을 모두 발로 밟을 때까지 하늘에서 하나님의 보좌 우편에서 앉아서 최후의 심판 때를 기다리신다는 것입니다. 이것은 그가 우주적인 구원을 이루실 분이신 것을 보여주는 것입니다.

메시아가 다윗의 자손이라면 그분이 하실 일은 이스라엘을 독립시키고 큰 나라를 만드시는 일일 것입니다. 그러면 그는 이스라엘의 독립투사였을 것입니다. 그러나 만일 그리스도가 하나님이시라면 그가 하실 일은 우리 구원을 이루시고 사탄의 세력을 쳐부수어서 자신의 발 아래에 엎드리게 한 후에 발로 밟으실 것이라고 말씀하셨습니다. 그런데 예수님의 이 말씀을 듣고 많은 사람이 즐거워했다고 했습니다. 이 세상에서 가장 기쁜 일이 모르던 성경이 바로 해석되는 것입니다. 그러면 마치 우라늄이 쪼개어지는 것과 같아서 거기서 엄청난 에너지가 터져 나오게 됩니다. 그러나 예수님은 거기서 이미 유대교가 죽은 종교라는 것을 지적하셨습니다.

12:38-40, "예수께서 가르치실 때에 이르시되 긴 옷을 입고 다니는 것과 시장에서 문안 받는 것과 회당의 높은 자리와 잔치의 윗자리를 원하는 서기관들을 삼가라 그들은 과부의 가산을 삼키며 외식으로 길게 기도하는 자니 그 받는 판결이 더욱 중하리라 하시니라"

옛날에 학자들은 긴 가운을 입고 다녔습니다. 그러나 진정한 종교의 생명은 겸손에 있는 것이고 사람을 살리는 데 있는 것이지, 결코 거창한 외모에 있는 것이 아니라고 하셨습니다. 외모와 의식이 거창

하면 할수록 그 종교는 죽은 종교입니다. 이 당시 서기관들은 성경을 연구하고 기록하는 자들이었는데, 이들은 긴 옷 입는 것을 좋아했고, 시장에서도 사람들의 인사를 받지만 과부의 재산을 삼키는 악한 자들이었습니다. 즉 이들은 돈 많은 과부를 좋아해서 그들과 관계를 맺고 나중에는 하나님께 바치라고 해서 그 재산을 다 삼켜버리는 날강도들이자 이리였던 것입니다.

그러나 예수님은 한 과부의 적은 헌금을 칭찬하셨습니다. 예수님이 성전의 헌금함이 있는 곳을 보고 계셨습니다. 아주 가난한 한 과부가 아주 적은 돈을 헌금했습니다. 너무나도 적은 헌금이어서 다른 사람이 보면 창피할 정도였습니다. 이 당시 부자는 헌금할 때 동전으로 바꾸어서 자루로 헌금함 입구에 쏟아부었습니다. 그러면 사람들은 모두 부러운 눈으로 그를 바라보았습니다. 그러나 이 부자가 드린 헌금은 부자가 가진 재산에 비하면 너무나도 적은 분량이었습니다.

예수님은 헌금에 대하여 새로운 개념을 말씀하셨습니다. 헌금은 하나님께 바치는 액수도 중요하지만, 그 정신이 더 중요하다는 것입니다. 즉 이 과부는 아주 적은 헌금을 했지만 자기 생활비를 다 바쳤던 것입니다. 그러면 이 과부는 무엇을 먹고 삽니까? 그는 자신의 미래와 생명을 전적으로 하나님께 의탁하는 뜻으로 헌금했던 것입니다. 그러므로 우리도 헌금을 할 때마다 우리의 미래를 하나님께 바치시기 바랍니다. '이 헌금을 바치게 하신 하나님께서 앞으로 내 모든 생활을 지켜주시고 인도해주시고 축복해 주실 줄 믿습니다' 하는 믿음으로 많든지 적든지 정성껏 바치시기 바랍니다.

예수님은 세상을 이기셨습니다. 예수님은 우리 삶의 주인이 되십니다. 그래서 어떤 경기에서나 어떤 적들도 다 이기게 하실 것입니다. 예수님은 사탄의 세력을 완전히 발로 밟으실 때까지 우리를 위하여 기도하시고 능력을 주시고 믿음을 주실 것입니다.

37

메시아를 거부한 결과

막 13:1-23

옛날에는 전화가 거의 없어서 어른들이 아이들에게 심부름시킬 때가 많았습니다. 그러면 어른들은 심부름을 온 아이들의 머리를 쓰다듬으면서 나이도 어린데 수고가 많았다고 하면서 격려해 주었습니다. 옛날 아메리카의 인디언들은 부족끼리 전쟁하기 전에 흰옷을 입은 사람이 와서 먼저 평화를 제시합니다. 그런데 인디언들도 이 흰옷을 입은 사람은 절대로 죽이지 않았다고 합니다. 그러나 인간은 하나님께서 평화의 사자로 보낸 하나님의 아들을 비참하게 죽여 버렸습니다. 그 결과는 어떻게 되겠습니까?

유대인들의 가장 큰 문제는 하나님이 보내신 하나님의 아들을 받아들이지 않고 그를 채찍질하고 십자가에 못 박아 죽였다는 것입니다. 하나님의 아들은 온 세상의 평화의 사자로 오셨습니다. 그런데 유대인들이나 로마는 하나님이 평화의 사자로 보내신 아들을 죄인으로 몰아서 가장 처참하게 죽였으니까 그들은 이제 그 책임을 져야 했습니다.

1. 유대인들을 버리심

유대인들이 가장 중요하게 여긴 것은 하나님의 성전이었습니다. 하나님께서는 메시아를 거부하고 장사에 몰두한 유대인의 성전을 완전히 파괴할 것이라고 말씀하셨습니다. 예루살렘 성전은 전 세계의 모든 사람이 와서 기도하는 곳이었습니다. 즉 그곳은 죄 씻음을 받고 하나님의 말씀을 들으며 새 인생을 시작하는 곳이었습니다. 성전에 와서 기도하고 말씀을 듣고 새 인생을 살면 얼마든지 전쟁 없는 행복한 삶을 살 수 있습니다.

그러나 대제사장들과 서기관들은 사람들에게 제사에 드릴 짐승을 팔고 돈을 환전해주고 헌금을 강요함으로 거룩한 성전을 강도의 소굴로 만들었습니다. 예수님은 유대인들에게 "내 아버지의 집으로 장사하는 집을 만들지 말라"고 분명히 말씀하셨습니다. 그러나 유대인들은 예수님의 말씀을 듣지 않고 오히려 예수님을 십자가에 못 박아 죽였습니다. 이 예루살렘의 성전에서 장사만 계속하면 어마어마한 부자가 될 수 있었기 때문입니다. 그러나 말라기 선지는 장차 하나님의 사자가 오면 성전을 마치 금을 연단하는 불과 같이 모든 것을 태우실 것이라고 예언했습니다.

예수님 당시에 예루살렘 성전은 화려한 돌로 지어진 엄청난 건물이었습니다. 이 건물의 외모는 그렇게 크고 화려했지만, 그 건물 속을 채우고 있는 것은 인간의 탐욕과 이기심이었습니다. 그들이 탐욕도 있고 이기심도 있다고 하지만 하나님이 보내신 평화의 사자를 보고 영접해서 받아들이면 구원얻을 수도 있었습니다. 예루살렘 성전은 하나님의 성령이 무더기로 부어지는 곳이었습니다. 그러나 대제사장과 서기관들은 돈을 가장 높은 곳에 둠으로써 성전이 아니라 강도의 소굴로 만들고 말았던 것입니다. 강도의 본부는 언젠가는 다른 강도들의 공격을 받든지 아니면 경찰의 공격을 받게 되어 있습니다.

그러나 예수님의 제자들은 예루살렘 성전의 건물 모습을 보고 감탄했습니다. 그래서 그들은 그 건물의 돌 하나하나를 보면서 "선생님, 이 돌들이 얼마나 대단하며 이 건물이 얼마나 위대한 건축물입니까? 이 건물은 무려 사십 년이 넘게 지어지고 있으며 이런 건물이 이스라엘에 있다는 것은 우리 이스라엘에 큰 자랑입니다"라고 놀라며 말을 했습니다.

그러나 예수님은 제자들이 성전 건물을 보고 놀라고 감탄하는 것에 대하여 아무 반응도 보이시지 않았습니다. 그러다가 예수님은 성전이 마주 보이는 작은 산에 올라가셔서 "지금 눈에 예루살렘 성전이 엄청나게 멋진 건물로 보이지만, 때가 이를 텐데 그때 이 건물은 돌 하나도 돌 위에 남지 않고 완전히 부서질 것이다"라고 말씀하셨습니다. 이때 제자들은 엄청나게 놀랐습니다. 왜냐하면 예루살렘 성전이 완전히 파괴될 정도라면 이스라엘 사람들은 한 사람도 남지 않고 죽든지 아니면 포로로 끌려가는 대전쟁이 일어날 것이기 때문입니다.

예수님은 예루살렘 성전의 미래를 보고 계셨습니다. 예루살렘 성전은 돌 하나도 돌 위에 남지 않고 철저하게 파괴되며, 남자나 여자가 남김없이 죽임당할 것을 예언하신 것입니다.

이제 제자들은 예수님의 말씀을 철저하게 믿었습니다. 그래서 예수님의 제자 중에서 요한과 안드레가 예수님께 조용히 물었습니다. "예수님이 말씀하신 예루살렘의 멸망은 언제 일어나며, 그런 일이 일어날 때 징조는 어떠하겠습니까?" 이것은 굉장히 중요한 질문이었습니다. 이런 일이 일어나려고 할 때 재빨리 예루살렘에서 도망치면 살 수 있기 때문입니다.

그때 예수님께서 가장 중요하게 말씀하신 내용은 '거짓 진리가 판을 치는 것' 이었습니다.

13:5-6, "예수께서 이르시되 너희가 사람의 미혹을 받지 않도록 주의하라 많은 사람이 내 이름으로 와서 이르되 내가 그라 하여 많은 사람을 미혹하리라"

예수님께서는 예루살렘 멸망의 가장 중요한 징조는 거짓 진리와 거짓 메시아가 판을 치는 것이라고 하셨습니다. 물론 이런 말을 하는 사람들이 다 나쁘게 생긴 사람들은 아니었습니다. 이 사람들 중에는 대제사장도 있고 대학자도 있고 대예언자나 정치인도 있었을 것입니다. 그러나 이들은 성경을 절대로 바로 해석하지 않습니다. 그리고 이들은 자신의 감언이설과 돈으로 사람들의 마음을 회유하는 것입니다. 우리는 이런 현상을 무서워해야 합니다. 그러나 우리는 도망칠 곳이 없습니다. 그런데 이런 심판을 연기하는 방법이 있습니다. 예루살렘의 멸망이 연기된 이유가 있습니다. 그것은 바로 오순절의 성령 부흥이 있었기 때문입니다. 그때 일어난 대부흥이 예루살렘의 멸망을 삼십 년 이상 막았던 것입니다.

2. 지진과 전쟁의 징조

인간에게 가장 고통스러운 것은 전쟁이 일어나는 것입니다. 더욱이 전쟁이 겨울에 일어나면 군인이 많이 얼어 죽기도 하고 피난민도 추위로 많은 고생을 하게 됩니다. 그리고 또 두려운 것은 자연의 분노입니다. 화산이 폭발하든지 쓰나미가 몰려오든지 큰 홍수가 나면 수많은 사람이 죽거나 생활의 터전이 사라집니다.

최근에 전 세계적으로 지진이 많이 일어나고 있습니다. 그리고 동물이나 사람에 대한 전염병도 많이 일어나고 있고, 기후 변화로 엄청난 폭우가 쏟아지기도 합니다. 극 지방에서 어마어마하게 큰 빙하가

녹아서 바다에 빠지고 있습니다. 그런데 예수님은 그런 것을 두려워하지 말라고 하셨습니다. 이것은 전혀 두려워하지 말라는 뜻이 아닙니다. 사실 우리는 지진이나 전쟁이나 기후의 변화를 두려워해야 합니다. 그러나 예수님에게는 더 무서워할 것들이 있다는 뜻입니다.

13:7-8, "난리와 난리의 소문을 들을 때에 두려워하지 말라 이런 일이 있어야 하되 아직 끝은 아니니라 민족이 민족을, 나라가 나라를 대적하여 일어나겠고 곳곳에 지진이 있으며 기근이 있으리니 이는 재난의 시작이니라"

예수님은 우리에게 전쟁이 터지거나 혹은 지진이 나서 많은 사람이 죽었다는 소문으로 너무 절망하지 말라고 말씀하셨습니다. 하나님은 택한 백성을 위하여 이런 재난에 한계선을 그어주시기 때문입니다. 그러나 우리가 주의할 필요는 있습니다. 이것들이 재앙의 시작이기 때문입니다. 사실 재앙은 별것 아닌 데서부터 시작되어서 많은 사람을 죽게 할 것입니다.

우리가 가장 두려워해야 할 것은 말씀과 부흥의 등불이 꺼지는 것입니다.

13:14, "멸망의 가증한 것이 서지 못할 곳에 선 것을 보거든 (읽는 자는 깨달을진저) 그 때에 유대에 있는 자들은 산으로 도망할지어다"

여기 "멸망의 가증한 것"은 우상을 말하거나 혹은 하나님을 믿지 않는 사람들을 말할 때가 많습니다. 로마의 폼페이우스는 그리스를 정복하고 돌아가다가 예루살렘에 들러서 성전 안에 칼을 차고 들어갔습니다. 그리고 예루살렘에 독수리의 상을 두기도 했습니다. 유대인들은 이것을 멸망의 가증한 것이라고 생각했습니다. 그러나 예수님

시대에 성전에서 가장 중요한 것은 돈이었습니다. 즉 돈이 하나님의 자리를 찬탈하고 있었던 것입니다. 나중에 그리스도인들은 유대인들과 로마가 전쟁을 일으켜서 예루살렘이 포위되는 것을 멸망의 가증한 것으로 생각했습니다. 그래서 그들은 로마의 포위가 잠시 풀렸을 때 모두 예루살렘 성에서 나와서 페트라를 넘어 도망쳐서 숨어 있었습니다. 그래서 정작 로마가 망할 때 기독교인들은 거의 죽지 않았다고 합니다. 전쟁이 끝난 후 에비온파라는 기독교인들이 나타났는데, 이들이 그때 바로 도망쳤던 그리스도인들이었던 것입니다. 여기서 '에비온' 이라는 말은 가난한 자들이라는 뜻입니다. 그러나 멸망의 가증한 것은 돈이 하나님의 자리를 대신하는 것으로 보아야 합니다. 그리고 하나님의 일을 모두 돈으로 해결하려고 하는 것입니다.

이때 하나님의 백성은 지진을 피하듯이 도망치라고 말씀하셨습니다. 지붕 위에 있는 자는 지붕 밑으로 내려가지 말라고 했습니다. 집 안에 들어가면 집이 무너질 때 깔리기 때문입니다. 밭에서 일하고 있는 사람은 옷을 가지러 집에 들어가지 말라고 했습니다. 집에 들어가면 지진으로 깔려 죽기 때문입니다. 그런데 무서운 것은 그런 날에는 아이 밴 자와 아이를 젖먹이는 자에게 화가 있을 것이라고 했습니다. 아이 밴 자와 아이를 가진 자는 사회적으로 보호해 주어야 합니다. 그러나 환란이 오면 아기 밴 여자는 몸이 무거워서 빨리 움직이지 못하고, 아이를 가진 자는 아기가 울기 때문에 잡히게 됩니다. 물론 이것은 상징입니다. 세상 것을 다 가졌기 때문에 배가 부른 자입니다. 그리고 아이를 가진 자는 자랑거리들을 많이 가지고 있는 자들입니다. 이런 자들은 롯의 때와 같이 이것을 가져갈까 저것을 가져갈까 우왕좌왕하다가 시간을 다 놓치는 것입니다.

하나님의 백성은 가진 것이 적어야 합니다. 그래서 때로는 옷도 벗어 던지고 입고 입는 옷만으로 도망칠 생각을 해야 합니다. 그런데 이런 비극을 막는 가장 좋은 비결이 무엇입니까? 교회에 부흥의 불이 일어나는 것입니다. 예루살렘에 오순절 부흥의 불이 일어나는 바람에 로마에 의한 멸망은 삼십 년 이상 연기되었던 것입니다.

3. 그리스도인들이 당하는 핍박

기독교는 핍박당하는 종교였습니다. 그리스도인들은 복음으로 인하여 욕을 먹고 매를 맞고 감옥에 갇힐 때 기뻐하라고 하셨습니다. 그 때 하늘에서 우리의 상이 크기 때문입니다. 그래서 우리는 이 세상 살면서 욕 한번 안 먹고 한 대도 안 맞고 천국에 들어갈 생각을 하지 말아야 합니다.

13:9, "너희는 스스로 조심하라 사람들이 너희를 공회에 넘겨 주겠고 너희를 회당에서 매질하겠으며 나로 말미암아 너희가 권력자들과 임금들 앞에 서리니 이는 그들에게 증거가 되려 함이라"

예수님은 우리에게 늘 조심하라고 하셨습니다. 우리는 이리 떼 가운데 있는 어린양들이기 때문입니다. 아마 이리들은 단 한 번의 이빨로 우리를 물어 죽일 수 있을 것입니다. 그런데 왜 세상 사람들은 우리를 잡아먹지 않을까요? 아마 그들은 아직 우리를 이리인 줄 알기 때문입니다. 그래서 교회에서 먼저 잡아먹는 일이 생기게 됩니다. 옛날 유대인들은 공회에서 재판했습니다. 그리고 회당에서는 안식일을 어기거나 계율을 어긴 자들을 묶어 놓고 채찍질했습니다. 그러나 가장 무서운 것은 지옥 불에 던져지는 것이었습니다.

유대인 지도자들은 하나님을 두려워하지 않았습니다. 그들은 로마를 두려워했는데, 오히려 강경파들은 로마와 전쟁을 원했습니다. 결국 주후 70년 유대인들은 로마와 전쟁했는데 예루살렘에서 110만

명이 죽고 20만 명이 포로로 끌려가서 로마에 있는 원형 경기장을 지었다고 합니다. 그 후 유대인들은 전 세계에 포로로 팔려 갔습니다. 이것이 바로 그들이 메시아를 거부한 결과였습니다. 그러나 예수님은 이것이 재앙의 시작이라고 하셨습니다. 이 재앙은 언제까지 계속됩니까?

13:10, "또 복음이 먼저 만국에 전파되어야 할 것이니라"

예루살렘이 멸망하고 복음이 땅끝까지 전파될 때가 말세입니다. 이 기간 동안 언제든지 종말이 올 수 있습니다. 그러나 성령의 말씀이 살아 있으면 아직 종말은 아닙니다. 교회는 정상적으로 말씀이 전파되기만 하면 성령의 역사가 나타납니다. 즉 성령의 역사만 나타나면 절대로 멸망은 오지 않을 것입니다.

13:11, "사람들이 너희를 끌어다가 넘겨 줄 때에 무슨 말을 할까 미리 염려하지 말고 무엇이든지 그 때에 너희에게 주시는 그 말을 하라 말하는 이는 너희가 아니요 성령이시니라"

성령으로 하시는 말씀이 살아 있는 동안 아직 이 세상에는 하나님의 택한 백성이 많이 남아 있습니다. 그래서 우리는 세상의 전쟁이나 지진이나 핵무기를 두려워하기보다는 영적으로 깨어 있어야 합니다. 부흥이 있으면 심판을 연기하거나 이길 수 있습니다. 우리 교인들은 세상적인 삶에서 영적으로 돌아와야 합니다.

38

무화과나무의 비유

막 13:24-37

우리가 하루하루를 보면 모든 날이 똑같은 것 같습니다. 그러나 달력이나 수첩을 보면 매일 매일의 의미가 다르고, 그중에서도 특별히 중요한 날이 따로 있는 것을 보게 됩니다. 학생에게 가장 중요한 날은 수능 고사를 보는 날일 것입니다. 그리고 환자에게 중요한 날은 수술받는 날일 것이고, 결혼할 자녀를 둔 부모에게 중요한 날은 결혼식 날일 것입니다. 그래서 사람들은 자기 수첩을 절대로 다른 사람들이 보지 못하게 합니다. 그것은 자기만의 비밀이고 프라이버시이기 때문입니다.

그런데 놀라운 것은 하나님의 수첩에도 하나님의 계획이 기록되어 있다는 사실입니다. 하나님의 수첩에는 놀랍게도 예수님이 다시 이 세상에 오시는 날이 기록되어 있습니다. 예수님이 이 세상에 오시는 그날이 되면 지진이나 태풍이나 폭우보다도 더 무서운 일이 일어나게 되는데, 공중에서 예수님이 구름을 타고 나타나실 것입니다. 그리고 수많은 천사가 나타나서 예수님을 믿지 않는 자들을 잡아서 쇠사슬로 묶어서 심판대로 끌고 갈 것입니다. 이것이 바로 하나님의 아들을 믿지 않은 결과입니다.

그리고 그때 예수 믿는 사람들도 두 종류가 있습니다. 어떤 사람은 잠을 자고 있고, 어떤 사람은 잠이 오지만 자지 않고 눈을 부릅뜨고 깨어 있습니다. 여기서 잠을 잔다는 것은 세상에 취해있고 죄에 빠져 있는 것을 말합니다. 잠을 자는 사람들도 그동안 게을렀기 때문에 쇠사슬에 묶여서 붙들려갑니다. 예수님은 그런 사람들을 모른다고 이야기하겠다고 말씀했습니다. 예수님 때문에 고난받고 사람들에게 욕을 먹고 핍박당하고 순교한 자들만 공중으로 끌려 올라가서 어린양의 혼인 잔치에 참여하게 될 것입니다. 이날은 믿는 자들에게 가장 중요한 날이 될 것입니다.

1. 그리스도가 다시 오심

사실 이 세상에는 우리가 눈으로 보지 못하는 것들이 굉장히 많이 있습니다. 우리는 먼 데 있는 것도 잘 보이지 않고 너무 작은 것도 잘 보이지 않습니다. 그런데 우리는 어마어마한 세계도 보지 못합니다. 그것은 바로 하나님의 세계입니다. 우리는 하늘에 있는 천사도 보지 못하고, 엄청난 하나님의 세계도 보지 못하고 있습니다. 우리는 눈에 보이는 이 지구나 우리나라가 전부라고 생각하기 쉽습니다. 그러나 우리는 이 우주가 엄청나게 크고 지구는 그중에서도 아주 작은 별에 불과하다는 사실을 잘 압니다. 그런데 이 지구라는 작은 별은 다른 어느 별보다 물이 엄청나게 많고 표면에 흙이 있고 가까운 데 태양이라는 큰 별이 있어서 인간이나 생물이 살기에 아주 좋은 별이라는 것입니다. 그래서 지구에는 다른 어떤 별에도 없는 무수한 생물이 우글우글 살고 있습니다. 그런데 우리는 가장 중요한 하나님의 세계를 보지 못합니다. 왜냐하면 우리 눈은 하나님의 세계에 대해서는 맹인이기 때문입니다.

그러나 성경에 보면 아주 드물게 하나님의 세계를 본 사람들이 있습니다. 그 중에 엘리사와 그의 사환이 있습니다. 그들은 적들이 엘리사를 잡으러 왔을 때 온 성을 둘러싸고 있는 하나님의 불말과 불병거를 보았습니다. 또 예수님의 세 제자 베드로, 요한, 야고보는 예수님을 따라 높은 산에 올라갔다가 예수님의 변화하신 모습과 모세와 엘리야가 살아서 예수님과 대화를 나누는 장면을 보았습니다. 그리고 스데반 집사는 돌에 맞아 죽을 때 하나님이 보좌에 앉으신 것과 그 우편에 그리스도께서 서 계신 것을 보았습니다. 또 사도 바울은 예수 믿는 사람들을 잡아 가두기 위하여 다메섹으로 가다가 태양보다 더 밝은 모습으로 나타나신 예수님을 보았습니다. 그리고 사도 바울은 세 번째 하늘에 올라가서 세상에서는 들을 수 없는 음성을 들었다고 고백하고 있습니다.

그러나 대개 우리는 하나님의 나라는 보지 못하고 살아가고 있는데, 거의 모두 이 세상이 그대로 영구적으로 계속될 것으로 믿고 있고 또 그러기를 바라고 있습니다. 세상은 많이 변하기는 했지만, 산이나 강 같은 자연은 그대로 남아 있기 때문입니다. 물론 이 세상은 엄청나게 변하고 있습니다. 그러나 하나님의 수첩에는 중요한 한 날이 표시되어 있습니다. 그것은 바로 하나님의 보좌 우편에 앉아 계신 그리스도께서 마침내 일어나셔서 온 세상을 심판하러 오시는 날입니다. 그러나 우리에게는 마지막 그런 심판 날이 있다는 증거가 없습니다. 그래서 대부분 사람은 그날을 인정하지 않고 살아가고 있습니다. 그렇지만 하나님은 미리 그날에 대한 예고를 보여주셨습니다.

그 첫 번째가 노아의 홍수입니다. 노아 때 인류의 문명은 아주 발달해 있었습니다. 그때 인간은 농사도 지었고 전쟁도 했습니다. 그러나 하나님은 이 세상에서 사는 노아에게 큰 배를 만들라고 명령하셨습니다. 하나님의 수첩에는 온 세상을 심판하실 날이 정해져 있었기 때문입니다. 노아는 오랜 기간에 걸쳐서 아주 큰 방주를 만들었습니다. 노아의 식구 여덟 명과 수많은 동물이 방주 안에 들어가자 배의 문이 닫혔습니다. 그리고 하늘에서 물 폭탄이 쏟아지고 바다에서는 쓰나미가 몰려왔고 온 세상 사람이나 짐승이나 새까지 숨 쉬는 생명체는 전부 물에 빠져 죽었습니다.

둘째는 소돔과 고모라의 멸망입니다. 소돔과 고모라는 당시 팔레스타인에서 가장 비옥하고 잘 사는 도시였으나 그곳 사람들은 음란했고 특히 동성애가 심했습니다. 하나님은 그곳을 멸망하기로 작정하셨습니다. 심판하는 날 하늘에서는 유황과 불이 소나기같이 쏟아지면서 소돔과 고모라와 그 옆에 있던 두 성은 완전히 재가 되어버렸습니다. 소돔과 고모라에 이런 재앙이 일어난 것은 하나님의 수첩에 그 날짜가 표시되어 있었기 때문입니다.

우리가 생각하기에 이 세상은 영원할 것 같고 모든 날이 똑같을 것 같지만 하나님의 수첩에는 어마어마하게 중요한 심판 날이 기록되어 있다는 사실을 바로 알아야 합니다. 그날이 언제인지는 알 수 없지만 중요한 특징이 있습니다. 가장 큰 특징은 해와 달과 별이 빛을 잃어버리는 것입니다.

13:24-25, "그 때에 그 환난 후 해가 어두워지며 달이 빛을 내지 아니하며 별들이 하늘에서 떨어지며 하늘에 있는 권능들이 흔들리리라"

"그 때에 그 환난 후"라고 했는데, 이 때는 하나님의 백성이 예수 믿는 것 때문에 사람들에게 미움받고 심판당하고 고통받으며 가짜 복음이 나타나서 많은 사람을 속인 후를 말합니다.

결국 이 세상에는 두 종류의 사람들이 있게 됩니다. 하나는 이 세상에 오신 예수님을 믿고 영접하는 사람이고, 다른 하나는 예수님을 인정하지 않고 믿지 않는 사람입니다. 사람들은 지구나 태양이나 우주가 영원할 줄 알았는데 하나님의 때가 되면 우주는 처음 만들어졌던 때로 돌아가게 됩니다. 그때는 태양이 어두워지게 됩니다. 달도 빛을 내지 않습니다. 그다음에는 별들이 떨어지기 시작합니다. 별들이 지구 위에 떨어지면 인간은 이 세상에 있을 수 없게 됩니다. 이때 비로소 인간은 이것이 바로 세상의 마지막 날이라는 것을 알게 될 것입니다. 이때 인간은 지구를 떠나지 않는 이상 이 무서운 재앙을 피할 수 없습니다.

여기에 보면 "하늘에 있는 권능들이 흔들리리라"고 했습니다. 하늘에 있는 권능은 별들을 붙들어주고 태양을 불붙게 하고 지구의 공기를 지켜주는 어떤 힘을 말합니다. 그 힘이 갑자기 약해지고 흔들리면서 하늘에 있는 것들이 다 우주 밑으로 떨어지게 됩니다. 그리고 하나님의 보좌 우편에 앉아 계시던 그리스도께서 그 자리에서 일어나셔서 구름을 타고 공중에 재림하시게 됩니다.

예수님께서 부활하신 후 제자들이 보는 앞에서 하늘로 올라가실 때 천사가 그들에게 말하기를 "갈릴리 사람들아 어찌하여 서서 하늘을 쳐다보느냐 너희 가운데서 하늘로 올려지신 이 예수는 하늘로 가심을 본 그대로 오시리라"(행 1:11)고 했습니다.

그리고 예수님은 31절에 "천지는 없어지겠으나 내 말은 없어지지 아니하리라"고 하셨습니다. 이 지구와 우주는 큰 숙제의 날을 기다리고 있습니다. 그것은 바로 그리스도께서 구름을 타고 오시는 날입니다. 그때 인간의 모든 활동은 중단됩니다.

그때 천사장이 나팔을 불면서 큰 소리로 "이제 세상은 끝이 났다. 모든 인간은 그리스도의 심판을 받으러 나오라"고 호령할 것입니다. 그때 인간은 가슴을 찢으면서 후회하게 됩니다. 한편 천사들은 예수 믿는 사람들을 온 우주 구석구석에서 다 찾아내어서 공중에서 주를 맞이하게 합니다. 이때 예수 믿는 사람들은 저절로 하늘로 올라가게 됩니다. 그때는 세상의 권세나 물질이 다 소용없습니다.

2. 무화과나무의 비유

우리는 중요한 날들을 일일이 다 기억할 수 없으므로 달력에 표시해 놓습니다. 우리는 이런 크고 중요한 날은 미리 알아서 준비할 수 있지만 가장 중요한 인류의 마지막 날은 결코 알 수 없습니다. 이날을 아는 존재는 하나님밖에 없습니다.

13:32, "그러나 그 날과 그 때는 아무도 모르나니 하늘에 있는 천사들도, 아들도 모르고 아버지만 아시느니라"

인류의 마지막 날은 예수님도 모른다고 하셨습니다. 수많은 천사도 그 날과 그 때는 모릅니다. 그래서 어떤 사람이 몇 년 몇 월 며칠에 하늘로 올라간다든지 예수님이 벌써 오셨다고 주장한다면, 전부 이단입니다. 구름을 타고 오실 주인공이신 예수님도 모른다고 하셨습니다. 이것은 오직 하나님 아버지의 권한입니다.

그런데 예수님은 그날에 대하여 힌트를 하나 주셨습니다. 그것이 바로 무화과나무를 잘 보고 배우라는 것입니다.

13:28-29, "무화과나무의 비유를 배우라 그 가지가 연하여지고 잎사귀를 내면 여름이 가까운 줄 아나니 이와 같이 너희가 이런 일이 일어나는 것을 보거든 인자가 가까이 곧 문 앞에 이른 줄 알라"

우리는 예수님이 말씀하시는 무화과나무 가지가 무엇인지 알 수 없습니다. 이것을 바로 알아야 예수님이 언제 오실지 알고 준비하고 있을 텐데 무화과나무 가지가 연하여지는 것이 무엇인지 모르는 것입니다.

그래서 한번 생각해 보시기 바랍니다. 무화과나무에 대해 몇 가지 다른 주장이 있습니다. (1) 예수님이 예루살렘 성전의 멸망을 두고 말씀하셨으므로 예루살렘의 멸망을 무화과나무가 연하여지는 것으로 봅니다. (2) 사도 바울은 마지막 때가 되면 유대인들 다수가 예수를 믿게 되어 이스라엘이 완성되는데, 그때 유대인들이 예수 믿는 것을 무화과나무가 연하여지는 것으로 봅니다. (3) 예수님이 이 세상에 오시기 전에 지진이 많이 일어나고 민족과 민족이 싸우게 되는데, 이것이 예수님께서 오실 징조라고 주장합니다. 그래서 세상 여러 곳에 지진이 일어나서 사람들이 많이 죽고 3차대전이 일어나면 이것이 무화과나무의 가지가 연하여지는 것이라고 주장합니다. (4) 또 어떤 사람은 예수님이 오시기 전에 거짓 그리스도가 판을 치고 믿는 사람들이 핍박을 많이 당하게 되는데 그런 일이 일어나면 무화과나무의 가지가 연하여지는 세상의 마지막이 온 것이라고 주장합니다.

그러나 제가 생각하기에는 무화과나무의 가지가 연하여진다는 것은 오순절의 성령이 오셔서 사람들의 단단한 마음이 부드러워지고 부흥의 불길이 일어나는 것을 가리킨다고 봅니다. 예수님께서는 이 세대가 지나가기 전에 이 일이 다 일어나리라고 말씀하셨습니다. 그래서 성령이 오심으로 예수님은 언제든지 오실 수 있는 것입니다. 예수님은 재림하시려고 문 앞에 서 계십니다. 단지 마지막 한 사람이 다 믿을 때까지 기다리고 계신 것입니다. 성령이 오시고 난 후부터는 말세이고 언제 주님이 오실지 모르는 것입니다. 단지 이 기간은 연장된 기간입니다. 그래서 우리는 딴 것을 생각하지 말고 오직 교회에 부흥이 일어나게 하고 영혼을 건지는 일을 해야만 합니다. 그리고 복음 때문에 핍박당하고 욕을 먹게 되면 기꺼이 욕을 먹어야 하는 것입니다.

3. 우리 신자의 자세

이 마지막 때를 사는 우리 신자는 어떤 자세로 신앙생활을 해야 할까요? 우리도 이 세상에 살아야 하므로 돈도 벌어야 하고 공부도 해야 하고 결혼도 해야 합니다. 그런데 우리에게 가장 중요한 것은 잠을 자지 않는 것입니다.

13:33, "주의하라 깨어 있으라 그 때가 언제인지 알지 못함이라"

여기서 "깨어 있으라"는 말은 두 가지 의미가 있습니다. 하나는 세상에 빠지지 말라는 뜻입니다. 물론 우리는 이 세상일을 해야 합니다. 공부도 해야 하고 시험도 쳐야 하고 장사도 해야 합니다. 그러나 우리는 그런 일에 빠져만 있으면 안 됩니다. 우리는 믿음 생활을 하면서 늘 하늘을 쳐다보면서 성경을 읽으면서 세상일을 해야 합니다. 왜냐하면 이 세상은 천천히 침몰해가고 있는 배와 같기 때문입니다. 우리는 이 배에서 사람을 건져 내어야 합니다.

그리고 또 하나는 죄에 빠져 있지 말라는 뜻입니다. 계속 술에 빠져 있거나 게임에 빠져 있거나 도박에 빠져 있으면 잠자고 있는 것입니다. 사람들이 겨울 산에서 길을 잃어버리면 자꾸 잠이 오게 됩니다. 그렇다고 해서 잠을 자버리면 저체온증으로 죽게 됩니다.

예수님은 우리가 어떤 처지에 있는지 말씀하셨습니다. 그것은 주인이 먼 데 가면서 각 사람에게 할 일을 맡겼고 문지기에게는 깨어 있으라고 지시한 것과 같은 처지입니다. 종들은 주인이 언제 올지 모릅니다. 물론 훤한 대낮에는 오지 않습니다. 저녁이나 새벽이나 모든 사람이 정신없이 자고 있을 때 주님은 오실 것입니다. 그때 깨어 있어야 주님께 칭찬받을 수 있지, 교회 안에서 싸움이나 하고 세상에 빠져 있으면 심판에 끌려가게 되는 것입니다.

13:37, "깨어 있으라 내가 너희에게 하는 이 말은 모든 사람에게 하는 말이니라 하시니라"

모든 사람이 들어야 할 말은 하나님의 아들이 이 세상에 오셨고 우리에게 성령을 주셨다는 것입니다. 혹시 우리가 살아 있는 동안 주님이 오시지 않을 수도 있습니다. 그러나 주님이 언제 오실지 모른다고 생각하고 긴장감을 늦추어서는 안 됩니다. 군대의 사관생도나 새색시가 아름답고 신선한 것은 긴장하고 있기 때문입니다. 우리는 항상 긴장하고 있어서 추한 모습을 나타내지 않아야 합니다.

우리는 주님이 오실 것을 믿어야 합니다. 우리는 주님이 언제 오시더라도 기쁨으로 맞이할 수 있어야 합니다. 그런데 준비되어있지 않으면 게으른 종이 되어서 심판에 끌려가게 되는 것입니다. 모든 인류와 피조물과 하늘과 별들과 우주가 기다리는 것은 하나님의 아들이 다시 오시는 그날 그 순간입니다. 그날은 가장 큰 날이고 그 무엇과도 비교되지 않는 축복과 영광의 날이 될 것입니다.

39

나드 향유 한 옥합

막 14:1-9

예수님께서는 감람산에서 예루살렘의 웅장한 모습과 아름다운 외모를 보고 자랑하는 제자들에게 두 가지를 말씀하셨습니다. 하나는 이 예루살렘 성전이 무너져서 돌 하나도 돌 위에 남지 않을 것이라고 예언하셨습니다. 그 이유는 그들이 메시아를 거부했기 때문입니다. 그리고 또 하나는 장차 다시 한번 메시아가 구름을 타고 이 세상에 오신다는 예언입니다. 그러면서 예수님은 제자들에게 항상 깨어 있으라고 당부하셨습니다. 즉 세상에 빠지지 말고 욕심에 빠져 있지 말라는 뜻입니다. 이 예수님의 말씀 중 첫 번째는 이미 이루어졌습니다. 예루살렘은 이천 년 전 로마 군인에 의하여 함락되었고, 그 와중에 성전도 불탔으며 성전이 있는 자리에는 지금 이슬람의 황금돔 사원이 있는 모습을 볼 수 있습니다. 그리고 이제는 예수님의 말씀 중 두 번째가 이루어져야 할 때입니다. 예수님은 하늘에서 구름을 타고 오셔서 온 세상을 심판하실 것입니다. 그러나 그 당시 상황은 예수님의 말씀과 정반대되는 방향으로 흘러가고 있었습니다.

예수님은 우리 죄를 대신해서 십자가에 못 박혀 고통받고 피를 흘리며 죽으셔야 했습니다. 우리가 죄 용서받고 영생을 얻으려면 하나님의 아들이 직접 피를 흘리고 죽으신 후 지옥에 가셔서 사망의 세력과 싸워서 이기셔야 하고, 하나님 앞에서 의로운 제사라는 인정을 받아야 했습니다. 예수님은 지금 예수님의 생애 가운데 가장 어려운 과정을 밟아야 했습니다.

이때 우리는 예수님 주위에서 두 가지 상반된 모습을 보게 됩니다. 하나는 예수님을 죽이려고 하는 대제사장과 서기관들의 모습이고, 다른 하나는 예수님을 너무 귀하게 생각해서 아주 비싼 향유를 예수님의 머리에 붓는 한 여인의 모습입니다. 이 여인은 예수님의 머리에 비싼 향유를 붓고 얼굴과 목으로 가슴과 팔로 흘러내리는 향유를 닦았습니다. 이때 예수님은 아주 기뻐하시고 좋아하셨습니다. 그리고 아마 예수님은 붙들려가서 채찍에 맞고 십자가에 못 박히시면서도 이 여인의 향유 냄새를 기억하시면서 모든 고통을 잠시라도 잊을 수 있었을 것입니다.

1. 베다니의 세 사람

예수님께서 베다니 나병환자 시몬의 집에서 식사하실 때, 그곳에는 예수님의 도움을 받아서 새로운 인생을 얻었던 세 사람이 있었습니다.

그 첫 번째 사람은 한센병에 걸렸다가 예수님을 만나고 그 병이 치료받고는 깨끗함을 받은 시몬이라는 사람이었습니다. 이 사람의 전직이 무엇이었는지는 모르겠지만 사람들은 그를 나병환자 시몬이라고 불렀고, 시몬은 그 말을 조금도 기분 나쁘게 생각하지 않았습니다. 옛날에는 한센병환자였지만 지금은 아니기 때문입니다. 예수님께서 자기를 치료해주신 것이 감사해서 함께 식사하는 것은 대단한 일이었습니다. 왜냐하면 그 유대인이 예수님으로부터 하나님의 나라에 대한 말씀을 들을 수 있는 시간이었기 때문입니다. 시몬은 예수님을 집에 모셔서 식사를 함께함으로 그가 한센병에서 나은 것으로는 도저히 알 수 없는 천국의 말씀을 들을 수 있었습니다.

그리고 또 한 사람이 있는데, 그는 오늘 본문에는 빠져 있습니다. 그는 죽은 지 나흘이 되어서 이미 무덤에 장례를 치렀고 그의 몸에서는 시체 썩은 냄새가 나는 나사로였습니다. 그런데 예수님께서 무덤 문을 열라고 하시고 "나사로야 나오너라" 고 하시니까 나사로는 수의를 입고 몸이 천에 묶인 채로 나왔습니다. 나사로가 죽었다가 살아난 것은 단순한 기적이 아니었습니다. 이것은 예수님이 누구이심을 보여주는 생생한 증거였습니다. 이미 죽어서 악취가 나는 사람을 정상적인 사람으로 살려낼 수 있는 분이라면 그는 하나님의 아들이십니다. 여기서 우리가 알 수 있는 것은 하나님의 아들은 누구든지 죽은 지 얼마 된 사람이든지 이름을 부르시기만 하면 다시 살아날 수 있다는 것입니다.

그러나 나사로가 죽었다가 다시 살아난 것보다 더 중요한 사실이 있습니다. 그것은 바로 예수님이 누구시냐 하는 것입니다. 이것을 바로 안 사람은 나사로의 누이였던 마리아였습니다. 본문에서는 '한 여자' 라고 나오지만, 요한복음에 보면 나사로의 누이 마리아라고 했습니다. 마리아는 놀라운 체험을 하게 되었습니다. 그것은 예수님께서 병에 걸려서 죽은 자기 동생 나사로를 살리신 기적이었습니다. 이때까지만 해도 그녀는 예수님이 모든 병을 고치시는 분으로 생각했습니다. 그러나 이제 분명히 보았습니다. 예수님이 죽은 지 나흘 된 나사로를 오직 이름만 불러서 무덤에서 나오게 하시는 기적을 보고 예수님께서 하나님의 아들이신 줄 분명히 믿게 된 것입니다. 마리아는 예수님이 하나님의 아들이시라면 자기는 예수님을 어떻게 대해야 하는지를 생각했습니다.

14:3, "예수께서 베다니 나병환자 시몬의 집에서 식사하실 때에 한 여자가 매우 값진 향유 곧 순전한 나드 한 옥합을 가지고 와서 그 옥합을 깨뜨려 예수의 머리에 부으니"

우리나라에서는 향유를 잘 사용하지 않습니다. 그러나 아랍이나 이스라엘 여성들은 더운 나라이고 또 긴 옷을 입기 때문에 여성들이라 해도 몸에서 땀 냄새가 날 수 있습니다. 그래서 항상 목에 향유 주머니를 달아서 향기가 나게 합니다. 그 향유 중에서도 본문에 나오는 '나드' 향유는 격이 달랐습니다. 나드는 인도에서 자라는 식물인데, 그 뿌리에서 향유를 채취했습니다. 그리고 이것은 보통 사람들은 살 수 없는 아주 비싼 향유였습니다. 그리고 이 나드 향유는 여러 번 나누어 쓸 수 있는 것이 아니라, 한 번에 다 사용해야 했습니다. 그래서 아예 뚜껑이나 마개가 있는 것이 아니라 전체가 옥합에 담겨 있어서 그 옥합을 깨트려 사용하게 되어 있었습니다. 아마도 이 나드 향유는 마리아가 숨겨 놓고 있었던 비장의 비자금이었던 것 같습니다. 즉 앞으로 이 세상을 살아가면서 무슨 일을 만날지 모르는데 거기에 대비해서 이 비싼 향유를 사서 저축해 두었던 것입니다.

그런데 마리아는 예수님을 만나고는 이 생각이 달라지게 되었습니다. 예수님은 이미 죽어서 부패하기 시작한 자기 동생 나사로를 무덤에서 나오게 하신 분이십니다. 마리아는 정말 죽은 자를 살리시는 하나님의 아들을 만난 것입니다. 만약 우리가 하나님의 아들을 만난다면 우리는 모두 그분 앞에 엎드려 절하고 경배할 것입니다.

그런데 마리아는 자기가 사 놓은 비싼 향유가 마음에 걸렸습니다. 그녀는 앞으로 무슨 일을 당할지 모르기 때문에 자신을 위해 이 향유에 투자해 놓았던 것입니다. 그런데 죽은 동생을 살리시는 예수님 앞에서 자신의 미래에 대한 투자가 필요하겠습니까? 그녀에게는 예수님 자신이 미래였던 것입니다. 그래서 그녀는 집에 가서 깊이 감추어

두었던 나드 향유 옥합을 꺼내어서 예수님에게로 달려왔습니다. 그러고는 식사하시는 예수님의 머리에 이 옥합을 깨트려서 그 안에 있는 향유를 전부 다 부었습니다. 그러니까 이 나드 향유는 예수님의 머리에서부터 흘러내려 얼굴을 적시고 목을 적시고 몸을 따라서 흘렀습니다. 그리고 아무 말도 하지 않고 예수님 앞에 엎드려 있었습니다. 이 행동은 예수님께 '당신은 정말 살아계신 하나님의 아들이십니다' 라는 고백이었던 것입니다. 예수님을 믿기만 하면 모든 것이 다 해결되는데 무엇 때문에 그 향유를 감추어두겠습니까?

2. 향유가 아까운 제자들

예수님의 제자 중에는 마리아가 그 비싼 향유를 단번에 예수님의 머리에 부어버리는 것을 보고 굉장히 아까워하는 제자들이 있었습니다.

14:4-5, "어떤 사람들이 화를 내어 서로 말하되 어찌하여 이 향유를 허비하는가 이 향유를 삼백 데나리온 이상에 팔아 가난한 자들에게 줄 수 있었겠도다 하며 그 여자를 책망하는지라"

우리가 여기서 알 수 있는 것은 이 여인이 부은 향유가 삼백 데나리온 이상 가는 값비싼 향유였다는 사실입니다. 한 데나리온은 그 당시 한 사람의 하루 품삯이었다고 하니까 오늘로 치면 몇만 원쯤 될 것입니다. 그러므로 삼백데나리온 이라면 아마 지금 우리 돈으로 환산해도 몇천만 원 정도 되는 아주 비싼 고가의 향유였던 것입니다. 나드 향유 한 옥합은 마리아가 미래를 위해 저축한 재산이었지만 하나님 앞에서는 다른 미래의 준비가 필요 없었습니다. 하나님이 나의 미래이고 하나님의 아들이 내 미래이기 때문입니다. 그래서 마리아는 이 비장의 무기를 조금도 아까워하지 않고 다 써버렸습니다.

그러나 예수님의 제자들은 생각이 달랐습니다. 제자들은 나드 향유를 한번 예수님의 머리에 붓는 것은 너무 허비한다고 생각했습니다. 제자들은 예수님 몸에 단 한 번 기름을 바르는 것에 천만 원 이상 허비하는 것을 보고 너무 낭비한다고 생각한 것은 일리가 있습니다. 제자들은 이 향유를 그렇게 낭비할 것이 아니라 이것을 팔면 가난한 사람들을 많이 도울 수 있었을 것으로 생각했습니다. 확실히 이 여자는 비싼 향유를 단번에 허비하고 있었습니다. 그러나 이 여자가 예수님이 하나님의 아들이라는 것을 알고 난 후에는 그녀에게 아까운 것이 아무것도 없었습니다. 우리의 생명을 살려주신 하나님의 아들 앞에서 아까운 것이 뭐가 있겠습니까?

그러나 제자들은 예수님의 사역을 늘 옆에서 보았지만 그들의 마음속에는 예수님이 그렇게 가치 있는 분이라는 생각이 들지 않았습니다. 단지 비싼 향유를 예수님의 몸에 허비하는 것보다는 어려운 다른 사람들을 위해서 써야 한다고 생각했던 것입니다. 즉 그들은 예수님의 육체가 얼마나 중요한지 생각하지 못하고 있었습니다. 그래서 그들은 왜 그렇게 비싼 향유를 허비하느냐고 그녀를 책망했습니다. "당신 눈에는 지금 먹을 것이 없어서 허덕이고 있는 가난한 사람들이 보이지 않느냐?" 고 하면서 야단쳤던 것입니다.

3. 여인을 칭찬하신 예수님

예수님은 제자들이 그 여인에게 야단치는 것을 알고 계셨습니다. 예수님은 제자들에게 "여자를 가만히 두어라 그가 내게 좋은 일을 하였는데 왜 너희들이 야단치면서 괴롭히느냐?" 고 하며 오히려 제자들을 책망하셨습니다.

예수님께서는 이 여자가 자신의 머리에 향유를 부은 것은 가난한 사람을 돕는 것과 다르다고 말씀하셨습니다.

14:7-8, "가난한 자들은 항상 너희와 함께 있으니 아무 때라도 원하는 대로 도울 수 있거니와 나는 너희와 항상 함께 있지 아니하리라 그는 힘을 다하여 내 몸에 향유를 부어 내 장례를 미리 준비하였느니라"

어떻게 생각하면 예수님의 이 말씀을 오해할 수 있습니다. 즉 이 말씀을 가난한 사람은 돕고 싶으면 돕고, 돕기 싫으면 돕지 않아도 되지만, 예수님의 머리에 향유를 붓는 것은 다르다고 생각할 수 있습니다. 그러나 예수님은 결코 가난한 자를 돕는 것이 중요하지 않다고 말씀하신 것이 아닙니다. 가난한 자를 돕는 것은 그들의 육신을 돕는 것입니다. 그러나 여기서 중요한 것은 예수님의 사역이 아직 끝나지 않았다는 사실입니다. 오히려 이때 가장 중요한 것은 지금부터 예수님의 육체가 겪어야 할 일입니다. 거기에서 가장 중요한 일은 예수님의 육체가 채찍질을 당하고 못 박혀 죽으시는 것입니다. 예수님의 이 무거운 짐은 그 누구도 대신해서 질 수 없습니다. 온 세상 인류의 이 무거운 짐은 오직 예수님만 지고 가셔야 합니다. 이 세상 그 어느 누구도 예수님의 이 짐을 가볍게 하거나 도와줄 수 없습니다.

예수님은 여기서 '장례'라는 말씀을 언급하셨습니다. 심지어 예수님은 제자들은 다 도망가고 예수님의 몸에 기름 바를 사람조차 없을 것이라고 말씀하셨습니다. 물론 마리아는 예수님의 장례를 준비하느라고 예수님에게 향유를 부은 것은 아니었습니다. 그냥 예수님이 하나님의 아들이시니까 자신으로서는 최고의 영광을 돌려드린 것뿐이었습니다. 그러나 예수님은 채찍에 맞으시고 십자가에 못 박히실 때 마리아가 머리에 부은 이 향기가 생각났을 것입니다. 그것은 '예수님 당신의 죽음은 고귀한 죽음입니다. 절대로 비참한 죽음이 아닙니다'라는 격려가 되었던 것입니다.

그래서 예수님은 놀라운 말씀을 하셨습니다.

14:9, "내가 진실로 너희에게 이르노니 온 천하에 어디서든지 복음이 전파되는 곳에는 이 여자가 행한 일도 말하여 그를 기억하리라 하시니라"

예수님은 제자들을 데리고 예루살렘에 올라오신 것으로 끝난 것이 아니었습니다. 오히려 이때부터 예수님의 본격적인 고통이 시작되었습니다. 사람들에게 무시당하고 침 뱉음 당하고 채찍에 맞고 십자가에 매달려 죽으셨습니다. 그러나 예수님을 하나님의 아들로 고백하고 그 비싼 향유를 아끼지 않고 예수님의 머리에 부은 이 여인의 향기는 주님이 고통당하시는 내내 아름다운 향기가 되었고 주님의 자존감을 높여주었던 것입니다.

우리는 예수님을 어떤 분이라고 생각하고 믿습니까? 여러분의 미래는 누구에게 달려 있다고 생각하십니까? 예수님이 십자가 지고 가실 때 그 고통이 나를 위한 것이라고 믿어 본 적이 있습니까? 이 여자가 예수님이 하나님의 아들이라 믿고 자신의 모든 미래를 맡기며 행한 일이 복음과 함께 전파되어야 한다고 예수님은 말씀하셨습니다. 우리 미래에 대한 염려를 예수님께 맡길 수 있습니까? 아무것도 염려하지 말고 예수님이 육체로 당하신 그 고통이 나를 구원했다는 것을 믿으십시오. 그리고 인간의 상식적인 수준에서 예수님을 생각하지 마시기 바랍니다. 예수님 앞에 무릎을 꿇고 경배하며 나의 가장 귀한 인생을 한 방울도 남김없이 다 부을 수 있게 되기를 바랍니다.

40

모든 것을 아시는 주님

막 14:10-26

이 세상에 우리의 모든 미래를 다 아시는 분이 계시는데, 그분은 바로 인간의 몸으로 오신 하나님의 아들이었습니다. 예수님은 불과 몇 시간 후에 자신이 붙들려 엄청난 고통을 당하고 십자가에 처형될 것을 아시면서도 그 자리를 피하지 않고 제자들과 함께 계셨습니다. 우리 몸에 있는 죄라는 암 덩어리를 모두 다 떼어 내고 우리에게 새로운 생명을 주시기 위함이었습니다. 그러나 제자들로서는 예수님이 하나님의 아들이라는 사실을 모르고 그냥 죽으셨다고 오해할 수 있었습니다. 그래서 예수님은 자신이 배신자에 의하여 팔리게 되실 것과 또 잡히고 나면 제자들이 다 도망칠 것과 베드로가 닭이 두 번 울기 전에 예수님을 모른다고 세 번 부인할 것을 미리 말씀해 주셨습니다. 예수님은 제자들의 미래를 미리 아주 구체적이고 자세하게 말씀해 주셨습니다. 그래서 우리가 예수님을 믿고 붙들면 모든 불행을 피하고 아름다운 영생을 얻을 수 있습니다.

1. 두려움이 가져온 결과

예수님의 제자 중에 지금까지는 스승을 따라왔지만 예수님을 하나님의 아들로 믿지 않는 제자가 있었습니다. 그는 바로 가룟 유다였습니다. 가룟 유다는 세상의 많은 것을 알고 있었지만 가장 중요한 자신의 미래를 알지 못했습니다. 예수님을 따라다니면서 보니까 예수님은 일부러 유다 지도자들과 논쟁하고 충돌하시는데 이것이 그에게는 예삿일로 보이지 않았습니다. 가룟 유다가 보기에는 예수님은 죽으려고 작정하신 분처럼 보였습니다. 또 예수님은 자신의 입으로 자신이 예루살렘에 가면 십자가에 못 박혀 죽고 사흘 만에 다시 살아날 것이라고 말씀하셨습니다. 그러나 가룟 유다가 보기에는 예수님이 예루살렘에서 붙들려 십자가에 못 박히게 되면 틀림없이 유대 지도자들과 로마 당국은 예수를 따르는 일당을 모두 체포해서 십자가에 못 박을 것입니다. 그들은 예수의 일당이 하나님의 율법을 무시했고 로마에 반역을 꾀했다고 해서 모두 처형할 가능성이 아주 컸습니다.

가룟 유다는 자신의 미래를 생각하니까 너무나도 불안했습니다. 그는 예수님이 아주 위대한 왕이 되어 많은 사람을 기적으로 살리고 양식을 구해주어서 이 세상에 하나님의 나라가 오게 할 줄 알아서 따랐는데, 예수님이 십자가에 죽으면 삼년 반이나 따라다녔던 가룟 유다도 십자가에 처형될 가능성이 매우 컸습니다. 그때 가룟 유다의 마음에 마귀가 들어갔습니다. '예수를 따라다니는 것은 시간 낭비일 뿐 아니라 네가 죽는 길로 가는 것이야. 지금이라도 아직 시간이 있으니까 예수를 배반하고 살 길을 찾아.' 이것은 굉장히 무서운 내면의 소리였습니다. 우리가 믿음으로 살아가는데 어려움은 계속되고 미래는 풀리지 않고 병은 낫지 않을 때 마귀는 우리에게도 이와 똑같은 소리를 합니다.

가룟 유다는 죽기 전에 로마 군인에게 채찍질을 당하고 손과 발에 커다란 대못이 박혀서 체중의 고통을 느끼면서 죽어야 하는 십자가 형벌은 생각만 해도 끔찍했습니다. 그래서 가룟 유다는 그냥 예수님에게서 도망쳐서는 군병들에게 잡힐 것 같으니까 아예 예수님을 배반한 증거를 남기기로 작정했습니다. 그것은 예수님을 대제사장에게 팔아넘기고 현상금을 받는 것이었습니다. 사실 대제사장은 이번 유월절에는 너무 많은 해외 유대인들이 몰려와서 제사 드리기 때문에 예수를 죽이지 않는 것이 더 낫다고 결론 내리고 있었습니다. 그러나 예수님의 제자 중의 하나가 직접 대제사장을 찾아와서 예수를 배반하여 넘긴다고 하니까 그들은 기뻐하여 돈을 주기로 약속합니다.

14:10-11, "열둘 중의 하나인 가룟 유다가 예수를 넘겨 주려고 대제사장들에게 가매 그들이 듣고 기뻐하여 돈을 주기로 약속하니 유다가 예수를 어떻게 넘겨 줄까 하고 그 기회를 찾더라"

예수님의 가장 가까운 사람 가운데 배반이 일어나고 있었습니다. 그렇다면 예수님께서 삼 년 동안 제자들을 가르치시고 능력을 행하신 일이 전부 소용없는 일이었을까요? 아마 충분히 그렇게 생각할 수 있을 것입니다. 무엇보다 먼저 가룟 유다는 채찍질과 십자가에 못 박히는 고통을 감당할 자신이 없어서 예수님으로부터 도망치기로 작정했습니다. 그러나 가룟 유다는 하나님께서는 우리에게 절대로 감당할 수 없는 시험은 주시지 않고 시험당할 때쯤 피할 길을 주신다는 말씀을 믿지 못했습니다(고전 10:13). 가룟 유다가 미련하게 끝까지 예수님을 믿어보았더라면 그는 살았을 뿐 아니라 아주 훌륭한 제자가 될 수 있었을 텐데 미래를 두고 너무 많이 걱정하는 바람에 예수님을 배반하기로 작정해버렸던 것입니다. 그러므로 우리는 예수를 믿을 때 무조건 복 받고 잘 되려고 믿어서는 안 되고 한번 죽을 각오를 하고 믿어야 시험을 통과할 수 있습니다.

2. 예수님의 유월절 준비

보통 유월절이 되면 수백만 명이 되는 유대인들이 예루살렘을 찾아와서 사람들로 차고 넘쳤습니다. 아마 그 해는 더 많은 유대인이 예루살렘을 찾아왔던 것 같습니다. 그래서 이때 예루살렘에서 방을 구하는 것은 너무 힘들었습니다. 유대인들은 유월절 양 잡는 날에 양고기를 구워서 먹었습니다. 그러나 예수님의 일행은 양도 없고 양을 구울 자리도 없고 앉아서 먹을 장소조차 없었습니다.

그러나 제자 중에서 누군가가 예수님에게 "선생님 어디서 유월절을 준비하기를 원하십니까?" 라고 물었습니다. 이것은 정말 바보 같은 질문이었습니다. 사람들이 너무 많이 몰려와서 예루살렘에서 식사할 장소를 구한다는 것은 불가능한 일이었기 때문입니다. 그러나 제자들이 예수님을 따라다니면서 배운 것이 있다면 아무리 불가능하게 보이는 일이라 하더라도 일단 예수님께 물어보는 믿음이 있었습니다.

이에 예수님은 아무리 불가능해 보이는 상황에도 길이 있음을 보여주셨습니다. 예수님은 제자 두 명을 보내시면서 지금 예루살렘 성 안에 들어가면 물동이를 들고 가는 사람이 있을 텐데, 그를 따라가서 그 집 주인에게 주님이 제자들과 유월절 음식을 먹을 객실이 어디 있느냐고 물어보면 된다고 하셨습니다.

14:13-14, "예수께서 제자 중의 둘을 보내시며 이르시되 성내로 들어가라 그리하면 물 한 동이를 가지고 가는 사람을 만나리니 그를 따라가서 어디든지 그가 들어가는 그 집 주인에게 이르되 선생님의 말씀이 내가 내 제자들과 함께 유월절 음식을 먹을 나의 객실이 어디 있느냐 하시더라 하라"

예루살렘에 사람이 아무리 많이 있었어도 물 한 동이를 가지고 가는 남자는 쉽게 발견할 수 있었습니다. 예수님은 물동이를 든 사람에게 말하지 말고 그 사람을 끝까지 따라가서 그 집 주인에게 이야기하라고 말씀하셨습니다. 두 제자는 그 혼잡한 사람들 사이를 뚫고 물동이를 든 사람을 끝까지 따라갔습니다. 그리고 드디어 그 사람이 들어가는 그 집 주인을 만나서 예수님이 쓰실 방이 어디 있느냐고 물었습니다. 그랬더니 그 집 주인은 큰 다락방을 보여주었을 것입니다. 성령께서 그 주인의 마음에 감동을 주셔서 끝까지 다른 사람에게 빌려주지 못하게 하셨던 것입니다.

예수님은 그 집에 들어가셔서 두 가지 일을 하셨습니다.

하나는 제자들의 발을 일일이 씻겨주신 일입니다. 예수님이 제자들의 발을 씻겨주신 것은 예수님의 애정의 표현이었습니다. 예수님에게는 제자들 한 사람 한 사람이 발을 씻겨주고 싶을 정도로 존귀하고 사랑스러웠습니다. 예수님께서는 제자들의 발을 씻겨주시는 것을 통해서 그들은 이미 목욕한 자들이라고 말씀하셨습니다. 목욕한 자라는 말은 온몸을 물로 씻어서 깨끗하게 된 자라는 뜻입니다. 그래서 그들은 발만 씻으면 언제든지 온몸이 깨끗하게 될 수 있었습니다.

그리고 예수님은 제자 중의 한 사람이 자신을 배신할 것을 말씀하셨습니다. 제자들에게 "너희 중에 한 사람이 나를 팔리라"고 하셨습니다. 그때 놀라운 것은 제자들이 모두 한 사람씩 예수님 앞에 나와서 "예수님, 그 사람이 저입니까?"라고 물어본 것입니다. 이것을 보면 제자들은 모두 다 예수님을 버리고 도망칠 생각을 다 가지고 있었던 것입니다. 그러나 하나님의 강한 능력이 그들을 붙들어주셔서 예수님을 따를 수 있었던 것입니다.

예수님은 가룟 유다가 자신을 배신할 것을 알고 계셨습니다. 나중에 제자들이 어떻게 예수님은 가장 가까운 제자 중 한 사람이 배신할 것도 모르셨을까 하는 의심이 생기지 않도록 미리 말씀하신 것입니다. 예수님께서는 나와 함께 그릇에 손을 넣는 자가 나를 팔 자라고 말씀하셨습니다. 이것은 두 가지 의미가 있습니다. 하나는 지금 예수님과 아주 가까운 자리에 앉은 자가 예수님을 판다는 뜻입니다. 즉 그릇에 손을 넣는다면 바로 옆에 앉은 네 사람 중의 한 사람일 것입니다. 그리고 이상하게 그 사람은 자꾸 예수님과 같이 손을 그릇에 넣게 되었습니다. 아무리 손을 예수님과 같이 넣지 않으려고 해도 손을 넣다가 보면 예수님의 손과 같이 그릇에 손이 들어가 있는 것입니다. 그것은 예수님이 가룟 유다의 양심에 회개할 기회를 주시기 위해서였습니다. 그러나 그때 가룟 유다의 양심은 굳어 있었습니다. 그는 끝까지 회개하지 않았습니다.

예수님은 "인자는 성경에 기록된 말씀대로 하나님의 뜻을 이루기 위하여 죽는 것이지만 그 사람은 차라리 태어나지 않는 것이 나았을 것이라"고 말씀하셨습니다. 우리는 가끔 어떤 사람에 대해서는 "저 사람은 태어나지 않는 것이 더 좋았을 뻔 했어"라고 말을 할 때가 있습니다. 평생 살면서 다른 사람에게 해만 끼친 사람을 두고 말하는 것입니다. 그러나 예수님이 이 말씀을 하신 것은 다른 의미입니다. 이 세상에 살면서 자기 영혼을 구원받지 못한 사람은 태어나지 않은 것보다 못한 것입니다. 왜냐하면 그 영혼은 영원히 지옥에서 고통받으며 있게 될 것이기 때문입니다.

3. 예수님의 성찬식

예수님은 마지막 유월절 식사를 하시면서 제자들에게 떡을 떼어 주셨습니다. 그러면 제자들은 그 떡을 떼고 또 떼고 하면서 한 조각씩 나누어 가졌습니다. 그때 예수님은 제자들에게 놀라운 말씀을 하셨습니다. 그것은 "받으라. 이것은 내 몸이니라"고 말씀하신 것입니다. 예수님은 제자에게 떡을 주시면서 내 몸이라고 하셨습니다. 이것은 예수님께서 곧 육체를 찢으면서 죽으실 것을 보여주신 것입니다. 그래서 그 떡을 먹는 자는 예수님의 죽으심을 먹는 것입니다. 즉 예수님이 죽으신 것처럼 우리도 전부 다 죽는다는 것입니다. 즉 우리의 옛사람은 다 예수님과 함께 죽어버리는 것입니다. 그래서 우리의 옛사람은 없습니다. 죄짓고 거짓말하고 방탕하던 옛사람은 예수님께서 주신 떡을 먹음으로 십자가에 못 박혀 죽어버린 것입니다.

경찰이 아무리 죄인을 잡으려고 눈에 불을 켜고 덤벼들어도 죽은 사람은 더 이상 어떻게 할 방법이 없습니다. 사람이 죽으면 그의 모든 죄도 그 사람과 함께 땅에 묻히게 됩니다. 예수님은 굳이 우리의 살이 찢어지지 않아도 예수님의 죽으심을 믿고 떡을 먹으면 죄 용서받을 수 있게 하셨습니다. 우리는 굳이 비참하게 고문당하거나 십자가에 못 박히지 않아도 예수님의 죽으심을 믿으면 구원을 받습니다.

그리고 예수님은 큰 잔을 가지고 제자들에게 주시면서 이 잔을 마시라고 하셨습니다. 그리고 "이 잔은 많은 사람을 위하여 흘리는 피 곧 나의 언약의 피라"고 말씀하셨습니다. 예수님께서는 십자가 위에서 피를 흘리심으로 영원히 지워지지 않는 피의 언약 즉 생명의 언약을 맺으셨습니다. 그것은 예수 믿는 자는 전부 다시 살리신다는 언약입니다. 예수님은 우리의 연약한 것을 전부 이 피로 책임져주십니다. 예수님의 십자가는 죄를 빨아들이는 진공청소기입니다. 그리고 예수님이 언약하셨기 때문에 우리는 다시 살게 됩니다. 우리가 한 번도 써보지 않은 새 인생이 우리를 기다리고 있는 것입니다. 그때 우리는 무엇을 할지 알 수 없습니다. 하나님 나라의 인생은 이 세상에서부터 시작됩니다.

14:25, "진실로 너희에게 이르노니 내가 포도나무에서 난 것을 하나님 나라에서 새 것으로 마시는 날까지 다시 마시지 아니하리라 하시니라"

여기서 우리가 분명히 알 수 있는 것은 천국에도 포도나무가 있다는 사실입니다. 그러나 중요한 것은 그런 뜻이 아닙니다. 예수님은 이제 더 이상 육체로 살아서 포도주를 마시지 아니할 것이며, 예수님이 제자들과 함께 다시 포도주를 마실 때는 하나님의 나라가 이미 임했다는 뜻입니다.

영어나 헬라어에서 이중 부정은 강한 긍정의 의미가 있습니다. 즉 예수님께서 하나님의 나라에서 포도주를 마시기 전에는 다시는 포도주를 마시지 않겠다고 하신 것은 그만큼 예수님의 십자가가 임박했다는 뜻도 있지만, 예수님께서 제자들과 함께 포도주를 마실 때는 이미 하나님 나라가 그곳에 임했다는 뜻을 가지고 있는 것입니다. 예수님은 부활하신 후 제자들과 포도주를 마셨습니다. 그것은 이미 제자들은 이 세상에 살지만 하나님 나라에서 살고 있는 것을 의미합니다.

오늘 우리는 하나님 나라 안에서 예배드리고 있습니다. 우리 안에 있는 사탄의 냄새나 썩은 것을 다 몰아내시기를 바랍니다. 우리가 일단 살아 있기만 하면 이 세상의 천국을 누릴 수 있습니다. 이 세상의 천국도 참 좋은 것입니다. 우리는 언제든지 하나님 나라의 백성으로 새롭게 출발할 수 있습니다. 그때가 언제입니까? 예수님이 이미 하나님의 나라를 가져오셨으므로 우리는 결심하기만 하면 언제든지 새로운 삶을 시작할 수 있습니다. 만약 우리가 오늘 결심한다면 오늘부터 우리는 하나님 나라의 삶을 살 수 있는 것입니다. 그러나 하나님이 나의 이름을 부를 때 우리는 이 모든 세상 육신을 벗고 완전히 때 묻지 않은 새 인생을 살게 될 것입니다. 예수님이 나의 손을 잡아주시고 '달리다굼' 하시고 내 이름을 부르시기만 하면 우리는 다시 살아나게 될 것입니다. 우리 모두 사망의 썩은 냄새는 사라지고 천국의 향기와 기쁨이 충만하게 되시기를 바랍니다.

41

피땀 흘린 기도

막 14:27-42

누구나 고통당하는 것을 싫어합니다. 더욱이 죽는 것은 더 두려워합니다. 특히 죽는 과정에서 찾아오는 고통은 인생 최고의 고통이 될 것입니다. 예전에 어떤 교인이 출산하게 되었습니다. 그래서 주일 날 교회에 와서 저의 기도를 받고 아기를 잘 낳겠다고 경례까지 하고 병원으로 갔습니다. 그런데 이분은 아이를 낳으면서 굉장히 고생하신 것 같습니다. 나중에 교회에 왔는데 눈 부근이 시커멓게 멍들어 있었습니다. 그래서 아기를 잘 낳아서 축하한다고 하면서 눈이 왜 그렇게 되었느냐고 하니까 아기를 낳으려고 너무 힘을 쓰니까 피가 눈으로 몰려서 그렇게 되었다고 했습니다. 너무 배가 아픈데 아기가 안 나오니까 창문으로 뛰어내려서 죽고 싶었다는 말도 했습니다. 그러나 아기를 무사히 출산하고 엄마와 아기 모두 건강했습니다.

요즘 수술할 때 부분 마취나 전신 마취를 하는데 마취과 의사가 척추에 마취 주사를 주고 그냥 한번 잠을 잔 것 같은데 수술은 끝나 있는 것입니다. 예수님은 모든 인류를 대신해서 십자가에 달려 죽어야 하는데 이때는 마취제가 없었습니다. 설사 마취제가 있다 하더라도 죄의 형벌로 십자가에 못 박히시는 것이기 때문에 로마 군인들은 가장 고통스러운 방법으로 예수님을 죽이려고 했을 것입니다.

우리는 예수님이 하나님의 아들이시므로 십자가의 고통을 덜 받으셨겠다고 생각하기 쉬운데 그렇지 않습니다. 예수님은 우리 인간과 똑같은 몸과 신경을 가지고 계셨습니다. 예수님은 전혀 마취 없이 손바닥과 발바닥에 대못을 박히시고 죽는 순간까지 나무에 달려 있어야 할 것을 생각하니 너무 두려웠고 그 고통이 싫었습니다. 예수님은 할 수만 있으면 십자가에 못 박히지 않고 싶었습니다. 그래서 예수님은 아버지 하나님께 기도하셨습니다. 얼마나 생사를 걸고 기도하셨던지 그 얼굴에서는 땀이 주루룩주루룩 흘렀는데 그 땀 안에는 피가 들어 있었습니다.

1. 제자들이 할 일

이제 예수님은 십자가에 못 박히실 시간이 다 되어가고 있었습니다. 그러나 예수님에게는 십자가에 못 박혀 죽는 것보다는 십자가에 못 박히지 않을 가능성이 훨씬 더 컸습니다. 우선 예수님은 십자가에 못 박힐만한 죄를 지으신 적이 없기 때문입니다. 아무리 대제사장이나 바리새인들이 예수님을 미워해도 예수님은 사형받을만한 죄가 없었습니다. 그리고 만약 예수님이 체포되어 가더라도 열두 제자들은 예수님을 구해야 한다고 칼을 뽑고 군병들과 싸울 수 있었습니다. 그래서 대제사장과 서기관들은 겟세마네 동산에서 큰 싸움을 할 생각으로 칼과 몽치로 무장한 많은 무리를 보내었습니다.

그러나 예수님이 제자들에게 맡기신 임무는 예수님이 십자가에 못 박혀 죽게 하고 나중에 예수님이 부활하신 후 성령을 받고 부활의 증인이 되는 것이었습니다. 그래서 예수님은 자신이 잡혀가실 때 제자들이 어떻게 할지 미리 가르쳐주셨습니다. 그것은 모두 비겁하게 도망쳐서 숨으리라는 것이었습니다. 예수님은 하나님의 말씀을 묵상하고 제자들에 대한 하나님의 뜻을 분명히 아셨던 것입니다.

14:27-28, "예수께서 제자들에게 이르시되 너희가 다 나를 버리리라 이는 기록된 바 내가 목자를 치리니 양들이 흩어지리라 하였음이니라 그러나 내가 살아난 후에 너희보다 먼저 갈릴리로 가리라"

때로는 용감한 것보다 비겁한 것이 하나님의 뜻일 때가 많습니다. 예수님은 성경 말씀을 묵상하다가 이 말씀이 생각이 났습니다. 그것은 내가 목자를 치리니 양들이 흩어져 도망친다는 내용이었습니다. 예수님은 이 말씀이야말로 하나님께서 제자들에게 하시는 말씀임을 아셨습니다. 목자가 어떤 사람들과 싸우다가 쓰러지면 양들이 할 일은 목자를 위해서 그들과 싸워서 목자를 지키는 것이 아닙니다. 우리 인간의 머리로는 절대로 이해할 수 없지만 예수님은 이번에 십자가에 못 박혀 죽으셔야 합니다. 이때 제자들이 예수님을 지키려는 행동은 하나님의 일을 방해하는 것이 됩니다. 이때 제자들이 할 일은 비겁하게 도망쳐서 숨는 것입니다. 예수님의 십자가를 방해하면 안 되기 때문입니다. 그러므로 제자들은 한평생 자기들이 예수님을 버려두고 도망쳤다고 후회할 필요가 없습니다. 예수님이 죽으시는 것은 하나님의 뜻이었기 때문입니다.

그래서 예수님은 성경 말씀으로 제자들에게 말씀하셨습니다. "너희가 다 나를 버리리라." 이는 너희가 할 일은 나를 버리고 다 도망쳐서 숨는 것이라고 말씀하시는 것입니다. 그러나 중요한 것은 그다음에 나오는 '그러나' 입니다. "그러나 내가 살아난 후에 너희보다 먼저 갈릴리로 가리라."

우리는 모든 것을 머리로 이해하려고 해서는 안 됩니다. 우리는 하나님의 말씀을 믿어야 합니다. 예수님은 다시 살아나실 것입니다. 이 세상에는 우리 머리로 이해할 수 없는 것들이 너무 많이 있습니다. 그중에서 가장 큰 것은 예수님이 죽지만 사흘 만에 살아나신다는 것이었습니다. 예수님의 인생은 십자가에서 죽는 것으로 끝나는 것이 아니었습니다. 예수님께서 십자가에 못 박혀 죽는 것은 우리를 구원하는 한 과정에 불과합니다. 예수님의 진짜 능력이 나타나는 것은 죽은 후부터였습니다. 예수님의 영혼은 지옥까지 끌려가서 거기서 죄가 하나도 없다는 것이 증명된 후 사망의 권세를 때려 부수고 죄의 세력을 깨뜨립니다. 그리고 사탄의 머리를 깨고 하나님 앞에서 의롭다 인정받으신 후에 무덤 문을 여시고 다시 살아나실 것입니다. 예수님은 왕 중의 왕으로 그리고 온 세상의 구주로 다시 사실 것입니다. 그리고 예수님은 제자들보다 먼저 갈릴리에 가서 그들을 기다리고 있겠다고 말씀하신 것입니다. 실제로 예수님은 예루살렘에서 숨어 있던 제자들을 두 번 만나시고 갈릴리에서 또 만나십니다. 그 이유는 예수님이 부활하신 후에 너무나도 기뻤고 제자들을 하루라도 빨리 만나고 싶으셨기 때문입니다.

오늘 우리에게는 사망이 없습니다. 사망은 믿지 않는 사람들을 지배하는 세력입니다. 우리 예수 믿는 사람들에게 사망은 옷을 갈아입는 것에 불과합니다. 즉 우리는 이 세상의 병들고 약한 육신을 벗고 천사의 몸을 입는 것입니다. 우리는 이 세상을 떠날 때 세상에서 입었던 몸을 반납하고 천사의 새 옷을 입는 것입니다. 그래서 우리에게 사망은 옷을 갈아입는 것입니다. 예수님께서는 부활하시고 너무 기쁘셔서 두려워 숨어 있는 제자들을 두 번이나 찾아가서 "너희에게 평강이 있을지어다"라고 말씀하셨습니다.

2. 베드로의 자세한 미래

베드로는 예수님을 따르면서 각오한 것이 있었습니다. 자기가 죽는 한이 있어도 예수님을 떠나지 않고 지킨다는 각오였습니다. 그래서 예수님께서 모든 제자가 예수님을 버리고 다 숨을 것이라고 하셨을 때도, 베드로는 다른 사람은 다 주님을 버려도 자기는 절대로 예수님을 버리지 않겠다고 장담했습니다. 베드로에게는 그럴 가능성이 충분히 있었습니다. 그런데 예수님은 그날 밤에 베드로가 어떻게 행동할 것인지 아주 세밀하게 말씀해 주셨습니다.

14:30, "예수께서 이르시되 내가 진실로 네게 이르노니 오늘 이 밤 닭이 두 번 울기 전에 네가 세 번 나를 부인하리라"

예수님은 모든 미래를 다 알고 계셨습니다. 닭은 새벽이 되어야 우는데 그날 밤에 베드로는 예수님을 세 번이나 모른다고 부인할 것입니다. 그리고 닭이 두 번 울 것입니다. 닭은 누가 울라 한다고 해서 우는 동물이 아닙니다. 닭은 자기가 울고 싶은 만큼 우는 것입니다. 특히 새벽이 되거나 아침이 되면 닭은 마치 알람을 틀어놓은 것처럼 회를 치면서 '꼬끼오' 하고 웁니다.

베드로가 예수님을 모른다고 세 번 부인하고 그 후에 닭이 두 번 울 확률은 얼마나 될까요? 그것을 안다는 것은 거의 불가능하다고 보아야 할 것입니다. 그런데 예수님은 베드로의 미래에 일어날 일을 정확하게 알고 계셨습니다. 그러나 베드로는 예수님의 이 말씀을 받아들이지 않았습니다. 베드로는 자기는 죽을지언정 주님을 버리지 않을 것이라고 강조했습니다. 그러니까 다른 제자들도 모두 예수님을 버리지 않을 것이라고 장담했습니다. 제자들은 성경 말씀도 믿지 않았고 예수님이 구체적으로 하시는 말씀도 믿으려고 하지 않았습니다.

그래서 결국 베드로는 예수님이 붙잡히실 때 대제사장 종의 귀를 칼로 베었습니다. 아마 베드로가 그 종을 죽이려고 머리를 칼로 쳤는데 투구에 미끄러지면서 귀가 베어진 것 같습니다. 그때 난투극이 벌어질 수도 있었는데 예수님은 그 종의 귀를 도로 붙여주시면서 "이것까지 참으라"고 하셨습니다. 그리고 예수님은 무서운 말씀을 해주셨습니다. 그것은 "칼을 쓰는 자는 칼로 망한다"는 것이었습니다. 이것은 오늘에도 그대로 통하는 말씀입니다. 우리는 북한의 핵을 두려워할 필요가 없습니다. 핵을 쓰는 자는 핵으로 망할 것이기 때문입니다.

3. 예수님의 피땀 흘린 기도

하나님께서는 하나님의 아들 예수님이 인류의 죄를 대신해서 가장 고통스러운 방법으로 죽기를 원하셨습니다. 우리 인간의 교만과 죄가 하나님의 마음을 그만큼 고통스럽게 했고 아픈 상처를 주었기 때문입니다. 그리고 죄에 대한 정당한 대가는 죽음입니다. 하나님에게 죄는 절대로 가벼운 것이 아닙니다. 죄 없는 하나님의 아들이 가장 고통스러운 방법으로 죽어야 갚아지는 것이라는 것을 보여주기를 원하셨습니다. 하지만 예수님은 인간의 몸을 가지고 계셨습니다. 그러나 예수님은 십자가 위에서 소리 지를 자격도 없었습니다. 구약 성경에 제물로 사용된 동물은 모두 제사 때 소리를 내지 않는 동물이었기 때문입니다. 그리고 구약 성경에는 그는 소리를 지르지 않으신다고 말씀했습니다. 그 성경 말씀이 이뤄지려면 예수님은 십자가에 달려야 할 뿐 아니라 그곳에서 소리조차 지르지 못하고 참아야 했습니다.

예수님은 제자들을 데리고 겟세마네라는 동산으로 가셨습니다. 그곳의 이름은 '기름을 짜는 곳'이라는 뜻을 가지고 있었는데, 거기에서 올리브기름을 많이 짰던 것 같습니다. 예수님은 십자가를 피하려고 하면 얼마든지 피할 수 있었습니다. 그리고 예수님의 머릿속에는 '내가 왜 십자가에서 죽어야 하나' 라는 생각과 '아버지는 내가 십자가에 죽으시기를 원하신다' 라는 생각이 엄청나게 싸우고 있었습니다. 우리는 마음속에서 두 가지 생각이 싸울 때 어떻게 합니까? 아마 이 생각을 했다가 저 생각을 했다가 엄청나게 고민할 것입니다. 그러나 우리는 절대로 자기가 고통받는 쪽으로는 결정 내리지 않을 것입니다. 나중에 될 대로 되라는 식으로 자포자기해버릴지도 모릅니다. 그러나 예수님은 자포자기하면 안 됩니다. 만약 그러면 얼마든지 십자가를 피할 수 있기 때문입니다. 그리고 또 만약 강제로 십자가에 매달리게 된다면 완전한 의로운 제사가 되지 못하는 것입니다.

그때 예수님은 하나님 아버지께 기도드렸습니다. 이때 너무 놀라고 슬퍼하셨습니다. 즉 예수님은 마지막 시간이 다 된 것에 대하여 충격을 받으셨고 너무나도 두려웠습니다. 그래서 예수님은 세 제자에게 "내가 지금 고민하여 죽게 되었으니 잠깐 동안만 깨어 있으라" 고 당부하셨습니다. 그리고 예수님은 잠시 그들과 떨어진 곳에 가셔서 하나님께 기도를 드렸습니다.

14:36, "이르시되 아빠 아버지여 아버지께는 모든 것이 가능하오니 이 잔을 내게서 옮기시옵소서 그러나 나의 원대로 마시옵고 아버지의 원대로 하옵소서 하시고"

히브리어 '아빠' 는 우리의 '아빠' 와 같은 의미의 말입니다. 이것은 친자식이 자기 아버지를 친밀하게 부르는 호칭입니다. 하나님은 예수님의 '아빠' 였습니다. 그리고 이 아빠는 모든 것을 하실 수 있는 절대적인 분이십니다. 이 아빠는 아들이 십자가를 지지 않고도 인간을 구원하실 수 있습니다. 이 아빠는 이 우주에서 가장 사랑하는 아들에게 십자가라는 잔을 지나가게 하실 수도 있는 분이십니다. 그러나 예수님이 우리의 죗값을 내지 않으면 우리의 구원은 불의한 구원이 될 것입니다. 그러면 지옥에 간 자들과 아무것도 다를 것이 없게 될 것입니다.

예수님은 죽고 싶지 않으셨습니다. 그러나 그러면 성경과 아버지의 뜻은 이루어지지 않게 될 것입니다. 예수님은 솔직하게 아버지에게 자신의 뜻을 아뢰었습니다. "아빠 아버지, 저는 십자가에 죽고 싶지 않습니다. 저는 그 고통을 받을 자신이 없습니다. 저는 살고 싶습니다. 이 잔을 내게서 지나가게 하옵소서. 그러나 제 뜻대로 되지는 않게 해 주십시오." 예수님은 지금까지 십자가만 바라보고 왔지만 마지막 순간에 십자가의 죽음이 너무 두려웠습니다. 예수님의 마음속에는 '내가 왜 인간을 위해서 저렇게 끔찍하게 죽어야 해?' 라는 생각이 떠올랐습니다. "아버지, 저는 십자가가 두렵습니다. 십자가를 지지 않게 해 주십시오"라고 간절히 기도했습니다.

그리고 제자들에게 와 보니까 세 제자는 그 시간을 참지 못하고 모두 졸고 있었습니다. 예수님은 베드로에게 "시몬아 자느냐? 네가 나를 위해서 한 시간도 깨어 있을 수 없었더냐? 시험에 들지 않게 깨어 기도하라"고 하셨습니다. 그리고 "마음은 원이로되 육신이 약하도다" 하시며 그의 심정을 이해도 하셨습니다. 우리는 늘 그렇습니다. 마음으로는 하나님의 뜻대로 살고 싶지만 육신이 약하여서 늘 넘어지는 것입니다. 예수님은 이것을 이해하고 계셨습니다. 예수님은 살이 찢어지고 피가 쏟아지는 죽음을 앞두고 기도하는데, 제자들은 잠을 이길 수 없었습니다. 예수님은 또 기도하셨습니다. 성경은 동일한 말씀이라고 하지만 조금 달랐을 것입니다. 예수님은 자신이 죽지 않으면 인간이 결코 구원받을 수 없다는 것을 아셨습니다. 예수님은 살고 싶은데 자신이 죽어야 우리가 사니까 하나님께 죽을 용기를 달라고 맨땅을 손톱으로 긁고 주먹으로 바위를 치고 머리로 땅을 찧으며 기도하셨을 것입니다.

그리고 예수님이 제자들에게 와서 보니까 또 자고 있었습니다. 예수님은 세 번째로 기도하셨습니다. 역시 동일한 말씀이라고 하지만 완전히 똑같지는 않았을 것입니다. 예수님은 거기서 자신을 죽였던 것입니다. “하나님 아버지, 저는 여기서 죽습니다. 저는 모든 것을 아버지 뜻에 맡깁니다. 저는 이제부터 저의 일체 감정과 의지를 포기합니다. 아버지, 이제부터 저는 없습니다.” 예수님은 이렇게 자신을 완전히 비웠습니다. 이제는 누가 얼굴에 침을 뱉으면 침 뱉음을 당하고, 머리를 잡고 흔들면 잡힌 채로 흔들리고, 때리면 맞고 채찍질하면 채찍에 맞고 십자가에 달려서 모든 것을 감당하기로 결심하셨습니다. 그때 예수님은 모든 자존심과 수치와 살려는 의지를 다 버리고 하나님의 뜻에 모든 것을 맡겼습니다. 예수님은 세 번째로 제자들에게 오셔서 “이제 인자가 죄인의 손에 팔리게 되었다. 일어나 함께 가자. 나를 파는 자가 가까이 왔다”고 하시면서 붙잡히러 가셨습니다. 우리가 힘을 빼면 견디기가 쉽습니다.

예수님은 성경 말씀을 가지고 제자들이 해야 할 일을 적용시켜 주셨습니다. 그것은 그들이 흩어져 도망쳐서 숨는 것이었습니다. 그리고 예수님은 베드로에게 일어날 일을 구체적으로 알고 계셨습니다. 그러나 베드로나 제자들은 예수님의 말씀을 믿지 않았습니다. 예수님은 지금까지 십자가만 바라보고 오셨는데 마지막 순간에 십자가가 너무 두려웠습니다. 예수님은 살고 싶으셨습니다. 그러나 예수님은 피땀이 흐르는 기도를 하시면서 자신의 자존심이나 의지를 하나님 앞에서 다 내려놓고 죽이셨습니다. 그러나 우리의 뜻대로 하면 끝이 비참하게 됩니다. 오늘 성공한 많은 사람이 마지막에 실패하고 망하는 이유는 살려고 하기 때문입니다. 우리는 죽었다고 생각하고 힘을 다 뺄 때 아버지의 뜻대로 인생을 보람있게 마칠 수 있습니다. 하나님은 믿을 수 있는 분이십니다. 우리는 나의 원대로 하지 않고 하나님의 원대로 해달라고 기도하므로 승리하게 되시기를 바랍니다.

42

심문 당하심

막 14:43-72

예수님은 열두 제자 중의 하나인 가룟 유다의 배신으로 체포당하게 되었습니다. 그리고 예수님은 자신이 하나님의 아들 그리스도냐 라는 질문에 그렇다고 대답하여 사형을 선고받게 됩니다. 예수님은 하나님의 아들이라고 해서 사형을 당하게 된 것입니다.

1. 배반의 입맞춤

대개 입맞춤은 사랑하는 사람들 사이에서 사랑의 표현으로 하는 것입니다. 그러나 예수님이 체포되실 때 가룟 유다가 예수님에게 입을 맞춘 행위는 이 사람이 너희가 찾는 사람이니까 체포하라는 표시로 하는 배반의 입맞춤이었습니다.

14:43, "예수께서 말씀하실 때에 곧 열둘 중의 하나인 유다가 왔는데 대제사장들과 서기관들과 장로들에게서 파송된 무리가 검과 몽치를

가지고 그와 함께 하였더라"

보통 유월절이 되면 예루살렘에 유대인들이 전 세계에서 백만 명 이상 모여들기 때문에 그곳에서 사람을 찾는다는 것은 거의 불가능했습니다. 그러나 가룟 유다는 스승 예수님이 제자들과 함께 머무는 장소를 잘 알고 있었습니다. 그래서 가룟 유다는 대제사장들과 서기관들과 장로들이 보낸 군인들과 함께 예수님이 계신 곳으로 찾아갔습니다. 그때 그들은 모두 칼이나 큰 몽둥이로 무장하고 있었습니다. 그러나 그때는 밤이고 어두웠기 때문에 잘 알지 못하면 누가 누구인지 구별할 수 없었습니다. 그래서 가룟 유다는 내가 입을 맞추는 그 사람이 예수니까 그를 단단히 잡아가라고 미리 그들과 약속했습니다.

드디어 가룟 유다가 예수님께 와서 "랍비여 안녕하십니까?"라고 하며 입을 맞추니까 군병들이 예수님을 붙잡았습니다. 예수님은 이때 붙잡히지 않으려면 얼마든지 피하실 수 있었습니다. 그러나 예수님은 기꺼이 가룟 유다의 배반의 입맞춤을 받으시고 체포되셨습니다.

베드로는 대제사장의 종 한 사람을 칼로 쳤는데 그의 귀가 잘라지면서 피가 흐르기 시작했습니다(47절). 이때 잘못하면 예수님의 제자들과 군병 사이에 싸움이 벌어질 수도 있었습니다. 그러나 예수님은 그 종의 잘려진 귀를 도로 붙여 주시고 낫게 하시면서 이것까지 참으라고 말씀하셨습니다(눅 22:51). 예수님은 베드로에게 칼을 칼집에 도로 꽂으라고 하시면서 "누구든지 칼을 쓰는 자는 칼로 망하리라"(마 26:52)고 하셨습니다. 우리는 이 말씀이 잘 이해되지 않습니다. 누구든지 칼이나 군대를 많이 가진 사람이 세상을 정복하고 지배하는 것 같은데, 예수님은 무기를 쓰는 자는 무기로 망한다고 말씀하셨습니다. 그 이유는 무엇입니까? 이 세상의 어떤 무기도 하나님을 이길 수 없기 때문입니다.

군병들은 칼과 몽둥이를 들고 예수님을 붙들어갔지만, 예수님은 하나님의 능력으로 사망의 권세를 깨트리고 부활하셨습니다. 그때 무덤을 지키던 군병들은 너무 쇼크를 받아서 죽은 사람처럼 되어버렸습니다. 다른 성경에 보면 예수님께서 내가 예수니까 잡아가라고 하는데, 군병들이 모두 뒤로 물러가서 땅에 엎드렸다고 기록하고 있습니다(요 18:6). 예수님이 잡히시는 순간에도 이처럼 강한 성령의 역사가 있었던 것입니다.

예수님은 폭력을 쓰지 않는 분이십니다. 그는 폭력을 쓸 필요가 없으셨기 때문입니다. 만약 그가 한번 명령만 내리면 천사들 열두 군단이 나타나서 거기에 있는 사람들을 다 죽였을 것입니다(마 26:53). 본문 49절 마지막에 보면 "그러나 이는 성경을 이루려 함이니라"고 했습니다. 예수님은 하나님의 말씀이 이루어지는데 목숨을 걸고 있었습니다. 결국 하나님의 말씀에 목숨을 걸어야 성경이 살아나게 되고 기적이 일어나게 됩니다.

그때 끝까지 예수님을 지키겠다는 제자들은 모두 도망치고 말았습니다. 그 이유는 갑자기 잡히는 것이 두려웠기 때문입니다. 그래서 이렇게 예수님이 잡혀가는 과정도 성경 말씀이 이루어지고 있었습니다. 그것은 바로 "목자를 치리니 양들이 흩어지리라"(슥 13:7) 하는 예언의 말씀입니다. 제자들이 흩어지는 것이 바로 성경의 예언이 이루어지는 것이었습니다. 그래서 결국 이 세상에서 아무리 악한 자들이 자기 세상인 것처럼 설쳐대도 모든 것은 하나님의 뜻대로 이루어지고 있는 것입니다.

14:51-52, "한 청년이 벗은 몸에 베 홑이불을 두르고 예수를 따라가다가 무리에게 잡히매 베 홑이불을 버리고 벗은 몸으로 도망하니라"

그런데 예수님이 잡혀가는 중에 옷은 벗은 채로 홑이불을 걸치고 따라가는 사람이 있었습니다. 이 사람은 열두 제자는 아니었습니다.

예수님의 열두 제자는 모두 옷을 입고 있었기 때문입니다. 아마 이 청년은 옷을 벗고 잠을 자고 있다가 예수님이 나가는 소리를 듣고 홑이불을 두르고 밖으로 나왔다가 군병들이 예수님을 잡아가는 것을 보고 따라갔을 것입니다. 그래서 학자들은 이 청년을 예수님이 마지막 만찬을 했던 집의 아들 마가였을 것으로 생각합니다. 마가는 무리에게 잡히자 홑이불을 버리고 알몸으로 도망쳐버렸습니다.

그런데 성경은 왜 이 창피한 일까지 기록해놓고 있을까요? 이 마가가 바로 이 마가복음을 쓴 저자였고, 예수님이 체포되실 때 모든 것을 본 증인이었기 때문입니다. 예수님은 체포되실 때 억지로 끌려가신 것이 아니라 당당하게 체포되고 그들과 함께 가셨던 것입니다. 예수님을 체포하는 데는 칼이나 몽둥이가 필요 없었습니다. 오히려 예수님은 이들이 자신을 잡아가 주는 것을 고맙게 생각하셨을 것입니다. 이 모든 것이 하나님의 뜻을 이루는 과정이었기 때문입니다.

2. 대제사장의 심문

군병들이 예수님을 잡아서 손을 묶고 대제사장의 집으로 끌고 가니까 대제사장들과 서기관들과 장로들이 다 모였습니다. 바로 이 모임이 유대 사회에서 가장 중요한 산헤드린 공회였습니다. 원래 산헤드린 공회는 공정하게 모든 것을 판결해야 하므로 밤에 모이지 못하게 되어 있었습니다. 어두운 밤에 모이면 중요한 일을 대충대충 결정해버릴 수 있기 때문입니다. 아마도 저녁 늦게 예수님이 대제사장의 집에 붙들려 간 후에 증인들의 심문이 있었던 것 같습니다. 여기서 시간이 많이 걸렸던 것 같고 새벽이 되어서야 산헤드린 공회는 예수님의 사형을 결정하게 됩니다.

대제사장과 온 공회는 예수님을 정죄할 증거를 찾았습니다. 아마 그때 가장 많은 사람이 했던 증언은 예수님이 안식일에 병을 고쳤다는 사실일 것입니다. 그러나 안식일에 병을 고치는 일은 결국 좋은 일이었고, 또 안식일에 일한 것은 채찍에 맞을 수는 있지만 십자가에 못 박혀 죽을 일은 아니었던 것입니다. 그래서 대제사장은 예수가 로마에 대하여 반역을 선동했다는 증거를 찾아야 했습니다. 그래야 예수님을 로마 군인들에게 넘겨서 십자가에 못 박아 죽일 수 있었기 때문입니다. 이때 거짓 증언하는 사람들이 많이 나왔다고 했습니다.

그러다가 어떤 사람이 드디어 결정적인 증거를 제시했습니다. 그것은 예수가 성전을 헐겠는데 사흘 만에 짓겠다고 했다는 것입니다. 즉 성전을 헐겠다고 했기 때문에 죽여야 한다는 것입니다. 그러나 많은 사람은 예수가 "너희가 헐라. 그러면 내가 사흘에 짓겠다"고 말했다고 했습니다. 그리고 또 실제로 성전은 아직 아무도 허물지 않았습니다. 그러니까 이 말이 결정적인 증언이 될 수 없었습니다.

사람들이 그렇게 많이 일어나서 예수님을 공격하고 죽일 증거를 찾았지만 예수님은 한마디 말씀도 하지 않으셨습니다. 왜냐하면 성경에 메시아는 떠들지 않고 요란하지도 않는다고 예언했기 때문입니다. 이사야의 예언입니다.

"그는 외치지 아니하며 목소리를 높이지 아니하며 그 소리를 거리에 들리게 하지 아니하며"(사 42:2).

그리고 이어서 그 유명한 메시아 예언의 말씀이 나옵니다.

"상한 갈대를 꺾지 아니하며 꺼져가는 등불을 끄지 아니하고 진실로 정의를 시행할 것이며"(사 42:3).

사실 우리는 모두 상한 갈대와 같습니다. 갈대 자체가 상했으므로 바람이 조금 세게 불거나 잡아당기면 부러지고 말 것입니다. 그리고 우리는 다 기름이 없어서 꺼져가는 등불과 같습니다. 그러나 예수님은 이 등불에 바람이 불지 못하도록 손으로 막으시고 기름을 부으셔서 등불이 꺼지지 않게 하실 것입니다.

하지만 그 이전에 메시아는 하나님께 제물로 바쳐져야 했으므로 아무 말 없이 침묵하셨습니다. 하나님께 바쳐지는 제물은 일절 소리를 내지 않는 짐승이어야 했습니다. 이때 대제사장은 예수님이 아무 말도 하시지 않는 것을 보고 이상하게 생각했습니다. 이 사람은 아무 생각이 없는 사람인가 아니면 모든 것을 포기한 사람인가 신기하게 생각했습니다.

드디어 대제사장은 예수님에게 모든 사람이 가장 궁금해하는 질문을 했습니다. 그것은 과연 예수님이 그리스도인가 하는 것이었습니다.

14:61, "침묵하고 아무 대답도 아니하시거늘 대제사장이 다시 물어 이르되 네가 찬송 받을 이의 아들 그리스도냐"

여기서 "찬송 받을 이"는 하나님을 말합니다. 대제사장은 예수님에게 "네가 찬송 받을 하나님의 아들 그리스도냐"고 물었습니다. 그때 예수님은 "내가 그 사람이다"라고 대답하셨습니다. 그리고 예수님은 그 말에 그치지 않고 추가로 더 말씀하셨는데, "인자가 권능자의 우편에 앉은 것과 하늘 구름을 타고 오는 것을 너희가 보리라"(62절)는 것이었습니다.

이것은 엄청난 내용입니다. 예수님은 앞으로 하나님의 보좌 우편에 앉아 계실 것이며, 구름을 타고 이 세상에 내려오는 것을 모든 사람이 다 보게 될 것이라는 내용입니다. 이 말을 듣자마자 대제사장은 자기 옷을 찢으면서 우리는 더 이상 증인이 필요하지 않다고 하며, 예수가 자기 입으로 자신이 하나님의 아들이라는 신성 모독 하는 말을 들었다고 소리 질렀습니다. 그러면서 사람들에게 너희 생각은 어떠냐고 그 자리에서 물으니까 모두 사형에 해당한다고 소리를 질렀습니다.

그러나 만일 예수님이 말씀하신 것이 사실이면 어떻게 해야 합니까? 예수님이 진짜 하나님의 아들이고 구름을 타고 오실 분이라면 그들은 어떻게 해야 합니까? 그들은 모두 예수 앞에 무릎을 꿇고 경배하고 죄 용서를 구해야 할 것입니다. 그러나 그들은 예수가 절대로 하나님의 아들이 아니라고 믿었으므로 예수를 사형시켜야 한다고 주장했던 것입니다. 그러나 그들은 심판 날에 바로 그 예수가 하나님의 보좌 우편에 앉아 계신 것을 보게 될 것입니다. 그들은 몰라도 너무 몰랐던 것입니다. 그들은 사람을 외모로만 보고 판단했던 것입니다.

14:65, "어떤 사람은 그에게 침을 뱉으며 그의 얼굴을 가리고 주먹으로 치며 이르되 선지자 노릇을 하라 하고 하인들은 손바닥으로 치더라"

그들은 예수님의 얼굴에 침을 뱉었습니다. 어떤 사람은 그의 머리털을 잡고 흔들었습니다. 또 어떤 사람은 예수님의 얼굴을 가리고 주먹으로 치면서 네가 선지자라면 너를 때린 사람이 누구인지 말해보라고 조롱하기도 하고, 하인들은 손바닥으로 예수님의 얼굴을 철썩철썩 때렸습니다.

헨델의 〈메시아〉를 들으면 중간에 "그의 얼굴에 침을 뱉었네. 그의 머리털을 잡았네. 그의 뺨을 치네"라고 하는 가사를 반복해서 부릅니다. 누군가가 우리의 머리털을 잡고 흔들고 뺨을 때리고 얼굴에 침을 뱉으면 화가 나서 견딜 수 없을 것입니다. 예수님은 우리가 당해야 할 수치를 다 당하셨습니다. 그래서 우리는 더 이상 수치를 당할 필요가 없습니다. 그러나 예수 믿지 않는 자들은 주님이 없으므로 계속 수치를 당하고, 죽어도 영원히 수치를 당하게 될 것입니다.

3. 드디어 닭이 두 번 울다

베드로는 일단 제자들이 그 자리를 피할 때 같이 도망쳤던 것 같습니다. 그러나 그의 마음속에는 여전히 예수님을 버리지 않겠다는 결심이 있었습니다. 그래서 베드로는 몰래 어둠 속에 몸을 감추고 무리의 뒤를 따라갔습니다. 베드로는 어떻게 해서든지 경계가 허술한 틈을 타서 예수님을 건져내려고 했습니다.

베드로는 대제사장의 집 문 앞에까지 갔습니다. 그러나 대제사장의 집 문은 문지기가 지키고 있었습니다. 베드로는 집 안에는 들어갈 수 없었는데, 거기에 예수님의 제자가 한 명 있었습니다. 그는 대제사장과 잘 아는 사람이었기 때문에 "이 사람은 괜찮은 사람이라"고 하면서 베드로를 집 안으로 넣어주었습니다. 베드로는 거기에 있는 종들과 불을 쬐고 있는데, 여종 하나가 베드로를 보고 "너도 예수와 같이 있었던 제자"라고 말했습니다. 그때 베드로는 여종에게 "네가 말하는 것을 나는 알지도 못하고 깨닫지도 못하겠다. 나는 예수를 모르는 사람이라"고 하며 부인했습니다. 베드로는 거기에 있으면 들통나겠다고 생각해서 앞뜰로 갔는데, 거기서도 한 여종이 "이 사람도 같은 도당이라"고 하면서 소리 지르려고 했습니다. 이때 베드로는 저주하면서 맹세하고 예수를 알지도 못한다고 부인했습니다. 여기서 저주했다는 말은 욕했다는 것과 같습니다. 또 잠시 후에 어떤 사람이 베드로가 갈릴리 사투리를 심하게 쓰는 것을 보고는 예수의 제자인 것이 분명하다고 했습니다. 이때도 베드로는 저주하면서 예수는 알지도 못하는 사람이라고 부인했습니다.

14:72, "닭이 곧 두 번째 울더라 이에 베드로가 예수께서 자기에게 하신 말씀 곧 닭이 두 번 울기 전에 네가 세 번 나를 부인하리라 하심이 기억되어 그 일을 생각하고 울었더라"

베드로는 어떻게 하든지 살아서 예수님을 구출해야겠다고 생각했는데, 그동안에 세 번 주님을 부인했던 것입니다. 그때 가까운 곳에서 닭이 두 번째 울었습니다. 베드로는 예수님을 부인하는 것을 대수롭지 않게 생각했습니다. 그러나 이때 마귀는 베드로를 지옥으로 끌고 가려고 치열한 싸움을 하고 있었고, 예수님은 베드로를 놓치지 않으려고 기도하고 있었던 것입니다. 베드로는 닭 우는 소리를 듣고 갑자기 정신이 들면서 주님이 "닭이 두 번 울기 전에 네가 나를 세 번 부인하리라"는 말씀이 생각났습니다(72절). 베드로는 예수님을 부인하지 않을 자신이 있었는데 그것이 아니었습니다. 베드로는 예수님이 문제가 아니라 자기가 예수님의 말씀을 전혀 믿지 않았다는 것을 깨닫고는 밖에 나가서 심하게 통곡했습니다. 베드로가 예수님을 세 번 부인하면 베드로의 믿음이 없어지게 됩니까? 아니면 세 번 모른다고 부인하고 저주까지 했는데도 믿는 사람입니까? 아마 그는 믿는 사람일 것입니다. 그러나 그의 영혼은 거의 지옥 입구까지 끌려갈 정도로 침체되어 있었던 것입니다.

코로나가 길어지면서 우리의 믿음도 약해지고 침체되고 있습니다. 그렇다고 우리의 믿음이 없어지는 것은 아닙니다. 그러나 우리 모두는 침체에 빠져 있습니다. 오늘 닭 우는 소리든 개 짖는 소리든, 아니면 설교 말씀이 우리를 깨울 수 있기를 바랍니다. 우리의 믿음이 부족한 것을 깨닫고 밖에 나가서 통곡하면서 기도합시다. 주님은 자신의 정체를 당당하게 말씀하셨지만 아무도 예수님의 말씀을 믿지 않았습니다. 그러나 결국 모든 사람은 예수님이 하나님의 보좌 우편에 앉아 계신 것과 하늘 구름을 타고 오시는 광경을 보게 될 것입니다.

43

십자가

막 15:1-47

우리에게 가장 이해하기 어려운 문제는 어떻게 예수님이 십자가 위에서 피 흘리고 죽으신 것이 내 죄를 다 씻을 뿐 아니라 나에게 영생을 줄 수 있느냐 하는 것입니다. 그것을 우리 머리로는 이해하지 못합니다. 단지 우리가 아는 것은 십자가 위에 달려 죽으신 분이 하나님의 아들이라는 사실입니다. 우리 인간의 피는 모두 죄에 오염되어서 버려야 할 피입니다. 그러나 예수님의 피는 한 방울도 오염되어 있지 않을 뿐 아니라 죄를 씻고 죽은 자를 살릴 수 있는 보혈이라는 사실입니다.

1. 죽기를 원하셨던 예수님

만일 예수님이 십자가 위에서 죽는 것이 싫어서 피하려고만 하셨다면 얼마든지 피하실 수 있었습니다. 예수님은 죽을만한 죄를 지은 적이 없었기 때문입니다. 그리고 유대인들이 예수님을 대제사장 집에 잡아 와서 그를 죽일 증거를 찾았지만 증거를 하나도 찾지 못했습니다. 단지 그를 죽일 증거는 대제사장이 예수님에게 "네가 찬송 받을 하나님의 아들이냐?" 고 물었을 때 "그렇다"라고 대답한 것뿐입니다.

예수님은 천사보다 더 높은 하나님의 아들이요 창조자이십니다. 하나님 아버지와 하나님의 아들은 죄에 오염되어서 한평생 몸부림치면서 살다가 비참하게 죽어버리는 인간을 너무 불쌍히 여기셨습니다. 그래서 우리에게 죄를 다 씻어주실 뿐 아니라 영생을 주시기로 작정하셨습니다. 그렇게 하려면 죄가 한 방울도 없는 깨끗한 피를 구해야 하는데 그런 피가 이 땅에는 없었습니다. 그래서 죄가 전혀 없으신 하나님의 아들이 깨끗한 피를 가지고 이 세상에 태어나셨을 뿐 아니라 자기 몸 안에 천국을 잔뜩 가지고 오셨습니다. 그때 우리 인간은 모두 해적에 붙들린 인질처럼 마귀에게 붙들린 인질로 살아가고 있었습니다. 예수님이 우리 인간을 죄에서 해방하려면 그 오염되지 않은 피를 한 방울도 남김없이 흘리셔야 했습니다. 그때 예수님 안에 가지고 오신 천국도 우리에게 부어지게 됩니다.

예수님은 성경 말씀을 묵상하는 가운데 나무에 달려 죽어야 한다는 것을 아셨습니다. 구약의 모세 시대에 이스라엘 백성이 하나님을 원망해서 불뱀에 물려 죽어갈 때 나무에 달린 놋뱀을 보는 자는 살아났기 때문입니다(민 21:6-9). 그리고 예수님은 나무에만 달리실 뿐 아니라 수족이 찔리셔야만 했습니다. 시편에 "개들이 나를 에워쌌으며 악한 무리가 나를 둘러 내 수족을 찔렀나이다"(시 22:16)라고 예언되어 있었기 때문입니다. 그리고 나무에 달릴 뿐 아니라 손과 발이 찔려서 죽게 되는 형벌은 바로 십자가의 죽음뿐이었습니다. 그래서 예수님은 십자가에 자신이 죽게 될 것을 아셨고 그렇게 죽기를 원하셨습니다. 예수님은 제자들에게 "모세가 광야에서 뱀을 든 것 같이 인자도 들려야 하리니"(요 3:14)라고 말씀하셨습니다.

대제사장들과 유대 지도자들은 간교하게도 백성 앞에서는 예수가 자신이 하나님의 아들이라고 해서 죽여야 한다고 정죄해 놓고, 그를 로마 총독 빌라도에게 넘길 때는 "자기를 유대인의 왕이라고 했다" 고 고발했습니다. 즉 예수님의 죄명이 로마 총독에게 넘어가면서 바뀌어 버린 것입니다. 그러나 예수님은 아무 말씀도 하지 않으셨습니다. 대제사장들과 서기관들이 그런 거짓말을 하지 않으면 예수님은 죽으려야 죽을 수 없었기 때문입니다.

15:2, "빌라도가 묻되 네가 유대인의 왕이냐 예수께서 대답하여 이르시되 네 말이 옳도다 하시매"

이른 아침에 빌라도는 유대인들에게 손이 묶인 예수님을 넘겨받았습니다. 그런 후 빌라도는 예수님을 심문했습니다. "네가 유대인의 왕이냐?" 사실 예수님은 이 세상에서는 유대인의 왕이 아니었습니다. 그러나 예수님은 빌라도의 질문에 "네 말이 옳도다" 라고 대답하셨습니다. 그리고 다른 변명을 일절 하지 않으셨습니다. 그런데 오히려 빌라도는 예수님을 살리고 싶어 했습니다. 빌라도는 유대인들이 시기해서 예수님을 죽이려고 하는 줄 알았기 때문입니다. 예수님은 자기가 유대인의 왕이라고 시인하셨습니다. 그리고 유대인들은 대제사장의 사주를 받아서 예수를 십자가에 못 박으라고 난동을 부렸습니다.

2. 예수님이 당하신 고통

예수님은 십자가에 못 박히시기 전에 로마 군인에게 넘겨져서 그들이 모인 가운데 자색 옷을 입으시고 가시로 만든 관을 쓰시고 이마에 피를 흘리면서 그들의 조롱을 받으시고 작대기로 머리를 맞으시고 얼굴에 침 뱉음을 당하시고 난 후에 엄청나게 채찍으로 맞으셨습니다. 왜 예수님은 바로 십자가에 못 박히지 않고 로마 군인들에 의해서 조롱과 수치를 당해야만 했을까요? 그것은 바로 성경의 예언을 이루기 위해서였습니다.

"그가 찔림은 우리의 허물 때문이요 그가 상함은 우리의 죄악 때문이라 그가 징계를 받으므로 우리는 평화를 누리고 그가 채찍에 맞으므로 우리는 나음을 받았도다"(사 53:5).

우리가 모든 병에서 나음을 입고 영생을 얻으려면 반드시 예수님이 채찍에 맞으셔야만 했습니다. 로마 군인의 채찍질은 유명했습니다. 그들은 채찍 끝에 뼛조각이나 쇳조각을 달아서 때렸는데, 한번 훑으면 그대로 살이 찢어져서 피가 나고 살점이 묻어나서 뼈가 드러나기도 했습니다. 예수님이 채찍에 맞으면 맞을수록 그것을 구경하고 있는 사람들의 병이 낫고 장애들이 치료되기 시작했습니다. 오늘도 예수님이 채찍에 맞고 수치를 당했기 때문에 우리는 덜 아프고 치료를 받을 수 있는 것입니다. 예수님이 가시관을 쓰심으로 죽으실 때까지 가시가 머리를 찔러서 매우 큰 고통을 받았을 것입니다.

이제 드디어 로마 군인들은 예수님을 십자가에 못 박으러 자기 십자가를 지고 가게 했습니다. 그러나 예수님은 아무것도 먹은 것이 없고 밤새워 심문받고 채찍질까지 당하셨기 때문에 십자가를 지고 가시는 길에 자꾸 넘어지셨습니다. 제가 옛날 청년 때 불렀던 찬양 중에 "십자가를 지고 가네. 넘어지네. 넘어지네. 또 넘어지네"라는 노래의 가사가 참 인상적이었던 것이 생각납니다.

15:21, "마침 알렉산더와 루포의 아버지인 구레네 사람 시몬이 시골로부터 와서 지나가는데 그들이 그를 억지로 같이 가게 하여 예수의 십자가를 지우고"

지금도 예루살렘에서 예수님이 십자가를 지고 가신 길(비아 돌로 로사)에 가보면, 벽에 몇 번째 넘어지신 곳이라는 표시가 붙어 있습니다. 그때 예수님은 너무 힘이 없으셔서 그 무거운 십자가를 지고 갈 수 없었습니다. 그래서 로마 군인들은 그 광경을 구경하고 있는 사람 중에서 한 사람을 억지로 잡아내서 예수님의 십자가를 지우고 가게 했습니다. 그 사람은 아프리카 북부에 있는 구레네라는 곳에서 올라온 사람이었습니다. 그는 사형수의 십자가를 지고 가면서 오늘은 너무 재수 없는 날이라고 생각했을 것입니다. 그러나 나중에 알고 보니 그 십자가는 온 세상 죄를 지고 가는 하나님의 어린양의 십자가였습니다. 그는 알렉산더와 루포의 아버지라고 했습니다. 루포는 초대 교회 때 예수 잘 믿는 사람 중 하나였습니다(롬 16:13 참고).

로마 군인들은 예수님의 등에 채찍질하면서 골고다 곧 해골이라는 곳으로 끌고 갔습니다(22절). 그곳 이름이 해골인 이유는 그 지형이 해골같이 둥그렇게 생겼기 때문이라고 생각하는데, 아마도 거기에서 처형을 많이 했기 때문인 것 같습니다.

로마 군인들은 거기에 십자가를 내려놓고 예수님을 십자가 위에 눕혔습니다. 그리고 그의 손을 펴게 한 후에 손바닥에 커다란 못을 큰 망치로 박았습니다. 예수님의 양손에는 대못이 박혀서 몸을 움직일 수 없었고 죽고 싶을 정도로 고통받았을 것입니다. 그리고 예수님의 두 발을 모으고 발 가운데 또 대못을 박았습니다. 그리고는 십자가를 줄로 당겨 똑바로 세우고 거기에 파 놓은 구멍에 십자가를 끼워 넣었습니다. 그때 하늘에는 뜨거운 태양이 불타오르고 예수님의 혀는 목이 말라서 돌같이 굳어졌습니다. 가시관에서 흘린 피가 이마로 계속 흘러서 눈에 들어갔습니다. 그렇게 예수님은 그 십자가 위에서 무지무지한 고통을 당하셨습니다. 하나님의 아들이 전혀 당하실 필요가 없는 고통을 우리를 살리기 위해서 당하신 것입니다.

군인들은 대개 사형수를 처분하고 그가 가진 물건을 나누어 가졌습니다. 그러나 예수님은 아무것도 가지신 것이 없었습니다. 그래서 군인들은 할 수 없이 예수님의 낡은 옷을 나누어 가지고 속옷은 제비를 뽑아서 가졌습니다(24절).

"힘이 말라 질그릇 조각 같고 내 혀가 입천장에 붙었나이다 주께서 또 나를 죽음의 진토 속에 두셨나이다 개들이 나를 에워쌌으며 악한 무리가 나를 둘러 내 수족을 찔렀나이다"(시 22:15, 16).

"내 겉옷을 나누며 속옷을 제비 뽑나이다"(시 22:18).

정말 생각하지 못한 세밀한 부분까지 성경의 예언은 다 이루어졌습니다.

그리고 예수님이 십자가에 못 박히시고 세 시간이 지난 후 태양이 어두워졌습니다.

"때가 제육시쯤 되어 해가 빛을 잃고 온 땅에 어둠이 임하여 제구시까지 계속하며"(눅 23:44).

제육시면 지금 정오인데, 갑자기 어둠이 임했다고 했습니다. 그리고 세 시간이나 계속되었습니다. 어떤 사람은 날이 캄캄해진 것에 대하여 일식 현상이 일어났다고 하고, 구름이 태양을 가렸다고 하고, 심한 모래바람이 불어서 태양을 가렸기 때문이라고 주장합니다. 그러나 이런 주장은 모두 인간적인 논리입니다. 예수님이 십자가에 달리실 때 태양 자체가 빛을 잃었던 것입니다. 온 우주를 창조하신 하나님의 아들이 죽으시니까 태양도 힘을 잃었던 것입니다.

예수님이 십자가에 달리니까 구경하던 대제사장들과 유대인들이 희롱했습니다. 지나가는 자들은 자기 머리를 흔들며 "성전을 헐고 사흘에 짓는 자여 너를 구원하여 십자가에서 내려오라"고 조롱하였고, 대제사장들이나 서기관들은 "그가 남은 구원하였으되 자기는 구원할 수 없도다"라고 하며 지금 십자가에서 내려오라 그러면 우리가 너를 하나님의 아들인 줄 믿겠다고 희롱했습니다(29-32절).

이것에 대하여 예수님은 미리 시편에 예언하셨습니다. "나는 벌레요 사람이 아니라 사람의 비방 거리요 백성의 조롱 거리니이다"(시

22:6), 대제사장들은 성경 이 말씀 그대로 예수님을 희롱했습니다. 또 "그가 여호와께 의탁하니 구원하실 걸, 그를 기뻐하시니 건지실 걸 하나이다"(시 22:8), 유대인 지도자들은 이 말씀 그대로 예수님을 희롱했습니다.

예수님은 자신이 벌레 취급당하고 조롱거리가 되어야 우리의 죄가 다 씻겨진다는 것을 아셨습니다.

3. 예수님의 죽으심

예수님의 제자나 예수님을 믿는 여인 중에 끝까지 십자가를 지킨 사람들이 있었습니다. 그들은 예수님이 하나님의 아들이시기 때문에 절대로 죽을 수 없으므로 예수님이 마지막 순간에는 십자가에서 내려오시지 않을까 하는 기대를 가지고 있었습니다. 그러나 예수님은 죽으시기 전에 "엘리 엘리 라마 사박다니"라고 소리를 치셨습니다. 이것은 '나의 하나님 나의 하나님 어찌하여 나를 버리시나이까' 라는 뜻이었습니다(34절). 이 말씀도 구약 성경에 그대로 나오고 있습니다.

"내 하나님이여 내 하나님이여 어찌 나를 버리셨나이까"(시 22:1 상).

예수님은 하나님이 자신의 아버지이시기 때문에 조금이라도 십자가를 가볍게 하실 줄 알았는데, 하나님은 아들을 완전히 고통과 저주 가운데 버리셨던 것입니다. 이 말을 듣고 십자가 주위에 있던 유대인들은 히브리말을 모르기 때문에 '아, 예수가 엘리야를 불러서 자기를 도와달라고 하는가 보다' 라고 생각했습니다. 그리고 어떤 사람은 신 포도주를 스폰지 같은 것(해면)에 적셔서 예수님에게 드리려고 했지만, 예수님은 제자들과 약속하신 대로 포도나무에서 난 것을 천국이 올 때까지 마시지 아니하셨습니다(마 26:29).

15:37, “예수께서 큰 소리를 지르시고 숨지시니라”

예수님은 드디어 큰 소리를 지르시고 숨지셨습니다. 자신의 영혼을 아버지에게 맡기고 돌아가셨습니다. 예수님은 죽으셨습니다. 그리고 거기에 있던 로마 백부장은 예수님이 십자가에 여섯 시간을 매달려서 아무 소리도 하지 않고 참으시는 것을 보고, 이는 정말 하나님의 아들이었다고 고백했습니다. 예수님이 죽으시면서 성전 휘장이 위에서 아래로 찢어져 두 동강이 났습니다(38절). 이것은 이제 하늘 가는 길이 열렸기 때문에 휘장이 필요가 없다는 뜻입니다. 이때 예수님이 죽으신 모습을 갈릴리에서 따라온 여인들이 울면서 다 보았습니다(40-41절).

그런데 이날은 안식일 전날 금요일이고 명절 전날이므로 시체를 나무에 달아놓는 것이 좋지 않았습니다. 그때 예수님의 숨은 제자 중의 하나인 아리마대 사람 요셉이 빌라도를 찾아가서 예수님의 시체를 달라고 요청했습니다(43절). 그때 빌라도는 예수님이 그렇게 빨리 죽었는지 의심했습니다. 그래서 백부장을 불러서 알아본 후에 요셉에게 시체를 내주었습니다.

로마 군인들은 예수님의 사망을 확인하기 위해서 옆구리를 창으로 찔렀는데, 그때 예수님의 몸에 남아 있던 물과 피가 하나도 남김없이 다 쏟아졌습니다. 그러나 예수님의 양편에 달려 있던 강도들은 그때까지 살아 있었으므로 로마 군인들이 망치로 다리를 꺾어서 죽여주었습니다. 그러나 예수님은 성경 말씀대로 그의 뼈가 하나도 꺾이지 않으셨습니다.

아리마대 요셉은 예수님의 시체를 십자가에서 내린 후 자기가 죽으면 묻히려고 팠던 돌로 된 새 무덤에 장사를 지내고 입구를 돌로 막았습니다. 그래서 그 무덤 안에는 예수님의 시체밖에 없었습니다. 이것도 이사야서에 예언되어 있었습니다. “그가 죽은 후에 부자와 함께 있었도다"(사 53:9)라고 했습니다. 예수님은 부자의 무덤에 장사 되셨습니다. 즉 하나님은 예수님의 죽음을 부끄럽지 않게 하셨던 것입니다.

유대인들은 예수님을 죄인처럼 보이게 하려고 두 강도와 같이 십자가에 못 박았습니다. "그가 자기 영혼을 버려 사망에 이르게 하며 범죄자 중 하나로 헤아림을 받았음이니라 그러나 그가 많은 사람의 죄를 담당하며 범죄자를 위하여 기도하였느니라"(사 53:12).

예수님은 우리의 죄를 담당하고 우리에게 영생을 주시기 위하여 자원해서 십자가에서 죽으셨습니다. 우리는 예수님의 십자가를 깊이 생각합시다. 그리고 우리가 믿는 이 복음이 얼마나 위대한 것인지 생각해야 합니다. 모든 것은 사람의 뜻이 아니라 하나님의 말씀대로 이루어진 것입니다.

44

완전한 승리

막 16:1-20

얼마 전에 저희 교회 장로님 두 분이 몇 달 간격으로 심장 수술을 받으셨습니다. 단순히 스텐트를 심는 시술이 아니라 갈비뼈 네 개를 자르고 완전히 가슴을 열어서 심장에 혈관을 만들어 연결시키는 큰 수술이었습니다. 한 분은 아예 심장 동맥이 없는 채 살아오셨고, 다른 분은 심장의 관상 동맥 세 개가 완전히 막혀 있어서 언제 심근 경색이 올 줄 모르는 상태에서 전 세계를 비행기 타고 다니면서 비즈니스를 하셨다고 합니다. 의사는 어떻게 이런 상태에서 외국에 다니면서 사업을 하셨느냐고 놀랐다고 합니다. 한 분은 혈관이 없으니까 허벅지에 있는 혈관을 끄집어내서 새 혈관을 심장에 심어 넣었고, 다른 분은 완전히 막혀 있는 혈관을 새로 뚫었습니다. 저는 큰 수술을 하셨으니까 한 석 달 정도는 교회에 나오지 못하리라고 생각했습니다. 그런데 수술한 다음 주일에 두 분 모두 교회에 나오셨습니다. 그래서 저는 깜짝 놀라서 이렇게 교회에 나오셔도 되느냐고 물으시니까 괜찮다고 하셨습니다. 심장 수술을 하고 그다음 주일에 바로 교회에 나와서 예배를 드릴 수 있다는 것은 병이 완전히 고쳐진 것을 의미합니다.

우리 인간은 이 세상에서 당하는 모든 어려움을 거의 다 해결했습니다. 특히 옛날에는 고칠 수 없는 많은 병을 고침으로 인간의 수명을 거의 100세까지 연장시켜 놓았습니다. 그래서 본인의 건강관리를 평소에 잘하고 약을 잘 먹으면 90세 중반까지 사는 것은 가능해지게 되었습니다. 그런데도 사람들은 나이가 들면 모두 자신의 죽음에 대하여 불안해하고, 특히 죽기 전까지 무엇을 해야 할지 초조해한다고 합니다. 결국 인간은 죽음의 문제를 극복해야 완전한 승리를 거두었다고 할 수 있는데 여전히 죽음을 정복하지는 못했습니다.

1. 예수님의 죽음

예수님도 자신이 살아계실 때 죽음의 문제를 완전히 해결하지는 못하셨습니다. 물론 성경에 보면 예수님께서는 죽은 자를 여러 명 살리셨다고 증언하고 있습니다. 예수님은 죽은 지 나흘이 되어서 썩는 냄새가 나는 나사로를 이름을 불러서 살리셨습니다. 또 열두 살에 죽은 야이로의 딸을 '달리다굼' (소녀야 일어나라) 하시니까 죽었던 아이가 눈을 뜨면서 살아났습니다. 그리고 어느 과부의 외아들 청년이 죽어서 장사하려고 관에 넣어 들고 가는데, 그 관에 손을 대시고 "청년아, 일어나라"고 말씀하시자 살아났습니다. 그러나 예수님이 살리셨던 이 사람들도 죽기 전 옛날 사람으로 살아난 것이지 영원히 살아난 것은 아니었습니다. 아마 그들은 보통 사람들과 똑같이 늙어가기 시작했고 나중에는 죽었을 것입니다. 그러니까 나사로나 소녀나 청년은 다시 살기는 했지만 늙어서 다시 한번 죽는 경험을 했을 것입니다.

사람은 죽음의 문제를 해결해야 완전히 자신의 인생을 완성하게 되는 것입니다. 사람은 죽으면 그 인생은 미완성의 인생이고, 결국 죽어서 시신이 땅에 묻히면 구더기가 그 모든 살을 다 파먹고 썩어서 없어지게 되는 존재입니다.

예수님이 이 세상에 살아계실 때 제자들은 예수님께 하나님의 아들이시요 그리스도시라고 고백했습니다. 왜냐하면 예수님은 그들의 모든 생각과 과거를 다 알고 계셨고 많은 병자를 고치셨고 어디에서도 들을 수 없는 생생한 하나님의 말씀을 전해주셨기 때문입니다. 그러나 제자들의 마음에는 예수님이 하나님의 아들이라는 사실이 의심스러웠습니다. 예수님은 어디를 보더라도 완전한 인간이었기 때문입니다. 그러나 예수님은 제자나 믿는 자들이 자신을 하나님의 아들이라고 말했을 때 부정하지 않으셨습니다. 그러나 예수님은 제자에게 밖에 나가서 그런 소리는 하지 말라고 경계하셨습니다. 왜냐하면 예수님은 아직 그때까지 인간의 죽음 문제를 완전히 해결하지 못하셨기 때문입니다.

예수님이 유대 지도자들에게 붙들려서 사형 선고를 받고 로마 군인들에 의해서 십자가에 못 박혀서 고통받으실 때까지만 해도, 제자들은 예수님이 마지막 순간에는 하나님의 아들이시니까 십자가에서 내려와 악한 자들을 다 심판하실 줄 알았습니다. 그러나 예수님은 허무하게도 십자가 위에서 죽으셨습니다. 예수님은 오히려 다른 죄수들보다 먼저 죽으셨습니다. 그래서 예수님의 시체는 십자가에서 내려져 아리마대 사람 요셉이라는 부자가 자기가 묻히려고 판 돌무덤에 들어가게 되었습니다. 그래서 중세 시대 그림 중에는 예수님께서 십자가에서 내려지고 어머니 마리아가 죽은 예수를 품에 안고 있는 그림이 아주 많습니다. 예수님이 무덤에 장사되고 난 후 제자들은 모두 예수님 역시 인간이셨구나라고 생각하고 굉장히 실망했습니다. 그런데 제자들이 가졌던 큰 의문은, 예수님께서 왜 끝까지 자신을 하나님의 아들이라고 하셨을까 하는 것이었습니다.

2. 예수님의 승리

우리 핏속에는 백혈구가 있습니다. 백혈구는 우리 몸에 병균이나 나쁜 바이러스가 들어오면 싸워서 물리치는 역할을 합니다. 그 과정에서 우리 몸은 아픕니다. 열이 나기도 하고 힘이 없어서 일어나지 못하기도 해서 병원에 가서 링거를 맞거나 주사를 맞아야 하기도 합니다. 그런데 우리 몸이 병을 완전히 이기고 나면 정상적인 생활로 돌아가게 됩니다.

예수님께서는 십자가에 못 박혀 죽으신 후부터 사탄의 세력과 치열한 싸움을 벌이셨습니다. 예수님의 영혼은 피투성이가 되어서 마귀에게 질질 끌려 지옥까지 가셨습니다. 그리고 사망의 권세와 죄의 권세와 사탄의 권세는 한통속이 되어서 예수님을 영원히 지옥에 가두려고 시도했습니다.

그러나 마귀도 잘 몰랐던 하나님의 위대한 말씀이 있습니다. 그것은 바로 이사야 25장 8절에 나오는 "사망을 영원히 멸하실 것이라 주 여호와께서 모든 얼굴에서 눈물을 씻기시며 자기 백성의 수치를 온 천하에서 제하시리라 여호와께서 이같이 말씀하셨느니라"라는 말씀입니다. 사람들은 여기서 '사망을 영원히 멸하실 것이라'는 말씀이 무슨 뜻인지 몰랐습니다. 이사야서의 이 말씀을 이해조차 하지 못했습니다. 그러나 사망은 죄 있는 사람만 끌고 가야지 죄가 하나도 없는 사람은 죽음의 세계로 끌고 가서도 안 되는 것입니다. 여기서 사탄은 자기 스스로 속고 말았습니다. 즉 사탄은 아무리 예수를 보아도 하나의 인간이고 과대망상증 환자라고 생각해서 유대 지도자들과 로마 총독을 충동질해서 십자가에 못 박아서 죽여버린 것입니다. 예수님은 십자가에 못 박혀서 고통스럽게 죽으셨습니다. 그가 죽은 것을 보면 틀림없는 인간이었습니다. 그런데 사흘 동안 아무리 예수님의 죄를 털어도 그분에게서는 먼지 하나 나오지 않았습니다.

사흘 후 예수님의 영혼은 일어나셔서 사망의 세력을 깨트리고 죄의 세력을 부수어 버리고 마귀의 머리를 깨어버리셨습니다. 그리고 예수님은 자신의 피를 가지고 하나님 앞에 가셔서 완전한 제사를 드리셨습니다. 하나님은 예수님의 제사를 완전히 의로운 제물로 받으셨습니다. 그 결과 예수님은 사망을 이기시고 다시 몸을 입으시고 이 세상에서 살아나셨습니다. 그래서 예수님이 무덤 문을 열고 부활하신 것은 사망에 대한 위대한 승리를 선포하신 것입니다. 예수님은 자신의 승리를 통하여 우리의 모든 수치를 제하셨고, 우리에게 그냥 다시 사는 것이 아니라 늙지 않고 죽지도 않는 영생의 길을 만들어주셨습니다.

그러나 예수님이 사망과 싸워 이기고 죄를 이기고 마귀를 이기신 사실을 이 세상에 사는 사람들은 아무도 몰랐습니다. 여전히 예수님의 몸은 무덤 속에 죽어계셨기 때문입니다. 그러나 예수님이 죽으시고 사흘이 되던 날 드디어 육신의 몸으로 살아나셨습니다.

그때 무덤 문은 큰 돌로 막혀 있었고 무덤 밖에는 로마 군인들이 지키고 있었습니다. 대제사장이 로마 총독에게 예수가 죽기 전에 자신이 죽으면 사흘 만에 부활한다고 했는데, 혹시 제자들이 그의 시체를 훔쳐 가서 다시 살아났다고 할 수 있으므로 무덤을 단단히 지켜야 한다고 당부해서 그렇게 지키고 있었습니다.

예수님을 따르던 여인들은 예수님의 시체에 향유를 바르지 못했으므로 다시 꼼꼼하게 향유를 바르기 위해서 이른 새벽에 예수님의 무덤을 찾아갔습니다. 예수님의 무덤을 찾아가는 여인들의 걱정은 아주 큰 돌로 막은 무덤 문을 연약한 여자들이 어떻게 그 돌을 치우고 안에 들어가나 하는 것이었습니다.

16:3, "서로 말하되 누가 우리를 위하여 무덤 문에서 돌을 굴려 주리요 하더니"

예수님은 죽었다가 부활하면서 변하셨습니다. 예수님은 그냥 옛날 갈릴리의 선지자의 모습으로 살아나신 것이 아니라 사망과 죄의 세력을 깨트리고 마귀를 박살내는 엄청난 힘을 가진 왕으로 부활하신 것입니다. 하늘의 어떤 천사도 힘으로는 이길 수 없고, 언제든지 하나님의 보좌 앞에 갈 수 있는 분으로 다시 살아나셨습니다.

예수님이 사망을 이기고 다시 살아나심을 본 천사들이 가장 먼저 한 일은 무덤을 막고 있는 돌을 굴려버린 것이었습니다. 그때 무덤 안에는 눈이 멀 것 같은 빛이 나왔고, 지진이 일어났습니다. 그때 무덤을 지키던 로마 군인들은 너무 놀라서 죽은 것처럼 엎드려 있었습니다. 여인들이 무덤을 찾아갔을 때 이미 무덤의 돌은 치워져 있었습니다. 그리고 무덤에는 흰옷 입은 천사가 무덤 오른편에 앉아 있었습니다. 여인들이 찾아간 곳은 놀랍게도 예수님이 사망을 이기고 승리하신 부활의 현장이었습니다. 그리고 여기에서 놀라운 천사의 말이 나오게 됩니다.

16:6, "청년이 이르되 놀라지 말라 너희가 십자가에 못 박히신 나사렛 예수를 찾는구나 그가 살아나셨고 여기 계시지 아니하니라 보라 그를 두었던 곳이니라"

이 천사의 말은 예수님의 부활에 대한 첫 선포였습니다. 천사는 "그가 살아나셨고"라고 선포했습니다. 예수님은 모든 죄와 사망을 이기고 살아나셨습니다. 사실 제자들이 예수님을 하나님의 아들이라고 완전히 믿게 된 것은 예수님이 부활하신 후부터였습니다.

천사는 여인들이 죽으신 예수님의 몸에 기름을 바르러 온 줄 알았습니다. 그래서 천사는 그곳을 지키고 있었던 것입니다. 그러나 천사는 여인들에게 놀라지 말라고 하면서 예수는 살아나셨고 여기 계시지 않다고 했습니다. 예수님은 살아나셨기 때문에 무덤 안에 있을 필요가 없었습니다. 예수님은 이제 만왕의 왕으로 만주의 주로 온 세상을 다스리고 엄청난 힘으로 마귀의 세력을 부수기 위하여 몸을 가지고 천국에 입성하신 것입니다. 그때 여인들은 천사의 말과 예수님의 시신이 없어진 것을 보고 너무 놀랐습니다.

3. 예수님의 명령

예수님의 시신에 기름을 바르려고 왔다가 천사를 만나고 예수님의 시신이 없어진 것을 보았던 여인들은 너무 무서워서 거기에 있을 수 없었습니다. 그래서 향유를 바르러 왔던 여인들은 무서워서 모두 집으로 돌아갔습니다. 그러나 여인들 중의 한 사람은 가지 않았습니다. 그 여인은 옛날 일곱 귀신 들렸다가 예수님께 고침을 받았던 막달라 마리아였습니다. 막달라 마리아가 다른 여인들과 함께 도망가지 않았던 것은 예수님이 부활하신 것을 믿었기 때문이 아닙니다. 막달라 마리아는 누군가 예수님이 묻혔던 무덤을 옮긴 줄 알고 그 시체를 찾으려고 거기에 남아 있었던 것입니다. 예수님이 죽음에서 살아나셨다면 가장 먼저 만나실 분은 그의 어머니 마리아였을 것입니다. 그러나 예수님이 부활 후 가장 먼저 만난 사람은 바로 이 일곱 귀신 들렸던 막달라 마리아였습니다. 마리아는 예수님이 돌아가신 것만 해도 슬픈데 그의 시신까지 없으니까 너무 안타까워서 울었습니다. 그때 예수님은 마리아의 이름을 부르면서 "내가 다시 살아난 소식을 제자들에게 전하라"고 말씀하셨습니다(9-11절).

예수님이 부활하신 후 막달라 마리아를 가장 먼저 만난 이유는 예수님을 사랑하는 열정을 가지고 있었기 때문입니다. 천국은 교회의 서열과 아무 상관이 없습니다. 남자든 여자든 아무 상관이 없습니다. 누구든지 예수님을 가장 사랑하는 열정을 가진 자가 먼저 만나는 것입니다. 그러나 제자들은 예수님의 부활을 믿지 않았습니다. 여인들이 와서 천사가 한 말을 전해주어도 믿지 않았고, 막달라 마리아가 울다가 예수님을 만났다는 말을 전해도 믿지 않았습니다. 심지어는 예수님의 제자 중의 두 사람은 여기에 계속 있으면 곤란하겠다고 생각해서 고향으로 돌아가려고 엠마오를 향하여 가는 도중에 예수님을 만났습니다(눅 24:13-35).

16:12-13, "그 후에 그들 중 두 사람이 걸어서 시골로 갈 때에 예수께서 다른 모양으로 그들에게 나타나시니 두 사람이 가서 남은 제자들에게 알리었으되 역시 믿지 아니하니라"

제자들은 예수님이 십자가에 못 박혀 죽는 것을 보고 너무 절망한 나머지 여인들이나 엠마오로 가던 제자들이나 막달라 마리아가 예수님이 살아나셨고 우리가 만났다고 해도 역시 믿지 않았습니다. 그런데 예수님이 시골로 내려가던 제자들에게 "다른 모양으로" 나타나셨다고 했습니다. 그러면 어떤 모양으로 나타나셨을까요? 예수님은 평생을 십자가 죽음에 대한 사명감에 짓눌려서 나이보다 늙어 보이셨던 것 같습니다. 그러나 예수님이 부활하셨을 때는 조금도 늙지 않은 청년의 모습이었을 것입니다. 예수님은 너무 젊고 활기 넘치는 모습이었으므로 그들은 예수님을 잘 알아보지 못했을 것입니다.

그 후에 예수님은 열한 제자가 모여서 음식을 먹고 있을 때 문이 닫혔는데도 그들 가운데 나타나셔서 "너희에게 평강이 있을지어다"라고 말씀하셨습니다. 그리고 제자들이 여인이나 천사의 말이나 시골로 가던 제자들의 말을 듣고도 믿지 않은 믿음이 없는 것과 마음이 완악한 것을 꾸짖으셨습니다(14절).

오늘 우리는 예수님이 온 천하에서 가장 큰 힘을 가지고 계시며, 언제든지 악한 자들을 때려 부수고 우리에게 승리 주실 것을 믿습니까? 아니면 예수님에 대하여 그렇게 많은 설교를 듣고도 여전히 의심하고 계십니까? 예수님이 우리에게 영생을 주시고 우리가 예수님처럼 부활한다고 하면 믿어야 할 것이 아닙니까? 언제까지 이 세상을 붙들고 살아가겠습니까?

예수님은 제자들에게 명령하셨습니다. "너희는 온 천하에 다니며 만민에게 복음을 전파하라"(15절). 예수를 믿는 길 말고는 사망을 이기고 승리할 길이 없기 때문입니다. 믿고 세례받는 사람은 구원을 얻을 것이며 믿지 않는 사람은 정죄와 심판을 당할 것입니다.

그리고 예수님을 믿고 복음 전하는 자들에게는 표적이 따르게 되는데 예수님의 이름으로 귀신을 쫓아내고 새 방언으로 말을 하며 독사를 집어도 독이 퍼지지 않고 독이 든 음료를 마셔도 해를 받지 않고 병든 자에게 손을 얹으면 병이 나을 것이라고 했습니다(17-18절). 제자들이 이제 예수님의 말씀을 믿고 나가서 복음을 전파하니까 진짜 귀신이 나가고 병이 나으며 독을 이기는 표적이 나타났습니다.

그 후에 예수님은 제자들이 보는 앞에서 하늘에 올라가셔서 하나님의 보좌 우편에 앉으셨습니다(19절). 거기서 우리가 사탄을 이기고 죄를 이기고 죽음을 이기는 것을 도와주시고, 우리를 어려움에서 건져주시도록 기도하고 계십니다.

우리가 어떤 때 어려움을 당했는데 이상하게 그 어려움에서 건짐받을 때가 있습니다. 그때 누군가가 나를 위하여 기도했구나 하는 것을 깨닫게 됩니다. 성도들이 서로를 위해서 기도하면 기적이 일어납니다. 그러나 우리를 위해서 늘 기도하는 분은 하나님의 보좌 우편에 앉아 계신 우리 주님입니다. 주님은 전쟁에 강하신 용사이십니다. 우리가 즐겨 부르는 복음송 중에 "누군가 나를 위하여 기도하네"라는 것이 있습니다. 주님은 우리를 위하여 지금도 쉬지 않고 기도하고 계십니다.